철학과 비판

에세이 철학의 부활을 위해

Philosophy and Criticism

철학과 비판

에세이 철학의 부활을 위해

이종철 지음

도서출판
수류화개

머리말

　글은 그 자체의 내용도 중요하지만 때로는 글을 쓰는 도구나 지면도 의미가 있을 수 있다. 고문古文 시대에는 글을 쓸 종이가 비싸고 부족해서 글도 간결하면서도 함축적으로 쓴 경우가 많다. 과거 조선의 선비들은 붓을 가지고 글을 썼기 때문에 서도와 서예를 배웠다. 그들에게 글은 단순히 사고의 표현 이상으로 예법이자 법도의 한 양태이기도 했다. 그 사이 글쓰기의 도구들은 여러 형태로 변화를 겪으면서 글 자체의 형식에도 영향을 끼쳤다. 그렇다면 오늘날 컴퓨터의 워드 프로세서로 글을 쓰고, 페이스북 같은 SNS에 발표할 때의 의미는 과거와 어떻게 다를까? 워드로 글을 쓰다 보면 생각을 즉각적으로 표현하고 문제가 있으면 바로 수정이 가능하다. 아무래도 과거 붓이나 펜으로 쓸 때 보다는 덜 숙고하고, 더 많이 쓸 수도 있다. 게다가 SNS에서 수많은 익명의 독자들을 상대로 글을 쓸 경우에는 그 의미가 과거와는 훨씬 다를 것이다.

이 책에 들어 있는 글들은 필자가 지난 수년 동안 SNS와 인터넷 신문들, 그리고 강의실이나 강연 등에서 발표한 글들을 모아본 것들이다. 아무래도 글들 간에 시차도 있을 것이고, 상황이나 맥락 차이가 있고, 글길이도 편차가 커서 어떤 통일적인 주제로 묶기는 힘들 것이다. 그럼에도 몇 가지 테마를 중심으로 글들을 묶으면서 나름대로 내가 가졌던 생각들이 있다. 이 글들을 쓰면서 나는 철학사에 등장하는 철학자들의 사상을 언급하거나 신경쓰지 않았다. 당연히 특정한 철학자들의 철학을 이해하거나 분석하기 위한 글은 거의 없다. 딱 한 꼭지가 있는데, 그것은 '칸트와 헤겔의 자유 개념'을 쓰면서 그들의 철학을 언급한 글이다. 이 글은 모 연구회에서 활동을 할 때 다른 연구자들과 함께 책으로 엮기 위해서 썼지만 그 기획이 무산돼서 방치해 놓았다가 이번에 다소 손을 보아서 넣게 되었다.

다음으로 이 글들은 대부분 일상에서 부닥치는 문제들을 중심으로 비판과 사유를 하면서 쓴 것들이다. 개인적으로 '일상'과 '양식(봉쌍스)'이란 표현을 좋아한다. 오래 전 데카르트는 '방법적 회의'를 통해 모든 것을 의심할 때 일종의 아노미 상태를 방지하기 위해 봉쌍스를 언급한 바 있다. 나는 철학의 문제들을 《이상한 나라의 앨리스》에 등장하는 것들처럼 추상적이거나 가상적인 문제로 생각하지 않는다. 물론 철학사에서 오랜 전통을 가진 존재론과 형이상학의 문제, 상당한 분석적 사고를 요하는 인식론의 문제 등이 있지만 그런 문제들에 대해 일정한 거리를 유지하고 비판할 수 있는 지렛대도 일상과 양식에서 찾고 있다. 일상을 생각한다면 철학은 현실과 동떨어진 것이 아니라 우리의 매일매일의 삶 속에서 부닥치는 문제들, 그리고 사회와 현실 그리고 시대 속에서 접하는 문제들과 다르지 않다. 철학은 이런 문제들에 대해 끊임없이 숙고하고 비판하고 성찰하는 작업이다. 그런 의미에서 철학은 고전이나 강의실, 그리고 철학사나 철학 이론들 안에서만 배우는 어려운 학문만은 아니다.

물론 그런 것들에 대한 이해가 중요한 것이기는 하지만 그것들 자체가 '철학함Philosopieren'의 궁극 목표가 될 수는 없다. 보다 중요한 것은 어떤 철학을 아는 것이 아니라 철학적인 사유를 하는 것 자체가 아닐까 한다. 일찍이 임마누엘 칸트도 자신의 학생들이 이론으로서의 철학을 공부하는 데만 빠져있는 것에 대해 "요즘 학생들은 철학 공부는 열심히 해도 철학함은 모른다."고 개탄한 적이 있다. 그런 맥락에서 이 글은 필자가 일상과 삶 속에서 부닥치는 문제들을 갖고 특정한 사상가에 의존하지 않고 그야말로 철학적 사유를 해보고자 애쓴 것들에 가깝다. 여기서 가장 중요한 사유의 도구는 이른바 데카르트가 말한 양식bon sens이고, 비판 철학의 전통에서 강조하는 비판Kritik이다. 철학은 어떤 경우에도 감언이설이나 설교 혹은 선동이 될 수 없다. 만약 철학이 기존의 것들에 순응하고 긍정한다면 철학적 비판의 사고는 그 자체로 경화되고 비판의 정신도 상실할 수 있다. 역사적으로 그런 경우들은 많이 있어왔는데, 그때마다 철학과 현실 모두가 큰 내상을 입었다. 그런 의미에서 철학은 건전한 양식을 갖고서 삶 속에서 접할 수 있는 모든 것들에 대해 회의하고 비판할 수 있어야 한다.

여기에 모은 글들은 전문적인 논문들 하고는 거리가 있다. 오늘날 철학계 혹은 대학의 아카데미 안에서 양산되는 논문들을 고려한다면 단군 이래 가장 사상의 꽃들이 화려하게 핀 것으로 생각할 만큼 많다. 지금은 철학회도 경향 각지를 막론해 가히 수십 개가 되고, 철학 저널도 예전과 비교할 수 없을 만큼 많다. 그렇다면 당연히 철학이 우리 삶이나 사회 그리고 역사에 미치는 영향들이 클 수밖에 없다고 생각할 수 있다.

그런데 현실은 어떨까? 학자들이 성과와 연구 프로젝트를 위해 쓰는 전문적인 논문들은 일반인들의 인식이나 교양에 거의 영향이 없을만큼 현실과 유리되어 있다. 철학의 논문들이 점점 전문화되고 분업화될수록 이런 현상들은 더욱 심화될 가능성이 높다. 게다가 서양철학이 수입된 지 100년이 넘도록 철학계─물론 서양 철학계를 말한다.─는 서양의 새로운 이론과 철학을 수입하는 데만 열중해서 오죽하면 스스로 오퍼상이라고 자조하는 경우도 있다. 이런 사정은 동양 철학이나 한국 철학의 경우도 별로 다르지 않다. 그들은 2000년도 더 된 공맹 사상, 노장 사상 그리고 제자백가의 사상을 거의 벗어나지 못한 채 주해하고 번역하는 일에만 치중을 하고, 조선 성리학의 경우에도 퇴율의 사상을 되풀이하는 작업을 크게 벗어나지 못하고 있다. 그러다 보니 우스개 소리로 '우리가 고물상인가'라는 자조를 하는데, 사정은 서양 철학자들의 경우와 별로 다르지 않다.

한 쪽에서는 여전히 오퍼상을 하고 다른 쪽에서는 고물상을 한다고 하면 너무 지나친 표현이라 할 수 있지만, 그만큼 자기 언어로 자기 철학을 하지 못하고 있는 우리 철학계의 현실을 일정하게 반영하는 것이라고도 할 수 있다. 게다가 업적 위주로 논문을 쓰는 일이 일반화되다 보니 과거와 다르게 좀 더 현실감과 현장감이 있는 에세이 철학이 거의 고갈되어 있는 현실도 바람직하다고는 볼 수 없다. 물론 여기서 말하는 에세이 철학이란 것은 그저 신변잡기를 흥미 위주로 풀어낸 한국의 이상한 에세이 철학들과는 거리가 멀다. 과거 몽테뉴나 파스칼, 마르크스나 니체, 벤야민이나 아도르노의 에세이들처럼 그리고 한국의 류영모나 함석헌의 살아있는 글들처럼 철학 논문의 형식을 빌리지 않고서도 얼마든지 삶과 현실 그리고 시대와 역사의 문제들에 대해 순수한 의미의 정신적 통찰을 보여줄 수 있는 글들을 말한다. 그런데 언제부터인가 학술 논문들이 양산되면서 이런 의미의 에세이 철학과 글이 사라지고 말았다.

철학이 다른 어떤 학문들보다 정신적 사색과 숙고, 비판과 통찰을 중시하는 학문이라고 한다면 특정한 사상이나 레퍼런스에 의존하지 않고 글을 쓰려는 태도도 중요하다. 그 점에서 필자는 이 책에 모아진 글들이 일종의 '에세이 철학의 부활을 위해'라는 부제副題에 걸맞는 기여를 했으면 좋겠다는 생각이다. 철학을 한 마디로 정의할 수는 없겠지만 철학적 사유의 밑바탕에는 자유로운 생각을 버릴 수가 없으며, 물 흐르듯 이런 자유로운 생각이 자유롭게 펼쳐지는 글들, 그리고 철학도 필요하다고 생각한다.

앞에서도 이야기했지만 여기에 모은 글들은 여러 해에 걸쳐 있고 주제도 다양하며 동서고금을 넘나들면서 쓴 글들이라 통일성이 부족할 수도 있다. 이런 글들을 꼼꼼히 읽고 정리해서 이렇게 책으로 출판까지 해준 전병수 대표에게 감사를 드린다. 내가 2020년 11월에 한림대 부설 '태동고전연구소'에서 〈한국사회의 갈등과 '안티고네'〉라는 글을 발표하고 술도 한 잔 마시면서 산 속 연구소에서 하룻밤을 묵은 적이 있다. 그때 나는 책상 하나와 책꽂이만 정갈하게 놓여 있는 그 방의 모습을 보면서 선방의 스님들 방처럼 유학자들의 방도 비슷하다는 느낌을 받았다. 무릇 공부하는 이들의 방은 정신이 산란하지 않게 이렇게 단촐한 것이 좋을 것이다. 그런데 이곳에서 몇 년 동안 한학을 공부했던 전병수 대표가 자신이 그 방의 원주인이라고 알려왔다. 그전에 페이스북의 친구로만 알고 있었지만 연구소와 방을 매개로 좋은 인연을 확인하게 된 것이다. 그 이후 전 대표가 직접 번역한 《관선정에서 들리는 공부를 권하는 노래》(수류화개, 2020)를 보내주면서 인연이 더욱 깊어져 이렇게 책까지 내게 된 것이다. 자그마한 계기였지만 그것이 이런 형태로 열매를 맺었다고 생각하니 인연의 소중함이 더욱 느껴진다.

나로서도 이번에 이렇게 책으로 묶어내고 보니 기분이 후련하다. 밀린 숙제를 한꺼번에 한 느낌이다. 과연 내 글이 이렇게 책으로 낼 수 있을 만큼 가치가 있을까라는 생각이 없지 않았지만 그동안 내 글을 읽고 관심을 보여준 많은 분들의 덕담에 위안을 삼는다. 무엇보다 페이스북을 통해 토론도 하고 생각을 발전하게 해준 한병식 선생님, 최승규 선생님, 김영 선생님, 박상익 선생님, 이장희 선생님 외 직접 언급하지는 못했지만 지난 수 년 동안 교류를 했던 많은 분들에게 깊은 감사를 드린다. 글쓰기는 시대의 영향을 받지 않을 수 없는데, 우리 시대에는 SNS가 자기 생각을 펼치고 타인의 생각을 읽으면서 소통할 수 있는 중요한 공론장의 역할을 하고 있다. 그리고 제대로 역할을 하지 못하는 가장에게 묵묵히 성원을 아끼지 않는 아내와 딸에게도 이 자리를 빌어 고마움을 표시하고 싶다.

지금 인류는 대 펜더믹을 경험하고 극복하는 과정에서 고통을 심하게 겪고 있고, 지속적 생존에 대한 불안도 많이 느끼고 있다. 바이러스에 의한 이러한 생존 테스트는 앞으로 호모 사피엔스의 삶의 많은 부분을 바꿔 놓을 것이다. 바이러스는 기후 변화와 환경 파괴 등에서 비롯된 문명의 산물이기 때문에 앞으로 환경 문제는 인류에 가장 중요한 과제로 등장할 것이다. 마찬가지로 철학자들 역시 이러한 생태 환경 변화에 따른 대처 방식과 삶의 변화, 그리고 4차산업혁명이라고 일컫는 혁명적인 기술 변화, 미·중 간의 문명 충돌이라 할만큼의 새로운 체제 경쟁 등 수 많은 문제들을 대하면서 많은 사유를 할 수밖에 없다. 일찍이 독일 철학자 헤겔이 '철학은 사유 속에 포착한 시대의 아들'이라고 한 말처럼 현실의 문제가 많을수록 철학적 사유, 이른바 미네르바의 올빼미의 날개짓도 바빠지지 않을까?

2021년 따뜻한 봄날 파주의 우거寓居에서

저자 이종철

목차

I
현실과 사유

01

사유와 방법

생각을 하라고 하면 보통 어떻게 생각을 할까? 보통 한 가지를 골똘히 생각하는 것을 생각으로 간주하는 경우가 많다. 하지만 그런다고 생각하는 문제가 풀릴까? 30년 면벽을 하면서 생각을 해도 깨닫기가 힘들 수 있다. 나는 잠시 이런 생각을 해봤다.

기계를 만지듯 생각을 하라

기계를 조립하거나 해체할 때 단순히 탁상공론을 하지 않는다. 탁상공론은 원리원칙만 따질 뿐 앞으로 나아갈 줄 모른다. 반면 기계를 만질 때는 어떻게든 문제를 풀어야 한다. 한 쪽으로 해보다가 안 되면 다른 쪽으로 해보고, 이것으로 안 되면 저것으로 바꾸어보면서 제대로 작동하도록 시도해야 한다. 사유도 마찬가지로 근본적인 원리원칙만 따져서는 발전할 수 없다. 시행착오를 거치면서 풀어나가야 한다.

아이들처럼 생각하라

전제와 구속에 매이지 말아야 한다. 일단 무언가를 전제할 경우, 그 전제가 앞으로의 향방을 결정하는 경우가 많다. 이 경우 새롭고 창의적인 해결을 찾기 힘들다. 이런 전제는 문제 해결의 구속과 장애가 된다. 가장 큰 구속은 과거의 시간과 경험, 역사적 전제 등이다. 모든 문제가 과거를 배제할 수는 없겠지만, 지나치게 과거의 시간에 의미를 둔다면 절대 현재와 미래를 생각할 수 없다. 이때 아이들처럼 아무런 전제 없이 현재를 즐기는 태도가 도움이 된다.

놀이꾼처럼 생각하라

사유하기를 즐길 수 있어야 한다. 평양 감사도 저 하기 싫다고 하면 시킬 수 없다. 일을 할 때는 의무와 부담만 가지고는 한계가 있다. 무슨 일이든 의무감에서 시작한다는 것은 필요조건이기는 해도 그것이 충분조건이 될 수 없다. 일을 오래 그리고 창의적으로 하기 위해서는 무엇보다 그 일을 즐길 수 있어야 한다. 《중용》에 "완색이유득玩索而有得"이란 말이 있다. 가지고 놀다 보면 저절로 얻는 바가 있다는 말이다. 공부에서 가장 큰 소득은 그 자체를 즐기는 데서 온다.

장사꾼처럼 생각을 하라

공리공담에 빠지지 말아야 한다. 이 말은 앞에서 말한 기계를 만지듯 생각을 하라는 말과도 통한다. 하지만 앞의 말은 방법에 비중을 두었다고 한다면 장사꾼처럼 생각을 하라는 말은 목적과 결과를 염두에 둔 것이다. 이 말은 단순히 실용주의적인 결과만 의미한 것이 아니라 사유의

현실성을 강조하기 위함이다. 일찍이 마르크스는 〈포이어바흐에 관한
테제〉에서 이렇게 말했다.

> 인간의 사유가 대상적 진리를 포착할 수 있는지의 여부는 결코 이론적인
> 문제가 아니라 '실천적인' 문제이다. 인간은 실천을 통해 진리를, 즉 그 사유
> 의 현실성과 위력 및 현세성Diesseitigkeit을 증명하지 않으면 안 된다. 사유
> 의 현실성 혹은 비현실성에 대한—이 사유가 실천적으로 유리되어 있다면—논
> 쟁은 순전히 '공리공론적인scholastische' 문제에 불과하다.

장사꾼들은 언제나 현실적으로 행동한다.

02

현실과
이론

    한국인, 특히 책 줄이나 읽었다고 하는 먹물들의 사대주의가 심하다는 이야기는 어제 오늘 일이 아니다. 이들은 봄날에 활짝 핀 꽃을 보면서 느끼는 감상조차 자기 언어로 표현하지 못해서 중국의 고사나 시인들을 들먹이고, 현 세계에서 가장 경쟁력 있는 코로나19 사태의 극복 과정을 경험하면서도 먼 나라의 철학자를 끌어들여서 설명해야만 직성이 풀린다. 도무지 자신의 감정과 경험을 자신의 감성과 지성을 통해 스스로 느끼고 분석하는 일에 자신이 없어 하고 자기 비하를 일삼고 있다. 이런 태도로 인해 한국의 이론가들은 이론을 수입하는 오퍼상에만 충실할 뿐 스스로 만들어 내는 생산자 역할을 하지 못한다.

    모르긴 몰라도 이번 코로나19 사태 이후 새로운 세계의 모델을 제시할 수 있는 몇몇 가장 앞선 국가 중 하나는 한국이 될 것이다. 이론은 그런 현사태를 분석하면서 나올 수 있다. 현실의 경험이 앞서고 새롭다면 그만큼 새로운 이론을 만들어 내는 데 훨씬 유리하다고 볼 수 있다.

물론 이런 작업은 오로지 그 사태를 경험하고 변화의 한 가장자리에 있는 이론가의 몫이다. 더 이상 남에게 의존하지 않고 자신이 스스로 사회와 인간을 분석하고, 새로운 사회 모델을 구상하고자 하는 데서 새로운 이론이 나올 수 있다. 그런데 이런 호조건 하에서도 여전히 비주체적으로 딴 나라 이야기에만 의존하려는 것은 이론가들의 불성실하고 비주체적인 태도일 뿐이다.

현실의 경험을 모델링하고 그로부터 이론화 작업을 수행하면서 현실에 대한 분석의 틀을 만들어내야 한다. 이런 추상화 작업이 이루어지면 동일한 사태를 반복하지 않을 수 있고, 또 과거의 경험을 개인화하지 않고 사회적 경험으로 축적할 수 있다. 포스트 코로나에서는 우리 인류가 지금까지 가져온 모든 관념들, 이를테면 인간과 자연의 관계, 인간과 인간의 관계, 인간과 기술의 관계 등 모든 것을 재검토하고, 자본주의 체제 자체와 사회 운영의 원리, 불평등의 문제, 의료 연대와 환경 문제 등 모든 분야에 걸쳐서 새로운 원리를 만들어갈 여지가 많다. 그리고 그런 작업에서 한국이 가장 많은 자원과 경험을 가지고 있다. 나는 이 점에서 한국이 가장 유리하다고 본다. 그렇다면 이 작업을 누가 해야 하는가? 그것은 이 땅에 사는 다양한 분야 연구자들의 몫이다.

03
경험과
이론

가방끈이 길다고 세상을 제대로 이해하거나 인식하는 것은 아니다. 오히려 식자우환처럼 쓸데 없는 걱정을 많이 하고 너무 많은 변수들을 살피면서 좌고우면하다 보니 결국 햄릿처럼 고민만 하는 사람이 되기 쉽다. 장고 끝에 악수를 둔다는 말은 바둑판에서만 있는 것이 아니다. 게다가 긴 가방끈을 자랑하면서 현실을 왜곡하거나 동떨어진 이야기를 하는 경우도 적지 않다. 우물안 개구리라는 이야기가 이론에도 똑같이 나타날 수 있음을 알 수 있다. 모든 폐쇄적인 이론이나 절대주의를 표방하는 이론들이 빠질 수 있는 함정이다.

물론 맨땅에 헤딩하면서 좌충우돌한다고 세상물정을 제대로 파악하는 것도 아니다. 그들은 자신이 겪은 생생한 경험을 강조하지만 그것의 전후 맥락이나 보편적 의미를 전혀 모르는 경우가 많다. 이런 경험지에 집착하다 보면 '왕년에 내가' 하면서 제한적이고 부분적인 경험을 맹신하는 경우도 많다. 직접지와 현장성의 물신화[1]는 타인과의 공감을 상실할 수도 있다. 물론 경험은 매 순간 올바른 판단과 결정을 요구하고 그 결과도 즉각적으로 나타나기 때문에 폐쇄적인 이론보다는 위험이 지속할 가능성이 낮다.

제일 좋은 것은 양자가 화학적으로 결합하는 것이다. 경험도 하고 그 경험을 전체적으로 반성하고 조망할 수 있는 이론도 아는 것이 현실을 파악하는 데 최상의 결합이라는 말이다. 이론을 공부해도 그것을 끊임없이 현실에 대입하고 현실에서 검증을 받는 자세가 필요하다. "사유의 현실성 혹은 비현실성에 대한—이 사유가 실천적으로 유리되어 있다면— 논쟁은 순전히 '공리공론적인scholastische' 문제에 불과하다."는 마르크스의 말은 옳다. 그래서 칸트는 '직관이 없는 개념은 공허하고, 개념이 없는 직관은 맹목적이다'라고 했는지 모르겠다. 공자 역시 비슷한 뜻으로 이런 이야기를 했다.

> "배우기만 하고 생각하지 않으면 공허하고, 생각하기만 하고 배우지 않으면
> 위태롭다.[學而不思則罔 思而不學則殆]"

'서생적 문제인식과 상인적 현실감각'[2]을 이야기한 김대중 선생의 취지도 비슷할 것이다. 물론 디테일에 들어가면 각기 다를 수 있다는 것도 염두에 둘 일이다.

그런데 이 때의 이론이나 개념 혹은 생각은 칸트처럼 경험과 무관하

---

1 물신화fetishism는 일반적으로 사물의 신격화를 말한다. 특정 사물에 대한 물신 숭배와 같다.

2 김대중 선생 전북대 초청 강연과 질의 응답, "한반도 평화와 통일의 전망"(2007. 4. 6)

게 '초월적으로' 구성되어서는 안 될 것이다. 이러한 개념은 경험의 현장과 삶의 현실 속에서 구성되어야만 현실 적합성을 가질 수 있고, 또 그 현실 속에서 정당화할 수 있어야만 한다. 그런데 종종 한국의 많은 이론가와 연구자는 이런 개념의 틀을 초월적으로, 한국의 현실과 무관한 외국에서 수입해다 적용만 하면 된다는 생각에 빠져 있는 경우가 많다. 한국에서 새로운 이론을 끊임없이 수입하고 소비하는 이유가 여기에 있다. 때문에 이론가들의 몰주체성이 한국 사회에서 당연시되거나 별로 부끄럽지 않은 일로 치부되는 경우가 종종 있다. 분명한 것은 여전히 우리에게 소란스러운 경험만 난무하거나 우리와 동떨어진 초월적 이론만을 끊임없이 찾아 헤매고 있다는 것이다. 양자의 화학적 결합의 성과는 아직 요원한가 보다.

04
미네르바의
부엉이와 철학

　미네르바의 부엉이는 그리스 신화에 등장하는 지혜의 여신 아테나를 상징하는 동물이다. 부엉이는 잘 알다시피 야행성 동물이다. 다른 동물이 잠을 자고 보지 못하는 밤에 잘 보는 동물이다. 남이 보지 못하기 때문에 다른 동물한테는 지혜로운 동물로 보였을 것이다. 그래서 신화에서도 미네르바의 부엉이로 지혜의 여신을 상징한 것이다. 철학자 헤겔은 이 부엉이를 지혜의 학문인 철학Philosopie으로 멋지게 은유했다.

　"미네르바의 부엉이는 어둠이 이윽해서야 날기 시작한다."

　어두워지면서 부엉이가 활동을 하듯, 소란한 한 시대가 마감하면서 철학은 그것에 대해 본격적으로 반성을 시작한다는 의미이다. 그런데 이 지혜로운 부엉이에게 문제가 생겼다. 어느 날 훤한 대낮에 잠에서 깬 것이다. 밝은 태양 빛 아래서 눈이 부신 부엉이는 오히려 보지 못하고 좌충우돌할 수밖에 없었다. 그 모습을 본 다른 동물은 하나같이 부엉이를 비웃었다. 남들도 다 보는 것을 보지 못했기 때문이다.

나는 이 우화를 보면서 철학과 현실의 문제를 생각하곤 한다. 헤겔이 적절히 비유했듯, 철학은 '사유 속에 포착한 그 시대'이다. 철학은 결코 비현실적인 공리공담이 아니라는 의미이다. 다만 개별 학문보다는 추상의 정도가 깊어서 현실에 즉각 반응하기 어려울지 모른다. 철학을 지혜의 학문이라 했을 때는 낮시간의 현실 역사가 마감하면 그 의미를 반성하고 비판한다는 의미에 가까울 것이다. 문제는 이 철학이 대낮의 소란스러운 현실과 직접 관계를 맺을 때다. 대낮의 현실은 이해관계도 복잡하고 자기만의 관성도 있고 진영간의 패거리 싸움도 심하다. 이런 곳에서는 실험실에서처럼 일을 처리할 수 없다. 평소 이런 문제에 익숙하지 않으면 장삼오사의 세인das Man들보다 일처리가 미숙할 수 있다. 그런 맥락에서 본다면 대낮에 눈을 뜨고 좌충우돌하다가 다른 동물의 비웃음을 산 부엉이 이야기가 꼭 철학을 두고 하는 것 같다. 세상물정을 모르는 상태에서 철학적 추상을 사용하다 보니 일어나는 현상이다. 실제로 많은 철학자가 세계에 대해 일반인의 평균적인 이해보다도 떨어지는 모습을 보이고 있다. 일찍이 그리스 철학의 세례를 받은 많은 철학자가 세상에 대한 철학의 역할은 그저 구경꾼처럼 강 건너 불 보듯이 관찰만 하는 데 있다고 본 탓이 크다.

철학의 이러한 이미지는 이론철학theoria의 측면에서 본 것일 뿐 그것이 다는 아니다. 실천철학practica의 전통에서는 단순한 관찰자가 아니라 이 세계에 소속된 행위자의 관점에서 세계의 문제를 보고 그것을 해결하고자 한다. 때문에 세상을 알기 위해서는 세상에 뛰어들어 좌충우돌 부딪히면서 싸워보아야 한다. 철학은 이해관계로부터 초연하고 사심이 없는 학문이 아니다. 철학 역시 계급적 특성을 갖고 당파성의 견지에서 자신의 이해관계를 보아야 한다. 그렇게 해야지만 문제를 구체적으로 인식하고, 그만큼 세계 속에서 자신의 역할을 분명히 할 수 있다. 한국사회에서 이론철학은 비교적 오랜 전통을 가지고 있지만, 실천철학의 전통은 그 역사도 짧을 뿐만 아니라 직접 현실의 문제를 대하기보다는 수입 철학에 의존하는 경우가 많다. 그만큼 현실의 철학, 철학의 실현이라는 주제는 요원하다.

05

화이부동
和而不同

　사람들이 점점 더 다르다는 것에 대해 인내심을 잃어가고 있다. 오로지 나와 같아야만 내 편이고, 나와 다른 편은 무조건 배제를 해야 한다고 생각한다. 하지만 세상에는 같으면서도 다를 수 있고, 다르면서도 같을 수 있는 일이 많다. 두부 썰듯이 딱 한 번에 가를 수 없는 것이 모순 덩어리 같은 세상사이다. 지혜Pronesis는 이런 모순 덩어리를 이해하는 것이다. 아리스토텔레스는 실천적 지혜를 이야기하면서 이런 예를 든 적이 있다. '친구가 돈을 빌려 달라고 하는데 빌려 주는 것이 지혜인가, 안 빌려 주는 것이 지혜인가?'

　공자는 일찍이 군자는 화이부동和而不同하고, 소인은 동이불화同而不和한다고 말씀한 적이 있다.[3] 달라도 어울려 살 수 있고, 같아도 불화가 심할 수 있다는 말이다. 그런 의미에서 본다면 같고 다름이 문제가 아니

---

3 《논어》 〈자로〉

라 그것을 대하는 우리의 태도가 문제일 수 있다.

《육조단경》의 저자인 혜능대사가 광주의 법성사에서 《열반경》 강의를 들을 때 깃발이 바람에 나부끼는 걸 놓고 스님들이 논쟁을 벌였다. 한 무리의 스님들은 바람이 움직이는 것이라 하고, 다른 무리의 스님들은 깃발이 움직이는 것이라고 주장했다. 그때 계도 받지 않은 혜능대사가 일갈했다.

"바람이 움직이는 것도, 깃발이 움직이는 것도 아니다. 너희의 마음이 흔들리는 것이다."

그런데 한 겹 더 따지고 들어가면 이것들 모두 어려운 이야기다. 아리스토텔레스가 말한 돈의 문제도 그렇고, 공자의 화이부동을 실천하는 문제도 마찬가지이고, 혜능의 흔들리지 않는 마음을 갖는 것도 힘들다. 그래서 세상살이가 어렵고 세상사를 이해하는 것도 어렵다. 그것은 깊이depth의 문제이다. 오로지 삶과 실천을 통해서만 깨달을 수 있다.

06

둘이 아니지만 하나도 아니다
不二不一

정치적이거나 종교적인 입장 차이가 때로는 인간 관계를 곤혹스럽게 만들기도 한다. 오랜 친구들끼리도 이런 입장 차이를 확인하고 하루 아침에 소원해지는 경우가 종종 있다. 최근(2019년 10월) 조국(전 법무부 장관) 대전이 벌어지면서 나에게도 이런 경험이 적지 않다. 하루 아침에 페이스북 절교를 당한 경우도 여러 차례 경험했고, 외면을 받은 경우는 더 많이 경험했다. 이런 것을 보면 세상에 확실한 것이 하나도 없다는 말이 확인되는 것 같아 씁쓸한 느낌이다. 전도서 기자의 말마따나 '헛되고, 헛되니 모든 것이 헛되도다.'[4] 《금강경》에서도 "일체 현상계의 모든 생멸법은 꿈이며 환영이며 물거품이며, 그림자 같고 이슬 같고 번개 같으니"라고 말한다.

모든 것을 하나로 엮으려고 하다 보니 이런 생각을 감추기가 힘들다.

---

4 구약 〈전도서〉 1장 2절

하지만 때로는 그 하나도 끊임없이 나뉜다. 둘이 하나가 되듯 하나도 둘로 분화한다. 그리고 이렇게 나뉘는 것을 당연시한다면 나와 생각이 다르다고 해서 배척할 필요가 없다. 이럴 때는 칸트의 해법도 나쁘지 않다. 그는 근대 세계의 분업화 현상을 철학적으로 정당화했다. 그는 현상의 세계와 본체의 세계, 과학의 세계와 믿음의 세계, 사실의 세계와 당위의 세계는 서로 다른 논리에 따라 움직인다는 두 세계론을 지지했다. 이렇게 세계를 나누어 놓으면 두 세계의 접촉이나 교차에서 오는 혼동을 피할 수 있다. 굳이 종교적이거나 정치적 신념이 다르다고 해서 외면할 필요가 없는 것이다. 그런 면에서 칸트를 보면 대단히 현명하다wise고는 하기 힘들어도 영리하다clever는 느낌이 든다.

문제를 근본적으로 해결할 수 없을 때는 세계를 둘로 나누어 놓고 다른 해법으로 보는 것도 좋을 듯하다. 우리는 어떤 경우든 완전하고 절대적인 해법을 찾는 것이 어렵기 때문이다. 예수도 "로마에 세금을 내야 하는가?"라는 질문을 받고, "가이사의 것은 가이사에게, 하나님의 것은 하나님에게"[5]라고 답변한 적이 있다. 그것을 현실 순응의 태도라고 비난하는 것은 옳지 않다. '둘이 아니고 하나가 아니다'는 생명의 큰 전략이다. 그것은 상대주의도 아니고 기회주의도 아니다. 모든 생명의 가장 큰 가치는 생명 자체이다. 생명의 살아감, 그것이 가장 중요하다.

모든 것은 시간이 해결해 준다. 지금 입장이 다르고, 해법이 다르다고 해서 하루 아침에 오랜 인간 관계를 끊는 행위는 세상사를 너무 짧게 생

---

5 〈마태복음〉 22:15 – 22

각하는 것이 아닐까 한다. 시간이 지나다 보면 그때 나의 생각이 틀릴 수도 있고, 또 나와 다른 생각이 이해될 수도 있다. 우리 모두는 그런 점에서 지금 이 순간 이 땅에서 함께 공업共業을 쌓아나가고 있다고 할 것이다. 그렇다면 이렇게 좋은 상태가 아닐 때는 시선을 빗겨 가듯 지나치는 것도 현명한 태도이다. 다만 서로 간에 섭섭해하지 말아야 할 것이다.

II

배움과
탐구

01

산수몽
山水蒙

　나는 매해 해가 바뀔 때마다 12시를 전후로 하는 의식이 있다. 12시 전 30분 사이에 한 해의 나를 되돌아보고, 12시 땡할 때《주역》의 괘를 하나 받고, 다음으로 30분 정도 그 괘와 더불어 한 해 내가 해야 할 일의 대강을 결정하는 것이다. 10여 년 전《주역》을 공부하면서 생긴 버릇이 이제는 거의 신성한 의식이 되었다. 내가 유일하게 치는 점이다. 이 점은 맞고 안 맞고가 중요한 것이 아니라 일종의 등대와 같다. 꿈보다 해몽이라고 내 미래의 삶에 대한 나의 자세와 태도의 방향을 정할 뿐이다.

　그런데 어제(2014년 12월 31일)는 너무 피곤해서 12시 전후로 30분도 제대로 의식을 치르지 못하고, 괘를 받자마자 조금 의미만 생각하다가 쓰러져 갔다. 어제 새벽 2시에 눈이 깨서 다음 날 12시 넘어까지 거진 20시간 잠을 못 잔 탓이다. 어제는 하루 종일 바쁘게 돌아다니다가 귀가한 시간이 밤 11시쯤이다. 예년 같으면 한 시간 이상의 여유를 두고 준비했을 텐데, 어제는 제대로 마음의 준비를 하지 못했다. 피곤하기는 하지만 술을 한 잔 옆에 놓고 지난 한 해 내가 계획한 일을 점검해보니 50%이상 제대로 하지 못한 것이다. 그래도 조금 나은 것이 있다면 개인사나 사회사와 관련해 끊임없이 크고 작은 글을 썼다는 것이다. 다음으로 내가 2015년 을미년에 해야 할 일 중 큰 일을 간단히 정리해봤다. 무엇보다 한국학술진흥재단(현 한국연구재단)의 번역 프로젝트로 수행한 루카치의 《사회적 존재의 존재론》을 1권 정도라도 출간하는 일이다.[1] 이 일은 내가 원하는 것과 상관없이 의무나 다름 없다. 그 다음에 중요한 일도 다 연구와 저술에 관한 일이다. 그리고 올해는 특히 건강에도 신경을 써야 한다. 그렇게 한 10분 정도 대략 정도로 정리를 하면서 12시 땡과 더불어 괘를 하나 받았다. 올해는 예년과 다르게 스마트폰의 주역점을 이용해서 괘를 받았다. 그 괘가 산수몽괘山水蒙卦(䷃)이다. 썩 좋은 느낌이 아니다.

왜 산수몽괘인가? 그것이 던져주는 메시지는 무엇인가? 내가 그 괘를 중심으로 무엇을 생각하고 무엇을 조심하라는 것인가? 사실 이 괘는 아직 정돈되지 못했다는 의미에서 초매草昧하며, 어린 아이처럼 순진무구하고 여전히 알지 못하고 있다는 점에서 몽매蒙昧하니, 일종의 계몽의 대상이다. 또 이 몽은 덩굴풀의 일종이다. 덩굴풀이 무성하면 그 밑은 어두우니, 여전히 초심자의 밝지 못한 상태를 상징한다. 이 괘는 산 밑에 물이 흐르는 형국이다. 헤르만 헤세가 《주역》의 괘를 사용해 쓴 작품인 《유리알 유희》에도 이 괘가 등장한다. 어둡고 밝지 못한 상태라 배움을 깨우치기 위해 떠날 때 이 괘를 사용한다. 그런데 산 밑에 흐르

---

1 이 책은 전4권으로 2018년 아카넷 출판사에서 출간되었다.

는 물이 처음에는 시냇물처럼 자그마하게 흐르지만, 결국 흘러 흘러 바다로 이어진다. 우리의 배움도 일종의 그런 것이 아닌가? 그 배움을 구하기 위해 자기를 갈고 닦으면서 끝없이 구도하는 과정에서 결국은 큰 바다에 도달하는 것이고 그것이 깨우침이 아니겠는가? 19세기 독일의 성장소설Bildungsroman도 일종의 그런 깨우침을 구하는 과정에서 성장하는 모습을 그린 것이다. 그렇게 생각한다면 초심자의 어두움을 탓하거나 부끄러워할 필요가 없지 않겠는가?

우리는 늘 새로운 일을 도모할 때 초심자이다. 초심자이기 때문에 아직 잘 모르고, 모르기 때문에 어둡고, 그렇기 때문에 밝히기 위해 노력해야 하지 않는가? 이것은 개인이나 사회나 마찬가지이다. 물은 우리가 의식적으로 가두지 않는 한 끊임없이 흐르는 것이 본래 성격이고, 고이면 썩는다. 우리 스스로 가두려는 경직된 태도나 자세만 없으면 된다. 그냥 그렇게 흘러가게 내버려두고, 흘러가는 중에 수없이 많은 사람을 만나고 경험을 할 수 있으면 되는 것이 아닌가? 그것이 배움의 과정이고 구도의 과정이 아니겠는가? 산수몽山水蒙의 의미를 이렇게 해석하고 나니 오히려 마음이 가벼워지고 밝아진다.

처음에 이 나이에도 여전히 무지몽매하고, 배움이 필요하다는 생각을 할 때는 은근슬쩍 화가 나기도 했다. 하지만 삶은 죽을 때까지 움직이는 것이고, 늘 새롭게 구하는 것이고, 그렇기 때문에 떠나야 하는 것이 아닌가? 산 밑으로 흐르는 시냇물이 바다를 향해 끊임없이 흘러가듯이 말이다. 그 바다는 무엇인가? 그것은 각자가 추구하는 지향점이고 목표가 아니겠는가? 흐를 수 있다는 것이 건강이고 행복이 아니겠는가?

02
호기심

　먹고 살기 위한 수단으로서의 앎이 아니라 오로지 순수하게 알고 싶다는 욕망이 이론적 욕구이다. 이런 욕구는 대상이 없기 때문에 오로지 인간에게만 가능하다. 인간은 부분적이고 제한된 앎이 아니라 절대적이고 완전한 앎을 추구하는 경향이 있다. 나중에 칸트는 이것을 인간에 내재한 자연적 소질Naturlage로서의 형이상학적 욕구라고 불렀다. 이런 욕구가 순수하게 이론적 지식theoria인 형이상학이나 물리학 같은 추상 학문의 발달에 기여했다. 실용 학문을 불필요하다거나 폄하하려는 것은 아니지만 이것은 지식의 외연을 확장하지 않는다. 이러한 외연은 미국의 분석 철학자 콰인Quine에 따르면, 지식 체계의 가장 중심부를 차지하는 수학이나 물리학에서 이루어진다. 이러한 변화가 토마스 쿤T. Kuhn이 말하는 이른바 과학 혁명의 패러다임이 바뀌는 순간이다. 그리고 이 분야에서 진정한 의미의 '천재들의 게임'이 시작되고, 그들이 만들어낸 성과가 지식 주변부의 성장에 영향을 미친다.

일전에 KBS에서 아인슈타인과 스티븐 호킹이 이룩한 20세기 물리학 혁명에 관한 방송을 내보냈다. 그것을 보면서 갑자기 자연과학도가 되지 못한 것이 후회스럽다는 생각과 함께 '지금이라도 물리학 공부를 시작해야 하지 않을까'하는 고민에 쌓였다. 사실 오래 전 딱 한 번 물리 한 달 완성 단과반을 다닌 적이 있다. 그 당시 나는 수업을 들으면서 지적으로 황홀한 느낌을 받았다. 자연의 모든 법칙이 단 하나의 법칙으로 통일할 수 있다는 것과 그것을 수학적으로 표현할 수 있다는 경험은 충격에 가까웠다. 미학적으로도 그것은 완벽한 느낌이었다. 내가 이런 지적 감동을 받고서도 자연과학 계통의 전공을 선택하지 못한 것은 순전히 나의 좁은 시야 때문이었다. 고등학교 시절, 나는 법대나 상대 혹은 의대 말고는 대학에 다른 과들이 있는 줄도 몰랐다. 지적으로 미숙한 시절에는 멘토의 역할이 절대적으로 필요한 이유이다. 오늘 날 한국의 젊은이들이 지적으로 호기심이 가장 강할 때 공무원 시험에 올인하는 것은 국가적으로도 큰 손실일 수 있다. 젊을 때도 그렇고 늙어서도 마찬가지겠지만 지적으로 영감을 줄 수 있는 분위기나 집단이 절대적으로 필요하다. 만일 그런 것을 만날 수 없고 만나도 외면한다면 그것이 불행한 삶이다.

03
탈레스의 별과
하녀의 웅덩이

　서양철학사는 늘 그리스의 해안지방 밀레토스에서 시작하며, 그 첫 이야기는 탈레스가 장식한다. 당시 밀레토스는 해양무역을 통해 부를 축적하여 경제적으로 윤택한 편이었다. 곳간에서 인심난다는 말이 있듯, 도덕과 인륜은 먹고 사는 문제가 해결될 때 지켜진다. 마찬가지로 먹고 사는 문제가 해결될 때 비로소 인간의 상상력과 호기심은 직접적인 생존에 대한 관심을 넘어선다. 게다가 밀레토스는 해안지방이다. 지금처럼 공해나 오염이 없는 해변 가의 밤하늘은 얼마나 아름다울까? 수평선 저 너머에 걸쳐 보석처럼 반짝이는 별무리들을 보면 당신은 무슨 생각을 하는가? 밀레토스에서 자연철학이 시작된 것은 아마도 이런 자연환경의 영향이 클 것이다. 밤하늘의 무수한 별과 끊임없이 굽이치는 바다의 파도를 보면서 그들은 이 우주를 구성하고 움직이는 근본arche이 무엇일까 생각했을 것이다.

　탈레스는 그런 호기심이 누구보다 강했다. 그는 전시대前時代 사람들의 생각을 사로잡은 신화 이야기에 만족하지 못했다. 신화에 따르면 이 우주를 창조한 신들이 있고, 그 신들의 사랑과 갈등에 의해 세상만사가 이루어진다. 하지만 이런 인격적인 설명이 그의 왕성한 호기심을 충족시키기는 어려웠다. 신이 세계를 창조했다면 도대체 그 신은 어떻게 존재하는가? 신들의 사랑으로 만물이 만들어지고, 신들의 갈등과 싸움으로 만물이 파괴되고 소멸된다면 그 사랑과 갈등의 원인은 무엇인가? 신화적 설명은 늘 무엇이 있다고 전제할 때 가능하다. 하지만 밀레토스의 이 자연철학자는 그 전제를 가능하게 하는, 보다 근본적인 원인에 더 관심이 많았다.

이런 탈레스가 하루는 트라키아의 하녀와 밤길을 걷고 있었다. 늘 그렇듯 그의 머리는 눈앞의 세상보다는 하늘을 향해 있다. 맑은 가을밤의 하늘에는 보석 같은 별이 무리를 이루고 있다. 그 별들 속에는 전시대인들이 사랑한 신화 이야기도 들어 있다. 그렇게 한없이 감탄하기도 하고, 또 그런 별들의 원리와 운행 법칙을 생각하면서 걷고 있었다. 아뿔싸, 그러다가 탈레스가 미처 발밑의 웅덩이를 보지 못하고 빠져 넘어진 것이다. 그런 모습을 보고 뒤따라서 걷던 트라키아의 하녀가 깔깔 웃는다. 자기 옆에 있는 웅덩이도 보지 못하는 사람이 무슨 밤하늘의 별을 보냐고 비웃는 것이다. 하지만 이런 비웃음이 가당키나 한 것인가? 탈레스가 우주의 원리를 탐구할 수 있던 것은 발 밑의 웅덩이를 볼 수 없었기 때문에 가능한 것이 아닌가? 트라키아의 하녀는 이런 일상의 웅덩이에 관심을 두고 있었기 때문에 탈레스처럼 밤하늘의 별에 호기심을 갖지 못한 것은 아닌가? 그러므로 별과 웅덩이는 철학과 일상을 구별하는 중요한 조건이다.

그리스의 자연철학은 태생부터 오로지 알고자 하는 호기심에서 출발한다. 이런 호기심은 먹고 사는 문제에 대한 관심을 떠날 때 가능하다. 일상사에 매몰된 자는 이런 호기심을 낭비이고 허영으로 생각한다. 우리 주변에 일상의 웅덩이가 얼마나 많은가? 돈을 벌어야 하고, 재밌게 놀기도 해야 한다. 출세도 해야 하고, 명예도 추구해야 한다. 피타고라스에 따르면 세 부류의 사람들이 있다.

첫 번째는 일상의 이해관계를 추구하는 장사치이다. 그들은 오로지 물건을 싸게 사서 비싸게 파는 일에만 관심을 갖는다. 이런 거래를 통해 이문을 남기는 일이 그들의 삶의 목표이다. 일상의 최고 기술은 돈을 버는 일이다. 공부를 잘 하는 것도 돈을 벌기 위함이요, 좋은 직업을 판단하는 것도 오로지 돈을 기준으로 한다. 이런 배금주의 사상은 동서고금을 망라하고 별 차이가 없다. 그것이 장사꾼들 삶의 논리이다.

두 번째는 명예를 추구하는 정치인이다. 오늘 날 정치인이 명예를 추구하는지는 이론의 여지가 있다. 그들에게 정치는 노골적으로 사익은 아니더라도 당파적 이익을 추구하는 일에서 벗어날 수 없기 때문이다. 하지만 고대 그리스에서 정치는 자유인의 공적 활동을 의미한다. 정치는 첫째 자유인에게만 허용된 활동이다. 고대 그리스에서 여성과 노예, 그리고 외국인은 이 범주에 포함되지 않는다. 그들에게 허용된 행위는 가정 공동체를 먹여 살리는 경제 활동뿐이다. 오늘날 부를 창조하는 생산자의 노동이 이런 활동에 해당된다. 그리스인들은 이런 활동은 노예의 노동Arbeit이며 저급한 활동이다. 왜냐하면 이런 활동은 끊임없이 타자를 위해 봉사하는 활동, 그리하여 자기 밖 타자의 목적에 종속된 하위의 활동이기 때문이다. 반면 정치는 자유인의 활동이고 실천Praxis이다. 자유인은 사적인 이기심에 따르지 않는다. 공동체의 일원으로만 생존의 의미를 갖는 자유인에게 개인의 목표와 국가의 목표는 다르지 않다. 자유인의 정치활동의 궁극 목표는 자신의 역량을 통해 국가와 공동체의 목표를 수행하는 것이니, 이런 의미에서 정치는 자유인의 실천이다. 정치인이 공동체를 위해 실천하는 행위는 적어도 이 점에서 명예로운 행위이다. 오늘날의 정치인이 배워야 할 덕목이라 할 수 있다.

세 번째는 세계 안에서 이루어지는 일을 오로지 호기심을 가지고 '왜 why'라는 물음을 통해 관찰하고 기술하고 탐구하는 부류다. 이들은 일종의 구경꾼이다. 나쁘게 말하면 세상일에 개입하기를 꺼려하는 방관자일 수도 있다. 그들은 먹고 사는 이해의 문제에 관심이 없다. 또 그들은 사회와 공동체를 위해 일한다는 의미에서 명예를 추구하기도 한다. 그들의 관심은 오로지 세계가 왜 그리고 어떻게 그렇게 되었는가의 까닭 arche을 탐구하는 일에만 있다.

아리스토텔레스는 《형이상학》에서 이런 순수한 의미에서의 지적 호기심이 그 이전의 자연철학사를 이끌어온 추동력이라고 말한다. 인간이 다른 동물과 다르게 비약적으로 진화하여 문명세계를 구축한 데는 여러 이유가 있다.

첫 번째는 직립 보행이다. 다른 동물처럼 네 발로 대지를 지탱하고 있다가 두 발이 해방되는 경우를 보자. 해방된 두 발은 두 손이 된다. 직립 보행할 때 이 두 손은 높은 나무 위의 과일을 딸 때 유용하다. 보다 많은 먹이를 취할 수 있다는 것은 그만큼 생존의 역량을 강화시켜 준다. 손은 동시에 도구를 제작하고 활용할 때 유용하다. 나뭇가지를 잘라서 다듬을 수도 있고, 돌조각을 다듬어 보다 강력한 도구를 만들 수도 있다.

도구는 본래의 자연 대상을 지배하는 데 유용하고 강력한 수단이다. 도구를 사용하면 사냥에서 맹수를 제압할 때도 훨씬 용이하고, 농사를 지을 때도 훨씬 용이하다. 도구의 사용은 농사를 짓고 사냥을 할 때 집단 협력을 유도하기도 한다. 농사와 사냥에서 집단 협력은 무엇보다 집단 내의 소통을 요구하고, 그 과정에서 언어의 발전을 유도한다. 활발한 손동작은 무엇보다 인간 지능의 발전을 가능하게 한다.

현대 뇌과학에 따르면 뇌의 발달은 다른 육체기관과 별도로 이루어지는 것이 아님을 보여준다. 손이 기억을 하고 몸이 기억을 하는 것이다. 예를 들어 라흐마니노프의 피아노 협주곡은 복잡하고 현란한 기교를 요하기 때문에 전문 피아니스트라도 연주가 쉽지 않다. 그는 훌륭한 연주를 위해 반복적인 훈련을 하지만, 그렇다고 악보 전체가 그대로 머릿속에 암기되는 것은 아니다. 설령 암기가 이루어진다 하더라도 지휘자의 손동작과 오케스트라의 연주에 맞춰 정확히 어떤 순간에 어떤 건반을 터치하는 것은 암기를 통해 이루어지는 것이 아니다. 거의 무의식적인 동작이라고 할 수 있는 이런 터치는 기억하는 뇌의 독립적인 명령에 따라 이루어지는 것이 아니라는 말이다. 말하자면 뛰어난 피아니스트는 반복적인 훈련을 통해 의식적으로 기억하는 것이 아니라 손으로 기억하며, 정교한 손동작이 이루어지는 만큼 뇌의 발달도 이루어지는 것이다. 기억은 말하자면 손과 뇌, 그리고 환경이라는 특수한 맥락의 합작품이라 할 수 있다.

두 번째는 시각의 해방이다. 엄격히 말한다면 이는 시각의 해방이 아니라 '시야의 개방'이라 할 수 있다. 인간의 시각이 다른 동물에 비해 떨어진다는 것은 잘 알려져 있다. 인간의 육체적 기능과 능력은 다른 동물에 비해 현저히 떨어진다. 인간은 코끼리처럼 크지도 않고, 사자나 호랑이처럼 용맹하지도 않고, 곰처럼 힘이 센 것도 아니며, 치타처럼 빠르지도 않고, 독수리처럼 시각이 좋은 것도 아니다.

동물학자의 견해에 따르면 인간의 시각은 닭보다 현저하게 떨어진다. 우리는 모이를 주는 주인도 몰라보는 닭을 폄하하면서 '닭대가리'라는 표현을 쓴다. 하지만 닭의 시각은 정밀도와 해상도의 면에서 인간과 비교할 수 없을 정도로 높다. 이런 닭의 시각에 비추어본다면, 먹이를 주는 주인의 미묘한 옷가지나 동작 등의 차이가 닭에게는 다 다른 존재로 보이는 것이 당연하다. 닭의 시각은 빛의 미세한 변화와 차이를 담아내려 한 인상주의자의 시선보다 정밀한 것이다.

인간의 시각이 다른 동물에 비해 정밀도와 해상도가 떨어짐에도 인간 진화에 큰 역할을 한 까닭은 다른 데 있다. 시각적 정보는 기억과 연관이 있다. 한편으로 기억은 과거를 담고 있지만 미래의 행동에 영향을 준다. 과거의 경험을 기억 못한다면 우리는 영화 〈모멘토〉의 주인공처럼 늘 같은 경험을 반복할 수밖에 없다. 똑같은 행동의 단순 반복은 향상과 발전을 가져오지 못하기 때문에 그는 자신의 몸에 그 경험을 문자로 새긴다. 이 점에서 기억은 이미 기억된 것에서부터 시작함으로써 보다 발전된 행동을 가능하게 해준다. 다른 한편으로 지나치게 정확한 기억은 과거의 경험이 미래의 행동을 제한하는 조건이 되기도 한다. 미래는 과거의 단순 반복이나 재현이 아니라 해석되고 개방될 때 창조성을 띨 수가 있다. 뇌 과학에 따르면 하등 동물일수록, 신체 기관에서도 저급한 기관일수록 기억 능력이 뛰어나다고 한다. 고등 동물보다는 하등 동물이 더 기억을 잘하고, 손이나 발 혹은 촉각 같은 기관이 시각이나 의식 기관보다 더 기억을 잘한다는 의미가 무엇인가? 정확한 기억은 미래의 창조적 행동을 제한하고, 단순히 과거의 행동을 반복시킬 가능성이 높다는 것이다.

인간이 다른 동물들보다 창의적으로 행동할 수 있는 것은 애매하고 모호한 기억 때문에 가능하다. 꿈보다 해몽이란 말처럼 애매모호한 것은 해석이 가능하지만, 팩트fact에 가까울수록 해석자의 해석은 제한될 수밖에 없다. 인간은 애매하고 모호한 정보로 이루어진 기억을 바탕으로 창의적으로 해석할 수 있다는 점에서 다른 동물보다 뛰어난 것이다. 이 때 '시야의 개방'이 중요한 역할을 한다.

인간의 폭넓은 시야는 멀리 떨어져 있는 정보들이나 파편화되어 연관성이 떨어지는 정보들을 연결하고 조합하는 데 큰 도움이 된다. 말하자면 인간에게는 어떤 사건을 전후 문맥이나 다른 사건과 연관 지어 판단하는 일종의 총체성의 전망을 갖추고 있다는 것이다. 게다가 시야의 개방은 특정 사건이나 사물에 매이지 않고 끊임없이 새로운 사물이나 사건을 추구할 수 있는 조건이 된다. 이런 시야의 개방성을 특별히 형이상학적 호기심이라 해보자. 그리스의 자연철학자들은 이런 호기심을 바탕으로 사물의 근본적이고 전체적인 원인, 말하자면 아르케arche를 탐구하려 한 것이다. 이런 호기심은 쉽게 채워지지 않는다. 이런 호기심은 근본적이고 총체적인 원인을 찾으려 하기 때문에 특별히 형이상학적이다.

형이상학Metaphysic이란 용어는 물리적 자연세계Physis를 넘어선 세계를 탐구하는 학문이다. 원래 이 용어는 아리스토텔레스의 자연학에 관한 저작들을 후대의 사가가 편찬하는 과정에서 이런 분류에 속하지 않는 부분을 지칭하기 위해 붙인 말이다. 그런데 자연 세계를 넘어서 있는 인간 영혼의 불사不死 문제, 세계의 유·무한의 문제, 신의 존재 문제 등이 형이상학에 해당되면서 이제 이런 문제들은 고유하게 형이상학의 영역이 되었다. 이런 세계에 대한 형이상학적 호기심은 결코 충족될 수 없다. 인간 이성이 결코 해결할 수 없으면서도, 끊임없이 인간 이성으로 하여금 해답을 구하게 하는 이런 형이상학적 호기심을 칸트는 인간 이성에 붙박인 자연적 소질Naturlage이라고 말한다. 그것은 인간 이성의 운명이라고도 할 수 있을 것이다. 아리스토텔레스에 따르면 이 특별한 호기심이 순수한 이론적 사색Theoria의 원천이다. 이런 이론적 사색은 트라키아의 하녀가 중시하는 일상의 관심이 아니고, 명예를 존중하는 정치인들의 실천Praxis도 아니다. 그것은 오로지 호기심 때문에 알고 싶어 하는 이론 활동이다. 많은 과학사가는 서양 과학이 발전한 원인으로 이런 이론 활동을 꼽고 있으며, 그 출발점으로 그리스의 해안 지방 밀레토스를 꼽고 있다. 밀레토스의 자연철학자들은 이런 전통을 실천한 일군의 철학자들이다.

다시 탈레스의 이야기로 돌아가 보자. 트라키아 하녀의 웅덩이는 하녀를 일상의 관심 속에 묶어 두었다. 반면 탈레스의 별은 그런 일상사에 매몰되지 않고 끊임없이 우주의 아르케를 탐구할 수 있게 해준 동기가 아니겠는가? 그러므로 모든 이론적 탐구에 매진하려는 자는 더는 일상의 웅덩이를 신경 쓰지 말아야 할 것이다. 일상의 웅덩이에 대한 일정한 거리 유지는 이론가가 문제를 보다 객관적이고 전체적으로 조망하는 데 도움을 줄 수 있다. 이론가의 이런 중립적 태도는 최근까지 이어지고 있다. 칼 만하임의 '자유 부동하는 지식인' 개념이나 현대 실증주의자들이 강조하는 이론의 가치중립성은 다분히 이런 태도를 반영한다. 반면 다른 전통의 마르크스는 이렇게 말한다.

"지금까지 철학은 세계를 해석해왔다. 하지만 보다 중요한 것은 이 세계를
변혁하는 것이다."   — 〈포이어바흐에 관한 테제〉, 11번

　삶의 세계에서 이론가들의 중립적 관찰이 가능하지 않으며, 더 나아
가서 과학적 객관성이라는 것조차 일정한 당파적 입장을 취할 때 가능
하다고도 본다. 세계에 대한 어떤 입장을 취할 때 더 세상을 구체적이면
서 객관적으로 볼 수 있다는 것이다. 더 나아가 현대의 과학 기술은 독
립적인 연구를 불가능하게 한다. 그 말은 과학과 기술의 연구와 발달이
정책과 자본의 영향을 벗어날 수 없다는 말과 일맥상통한다. 탈레스의
별과 하녀의 웅덩이 이야기가 2500년을 지나면서 이 문제를 다시 수렴
하고 있는 것은 아닐까?

04

완색이유득
玩索而有得

《중용》에 "완색이유득玩索而有得"이라는 말이 있다. 가지고 놀다 보면 저절로 얻는 바가 있다는 말이다. 배움의 최고 경지이리라. 일단 무엇을 하든지 재미가 있어야 한다. 재밌는 것을 찾다 보니 게임이나 오락 혹은 도박을 찾지 않는가? 젊은 시절 밤을 새워 카드를 치거나 이런저런 오락을 즐긴 경험이 있지 않은가? 그런 놀이에 탐닉을 하다 보면 주변에서 아무리 말려도 듣지 않는다. 너무 빠져서 말리는 소리도 들리지 않기 때문이다. 주변에서 말려도 그것을 무릅쓰고 하는 일을 만약 공부나 먹고 사는 일에서 한다면 그 위력이나 성과가 얼마나 크겠는가? 도박을 하듯이 일을 하고, 섹스에 탐닉하듯이 연구를 한다면 얼마나 대단할까? 워커홀릭이나 섹스홀릭이 그렇다. 학자나 예술가들 가운데는 이런 사람이 적지 않다. 그 일을 할수록 재미가 있고, 재미를 가지고 연구나 창작을 하다 보면 좋은 작품도 나올 수 있을 것이다. 시행착오를 하면서 좌절하는 경우에도 다시 연구에 매진하고 창작에 집중하면서 일어설 수가 있다. 사업이나 기타 어디든지 자기 분야에서 성공을 거둔 대부분의 사람은 이처럼 일과 재미를 일치시키는 경우가 많다. 이들은 어떤 성과를 내기 위해서나 다른 사람과 비교되기 위해서 하기보다는 그냥 자신이 하는 일을 좋아하고 재미를 느껴 즐기면서 하다보니까 그런 성과도 따라오는 것이다. 그건 억지로 시켜서 되는 일이 아니다. 무엇보다 자기가 즐기며 기쁨을 느껴야만이 가능하다.

니체의 《짜라투스트라는 이렇게 말했다》에는 '정신의 변형'에 관한 이야기가 나온다. 우리 정신이 이런 세 단계를 거치면서 성장한다는 것으로 보아도 좋고, 혹은 세 부류의 정신이라 해도 좋다.

첫 번째가 '낙타의 정신'이다. 낙타는 등에 무거운 짐을 지고 목표를 향해 뚜벅뚜벅 걷는 정신이다. '해야만 한다Du sollst'는 바깥의 명령에 순종하는 정신이고, 하는 일에 반성이 없는 맹목적인 정신이다. '움직이지 말라'면 움직이지 않는 정신, 그저 시키는 대로 묵묵히 일을 하지만, 그것이 도대체 어떤 의미가 있는지를 묻지 못하는 수동적이고 타율적인 정신이다.

두 번째가 '사자의 정신'이다. 사자라는 동물이 상징하듯, 사자는 외부의 말에 순종하기 보다는 자신의 목소리를 가지고 외부세계를 부정하고 비판하는 정신이다. 한 인간의 성장에서도 사춘기 전까지는 비교적 부모나 선생의 말에 잘 순응한다. 그런데 사춘기를 지나면서 서서히 가정이나 사회로부터 떨어져 나와 자기를 생각하는 자의식이 나타난다. 하지만 아직 사춘기의 자의식은 감정적 분리일 뿐이지 자아의 정체성이 확실하지가 않다. 그의 욕망은 부모나 사회가 심어놓은 타자의 욕망이고, 그의 생각도 다 외부로부터 주입된 것들이다. 이 단계를 거치면서 책도 읽고 고민도 하고 다른 사람과 논쟁도 거치면서 자기 정체성이 확립되다 보면 외부 세계에 대해 대단히 비판적이고 부정적이 된다. 그러므로 이 단계의 정신은 무엇보다 자유로운 정신이며, 비판하고 부정하는 정신이다. 서구사회의 경험에 비추어보면 일종의 계몽Enlightenmnent의 정신이라 할 수 있다. 하지만 이것이 정신 변형의 최종 목적지가 아니다.

세 번째가 '아이의 정신'이다. 아이의 정신은 무엇보다 솔직함이고 망각이다. 망각할 수 있다는 것은 새롭게 출발할 수 있다는 것이다. 기억은 현재의 정체성을 형성하지만, 동시에 과거의 무게에 눌리는 것이다. 과거의 제도와 풍습, 관행과 불법에 눌리지 않는다. 망각한 아이의 정신은 솔직하고 당당하게 새로운 출발을 한다. 해변 가 백사장에서 노는 아이들을 생각해보자. 아이들은 모래성을 짓고 "두껍아 두껍아 헌집 줄게 새집 줘라"로 흥겹게 노래를 부르면서 논다. 그러다가 파도가 밀려와 모래성을 쓸어간다. 그런 모습을 보고 아이들이 어떻게 반응을 하는가? 파도가 자기 집을 부쉈다고 슬퍼 우는가? 그렇지 않다. 아이들은 깔깔거리면서 다시 모래성 짓는 놀이를 한다. 아이들은 그저 놀고 즐기는 것이다.

참다운 창조의 정신은 사자처럼 부정하고 비판하는 정신만으로는 안된다. 아이의 정신은 부정하는 것이 아니라 긍정하는 것이다. 자기를 긍정하고 자기가 하는 일을 즐기는 것, 여기서 비로소 창조가 가능할 것이다. 한참을 가지고 놀다 보면 얻는 것이 있다는 중용의 말이나 니체가 말하는 아이의 정신이나 크게 다르지 않을 것이다. 나이를 먹어도 아이

처럼 놀다 보면 늙는 것도 잊지 않을까? 신선놀음하다 보면 도끼자루

썩는 것도 모른다고 하지 않는가?

05

음성과
문자

오래 전 진리를 깨우치는 데 책의 문자가 도움이 될까, 아니면 선생의 목소리가 도움이 될까라는 엉뚱한 물음에 매달린 적이 있다. 혹은 시각이 더 중요한가, 아니면 청각이 더 중요한가라는 질문도 되겠다. 문자의 역사는 인류가 정보를 저장하고 공유하기 위해 끊임없이 문자를 만들고 발전시켜왔음을 보여준다. 소리는 음音이고, 이 음은 일정한 화음을 만들기 위해 음들간의 비율을 발견한다. 피타고라스학파는 우주의 비밀을 수數를 통해 해결하려고 했다. 그들은 이 수의 일정한 관계가 음을 만들고, 이 음들의 질서를 통해 우주의 질서와 비밀을 알아내려고 했다. 그런데 소리는 직접적이고 일회적인 반면, 문자는 전승과 공유가 가능하다. 좀 어리석은 질문일지 몰라도 문자가 더 중요한가, 음성(소리)이 중요한가?

인류의 위대한 스승을 보면 거의 문자를 읽거나 썼다는 기록이 별로 없다. 유독 동양의 공자만이 문자를 사용해서 《논어》를 쓰고, 《주역》

의 〈계사전〉도 썼다.[2] 부처가 평생 8만 4천 번의 법문을 했지만 문자로 전달했다는 기록은 없다. 불경은 나중에 제자들이 모여 편찬한 것이다. 그래서 모든 경전은 '여시아문如是我聞(나는 이렇게 들었다)'으로 시작한다. 예수도 산상수훈같은 설교를 위시해서 수많은 가르침을 남겼지만 그 모든 것은 제자들이 기록한 것을 후대에 편찬한 것이다. 성경의 편찬 과정에서 위경이니 사경이니 하는 것도 후대의 편집 때문이다. 소크라테스는 소크라테스의 대화법으로도 유명할만큼 화법에 능한 교사다. 그는 저잣거리에서 당대의 수많은 논객을 상대로 대화하면서 진리를 깨우치려고 했다. 그는 진리에 도달하기 위해서는 문자보다는 말로 이어지는 대화가 더 우선한다고 보았다. 후대에 알려진 소크라테스에 관한 모든 이야기는 그의 빼어난 제자 플라톤이 기록·편집·재해석한 것이다. 왜 위대한 스승들은 문자보다는 말을 더 진리 전달의 방편으로 삼았을까?

《파이드로스》라는 플라톤의 대화편에 보면 소크라테스가 문자와 말의 관계에 관한 신화를 소개하는 흥미로운 대목이 있다. 타무스 왕이 다스리는 테베에 토트라는 신이 찾아온다. 토트 신은 왕에게 통치에 필요한 여러 가지 기술을 소개한다. 이 신은 서양에서 주사위 놀이를 처음 발명한 것으로도 유명하다. 농사를 짓는 기술과 천문 지리에 관한 기술, 그리고 백성의 병을 치료하는 기술을 말한다. 왕은 이 모든 기술이 대단히 실생활에 도움이 된다고 생각해서 기쁘게 받아들인다. 다음으로 토트 신이 백성에게 문자를 가르쳐 주겠다고 제안한다.

---

2 공자의 저술 여부에 대해서는 여전히 논란이 많다. 《사기》〈공자세가〉나 《수서》〈경적지〉 등을 보면 《논어》는 공자 사후 제자들이 공자의 언행을 모아 편집한 것으로 나온다. 《주역》〈계사전〉도 공자의 제자가 공자의 뜻을 조술하여 지은 것으로 인식되었고, 최근 공자의 자작을 주장하는 학자가 있다.

"왕이여, 이런 배움은 이집트 사람을 더욱 지혜롭게 하고 기억력을 높여줄 것입니다. 왜냐하면 그것은 기억과 지혜의 묘약pharmacon으로 발명된 것이니까요."

— 플라톤, 〈파이드로스〉(조대호 옮김, 문예출판사, 2008, p. 141)

그런데 유독 문자와 관련해서는 왕이 거부한다. 왕이 거부하는 첫 번째 이유가 흥미롭다. 곧 문자가 진리truth를 가져다 주는 것이 아니라 진리의 짝퉁the semblance of truth만 가르쳐 준다는 것이다. 말하자면 문자로는 진리에 도달할 수 없다는 흥미로운 진단이다.

진리는 화석화된 문자가 아니라 생생한 목소리를 통해 우리의 의식(영혼)에 각인된다. 사실 라이브한 현장의 생생한 소리는 영혼에 직접적으로 현전한다. 우리는 스승의 이런 목소리를 통해 진리를 깨우치고 또 이 진리를 똑같은 형태로 전승하는 것이다. 그런데 문자로 표현하는 순간 이런 생생한 현전이 사라진다. 문자는 다만 그것을 저장할 뿐이고, 우리는 그 저장되고 기록된 문자를 통해 화석화된 진리의 흔적semblance(짝퉁)만을 상기할 뿐이다. 문자는 영혼의 기억memory 능력을 퇴화시키고, 다만 떠올리는 능력reminiscence(상기)만 남긴다. 모든 종교에서 스승(구루)의 역할은 이런 생생한 진리를 우리의 영혼에 각인시키는 데 있다. 인류의 역사에서 스승은 대부분 남성과 아버지로 나타난다. 그런데 문자는 독학을 가능하게 하므로 스승이 필요없고 스승의 권위도 잊게 한다. 권위가 사라지면 결국 왕의 통치도 위험해질 수 있는 것이다.

물론 이러한 태도는 문자를 지나치게 폄하하는 것이다. 프랑스의 포스트모던 철학자 데리다는 말과 목소리가 우리 영혼 속에 생생하게 울리는 것을 진리의 현전으로 본 서양철학을 로고스 중심주의, 음성중심주의, 남성중심주의에 빠졌다고 비판한다. 이러한 음성중심주의에서 문자는 음성을 보조하는 하위의 수단으로만 간주된다. 그러나 앞서 신화에 나온 묘약pharmacon의 어원에는 약이라는 의미와 동시에 독이라는 의미도 있다. 마찬가지로 문자가 없었다면 말도 그렇게 멀리 오랫동안 전달되고 보존될 수 없다. 만일 문자가 없었다면 로고스(진리)의 현존이 어떻게 가능할까? 로고스가 로고스로 존재할 수 있기 위해서는 반복되고 보존될 수 있을 때 가능하지만, 이러한 작업은 문자가 있을 때만이 가능하다. 이런 의미에서 그는 말과 문자의 관계를 일종의 보충대리supplement 관계, 말하자면 서로 지지해주고 보완해주는 관계라 할 수 있을 것이라고 하였다.

06

기억과
상상

학생들에게 그리스 철학을 강의하다가 '기억'과 관련해 상상력이 발동하는 경험을 했다. 개인의 기억과 한 공동체나 민족의 기억에서 동일하게 과거를 잊지 못하는 문제, 혹은 반복·강박과 같은 행위가 일어나는 문제에 생각이 머문 것이다.

유대인이 2천년 동안의 '디아스포라'를 겪으면서도 다시 자신들의 땅을 찾아 국가를 건설한 데는 공동체 차원에서 역사를 기억하고 공유하려 한 특별한 경험이 있었기 때문이다. 모세가 애굽으로부터 유대 민족을 탈출시킬 때의 고난 경험을 기억하는 '유월절' 행사가 있다. 효모를 넣지 않은 빵(무교병)과 쓴 나물을 곁들여 먹으면서 유대인은 "왜 오늘이 어제와 다른가?"라는 질문을 아이들한테 하는 특별한 의식이 있다. 이런 질문과 답변을 통해 유대인은 선민 의식과 수난의 역사를 공동체 차원에서 공유하고 전승하는 것이다. 2천년 동안 세계 각지를 떠돌면서도 자신들의 국가를 되살릴 수 있었던 것은 그들만의 독특한 역사적 기억을 보존한 데 있다. 반면 기억과 전승의 한계도 없지 않다. 3장: 〈탈레스의 별과 하녀의 웅덩이〉의 내용을 잠시 빌려와 보자.

"다른 한편으로 지나치게 정확한 기억은 과거의 경험이 미래의 행동을 제한하는 조건이 되기도 한다. 이때 정확한 기억은 두 가지 의미를 띤다. 하나는 무의식적으로 정확하게 재현하는 경우이고, 다른 하나는 의식적으로 정확하게 재현하는 경우이다.……뇌 과학에 따르면 하등 동물일수록, 그리고 신체 기관에서도 저급한 기관일수록 기억 능력이 뛰어나다고 한다. 고등 동물보다는 하등 동물이 더 기억을 잘하고, 내장기관이나 감각기관, 그리고 손이나 발 혹은 촉각 같은 기관이 시각이나 의식 기관보다 더 기억을 잘한다는 의미가 무엇인가?"[3]

이 말은 생물학에서 나온 이야기지만 인문학적으로 대단한 통찰이 담겨 있다는 생각이 들었다. 내가 인용을 하면서도 스스로 감탄해마지 않는다.

오래 전 나는 이발소에서 면도를 하다가 얼굴 피부를 약간 베인 적이 있다. 그 이후로 나는 10년 가까이 이발소에서 면도를 하지 못하였다. 면도칼이 얼굴 근처에 오기만 해도 나도 모르게 근육이 마비되면서 그 칼이 내 눈을 찌를 것 같은 공포가 밀려오기 때문이다. 이성적으로는 그렇지 않을 것이라 판단하면서도 내 얼굴 근육은 오래 전의 트라우마

---

3 이 책 p. 45-46 참조

를 잊지 않고 기억하면서 그 고통을 반복한다. 이제는 그 경험을 극복해서 면도를 하지만 지금도 내 얼굴 근육은 눈 근처를 가리고 면도하라고 미리 주문을 한다.

한 개인에게서나 집단 혹은 공동체에서도 끔찍한 기억은 이렇게 트라우마로 남아서 반복강박repetition compulsion을 한다. 이런 트라우마를 극복하는 데는 무엇보다 그 고통을 대면하는 것이 필요하다. 때문에 프로이트가 정신분석학에서 요구하는 덕목은 무엇보다 그런 진실을 대면하려는 용기der Mut zur Wahrheit가 필요하다고 한 것이다.

"그것이 있던 곳으로 나는 돌아가야만 한다. Wo es war, soll ich werden"

그 아픈 고통의 기억을 외면하려 하지만 늘 그 언저리를 배회하는 것이다. 이런 반복강박은 우리를 과거의 상처에서 벗어날 수 없게 만든다. 때문에 고통스럽지만 그것을 대면하려는 용기가 필요한 것이다. 이것은 개인의 경험에도 그렇고 공동체의 경험에도 그렇다. 나는 이것을 강의할 때 박정희의 유신과 일본의 과거사 반성을 예로 들었다. 이런 기억의 발전이 없는 것은 그것을 야기한 집단이 과거의 역사적 사건을 대면하고 반성하지 못한 데 더 큰 이유가 있다. 대면하고 화해할 때 그것을 넘어서는 데 정치인들이 그것을 의도적으로 악용을 하다보니까 우리 의식이 그 과거를 잊지 못하고 반복강박하는 것이 아닌가?

의식한 상태의 정확한 기억 혹은 잊지 못하는 기억도 단순히 과거의 행동을 재현하고 반복함으로써 미래의 창조적 행동을 제한할 가능성이 높다. 인간이 다른 동물보다 창의적으로 행동할 수 있는 것은 애매하고 모호한 기억 때문이라는 주장도 있다. 꿈보다 해몽이란 말처럼 애매모호한 것은 해석자의 재해석과 재구성이 가능하지만, 팩트fact에 가까울수록 해석자의 해석은 제한될 수밖에 없기 때문이다. 그 점에서 인간은 애매하고 모호한 정보로 이루어진 기억에 바탕하여 창의적으로 해석할 수 있는 능력을 키워왔다. 이러한 해석을 위해서는 특별히 '시야의 확장과 개방'이 요구된다. 이를 통해 인간의 해석은 파편화되어 연관성이 떨어지는 정보들을 연결하고 조합할 수 있으며, 어떤 사건을 전후 문맥이나 다른 사건과 연관 지어 판단할 수 있다. 다시 말해 인간의 해석은 종합적으로 사유한다는 점에서 다른 동물들과 차이가 난다고도 할 수 있다.

07

《정신현상학》 강의

대안연구공동체에서 매주 진행하는 헤겔의 《정신현상학》 강독 겸 세미나를 두 번째 세션, 세 달 째 진행하고 있다. 중간에 세밑 전후로 연휴가 겹쳐 한 달 정도 쉬고 나의 수술 때문에 한 주를 쉰 것을 빼고는 계속 진행한 셈이다. 지난 주 목요일(2015년 2월 5일)에는 수술한 다음 주임에도 무리해서 수업을 진행했다. 의무 사항이 아니라면 누가 이런 미친 짓을 할까.

처음 의도는 《정신현상학》 원서를 강독하려고 했지만 수강생 성격상 독일어 책을 읽기는 무리다. 대학생, 대학원생부터 자기 분야의 전문가들까지 다양한 인적 구성이지만 독일어는 다들 낯설기 때문이다. 여러 사람이 한국어 번역본을 들고 수업에 들어왔지만 사실 그것을 읽기도 무리다. 그래서 내가 초벌 번역한 원고를 읽으면서 설명하는 형태로 수업을 진행하였다. 매주 A4 용지 2 – 3매 정도의 번역 원고가 필요한데, 원서로는 6 – 8페이지 분량이다. 강독 수업에서 이 정도는 상당한 편이다.

그런데 이렇게 수업을 위해 의무적으로 꾸준히 조금씩 번역을 진행하다보니 차제에 《정신현상학》 전체를 번역하고 싶은 욕심이 솟는다. 사실 이 책은 서양철학사 전체로 보아도 둘째가라면 서러울 만큼 난해한 책으로 꼽힌다. 오죽하면 빈델반트 같은 철학자는 '이 책을 처음부터 끝까지 읽은 사람은 한둘 정도 손꼽을 수 있지 않을까?'라고 농담할 정도이다. 헤겔은 자신이 썼으니까 다 읽었을 것이고, 그래도 한 사람 정도는 끝까지 읽지 않았을까 하는 것이다.

우리말 번역본은 일찌기 프랑크푸르트 대학에서 《헤겔의 노동 개념 Beriff der Arbeit bei Hegel》이란 제목으로 학위 논문을 쓴 임석진 교수가 1979년부터 시작해서 비교적 최근의 한길사본까지 무려 3번을 번역했다. 문제는 원전 자체에도 있지만 임 교수의 여러 차례에 걸친 번역이 워낙 가독성이 떨어져 전문학자까지 인용을 기피하는 데에 있다. 임 교수의 선구자적 번역이 국내에 헤겔 철학을 소개하고 뿌리내리는 데 큰 역할을 했다는 것은 부인할 수 없다. 하지만 요즘 드는 생각은 이제 그것이 장애물일 수도 있다는 것이다. 헤겔의 《정신현상학》을 너무 신비화하고 난해한 것으로 만들었기 때문이다. 물론 그 후 새로운 번역을 내지 못한 후학들도 책임을 피하기 어렵다. 강독 수업을 진행하면서 이 책을 번역하는 것에 그렇게 많은 시간이 필요하지 않을 수도, 그리고 그렇게 어려워만 하지 않아도 된다는 생각이 들었다. 이 책의 신비를 벗겨내고 이 책의 합리적 핵심을 파악하는 일이 나에게도 그렇게 마냥 불가능한 것만은 아니라는 생각이다. 이제 헤겔을 '해결'할 때도 되지 않았는가라는 생각이 든다. 더는 남에게 미루지 말고 내가 해야 할 일이 아닐까?[4]

---

4 필자는 이 책의 번역본을 도서출판 b에서 2021년 하반기나 2022년 상반기에 출판하기로 했다.

08

기술공학시대의
환경윤리

기술

안녕하세요? 이번 시간에는 '기술공학시대의 환경윤리'라는 주제를 다루어 보지요. 문제를 명료히 하기 위해 먼저 우리에게 주어진 주제를 간략하게 살펴보는 것으로 시작해 봅시다.

우리의 주제는 명백히 '기술공학시대'를 못 박고 있지요. 영어로 표현하면 techno − engineering age 정도가 될 텐데, 이 표현은 일반적으로 사용하는 '과학 기술'이라는 용어보다 좀 더 구체적이라고 할 수 있을 겁니다. 일반적으로 '공학'이라 할 때는 자연과학의 이론적 지식이 자연을 효율적으로 지배하고 이용하는 데 응용된 것을 말하지요. 즉 공학은 어느 정도는 수학이나 자연과학의 이론적 지식이 축적될 때 가능한 것이라 볼 수 있을 겁니다. 물론 역사적으로 볼 때 기술 공학이 일상생활

＊ 이 글은 2007년 여름 방학 기간에 연세대 원주 분교 철학과에서 교사들을 위한 연수 강의를 할 때 교재로 사용하기 위해 쓴 글이다.

에 먼저 적용되고 그 이후에 정교한 이론적 지식을 탐구하는 경우도 있습니다. 그렇기 때문에 이 관계는 반드시 정해져 있다고만 볼 수도 없지요. 우리가 기술공학이 응용적 지식이라고 할 때는 이론적 지식에 비해 좀 더 구체성을 띠고 있는 측면을 강조하기 위해서입니다. 기술과학의 응용적 지식은 경제 및 산업과 연계되어 현대 사회의 다양한 발전을 주도하고 있습니다. 오늘날 이러한 기술 공학을 배제하고 산업과 경제, 도시와 건축, 교통과 통신, 나아가서는 현대 문명을 거론하기 힘들 정도이지요. 우리가 수학이나 자연과학의 이론적 지식은 모르고 지낼 수는 있다 해도 현대의 기술 문명을 떠나서는 한 시도 살아가기 힘들 것이라는 것은 잘 알고 있지요. 그렇기 때문에 현대를 '기술공학의 시대'라고 일반화한다 해도 무리는 아닐 것입니다.

예를 들어 여러분들의 하루 일과를 가만히 살펴보세요. 먼저 여러분이 거주하는 공간을 보세요. 요즘 대부분이 아파트에 살고 있죠. 한국은 지난 수십 년 동안의 급속한 산업화로 인해 주거 공간이 혁신적으로 바뀌었죠. 아마도 단군 이래 최대의 주거 혁명이라고 할 수 있을 겁니다. 이러한 혁명의 공과를 논외로 한다 하더라도 이처럼 신속하게 대규모 건축이 가능한 것은 발달한 건축 공학과 건설 장비들이 없다면 불가능했을 겁니다. 오늘날에도 위용을 자랑하는 이집트의 피라미드나 중국의 만리장성을 건설할 때 연 수백만의 인력이 동원되어 수십 년이 걸렸죠. 그 엄청난 건설 현장에 동원된 수많은 사람들의 피와 땀, 희생과 고통의 결정체를 눈요기 감으로 관광한다는 것은 어찌 보면 역사의 아이러니라고도 할 수 있겠지요. 그런데 요즘은 인구 10만 명 정도가 거주하는 신도시를 건설하는 데 불과 3년 정도면 가능하다고 합니다. 과거의 문명이 상상할 수도 없던 이런 것이 현대의 발달된 과학 기술과 공학이 없었다면 가능하겠습니까?

여러분들은 학교에 올 때 어떻게 옵니까? 물론 가까운 곳에 거주하는 학생들은 걸어서 올 수도 있겠지만, 현대는 활동 공간이 넓어지다 보니 대부분 승용차나 버스, 혹은 지하철 같은 발달된 운송 수단을 이용하지요. 예전에 한양에서 열리는 과거 시험을 한 번 보기 위해서는 대부분 오가는 데만 100일 정도가 걸렸다고 하는데, 지금은 어떻습니까? 도로나 운송수단의 혁신적인 발전은 인간이 활동할 수 있는 범위도 과거에 생각하기 어려울 정도로 확장시키고 있지요. 제가 강의를 할 때나 여러분이 이 강의를 들을 때조차도 우리는 다양한 기술도구들의 도움을 받고 있지요. 과거 원효 대사는 《금강경》을 설법할 때 소 잔등위에서 1,000명의 사부대중을 상대로 강론했다고 하지만, 오늘 날 100명이 넘는 강의실에서 마이크나 기타 영상장비의 도움을 받지 않고서는 정상적으로 진행하기 힘들 겁니다.

여러분들은 이 수업이 끝나면 휴대폰을 이용해서 친구들과 대화를 나눌 것이고 혹은 강의 자료를 인터넷으로 검색도 하겠죠. 또 어떤 학생들은 인터넷을 이용해서 온라인 게임을 하거나 페이스북이나 트위터 등 SNS를 통해 다른 사람과 교류를 하고 채팅도 할 것입니다. 10년도 안되는 사이에 인터넷은 시공간의 차이를 넘어 새로운 소통 공간, 문화 공간, 생활공간을 창출하면서 과거의 사람들이 전혀 경험하지 못한 새로운 문제를 야기하고 있습니다. 이러한 기술 발전의 속도나 그 범위가 너무 빠르고 넓어서 사실 정상적으로 그 의미를 판단하기도 어려울 정도죠. 내가 여러분들도 잘 알고 있는 우스갯 소리를 하나 하죠. 여러분들,

지구의 자전 속도나 공전 속도가 우리의 일상적인 속도감으로 판단하기 어려울 정도로 빠른 거 아시죠. 한 손주가 할머니한테 지구가 이처럼 빠르게 돌고 있다고 이야기하니까 할머니 하시는 말씀이, "애야 너는 그렇게 위험한 곳에 얼씬도 하지 말거라."라고 하셨다 합니다.

우리가 그 안에 살고 있는 지구처럼 오늘날 기술 문명도 우리가 거부하기 힘든 것이죠. 이쯤 되면 눈치 빠른 학생은 이 선생이 무엇을 이야기하려는 것인지를 짐작할 겁니다. 사실 너무나 당연한 이야기를 처음부터 장황하게 이야기한 의도가 있죠. 오늘날 기술공학시대의 기술 문명은 현대인에게는 하나의 '환경Envioronment'과도 같은 것이죠. 물고기가 물이 없으면 살 수 없고, 생명체들이 공기가 없으면 살 수 없듯, 어쩌면 현대인에게 이러한 문명은 하나의 환경처럼 그 속에 거주하는 인간의 삶과 의식을 지배하는 절대적인 변수라고 할 수 있지요. 일단 우리는 이것을 '기술 환경'이라고 합시다. 우리는 나중에 '기술의 본질'을 이야기할 때 이 부분을 다룰 것입니다.

환경

통상적으로 '환경Environment'이라고 할 때는 생명 유기체에 영향을 주는 모든 외적 변수를 가리킵니다. 이러한 변수는 다른 생명 유기체나 혹은 무생물, 이를테면 기온이나 기상의 변화, 바닷물의 흐름, 강수량을 말하고, 좀 더 세부적으로는 맑은 물이나 깨끗한 계곡, 풍부한 숲 등을 말하죠. 생명 유기체가 이러한 유기적 혹은 무기적 변수들과 맺고 있는 상호작용이 '생태계ecosystm' 혹은 '생태 환경'이라고 할 수 있을 겁니다. 이러한 자연 환경은 특별히 인위적인 조작이나 충격이 가해지지 않는 한 크게 변화하지 않지요. 물론 지구도 태양계에 속한 일개 행성이기 때문에 태양계의 변화나 혹은 외계로부터의 충격에 의해 급격히 변화할 가능성은 충분히 있습니다. 영화 '딥 임팩트Deep Impact'처럼 행성 충돌로 인해 지구에 거주하는 생명체가 위험에 처할 가능성도 없지는 않겠지만, 우리가 지금 관심을 갖는 것은 그런 우연적 변수는 아니지요. 모든 유기체는 이러한 생태 환경과의 상호 작용 속에서 적자생존도 하고 종의 선택적 진화도 하면서 영향을 주고받으며 살아가고 있죠.

대부분의 생명 유기체는 일차적으로 종의 보존을 위해 자신이 처한 환경에 적응하는 데 주력하기 때문에 환경의 급격한 변화를 가져오지는 않습니다. 그런데 유독 인간이라는 종은 이러한 환경에 적응하는 데 그칠 뿐 아니라 그것을 인위적으로 조작하고 지배함으로써 자신에게 유리한 환경을 조성하고 그 환경에 커다란 변화를 가져올 수 있죠. 사실 인간의 문명이라는 것이 자연 환경에 대한 지배의 역사라고 일반화시킬 수도 있을 겁니다. 게다가 앞서 말한 '기술 환경'의 급격한 발전은 '생태 환경' 혹은 자연 환경을 현저하게 파괴하고 악화시킴으로써 인간 자신의 생존도 위협할 지경에 이르고 있지요.

오늘날 도시의 집중화 현상과 대규모 산업 단지로 인한 환경오염은 일상화되어 있고, 오존층의 파괴와 온실 효과로 인한 엘니뇨현상과 기상 이변 등으로 대기환경도 악화 일로에 있죠. 이산화탄소의 과다 배출로 인한 지구 온난화 현상을 그대로 방치할 경우 기상이변, 사막화 현상의 진행과 극지방의 해빙과 해수면 상승으로 인해 현재 인간이 거주하고 있는 상당 지역이 물속에 잠길 것이라는 끔찍한 보고서도 있지요. 사실 이런 예들을 들려면 한이 없을 겁니다. 문제는 이러한 현상이 일시적이거나 국지적인 것이 아니라 일상적이고 전면적이어서 지구 환경 전체의 균형을 깨뜨리고 있다는 것입니다.

그래서 우리는 이제 묻지 않을 수 없을 겁니다. 과학 기술의 발달에 기초한 기술 환경과 자연 생태계의 환경은 과연 양립이 불가능한 것인가? 만일 그렇다면 우리는 생존을 위해 피치 못하게 둘 중의 하나를 포기해야 할 것인데, 과연 오늘날 그것이 가능하겠는가? 그리고 이것이 기술과 자연의 문제에 한정되는가, 혹은 과학 기술은 통상 가치중립적으로 간주되는데, 그것을 운용하는 인간의 태도와 가치 판단이 더 중요한 문제가 아닌가? 이러한 물음들과 관련해서 자연에 대한 인간의 윤리적 태도나 책임의 문제가 제기되는데, 사실상 윤리는 전통적으로 인간과 인간 사이의 문제가 아닌가라는 생각도 들겠죠. 그럴 경우 변화된 환경과 새로운 상황에 적용할 수 있는 새로운 윤리가 요구되지 않겠습니까? 우리가 오늘 이야기하려는 '환경윤리envioronmental ethics'도 이 새로운 분야에 속한다고 할 것입니다.

이러한 몇 가지 문제와 관련해서 우리는 먼저 서양의 사상 속에서 이해된 과학과 기술의 성격, 자연의 성격을 알아보고 이러한 문제를 조정하기 위한 환경윤리의 다양한 관점을 살펴보겠습니다. 그리고 마지막으로 자연에 대한 인간의 바람직한 윤리적 태도와 책임을 묻고 현재 우리가 취할 수 있는 정책적 방향과 대안을 제시해 보고자 합니다.

신화

먼저 여러분들도 잘 알고 있는 그리스 신화로 이야기를 시작해 봅시다. 칼 구스타프 융이 지적했듯, 신화는 세계에 대한 인류의 원형적 체험이 반영되어 있기 때문에 한 문화권의 지배적인 사상을 이해하는 데 대단히 중요한 도구라 할 수 있습니다. 여러분들, 프로메테우스의 신화를 알고 있죠. 프로메테우스는 신들의 뜻을 거역하고 온갖 종류의 기술에 관한 지혜를 불과 함께 훔쳐내서 인간에게 전달한 죄로 카우카소스 산에 묶여 매일같이 독수리에게 간을 쪼아 먹히죠. 이 '프로메테우스의 불'은 인류의 기술 문명을 상징하고, 인간은 이 기술을 통하여 자연을 정복하고 지배하는 데 성공하지만, 다른 한편으로 그것을 얻는 데는 희생과 고통이 따른다고 할 수 있지요. 기술은 인간이 자연에 이르는 도구이고, 인간은 이 도구를 이용하여 자연의 위협을 넘어서 그것을 조작하고 지배할 수 있게 됩니다.

그런데 기술의 이러한 지배적 성격은 그것을 운영하는 인간의 자만심을 부추길 수 있습니다. 아라크네는 길쌈과 자수의 명인으로 널리 알려져 있죠. 그런데 사람들이 그녀의 솜씨를 아테네 여신으로부터 배운 것이라고 하자 아라크네는 그것을 부인하죠. 결국 아테네 여신과 솜씨 대결을 하는 '오만함hybris'으로 인해 거미가 되는 저주를 받죠. 다이달로스는 그리스의 가장 유명한 장인匠人입니다. 그는 크레타 섬의 유명한 미로 성을 건축했는데, 영웅 테세우스가 이 성에 갇혔다가 아드리아드네 실을 잡고 탈출하는 이야기도 있죠. 이때 탈출을 도운 다이달로스가 이 성에 갇혔다가 아들 이카루스와 함께 밀납으로 만든 날개로 탈출을 시도하죠. 다이달로스는 밀납 날개를 아들에게 주면서 절대 하늘 높이 올라가지 말도록 신신당부했지만, 이카루스는 날개를 과신한 나머지 자만에 빠져 하늘 높이 올라갔다가 추락하는 이야기입니다. 동일한 밀납 날개를 달고서도 이카루스는 실패했지만, 다이달로스는 무사히 에게해를 넘어 탈출에 성공한 것이죠.

이러한 신화적 이야기는 우리가 다루게 될 과학 기술의 성격과 그것을 인간이 어떻게 다루어야 할지에 대한 교훈을 담고 있다고 볼 수 있습니다. 그러면 이러한 이야기들을 염두에 두면서 서양 사상에서 이해된 과학과 기술에 대해 살펴봅시다.

과학

사실 과학과 기술, 그리고 산업의 발달이 자연 환경에 대한 위험으로 등장하게 된 것은 비로소 근대 이후라고 할 수 있습니다. 그래서 우리도 근대의 자연과학과 기술을 중심으로 이야기하겠습니다. 물론 어떤 이들은 존재를 이성의 질서로 파악하려는 그리스의 철학이나 온 땅을 지배하고 모든 짐승을 부리라는 히브리적 세계관까지 소급해서 자연에 대한 인간의 우월적 지위와 착취를 보기도 합니다. 하지만 이런 관점은 인간의 문명사 자체를 부인할 수도 있고, 기술 환경 자체도 인간이 거부할 수 없는 사실임을 부정할 수도 있습니다. 그럴 경우 문제를 모호하게 할 수도 있고 해결을 어렵게 할 수도 있기 때문에, 우리는 자연에 대한 지배와 조작을 전면화한 근대의 과학과 이러한 과학적 이론을 산업의 발달과 공학 기술에 곧바로 응용할 수 있게 된 근대 이후를 문제 삼고자 하는 것입니다.

우리는 이렇게 물어볼 수 있을 겁니다. 근대 과학의 지배적인 특성이 무엇인가? 근대 과학의 어떤 측면이 자연에 대한 착취적 지배를 가능하게 하고 또 비약적인 발전을 가져오게 되었는가?

우리는 근대를 통상 주체의 시대라고 합니다. 이러한 주체는 정치적으로는 봉건적 신분관계로부터 해방된 자유롭고 원자화된 개인이고, 경제적으로는 자기 보존과 자기 이익을 극대화하려는 이기적 개인이며, 철학적으로는 진리의 준거점을 존재가 아니라 이성의 자기 확신에 두는 주관이며, 종교적으로는 신과의 만남을 외적인 교회나 제도가 아니라 내면의 양심에서 찾는 개인입니다. 이처럼 주체의 양태는 다양하게 나타나지만, 이들은 모두 공통적으로 자기 바깥의 세계로부터 독립해서 자기 안에서 세계를 이해하고 행위의 규범과 동기를 발견하려는 주체라고 할 수 있습니다. 자신이 살던 세계로부터 단절되어 무인도에서 새로운 삶을 개척하는 로빈슨 크루소와 같이 이 새로운 주체는 객체와 상호 분리, 대립된 존재이죠. 여기서 비로소 서양의 근대 사상을 특징짓는 주 – 객 이분법 혹은 이원론이 정착합니다. 문제는 이러한 주 – 객 이분법 하에서 자연은 고유한 주체성과 신비성을 상실하고 인간의 인식이 인식하고 소유하고 정복하며 또 실험하는 대상으로 바뀐다는 것이죠.

아리스토텔레스나 중세의 신학적 자연관에서 모든 존재들은 '존재의 사슬'을 매개로 가장 높은 신적 존재로부터 인간이라는 중간적 존재를 거쳐 가장 낮은 무생물의 차원에 이르기까지 유기적 관계를 맺고 고유한 층위를 이루고 있었지요. 그런데 이러한 존재의 고유한 질서는 동질적인 물리적 공간으로 바뀌고, 인간은 이성의 빛에 의거하여 자연을 수학적, 역학적으로 이해할 수 있는 통일적인 방법을 수립할 수 있게 되죠. 여기서 자연은 살아 있는 생명 유기체가 아니라 죽은 자연, 대상화된 자연이 되고 말죠. 이것이 갈릴레오가 '수학의 언어로 쓰인 자연'이라고 말할 때의 의미이고, 뉴턴의 역학 체계에서 이해된 동질적인 관성 물질과 절대공간으로 말할 때의 의미입니다. 이제 자연은 철저하게 물리적이고 기계론적인 자연으로만 이해되어서 고유한 질서나 영적 신비성을 상실하고 맙니다. 간단히 말해서 인간을 제외한 모든 존재자는 기계적인 역학 법칙으로 조작할 수 있는 기계 장치와도 같습니다. 이 점에 관해서는 인간의 육체도 큰 차이가 없죠. 인간의 육체는 더 이상 생명으로 가득 찬 신비의 대상이 아니라 화학, 물리적 반응에 작용하고 반응하는 물리, 기계적인 대상으로 전락하고, 따라서 의학에서도 해부학이 비약적으로 발전하게 됩니다.

그러므로 과학자들은 그 이전의 존재론에서 고유한 대상의 고유한 방법을 탐구하는 것과 다르게 연구 분야에 관계없이 동일한 암묵적 절차를 따르게 됩니다. 첫째, 자연에서건 실험과정에서건 대상이나 과정에 대해 세밀한 관찰을 한다. 둘째, 관찰된 정보를 취합하고 분석한다. 셋째, 관찰된 현상을 설명해 주는 가설을 정립한다. 탐구 과정에서 드러나는 이러한 방법적 통일성은 자연과학을 비약적으로 발전시키게 됩니다. 게다가 근대의 자연 과학은 이러한 방법을 계량화하고 수학화하는 데 탁월한 능력을 보입니다. 그리하여 이렇게 관찰과 실험을 통해 축적된 자연에 대한 과학적 지식은 산업과 기술에 응용되어 산업 혁명을 주도하고, 인류의 사회 복지와 생활수준의 향상에 크게 기여하게 됩니다. 동시에 이러한 과학 기술은 자연에 대한 지배와 착취를 가속화함으로써 자연을 파괴하고 훼손하여 인간의 생태적 환경 자체를 위협하는 수준으로 발전하게 됩니다.

이제 과학 기술은 단순히 자연에 이르는 방법과 도구에 그치지 않고 자연환경을 파괴하고 심지어는 인간을 그 자신으로부터 소외시키는 가장 중요한 요소가 되기도 합니다. 우리는 여기서 현대의 이러한 기술의 성격과 관련해서 20세기 독일의 철학자 하이데거의 주목할 만한 해석을 살펴볼 필요가 있다고 생각합니다.

게슈텔Ge-stell

하이데거는 1962년에 출판한 《기술과 전향》이란 책에서 기술을 탈은 폐와 비은폐성의 유형으로 규정하고 이러한 기술은 진리의 사건이 일어나는 곳에 본질적으로 존재한다고 보았습니다. 다소 어려운 표현이지만 하이데거의 설명을 따라가 보면 이 말에 현대의 과학 기술에 대한 본질적인 통찰이 담겨 있음을 알 수 있을 것입니다. 원래 희랍적인 의미에서 기술techne은 자연 속에 숨겨져 있는 것을 밖으로 드러나게 하는 '포이에시스poiesis', 즉 장인의 제작 활동 혹은 예술적 행위와 동일한 의미였죠. 그런데 현대의 기술은 단지 '밖으로 드러내어 앞에 있게 하는 것Her-vor-bringen'이 아니라, 자연에게 온갖 종류의 에너지를 빼앗는 '강력한 요구Herausforderung'를 의미합니다. 하이데거에 따르면 "이 강력한 요구는 자연에 숨겨져 있는 에너지를 채굴하고, 캐낸 것을 변형시키고, 변형한 것을 저장하고, 저장한 것을 다시 분배하고, 분배한 것을 다시 한 번 전환해 사용함으로써 이루어진다."고 합니다. 여기서 '채굴하고, 변형하고, 저장하고, 분배하고, 전환한다'는 것은 은폐된 것을 벗겨낸다는 이른바 탈은폐의 방식입니다. 근대의 과학 기술에서는 이러한 탈은폐가 주로 에너지원으로서의 자연에 집중되고 있죠. 그러므로 근대 과학은 자연을 탐구하는 데 기계 장치를 도입하여 자연을 도발적으로 벗겨내기 시작하였으며, 탈은폐된 자연은 부품으로 전락하게 하였습니다. 이처럼 자연에 대하여 도발적 태도를 취하는 기술의 본질적 특성을 하이데거는 '게슈텔Ge-stell'이라고 부르지요.

하이데거가 말하는 게슈텔이란 잘 다듬어 세워서 그 자체 속에 모으는 것입니다. '게슈텔'은 '생각하다Vorstellen', '확정하다Feststellen', '생산하다Herstellen'에서처럼 무엇인가를 다듬어 세우는stellen 일을 집합적으로 표현하고 있지요. 다시 말해 그것은 어떤 것을 일정한 틀Framework 속에 세우는 것, 즉 세움 틀을 의미합니다. 하이데거는 기술의 본질이 바로 이 '게슈텔'이라고 단정한 것입니다. 그런데 하이데거에 따르면, 이것은 자신의 고유한 본질의 진리를 망각하게 하는 위험을 가지고 있습니다. 문제는 우리가 이러한 위험이 도처에 있음에도 불구하고 그것이 은폐되어 있기 때문에 감지하지 못하고 있을 뿐입니다. 하지만 위험이 위험으로서 존재하고 있다면 위험의 본질은 본래적으로 일어나고 있다고 할 수 있을 것입니다. 일찍이 독일의 시인 휠더린이 "위험이 있는 곳에 구원자도 함께 있다."라고 말한 것처럼, 위험 그 자체가 기술에 의한 존재의 망각으로부터 탈 은폐성으로서의 존재의 본질, 즉 진리에로 돌아갈 수 있게 한다는 것이 하이데거의 생각입니다. 어쩌면 현재 우리가 직면해 있는 생태계의 위험 속에서 동시에 극복해야 할 과제가 주어진 것이 아닐까요?

책임

하이데거가 자연을 지배, 조작하고 착취하는 기술의 본질은 잘 보여주고 있지만, 그 기술에 대한 인간의 가치 판단이나 실천적 태도 혹은 윤리적 책임의 문제까지 해답을 주고 있는 것은 아닙니다. 사실상 그러한 과학 기술은 인간 자신의 작품이고, 보다 구체적으로는 자연에 대한 인간 이성의 대응 방식이라고 할 수 있죠. 때문에 기술에 대한 인간의 태도나 운영 방식 여하에 따라 그 기술은 독이 될 수도 있고 약이 될 수도 있지 않을까요? 이미 이야기한 그리스 신화의 아라크네나 이카루스의 이야기는 과학 기술을 대하는 인간의 자세나 운영 방식 여하에 따라 얼마든지 달라질 수 있음을 보여주고 있지요. 상대성 이론을 통해 자연의 비밀을 밝힐 때의 아인슈타인이 원폭 투하로 인해 수많은 생명이 죽어간 현실을 예측할 수 있던 것은 아니지요. 오늘날 비약적으로 발전하는 유전공학의 복제 기술이 난치병 치료라는 선한 명분을 걸고 있지만, 미래에 이러한 기술이 어떻게 악용되어 사악한 결과를 낳게 될지는 쉽게 판단하기 어렵지요.

막스 베버가 이야기했듯, '모든 의도가 결과와 일치하지 않을 수 있다는 것'을 우리는 수도 없이 목격합니다. 사실상 기술을 잘못 사용하는 데서 빚어지는 사태에 대해 누가 책임을 져야 하나요? 현재 인류가 직면한 생태 위기를 극복하기 위해 계속 기술을 개발해야 할 것인가, 혹은 기술 사용을 정책적으로 제한해야 할 것인가의 문제를 우리는 어떻게 보아야 합니까? 우리가 이제 이야기하려는 '환경윤리'는 이러한 문제 상황 속에서 등장한 것이라고 볼 수 있습니다.

환경윤리

'환경윤리'는 포괄적으로 인간이 환경과 교류하면서 제기되는 문제를 다루는 새로운 윤리학의 분야라고 할 수 있습니다. 예컨대 사회 발전과 과학 기술의 진보가 생명 유기체와 환경의 생존에 필요한 것인가? 현재의 환경 위기를 극복하기 위해 인간은 자연에 대해 어떠한 태도와 책임을 져야 하는가? 그 이전에 우리는 자연을 어떻게 이해해야 할 것인가? 이러한 위기를 극복할 수 있는 방안은 무엇인가? 등등이 넓은 의미에서 환경윤리의 주제가 될 수 있죠. 사실상 오늘날의 환경 위기가 과학 기술과 문명의 발전에서 비롯된 것이지만, 이것이 과학 기술의 문제만도 아니고 과학 기술만으로 해결할 성질은 더더욱 아니지요. 데자르댕 Desjardins의 말에 따르면 "환경 문제는 인간으로서 우리가 무엇을 소중히 여길 것인가? 우리는 과연 어떠한 존재인가? 우리는 어떠한 삶을 살아야 하는가? 자연에서 우리의 위치는 어떤 것인가? 우리는 어떠한 세계에 살아야 하는가?"와 같은, 보다 근본적인 인간의 문제, 자연의 문제, 윤리의 문제와 관련되어 있다고 할 수 있습니다. 게다가 환경윤리는 당면한 생태 위기를 해결하기 위한 사회 정책적인 문제, 과학 기술적인 문제, 비용의 책정과 지출에 관련된 법적이고 경제적인 문제 등 대단히 포괄적이고 종합적인 성격을 띠고 있다고도 볼 수 있습니다.

또한 오늘날의 환경 위기가 국지적 성격을 넘어서 지구 환경 전체와 관련되어 있기 때문에 국제적이고 외교적인 문제도 포함하고 있지요. 이를테면 기후 협약이나 이산화탄소 방출과 관련한 선 − 후진국간의 갈등을 조정하는 것이나 거대한 중국이 산업화되면서 발생하는 오염 물질이 주변 국가로 확산되면서 나타나는 외교적 갈등의 문제가 그렇지요. 이러한 면에서 본다면 환경윤리는 이론적이면서 실천적이고, 개별 학문인 동시에 종합 과학의 성격도 지닙니다. 오늘날 환경 위기가 그만큼 전면화되어 있어 시급한 해결을 요하고 또 다양한 접근을 필요로 하고 있음을 알 수 있을 것입니다.

우리는 여기서 먼저 환경 문제에 접근하는 두 가지 커다란 담론 형태를 살펴보고자 합니다. 첫째는 기술 중심주의이고, 둘째는 생태 중심주의입니다. 여기에 덧붙인다면 사회경제 체제 중심주의가 있을 수 있을 것입니다. 기술 중심주의는 근대의 과학혁명과 합리주의에 기초하고 있으며 자연에 대한 지배적 태도를 선호합니다. 이것은 넓은 의미에서 '인간 중심주의'라고 할 수 있을 겁니다. 반면 생태중심주의는 자연과 인간의 동등성이나 자연에 대한 인간의 종속성을 표방하는 낭만주의, 그리고 맬더스와 다윈을 중심으로 한 생물학적 과학이론에 깊은 영향을 받고 있습니다. 전자와 다르게 이것은 탈 인간 중심주의라고 할 수 있지요.

마지막으로 사회 경제체제적인 접근은 마르크스주의의 영향을 받아 이윤과 효율을 극대화하려는 자본주의라는 특정한 생산양식이 자연에 대한 수탈을 가속화함으로써 환경위기를 초래했기 때문에 자본주의 체제의 변혁이 환경 문제 해결의 첩경이라고 봅니다. 그러나 이 마지막 이론은 문제를 이데올로기적으로 호도하는 경향이 강하고, 인민들의 참여 민주주의가 이루어지지 않은 상태의 일당 독재가 오히려 환경 문제를 악화시킬 수 있다는 것을 구동독의 환경이나 구소련의 '체르노빌 원전 사고'를 통해 확인할 수 있기 때문에 우리의 논의에서는 생략하도록 하겠습니다. 그러면 각각의 핵심 내용을 봅시다.

기술 중심주의

첫째 기술 중심주의technocentrism는 우리가 앞서 설명한 근대의 지배적 자연관으로부터 유래한다고 볼 수 있습니다. 기술 중심주의는 자연에 대한 객관적, 과학적 접근 방식을 고수하며 자연에 대한 조절 과정을 통하여 성취된 고도의 기술과 물질 소비를 사회적 진보의 궁극 목표로 삼아 왔지요. 따라서 그들은 인간의 경제적 요구를 자연의 생존권보다 더 중요하게 생각하며 오늘날 빚어지는 환경 위기를 해결하기 위해서도 과학 기술을 더욱 발전시켜야 한다고 말합니다. 때문에 그들은 환경 문제에 관한 정책을 입안하는 과정에서도 소수의 과학자 전문가 집단의 의견을 중시하려고 합니다.

칸James R. Kahn은 대표적인 기술지향주의자 중 한 사람인데, 제한받지 않은 성장만이 사회적 진보를 이룰 수 있다고 역설합니다. 그는 과학 기술의 진보야말로 식량 시장의 증가, 저개발국으로의 효율적인 기술 이전을 가능하게 하고 값싼 노동력을 활성화해 저개발 국가들이 선진 산업 국가의 대열에 동참하게 될 것이라고 낙관적으로 전망합니다. 칸의 이러한 기술 만능주의적 표현은 합리적인 자연의 진보를 굳게 믿은 근대 계몽주의 사상가들의 연장에 있다고 볼 것입니다. 또한《역사의 종말》로 일약 세계적인 논객으로 등장한 프랜시스 후쿠야마 같은 이는 생태지향주의자를 루소주의에 입각하여 기술 문명을 거부하는 급진적인 환경 보호론자로 규정하고 '자연으로 돌아가자'는 그들의 시도는 개인이나 소규모 사회에서만 가능하다고 몰아 붙입니다. 만일 현재의 기술 문명을 거부할 경우 미국과 일본 같은 선진 공업 사회도 제3세계의 빈곤한 국가의 처지로 전락할 것이라고 후쿠야마는 주장합니다.

후쿠야마의 이러한 지적은 기술 환경도 인간의 본질적인 환경이라는 점에서는 긍정적이지만, 하이데거가 지적한 것처럼 기술 문명의 '게슈텔'적 성격을 간과함으로써 기술 문명의 위험을 지나치게 단순화할 우려가 있다고 할 것입니다. 오늘날 과학 기술만으로 우리의 환경을 개선할 수 있다고 보는 것은 소박한 신념에 지나지 않죠. 더구나 과학 기술이 어떻게 생산이 되고 있고, 그것이 사회의 어떤 집단의 이익을 우선시하며 또 국가의 정책 방향과 얼마나 밀접한 관계를 맺고 있느냐를 고려한다면 기술 중심주의는 현재의 환경 위기를 지나치게 단순화시킬 우려도 있습니다. 1984년 미국의 다국적 기업인 유니언 카바이드사가 인도의 보팔시에서 운영하던 화학 공장에서 가스가 누출되어 순식간에 수많은 생명을 앗아갔습니다. 기업의 생산 기술이나 경제적인 이윤 동기는 언제든지 자연 환경이나 인간의 생명 보존을 무시할 수 있습니다. 우리는 이런 예를 통해 기술 자체 이상으로 그것을 운영하는 인간의 가치 지향과 태도가 얼마나 중요한지를 알 수 있을 것입니다.

생태 중심주의

다음으로 '생태 중심주의'를 살펴봅시다. 생태 중심주의는 자연에 대한 생물학적 생존권을 인정하고 자연에 대한 경외심을 바탕으로 인간과 자연의 윤리적 관계를 회복하려는 환경운동의 이념입니다. 여기서 다음과 같은 인디언 부족의 말을 인용해봅시다.

"당신은 나더러 땅을 갈아엎으라고 한다. 그러면 내가 칼을 들고 어머니의 가슴을 찢어도 좋다는 말인가? 그렇게 한다면 대지는 내가 죽을 때 편히 쉴 수 있는 품이 되어주지 않을 것이다. 당신은 나더러 돌과 바위를 파내 버리라고 한다. 나보고 자연의 뼈대를 감싸고 있는 피부를 파헤쳐 버리라는 말인가? 그러면 나는 죽을 때 자연의 몸속에 들어가 다시 태어나기를 기다릴 수 없을 것이다. 당신은 나더러 무성한 풀을 베어 건초를 만들어 팔면 백인처럼 부자가 될 것이라고 한다. 하지만 어떻게 감히 어머니의 머리카락을 자른단 말인가? 나는 우리 부족과 함께 여기 머물고 싶다. 죽은 사람들은 모두 다시 살아날 것이다. 그들의 영혼은 틀림없이 제 육신을 찾아온다. 우리는 이곳 아버지의 땅에서 기다리면서 다시 그들을 어머니의 품 안으로 맞아들일 준비를 해야 한다."

미국 인디언의 이러한 말에는 자연을 유기체이든 무기물이든 숭고한 생명으로 간주하려는 생각이 담겨 있습니다. 따라서 그것은 지배나 조작, 혹은 개발의 대상이 될 수 없으며, 경제적인 이윤 추구를 위한 수단이 될 수도 없을 것입니다. 자연에 대한 극단적 외경에 기초한 생태중심주의는 현대의 대규모 집약형 기술이나 이를 선도하는 엘리트 전문가의 요구를 부정하고 중앙집권적 국가의 권위와 비민주적 제도도 비판합니다. 그리고 이들은 자연에 대한 잘못된 이해에 뿌리를 내리고 있는 물질만능주의는 그릇된 것이며, 현재 성장 일변도의 경제 계획도 거부를 합니다. 이를 위해서 이들은 소규모 공동체주의를 실천하고 생명 윤리를 전파할 수 있는 민주주의적 교육이나 정치에 대중이 참여할 것을 역설하기도 하지요. 무엇보다 이들은 지금까지 이루어진 개인이나 사회 조직의 가치관 및 행동 양식에 근본적인 변화를 촉구합니다.

그러나 생태 중심주의는 앞서 후쿠야마가 지적하고 있는 소규모 공동체주의의 딜레마에 어떤 형태로든 대답해야 할 것입니다. 오늘날 기술환경은 생태환경 못지않게 인간의 삶에 중요한 요소를 차지하고 있습니다. 또한 기술에 대한 극단적인 편견은 현대의 광범위한 환경오염을 해결하는 데 기술이 차지하는 역할을 간과할 수도 있을 것입니다. 한 때 거대한 쓰레기 산으로 치부되던 난지도가 생태환경으로 다시 탄생할 수 있던 데는 고도로 발전된 환경공학의 역할도 무시할 수 없을 것입니다. 앞서 이야기한 것처럼 현대의 환경오염은 전면적이고 대규모적일 뿐 아니라 정치, 경제, 사회, 과학 등 다양한 이해관계가 얽혀 있기 때문에 그것을 해결하는 데는 생태 중심주의적 접근만으로는 한계가 있다는 점도 명심해야 할 것입니다.

인간 중심주의 윤리학

우리는 지금까지 '기술공학과 환경윤리'라는 주제로 인간과 환경, 환경 위기와 과학 기술, 근대의 자연관, 그리고 환경 위기에 접근하는 다양한 방식 등을 살펴보았습니다. 이제 마지막으로 환경 윤리학에 관한 몇 가지 이론들을 검토해 보고자 합니다. 윌리엄 프랑케나William K. Frankena 는 환경 윤리학에 관한 논쟁들을 크게 인간중심적, 감각중심적, 생명중심적, 전체론적 접근으로 구분하고 있습니다. 그러나 오늘날의 일반적인 생태윤리학은 인간과 자연의 관계에 대한 전통적인 인간중심적 관점을 벗어나 인간 이외의 생명체와 전체 생태계의 고유한 목적과 가치를 인정하고 주체적 지위를 부여하는, 이른바 자연 윤리학Natur – Ethik을 지향하고 있습니다. 따라서 프랑케나의 구분은 크게 인간 중심주의와 나머지 세 가지 구분이 생태 중심주의에 포섭되는 것으로 대별될 수 있을 것입니다. 우리도 이러한 구분을 따라 설명을 진행하고자 합니다. 먼저 인간 중심주의를 살펴봅시다.

인간 중심주의는 인간 존재의 내재적 가치만을 인정하여 인간 이외의 다른 모든 자연 존재자는 인간의 목적 실현을 위한 수단으로 활용할 수 있다고 주장합니다. 따라서 자연은 앞서 기술 중심주의에서 보듯 도구적이고 조작적인 수단으로만 이해됩니다. 여기서는 윤리적 원리도 오직 인간에게만 적용되며, 인간의 필요와 이해가 최상의 그리고 배타적인 가치를 지닌다고 주장합니다. 때문에 인간 중심주의는 지구를 오직 자원의 보고, 즉 자연을 지배의 대상으로 간주하고, 제한된 자원은 과학기술이 대체 물질을 창조할 수 있으며 환경재난도 과학기술을 발전시켜 해결할 수 있다고 확신합니다.

인간 중심주의는 인구증가에 맞추어 경제성장을 도모해야 한다고 하면서 성장에 대해 낙관적인 태도를 취하고 있습니다. 자연을 맑고 깨끗하게 유지해야 할 이유는 단지 인간이 건강하게 살 수 있기 위함이며, 환경위기도 과학기술을 통해 해결하려는 점에서 '기술 중심주의'라고 부를 수 있을 것입니다. 나아가 인간 중심주의자는 자연 존재가 인간에 대해 수단적 가치 외에 도덕적 권리를 지니고 있지 않으므로 인간 역시 자연에 대해 직접적인 도덕적 의무를 질 필요가 없다고 생각합니다. 하지만 이러한 입장에 대해 인간에게만 국한된 도덕 체계는 자의적이고, 불공평하다고 말하면서 도덕적 가치가 영적 존재와 성지뿐만 아니라 비인간적인 동물에게까지 확대될 수 있다는 반론도 있습니다. 그럼에도 불구하고 인간 중심주의자는 여타의 존재자에 우월한 위상을 지니고 있는 인간의 보편적인 규범과 실천적 행위를 통해 오늘날의 생태학적 위기를 극복할 수 있다고 말합니다. 또한 이들은 과거 수차례 지구상에서 이루어진 대규모 멸종사건을 예로 들면서 생물학사적으로 볼 때도 환경 위기의 문제가 인간 자신만의 책임이 아니라고 주장합니다.

서구 사상에서 이러한 인간 중심주의의 뿌리는 상당히 깊다고 볼 수 있습니다. 예컨대 자연물의 도덕적 지위에 대해 냉담한 입장을 견지한 아리스토텔레스나 여타의 존재자에 비해 우월한 지위를 부여한 성서의 인간관에까지 추적해 볼 수 있을 겁니다. 앞서 근대를 '주체의 시대'라고 이야기했을 때 우리는 이러한 입장을 근대의 지배적인 특성으로 볼 수 있었습니다. 예컨대 칸트는 자연을 오로지 현상의 총체로 파악하고 오성을 자연의 입법자로 간주했는데, 이때 주체인 인간에게 스스로를 드러내지 않는 자연은 없는 것과 다르지 않고 자연의 질서란 인간 이성이 부여한 것이라고 할 수도 있지요. 오늘날 환경윤리학자 가운데 패스모어Pathmore와 매클로스키McCloskey는 이러한 입장을 대변하고 있는데, 그들은 인간만이 도덕적 권리를 지니고 있음을 강조합니다.

사실상 인간중심주의는 '이기적인 자기 보존의 윤리'라고 할 수 있지요. 그렇기 때문에 이러한 입장은 환경 위기와 생태계의 파괴력의 위험을 인정하면서도 인간의 생존 조건과 직결된다는 관점에서 이해하려고 합니다. 이러한 입장 가운데 비교적 '약한 인간중심주의'와 관련해서 제기되는 것 중에 '미래세대에 관한 논증'이 있습니다. 그러나 미래 세대에 대한 우리의 책임과 의무 문제를 제기하는 것도 다가올 사람들에게 영향을 미치기 때문입니다. 미래 세대의 문제는 자연 자원의 무분별한 개발로 인한 환경 폐해가 다음 세대의 생존 조건을 위협해서는 안 되기 때문에 개발 억제를 유도해야 한다고 주장합니다. 사실상 자연 자원을 둘러싸고 세대 간 분배 정의를 고려한 이러한 입장도 자연 자체보다는 미래 지구에 거주할 인간에 관심을 갖는 것이라고 할 수 있습니다. 현대 과학 기술의 위험을 강조하고 현재의 세대에게 도덕적 책임을 묻는 대표적인 학자로 한스 요나스Jonas가 있는데, 이러한 관점에서 그의《책임의 윤리》라는 책은 충분히 읽어볼 가치가 있을 겁니다.

생태 중심주의 이론들

인간 중심주의와 달리 인간이 인간 이외의 다른 자연 존재에 대해 직접적인 책임이 있다는 입장이 생태 중심주의입니다. 생태 중심주의는 그 대상의 영역에 따라 감각 중심주의, 생명 중심주의, 전체론의 순서로 확장되고 있습니다.

먼저 감각 중심주의는 감각적 능력을 가진 자연존재자의 내재적 가치를 우선적으로 배려하는 입장으로서, 감각 중심주의자는 감각과 감정을 가진 생명 존재의 고통을 최소화하기 위하여 중점적으로 노력하고 있습니다(Peter Singer, Tom Regan). 예컨대 싱어는 도덕적 고려 대상에서 동물을 제외하는 것은 과거 여성과 흑인을 제외한 것과 마찬가지의 종족적 편견이라고 말하죠. 따라서 흑인 해방이 인종 차별주의를, 여성 해방은 여성 차별주의를 척결하듯, 동물 해방은 종족주의를 척결하는 것이라고 역설합니다. 이러한 입장은 특히 동물에게 불필요한 고통과 불안을 주지 않고 학대를 금지하는 동시에, 생명에 대한 연민(쇼펜하우어)과 경외심(슈바이처)을 갖도록 유도함으로써 자연스럽게 생명 중심주의biocentrism로 이행할 수 있습니다.

생명 중심주의자는 생명을 가진 모든 것의 내재적 가치를 인정하는 동시에 생명 존재가 도덕적인 배려의 대상이 되어야 한다고 주장합니다(Paul W. Taylor, Holmes Rolstone 3세). 예컨대 테일러는 '자연 존중'의 태도를 강조하며, 이러한 태도로부터 자연의 다른 생명체에 대해 네 가지 일반 의무가 비롯된다고 말합니다. 즉 첫째는 위해금지의 의무이고, 둘째는 불간섭의 의무이며, 셋째는 성실의 의무이고, 넷째는 보상의 의무인데, 이 중 위해금지의 의무가 가장 기본적이라고 말합니다. 그러나 생명 중심주의자는 생명을 가진 존재의 내재적 가치에 대한 서열화를 인정해야 할 것인지―이를테면 먹이사슬에서 공격자의 정당성 문제―, 그렇다면 그것은 어떤 기준에 의하여 어떻게 가능한지를 밝혀야 하는 문제를 안고 있습니다.

전체론자는 생명을 가진 존재자뿐만 아니라 무기물과 자연 전체가 고유한 내재적 가치를 갖는다고 주장합니다(Aldo Leopold, Meyer‑Abich). 따라서 이 입장은 넓게는 탈인간 중심주의이자 생태 중심주의 ecocentrism를 채택하고 있다고 볼 수 있는데, 여기에는 '대지 윤리'와 '심층 생태론'이 포함됩니다. 이 가운데 '대지 윤리'로 널리 알려진 레오폴드는 생태학과 윤리학의 통합을 필생의 과제로 설정하고, 공동체의 영역에 토양, 물, 식물, 동물, 대지를 집합적으로 포함하도록 확대할 것을 주창합니다. 그에 따르면, 도덕적 지위를 부여받는 것은 바로 대지 공동체 land community이고, 개별 구성원들은 오히려 그 자원이라는 것입니다. 지금까지 우리는 대지를 물건commodity으로 보았기 때문에 땅을 오용했지만, 그것을 공동체로 본다면 땅을 사랑과 존경으로 대할 수 있다는 것이죠. 이처럼 대지 윤리에 입각하여 우리의 지각을 바꾼 것을 그는 '생태의식'이라고 말합니다.

심층 생태론은 가장 최근의 생태 중심적 환경 철학이라 할 수 있는데, 사실상 이것은 체계적인 철학이라기보다는 환경 문제에 대한 기본 가정을 공유하는 철학자 집단과 운동가 집단의 입장을 통칭하는 것으로 볼 수 있습니다. 이들은 지금과 같이 자연 환경을 훼손한 근본 원인이 근대의 진보 사상과 개발 논리에 있음을 비판하면서 자연에 대한 인간의 일방적인 간섭을 배제하는 동시에 자연 자체를 존중해야 한다고 주장합니다. 이들은 환경과의 장기적인 관계를 이끌어 주는 기본 원리들의 변화를 요구하는 것이 특징입니다. 그러한 원리들은 목적에서는 풍부하지만 수단에서는 단순한 삶을 사는 것, 모든 생명체의 살 권리와 번영할 권리를 존중하는 것, 다른 생명 형태를 공감하는 것, 인간 및 비인간적 생명의 다양성을 극대화하는 것, 장기적이고 보편적인 자아실현을 극대화하는 것 등을 포함하고 있습니다. 간단히 말해 심층 생태론자들은 새로운 세계관에 대한 비전을 중시하고, 개별적인 환경 윤리보다는 보다 근본적인 생태 지혜ecologicla wisdom 또는 ecosophy를 주창합니다.

맺음말

지금까지 우리는 '환경과 윤리'와 관련하여 다양한 이론적 입장을 살펴보았습니다. 이러한 이론들 상호간에는 인간 중심주의냐 생태 중심주의냐라는 근본적인 차이에서 시작하여 감각과 감정을 지닌 유정적 존재로부터 무기물과 자연 존재 전체로까지 확대되는 것을 보았습니다. 이러한 논의를 통해 우리는 자연이 이제 더 이상 인간에게 일방적인 지배와 착취의 대상이 될 수만은 없다는 것을 알게 되었죠. 인간 중심주의든 생태 중심주의든 자연 환경의 파괴와 생태계의 교란은 인간과 자연 모두의 지속적인 생존을 위협한다는 점에서는 인식을 공유하고 있다고 볼 수 있습니다. 그런 의미에서 자연은 인간과 더불어 살아가야 할 주체적 존재(Ernst Bloch)이며, 인류의 미래 후손에게 물려주어야 할 책임이 있는 생명의 터전(Hans Jonas)이라고 할 수 있습니다. 하지만 이러한 인식을 공유한다 하더라도 여전히 기술 환경과 자연 환경 사이에는 인간 자신이 어느 것 하나도 포기할 수 없는 팽팽한 긴장이 남아 있다고 할 수 있습니다. 양자의 균형이 깨지거나 조화를 이루지 못할 경우 저발전의 빈곤 국가로 남을 수도 있고, 오염된 생태 환경으로 인해 인간 자신의 생존 자체도 위협 받을 수 있을 겁니다. 또는 이러한 생태 위기를 극복하기 위해 더 큰 대가와 비용을 치룰 가능성도 남아 있습니다. 이제 우리는 여기서 보다 근본적인 물음을 던져 보고자 합니다.

과연 기술의 본질은 하이데거가 말한 것처럼 '게슈텔Ge-stell'로서만 존재하는가? 설령 이러한 물음에 대해 우리가 긍정적인 답변을 얻지 못한다 하더라도, 마지막으로 우리는 '이카루스의 신화'를 다시 한번 상기하고자 합니다. 동일한 날개를 달고서도 왜 '이카루스'는 실패했고, '다이달로스'는 성공했는가? 이 점에서 더욱 더 기술과 환경에 대한 인간의 윤리적 태도와 책임이 중요한 문제로 다가오는 것은 아닐까?

III

글쓰기와
인문학

01

글쓰기에
대해

　오래전 내 선생이 이런 말을 한 적이 있다. 논문을 평가할 때 기본적인 몇 가지 항목이 있다. 첫째는 명확성clearity이고, 두 번째는 깊이depth이고, 세번째는 독창성originality이다. 사실 이런 기준은 논문이나 책을 쓰는 사람이 반드시 염두에 두어야 할 항목들이다. 일단 글이 중언부언해서 무슨 말을 하는지 본인도 모르고 쓰는 경우도 의외로 허다하다. 머릿속이 정리가 되지 않을수록 글이 애매모호해지는 것은 피할수 없다. 먼저 머리 속에서 명쾌하게 정리할 필요가 있다. 그리고 글은쓰고자 하는 대상 혹은 생각의 깊이를 보여줄 수 있어야 한다. 대상의표면만 만지작거리면서 그 깊이를 드러내지 못하는 글을 읽다 보면 따분할 때가 있다. 글이 깊이가 없다면 피상적이라는 비판을 받을 수밖에없다. 글쓰는 이라면 누구든 알겠지만 피상적이라는 판단은 수치스럽다. 세번째는 독창성이다. 태양 아래 새로운 것이 어디 있겠냐고 하지만독창성과 창의성은 대단히 중요하다. 남의 사상이나 이론을 잡다하게 끌어 모아 놓고 다 썼다고 생각하면 안 된다. 보다 중요한 것은 '너의 생각은 무엇인가?'이다. 표절은 개념이나 문장에서만 나오는 것이 아니다. 보다 중요한 것은 아이디어다.

사실 이 세 가지는 글쓰는 이라면 다 마음 속에 두고 지키려 하겠지만 쉽지 않다. 그래서 기형도 시인의 표현처럼 '공포를 기다리던 흰 종이들아'라는 경험을 하며 머리를 쥐어짤 경우가 적지 않다. 그런데 내 선생은 여기에 하나의 항목을 덧붙인다고 했다. 독립성Independence이란 항목이다. 선생은 글을 쓰는 사람은 반드시 주체적이고 자립적인 사고를 해야 한다고 했다. 남이 무어라 해도 흔들리지 않고, 시류에 휩쓸리지 않으려는 태도가 반드시 중요하다고 했다. 사실 이런 독립성을 유지하기 위해서는 글쓰는 이의 자세와 태도에 용기가 필요하다. 이런 용기는 무엇보다 의지가 뒷받침되어야 한다. '나는 나의 길을 가겠다.'는 팝송의 가사만이 아니다. '세상이 무너져도 나는 한 그루의 나무를 심겠다.'는 스피노자의 말도 의지의 용기에 기초해 있다. 이런 말을 쓰면서 다시 한 번 글을 쓰는 것이 쉽지 않다는 생각을 해본다. 과연 나는 이런 기준에 어울리는 글을 쓰기 위해 노력하는가? 갑자기 글이 무섭다는 생각도 든다. 명확성과 깊이, 독창성과 독립성!

02

글쓰기와
대면

글은 자기를 돌아보게 한다. 물론 글만 그런 것은 아니다. 모름지기 모든 창작은 자기와의 싸움이다. 그림을 그리는 것이 그렇고, 작곡을 하거나 연주를 하는 행위도 결국은 자기를 끊임없이 되묻게 한다. 하지만 그림이나 음악을 전문으로 하지 않는 일반인이 그런 경험을 하기는 쉽지 않다. 그런데 글은 누구든지 쓸 수 있는 일상적인 경험이고, 마음만 먹으면 언제든지 시작할 수 있는 경험이다. 물론 글도 전문으로 쓰는 사람은 자기만 돌아볼 수 없다. 끊임없이 외부 자료를 탐구하고 분석해야 하기 때문이다. 그래도 그런 단계를 거치고 나면 글을 쓰는 자신과 대면한다는 점에서 전문가나 일반인이나 다를 수 없다.

대면, 마주서는 것. 사실 사람들이 글을 쓰는 것을 어려워하는 데는 아마도 이런 마주서는 경험 때문일지도 모를 일이다. 이런 마주섬은 연인간의 만남, 논쟁할 때의 만남, 적과 싸울 때의 만남, 낯선 도시를 방문할 때의 첫 만남, 무언가 사로잡히는 느낌을 받는 예술작품과의 만남, 또 때로는 모든 것을 잃고 모든 것이 무너질 때의 만남 등 무수히 많은 형태가 있을 수 있다. 물론 우리는 이 모든 만남에 의미를 부여하지 않으며, 진지하게 생각하지도 않는다. 대부분의 경우는 그저 그렇게 외면하고 스쳐 지나갈 뿐이다. 그러나 어느 순간 그런 떨리는 만남을 경험할 수도 있을 것이다. 아마 글을 쓰려고 시작하는 순간도 그럴지 모른다. 대개의 경우는 이런 대면이 부담스럽고 힘들기 때문에 외면해왔을 것이다.

사랑을 막 시작하는 사람끼리 마주 서는 경우를 보자. 사실 눈을 마주치기도 힘이 들지 모른다. 이 순간을 위해서 그동안 얼마나 번민했는가? 사랑하는 이의 말 한마디, 그의 자그마한 동작들, 그의 미세한 표정들, 하나도 놓치지 않기 위해 얼마나 노심초사했는가? 그가 바라보는 연인의 모습은 이해관계 없는 제3자가 바라보는 것과는 전혀 다르다. 그래서 오죽하면 사랑은 정신병이라고 하겠는가? 사랑하는 연인을 만나러 가면서 아무 준비 없이 가는 경우는 없다. 준비를 거쳐 연인을 만날 때, 그리고 눈을 마주치면서 그 마음을 읽으려 할 때, 그 떨림의 순간은 매번 반복이 되어도 쉽지가 않다. 그러다 실패할 때의 그 참담한 고통이란...

글을 쓸 때의 대면도 마찬가지이다. 늘 쓰지만 새로운 주제를 대하고, 새롭게 쓸 때, 그 경험은 마찬가지로 늘 처음 같은 순간이다. 이런 떨림과 망설임 그리고 고통의 과정을 무수히 거치면서 우리는 사랑하는 사람을 만나기도 하고 헤어짐에 좌절하기도 하는 것이다. 〈빈집〉에서 시인 기형도가 표현한 것은 아마도 그런 대면의 불안과 좌절의 참담함이 아닐까? 자신의 열망까지 부정하는 바닥에 가서야 비로소 자신을 대면하는 것이 아닐까?

사랑을 잃고 나는 쓰네

잘 있거라, 짧았던 밤들아

창밖을 떠돌던 겨울 안개들아

아무것도 모르던 촛불들아, 잘 있거라

공포를 기다리던 흰 종이들아

망설임을 대신하던 눈물들아

잘 있거라, 더 이상 내 것이 아닌 열망들아

— 기형도, 〈빈집〉

  나는 이런 순간을 바디유의 말을 빌려 '진리의 순간'이라고 부르고 싶다. 이런 표현을 쓸 때는 존재에 구멍이 나면서 어떤 '결정 불가능한 것'이 드러나는 순간을 말하는 것이리라. 나는 이런 '구멍'이 개인의 실존적 체험에서도 등장할 수 있다고 본다. 바로 자신의 영혼과 만나는 순간이 그런 것이 아닐까? 낯설고 익숙하지 않은 형태의 대면들, 공포를 기다리던 흰종이들과의 대면, 망설임을 대신하던 눈물을 대할 때의 경험이 이런 순간을 열어주지 않는가? 때문에 그것은 떨리고, 두려울 수도 있을 것이다.

  철학자 헤겔은 그 순간을 대면할 때 필요한 것은 다른 어떤 것도 아닌 '진리에 대한 용기der Mut zur Wahrheit'라는 표현을 썼다. 싸움터에서 전사가 두려운 상대를 만났을 때 도망가지 않고 마주서려는 용기, 사랑하는 그녀가 내 마음을 받아줄까 떨리면서도 고백할 수 있는 용기, 커서만 깜빡이는 백색의 공간에 내 영혼을 새기려 할 때의 공포를 이겨내려는 용기. 아마도 익숙하지 않은 것과 대면하려는 열린 마음, 두렵고 떨리지만 물러서지 않으려는 용기야말로 글쓰기에서도 필요한 덕목이 아닐까?

03
글쓰기와
도구

개인적으로 나는 글쓰기의 도구에 관심이 많다. 초등학교 시절에는 주로 연필을 사용했는데, 그 당시 연필심은 너무 강해서 공책을 찢어먹기 일쑤였다. 다 쓴 몽당 연필에 볼펜 껍데기를 끼워 쓰던 것도 추억이다. 중학교 시절에 찌꺼기가 많이 나오는 모나미 볼펜은 우리 세대에게는 상당한 추억거리다. 고등학교 시절에는 펜글씨 연습을 하면서 펜과 잉크병을 필수로 가지고 다녔다. 내가 다닌 상업학교 학생들에게는 잘 쓴 글씨가 큰 장점이라 너도 나도 펜글씨 연습을 많이 했다. 그런데 당시 국어 선생님이던 이영철 선생님이 잉크병을 놓고서 펜으로 글씨를 쓰는 것에 대해 정색을 했다. 학생들 책상 사이로 오가다가 잉크병이 쏟아져서 양복을 버린 경험이 있다고 해서다. 대신 김 선생님은 만년필로 글 쓸 것을 권했다.

나도 펜글씨 연습을 했지만 나의 글씨체는 볼품이 없고 졸렬했다. 한학을 하신 선친에게도 여러 차례 지적을 당한 적이 있다. 그때 나는 글씨를 잘 쓰면 대서방代書房 뿐이 더 하겠냐고 대꾸했다가 더 혼난 적이 있다. 한번은 고등학교 2학년 국어 시간에 당시 국어 선생이던 이모 선생님한테 된통 얻어터진 기억이 있다. 내가 글씨를 쓸 때 늘 꼬리를 길게 흘리는 버릇이 있었다. 그런데 그런 글씨체가 눈에 거슬렸는지 이 선생님이 다짜고짜 '그게 글씨냐?'고 빈정거렸다. 그래서 나는 "글씨는 내용의 의미를 전달하는 것이 중요하지 않습니까?"라고 답했다. 그랬더니 이 선생님이 반항하는 거냐고 하면서 마구잡이로 따귀를 때리고 발로 차기까지 했다. 맞고 있을 수밖에 없었지만 그럴 이유를 찾을 수 없던 나는 너무나 억울했다. 나중에 교무실에 가서 항의를 하려 하니까 반 친구들이 말려 결국 항의하지 못했다. 글의 내용이 아니라 순전히 글씨체만을 가지고 무자비하게 얻어맞은 그 사건은 처음이자 마지막이었다.

워낙 글씨를 늦게 쓰고 볼품없게 써서 그런지 나는 속기반에 들어가 속기를 배운 적도 있다. 열심히 해서 상당한 수준에도 올랐지만 더 발전시키지 못했다. 속기는 지금 완전히 잊어버렸다. 그 당시 상업학교 학생들에게 타자는 필수였다. 타자 시간이 되면 매번 타자실로 달려가는 즐거움이 컸다. 타이핑을 할 때는 촉감이나 소리도 좋았고, 한 행이 다 끝난 다음에 처음으로 드르륵 소리를 내면서 옮기는 느낌도 좋았다. 처음 타자를 배울 때는 버스를 타고 다니면서 보는 간판들을 머릿속에서 시뮬레이션하면서 열심히 연습했다. 내가 나중에 컴퓨터에서 사용하는 '아래아한글'을 독학으로 1주일 만에 적응한 것은 순전히 고등학교 때 배운 타이프라이터 덕분이었다.

법대를 다닐 때 답안지 작성에 애를 많이 먹은 기억이 있다. 법대 시험은 문제가 주어지면 관련 학설을 제시하고 그것에 대한 주장과 반주장을 그야말로 일목요연하게 써야 한다. 보통 이런 답안지를 2－3장씩 빼곡하게 쓰는데 나는 아무리 해도 졸렬하고 느린 내 글씨로 한 시간 안에 한 장 채우기도 힘들었다. 이런 경험은 대학원 종합 시험을 볼 때도 느꼈다. 보기 좋은 글씨체로 많이 쓰는 것 자체가 평가에서 최소한 10% 이상 먹고 들어가기 때문이다. 고시생이 글씨 때문에 서예학원을 다니는 것은 공공연한 비밀이다. 철학과 대학원에 들어갔을 당시만 해도 사람들은 세미나 자료를 거의 손으로 작성했다. 지금도 그 당시의 자료에 나타난 손글씨를 보면 누가 썼는지를 한 눈에 알아본다. 글씨체에는 확실히 글쓴이의 개성이 드러난다. 좀 더 후에 연구실을 같이 사용한 친구가 미국 유학을 준비하면서 전동 타자기를 사용했다. 나도 가끔씩 그 타자기를 사용해 보곤 했는데, 딱딱한 기계식과 달리 살짝만 건드려도 되는 전동 타자기의 타치감은 신세계에 들어선 느낌을 주었다. 그리고 나서 조금 있다가 워드 프로세서를 사용하는 친구들이 늘기 시작했다. 워드 프로세서에서 사용하는 종이질이 아주 미끄럽던 기억이 잊히지 않는다. 워드 프로세서를 사용하면서 세미나 자료의 양이 확실히 늘어났다.

내가 컴퓨터의 세계에 발을 들여 놓은 것은 정확히 89년이다. 나중에 천문연구원장을 지낸 후배가 나에게 컴퓨터의 장점을 열심히 강조한 탓이다. 내가 그 당시 아내 카드를 빌려서 14인치짜리 흑백 모니터에 20메가 하드디스크를 장착한, 당시로서는 최신 모델을 120만원에 구입했다. 여기에 탑재된 아래아한글 1.0 버전을 단 한 시간 설명을 듣고 일주일만에 마스터했다. 앞서 이야기한 것처럼 오랜 타이핑 경험이 있어서 쉽게 적응을 한 탓이다. 컴퓨터 워드 프로세서의 장점은 무엇보다 수정이 가능해서 마음대로 글을 쓸 수 있다는 점에 있다. 이 컴퓨터로 아래아한

글을 쓰면서 번역을 많이 했다. 반면 지금도 철학 관련 분야의 전설로 회자되는 J. 이폴리뜨의 《헤겔의 정신현상학》 1·2권(1권은 공역)은 순전히 손글씨로 했다. 1988년 2권이 출판되었을 때 지금은 돌아가신 문예출판사의 전병석 사장님과 최인호 작가랑 점심을 같이 한 적이 있다. 그 자리에서 원고지 2,000매를 손으로 옮기면서 한 달을 고생했다고 푸념한 적이 있다. 그때 최인호 작가가 자신의 손을 불쑥 내밀었다. 하도 글을 많이 쓰느라 손가락에 이른바 툭 튀어 나온 굳은 살이 크게 박혀 있는 것을 보여주면서 까불지 말라는 뜻이었다. 나의 기가 꺾인 것은 너무도 당연했다.

내가 컴퓨터로 작업하면서 가장 생산적인 때는 아마도 1990년도 전후 2 – 3년이었을 것이다. 그 당시 쓰라는 논문은 안 쓰고 번역을 많이 했다. 일종의 생계형 번역도 있었고 사명감도 있었다. 한 10권 정도는 번역한 것 같은데, 만일 지금처럼 학술적으로 인정을 받았으면 내 인생이 많이 달라져 있을지도 모른다. 당시는 지금처럼 인세가 아니라 매절로 번역했다. 그래서 책 한 권 번역하면 2 – 300만원 정도 수입이 있었고, 또 예측이 가능했기 때문에 번역에 올인할 수도 있었다. 지금은 인세라는 허울 좋은 명목 때문에 애써 번역하고서도 단 돈 10만원도 손에 쥐기가 어려운 실정이다. 그런 면에서 본다면 번역을 위시한 출판계의 사정은 30년 전보다 훨씬 어려워진 셈이다.

내가 타이핑에 익숙하다 보니 글을 빨리 쓰는 편은 있다. 학생들하고 메신저를 가지고 대화할 때도 서너 명은 상대할 수 있다. 대부분의 글쟁이가 그렇듯, 나 역시 한 번 주제가 잡히면 거의 일필휘지로 타이핑을 치는 편이다. 글이 하나의 호흡으로 이어지다 보니 일관성이나 박진감도 있을 것이다. 물론 이런 글쓰기가 반드시 좋다는 의미는 아니다. 하지만 논쟁적인 글을 쓸 때는 상당한 장점이 있다. 손으로 글을 쓴다면 엄두가 나지 않을 것이다.

예전에도 이야기한 적이 있지만, 내가 내 신체 중에 마지막까지 살아남았으면 하는 부분 중 하나가 손가락이다. 나머지 둘 중의 하나는 시력이고, 다른 하나는 뇌brain이다. 이 손가락이 살아 있는 동안 나는 '나의 사유의 한계는 나의 손가락이다.'라고 생각하면서 열심히 타이핑을 칠 것이고, 나의 손가락이 쉬지 않고 타이핑을 치는 한 나는 여전히 살아서 생각을 할 수 있을 것이다. 당연하게도 스마트폰이나 노트북은 이런 나의 손가락 노동을 훨씬 쉽게 만들어주고 있다.

04

글쓰기와
인문학

내 오랜 법대 동기들과 오늘(2014년 8월 5일) 저녁 법대 세미나실에서 글쓰기 미팅을 갖는다. 머리가 희끗희끗한 장년들이 저녁 시간 모교에서 수업을 듣는다고 하니 감개가 무량한가 보다. 다들 이 사회의 중진들이라 다른 사람들이 보면 놀랄 수도 있을지 모르겠다. 왜 그런 정도의 사람들이 글쓰기 강좌를 들으려 하냐고 또 자기 분야에서 전문적으로 글 쓰는 것을 직업으로 삼고 있는 사람들이기도 하기 때문이다. 하지만 이 모임의 취지는 소박하면서도 의미가 있다. 우리 세대는 지금까지 사회에서 주어진 목표를 위해 열심히 살아왔다고도 할 수 있다. 대학 캠퍼스를 유신시대에 다녔고, 80년대는 5.18 광주 민주화운동과 함께 민주화 투쟁도 경험했고, 그 후반에는 넥타이 부대로 시민항쟁의 한 자리에 선 경험도 있다. 그 이후 노조 활동을 하다가 수배중인 한 친구는 지방에서 판사로 근무하는 다른 친구의 도움을 받기도 한 기막힌 경험도 있다. 어떤 이는 대학에서, 또 어떤 이는 회사에서, 또 어떤 이는 법정에서, 그리고 또 어떤 이는 해외에서 서로 서 있는 곳은 달랐지만 우리는 그 시대를 함께 거쳐 왔다. 다들 나름대로 열심히 산 동기들이다. 그런데 이제 서서히 우리가 각자 살아온 삶을 되돌아보고 현재의 자신을 성찰할 시간도 필요하다고 보는 것이다. 이렇게 되돌아보다 보면 "아, 내가 참으로 많은 경험을 겪었구나. 그 순간순간이 힘들기도 했지만 보람 있던 순간은 얼마나 많던가? 아, 나는 왜 그 순간에 그런 결정을 내려 힘들게 고생을 했는가?" 등등 수많은 상념이 떠오를 수도 있을 것이다. 그런 경험들이 파편처럼 흩어져 있어 각각의 경험이 어떤 의미가 있는지조차 모호할 수도 있다. 우리는 그런 개개인들의 경험을 돌이켜 보고, 의미를 부여하고, 그래서 내 삶의 흔적을 하나의 서사narrative로 구성해 보고자 한다. 그래서 각자의 삶의 길이 있지만, 그것이 씨줄과 날줄로 얽혀서 이 사회 안에서 어떻게 진행되었는지를 살펴본다면 더 좋을 것이다.

이런 나이에 오래 전에 법대를 졸업한 친구들이 젊은 시절의 캠퍼스를 찾아 강의실에서 글쓰기와 인문학을 공부하겠다고 나선 것은 참으로 특별한 경험이 아니겠는가? 또 이것은 깊어가는 고령화시대에 자기를 배려하고, 영혼을 배려하는 새로운 방식의 시작이 아니겠는가? 이제 우리도 더는 바깥의 목적이 아니라 오랫동안 잊고 있던 내 안의 또 다른 자아를 들여다볼 때가 되지 않았는가? 그리하여 늙는다는 것이 더는 완고하게 내 것만을 고집하는 것이 아니고, 얼마든지 새롭게 변신하고 얼마든지 열린 마음으로 새로운 세상을 만들어갈 수 있다는 것을 보여줄 수도 있지 않겠는가?

05
글쓰기의
즐거움

　일전에 모바일 메신저의 동기방에 끌려 들어간 적이 있다. 이 방은 그런 식으로 두 어 번 정도 불려 갔지만 내 나이 또래가 그렇듯 거의 극보수주의의 온상이나 다름없다. 대부분의 사람은 침묵과 관음 모드이고 두어 사람이 열심히 쓰레기 같은 보수 기사들을 주워 나르면서 보수 담론으로 도배를 한다. 동기들이라 심한 말도 못하고, 정서적으로도 너무 맞지 않아 그냥 나와버리곤 했다. 그런데 다른 일로 나의 글을 비판한 동기와 언쟁이 붙으면서 그가 나를 다시 그쪽 방으로 끌고 들어갔다. 그 전에 나는 이 방에서 거의 말을 섞지 않고 두어 번 보다가 나와 버리곤 했다.

　그런데 선거를 앞둔 탓인지 더 심하게 행동들을 해서 몇 마디 코멘트를 했다. 넝마주이처럼 그렇게 쓰레기를 주워오면 이 방이 너무 악취가 나지 않느냐, 설령 개차반이라 하더라고 너의 손과 머리를 이용해서 너의 생각을 써보라고 했다. 그러면서 그동안 내가 쓴 글 서너 편을 올려

주었다. 그 방에는 사회적으로 쟁쟁한 인물도 있어서 사실은 그 친구들을 겨냥해서 한 말이기도 했다 그로 인해 설전도 오갔지만 사실 논쟁 상대도 되지 않고—나의 주관적 생각이 아니라 상대 스스로 가방끈이 짧고 공부도 제대로 못했다고 하면서 자기비하 비슷하게 하면서 개기듯 시비를 걸어온 것이다. — 논쟁의 실익도 없이 그저 킬링 타임하는 정도였다. 그런데 그 친구들 입에서 나온 말 중에 나이 60이 넘었는데도 불구하고 내 말이 여전히 서슬이 퍼렇다고 말한 것이 귀에 남는다.

'서슬이 퍼렇다'는 말은 나 자신도 부인하지 않는다. 나는 상대가 누구든 일단 논쟁이 붙으면 사양하지 않고, 다양한 자원과 방법을 동원해서 결정적인 순간까지 가는 경우가 많다. 그런 나의 모습을 제3자가 볼 때는 승부욕이 강해 보이기도 하고, 관용이 없어 보이기도 하고, 또 때로는 경솔해 보일 수도 있을지 모른다. 일단 강한 상대와 논쟁이 붙을 때 그런 제3자의 시각까지 염두에 두기는 힘들다. 일전에 조국 전 법무부장관 논쟁이 벌어졌을 때 내 주변의 중도적인 인물들이 그런 나의 모습 때문인지 적지 않게 떨어져 나갔다. 개중에는 개인적으로 친밀하게 온오프라인을 가릴 것 없이 지낸 인물도 여럿 포함되어 있었다. 내가 겉으로는 표현을 하지 않지만 나 역시 그런 현상을 보면서 마음의 상처를 입었다. 정말 내가 말을 함부로 하는 것인가, 내 말이 상대의 심장에 꽂힌 비수가 되어도 좋은 것인가 등을 생각하면서 반성도 한다. 하지만 불의를 보고, 옳지 못한 일을 보고서 그냥 넘어갈 수 없다는 나의 생각은 쉽게 접을 수 없다. 당나라 선사 임제臨濟 의현義玄의 '부처를 죽이고, 조사를 죽여라.[殺佛殺祖]'라는 말처럼 나는 내가 생각한 것 외에는 일체의 권위를 인정하지 않는다. 나는 칸트의 비판철학에 영향을 많이 받았고, 일체의 권위를 인정하지 않는 스피노자와 니체의 우상파괴 정신에도 영향을 받았고, 무엇보다 파괴와 부정에서 참다운 주체의 활동을 보는 헤겔과 이 세계 전체를 역사적으로 대상화하면서 새 시대의 이념을 찾아낸 마르크스에 오랫동안 몰두하기도 했다. 사실 내가 서양의 철학사에서 배운 선생들은 훨씬 광범위하다. 그들은 한결같이 회의와 비판으로 나를 무장시켜 주었다.

사실 논쟁적인 글을 쓴다는 것은 개인적으로 별 소득도 없으면서 잃는 것이 더 많을 수 있다. 이런 글을 쓰다 보면 주변의 사람들이 하나둘 씩 떨어져 나가기 때문에 외롭다는 느낌이 들 때도 많다. 물론 새로운 사람이 생기는 경우도 있지만 사람을 다시 사귄다는 것은 시간도 많이 들고 신경도 많이 쓰인다. '접시는 새것이 좋고 사람은 오래될수록 좋다.'는 말은 틀린 말이 아니다. 글을 많이 쓰다 보면 그 글로 인해 원치 않게 제3자에게 상처를 줄 수도 있을 것이다. 그래서 제일 좋은 것은 많은 사람의 처세와 다르지 않게 쥐 죽은 듯 존재감 없이 지내는 것도 한 방편이다. 한국처럼 유교적 규범이 오래 지속된 사회에서는 그저 '가만 있어라, 너무 나대지 마라, 말많이 하지 마라'는 타자의 목소리가 거의 내면화되어 있어서 자기 목소리를 내면서 산다는 것은 결국 외토리로 살아가야 하는 것과도 다르지 않다. '모난 돌이 정을 맞는다.'거나 '절이 싫으면 중이 떠나야 한다.'는 말도 같은 말이다. 이런 분위기가 일상화된 단톡방에 들어가 보면 정말 숨이 막힐 때가 많다. 이것은 내 동기방의 특수한 현상이 아니라 대한민국의 단톡방 대부분이 겪는 보편적 현상일 것이다. 이들이 자기 목소리를 내는 경우는 제한되어 있다. 부고 뉴스나 자식들 혼사를 알리는 경우이다. 그럴 때면 여기 저기서 축하하느니 명복을 비느니 하면서 올라오는 모습들이 잠에서 깬 두더지의 모습과 다르지 않다. 물론 경조사를 한다는 것은 사람 사이의 유대에서 중요한 일이지만, 그것만을 위해서 사는 것은 아니지 않은가? 이런 곳에서 나 같은 사람이 여전히 기세등등하게 글을 올리니, 당연히 '서슬이 퍼렇다'는 이야기가 나올 수밖에 없을 것이다.

하지만 나는 태생이 그런 것인지 아니면 살면서 부당한 대우—특히 장애로 인해—를 너무 많이 받아서 그런지, 그리고 사회 현실의 불평등과 부정의를 간과할 수 없어서 그런지 여전히 나의 목소리를 굽히지 않고 있다. 더욱이 예전과 다르게 지금은 페이스북이나 개인 블로그나 인터넷 게시판처럼 자기 목소리를 공개적으로 제시할 수 있는 공간이 여기 저기 널려 있다. 마음만 먹으면 얼마든지 이야기할 수 있고, 생각으로나 정서적으로 동조하는 타인의 지지도 얼마든지 받을 수 있다. 따지고 보면 지금처럼 공론장이 활성화된 시대가 언제 있었을까? 지금처럼 글을 쓸 수 있는 도구가 발달해서 글을 쓰기가 쉬운 시대가 언제 있었을까? 7-80년대 선언문 하나 만들기 위해서도 손에 먹물을 묻히면서 등사판을 힘겹게 굴리던 것을 생각하면 지금처럼 혁명적으로 발달해 있는 글쓰기 도구에 감사할 일이다. 글을 쓸 때도 백과사전 이상의 레퍼런스 도구가 언제나 구비되어 있어서 자유자재로 이용할 수 있는 시대가 과연 역사적으로 존재했던가? 지금은 과거 기준에 비추어 도저히 인텔리 범주에 들 수 없는 사람조차 과거의 어떤 인텔리 못지 않게 글을 쓸 수 있고, 실제로 자신의 목소리를 활자로 열심히 표현하고 있다. 지식인은 이런 현상을 보고 뻑하면 전체주의니 파쇼니, 혹은 빅브라더니 하면서 비난하고 있지만 따지고 보면 자신의 우월적 지위가 흔들리는 것에 대한 두려움의 표시, 혹은 지적 오만이고 무식의 극치나 다름없다. 인텔리들이 세상의 변화를 읽지 못한다면 그것보다 큰 해악은 없다. 지금은 쌍방향 민주주의가 발전할 수 있는 가장 좋은 조건이 갖추어져 있다. 만약 이런 공간이 없고, 컴퓨터와 인터넷 같은 발달된 도구가 없다고 한다면 아마도 나 같은 장애인은 기껏해야 골방의 책상에 앉아서 책이나 보면서 세월을 보내고 있을지도 모른다. 나는 이 모든 도구들을 최대한으로 이용해서 나의 목소리를 낼 수 있는 지금의 시대가 너무나 좋다. 그런 나에게 '그만 말하라'는 말이야말로 전체주의적 명령이나 다름없다.

내가 생물학적으로 고령화되어가면서 그것보다 훨씬 빠르게 보수화되고 경직되어가는 내 나이 또래의 사람과 계속 좋은 관계를 유지하기 힘들다는 것은 나 자신도 뼈저리게 알고 있다. 나는 우연적인 지연이나 학연을 무시하지는 않지만, 가치를 공유하지 않은 상태에서 그것들이 나를 얽어매는 유대나 구속이 되는 것은 참아내기 힘들다. 일전에 내부자 고발이라고 하면서 동료 철학자들의 태도를 비판했더니, 결국 나에게 돌아온 것은 싸늘한 시선뿐이었다. 하지만 인간적 관계 이상으로 나는 가치와 정신의 유대와 소통을 훨씬 중요하게 생각한다. 나의 벗님들 중에는 20대의 제자 같은 사람도 있고, 90세가 넘도록 여전히 왕성하게 글을 쓰시는 대선배도 있다. 나에게는 가치를 공유하고 글로 소통할 수 있다면 나이는 서양인이 즐겨 말하듯 그저 숫자just number일 뿐이다. 70대의 선배 교수 한 분이 젊은 사람들보다 훨씬 열정적으로 글을 쓰는 모습을 보면서 과연 내가 저 나이가 되도록 저런 열정과 정신을 유지하면서 왕성하게 글을 쓸 수 있을까를 생각하면 늘 존경의 마음을 품지 않을 수 없다.

글을 쓰는 일이 외로운 작업이기는 해도, 글을 쓰다 보면 황홀한 느낌이 들 때도 있다. 온 우주의 에너지가 내 글 하나로 집중되는 느낌이 든 적도 있다. 전혀 어울릴법하지 않고, 전혀 같은 공간을 공유하지 않던 별개의 사물이나 생각이 나의 머리 속에서 연결되어 글로 표현되는 경험을 하기도 했다. 그럴 때는 선사들의 수행만이 깨우침으로 가는 길이 아니라, 이렇게 글쓰기의 선禪 체험도 가능하지 않을까라는 생각이 들기도 했다. 물론 무념무상을 지향하는 체험과 끊임없이 비판과 반성을 요구하는 글쓰기가 같은 길을 가기는 힘들 것이다. 다만 나는 좋은 글을 쓸 때 머리 속에서 이루어지는 신비적 체험도 가능하다는 생각을 해 보았을 뿐이다. '서슬이 퍼렇다'는 말이 나에 대한 비난이 될 수 있을지 몰라도 내가 앞장 서서 그런 모습을 벗어버릴 수 없다. 아마도 나는 죽기 전까지 나의 기개를 포기하지 못해서 더 그런 모습을 벗어나지 못할 것이다. 그렇다 하더라도 그런 정신으로 죽기 전에 나의 진정한 작품을 쓸 수 있다고 하면 나에 대한 어떤 비난도 중요하게 생각하지 않을 수 있다. 그게 나이고, 내 글이 나이다. 그리고 나는 이런 글쓰기가 즐겁다. '완색이유득玩索而有得', 내가 좋아하는《중용》의 한 구절이다.

06

글은 쉽게
쓰는 것이 좋을까

쉬운 글은 전달력도 높고 이해하기도 좋다. 쉬운 글은 쓰는 이나 읽는 이 사이에 소통하는 데 좋다. 하지만 단점도 있다. 사고를 단순화시킬 우려가 있고, 글에 사용되는 어휘도 줄어든다. 어휘가 줄어드는 만큼 사고의 폭이 좁아지고 표현 기법도 떨어질 수 있다. 반면 어렵게 쓸 경우 이해력 혹은 문해력이 떨어질 수 있다. 글을 다소 격조 있고 고졸하게 쓰려고 하다 보면 평소 쓰지 않는 어려운 어휘를 찾는 경우가 많아진다. 그만큼 어휘 수가 늘어나고 생각을 유도할 수도 있다. 이 경우 한자어 사용이 많아질 수 있다. 우리 말의 70%는 한자어에서 나온다는 통계도 있다. 하지만 어렵게 쓸 경우 글을 소수 식자층의 독점물로 만들 수도 있다. 대표적으로 법원에서 사용하는 판결문이 그렇다. 전문학자의 글도 내용 여부와 상관없이 표현 자체가 어려워 접근이 쉽지 않을 수 있다.

글을 쉽게 쓰는 것과 어렵게 쓰는 것 모두 장단점이 있다. 어느 한 방향으로 단순하게 판단하기가 쉽지 않다.

벌써 몇 시간째 한 구절을 해석하는 일에 잡혀 있다. 제대로 해석하지 못하는 내가 문제가 있는 것인지, 아니면 내가 해석하기 어려울 정도로 글을 어렵게 쓴 원저자가 문제일까? 전공자인 내가 이해하기 어렵다고 한다면 비전공자는 훨씬 더 이해하기 어려울 것이다. 이 글을 보면서 든 생각이 있다. 글은 어렵게 쓰는 것이 좋을까, 아니면 쉽게 쓰는 것이 좋을까? 상식적으로 판단한다면 쉽게 써서 모두가 이해할 수 있는 글이 좋다고 생각할 것이다. 하지만 쉽게 이해하는 만큼 쉽게 팽개쳐지기 쉽다. 반면 어렵게 쓰면 원저자에게 불만을 터뜨려도 그것을 해석하려고 열심인 경우가 많다. 그만큼 오랫동안 살아남을 가능성이 높다. 그렇다면 글이 살아 남기 위해서 어려워야 할까, 아니면 그 글에 대한 이해를 통해 보다 많은 사람이 도움받을 수 있도록 쉬워야 할까? 쉽게 도움을 받는 사람은 오히려 고마워하지 않는 경우가 많다. 그들은 쉽게 이해할 수 있는 자신의 지성의 탁월함에 자부심을 갖지, 쉽게 이해할 수 있도록 쓴 글에 대해 고마워하지는 않는다. 반면 어렵게 쓴 글은 그 글을 해독하느라 고생하고 불평하면서도 글쓴이의 탁월한 재주에 감탄하는 경우가 많다.

글을 쉽게 쓰는 것은 읽는 이를 위한 것이고, 어렵게 쓰는 것은 쓰는 이의 자기 만족을 위한 것에 가깝지 않을까? 어떤 이는 세상이 이렇게 다양하고 복잡해지는데 그것을 기술하는 글도 당연히 복잡하고 난해해질 수밖에 없다고 오히려 당당하게 주장을 한다. 하지만 그렇게 복잡한 현실을 일목요연하게 이해할 수 있도록 쉽게 풀어서 쓰는 것도 이 복잡한 시대를 살아가는 사람들에 대한 배려가 아닐까? 결론적으로 어려운 글이 좋은가, 쉬운 글이 좋은가? 이것도 입장에 따라 달라질 것이다.

07

글의
효과

글이 주는 최대의 효과는 만족이 아니라 불편함을 주는 것이다. 만족은 읽는 이를 수동적이고 수용적으로 만들지만 불편함은 능동적이고 주체적으로 만들기 때문이다. 불편함을 느낄 때 그들은 애써 고민하고 비판하려 할 가능성이 높다. 이 때 비로소 그들의 지성도 움직이는 것이다. 반면 만족을 느낄 때는 더 이상 지성이 작동하지 않는 경우가 많다.

내 글은 만족을 줄까, 불편함을 줄까? 최고의 불편함을 주는 것도 능력이다. 가령 니체의 글을 읽다 보면 불편함을 넘어서 불쾌함까지 느끼는 경우가 많다. 그가 최고의 철학자로 살아 남을 수 있던 이유이다. 아도르노는 의도적으로 글을 어렵게 썼다고 스스로 고백한 적이 있다. 복잡한 세계를 간단한 언어로 기술할 수 없다는 이유에서다. 그럼에도 그의 글을 통해 지성을 단련시키려는 사람이 많다.

나는 한 때 페이스북이 헤겔이 말하는 '정신적 동물의 왕국'과 닮았다는 생각을 했다. 다들 무언가 표현하고 싶어 죽을 지경인 사람이 끊임없이 표현하는 다양성의 나라 같다는 것이다. 하지만 이곳에서 몇 년을 지내다 보니 그렇지만도 않다는 생각이 든다. 오히려 이곳은 끊임없이 위안을 받고 만족을 주는 글을 찾아 줄을 서는 획일화의 새로운 공간인 것 같다. 이른바 빠가 형성되는 이유이다. 연일 폭염이 지속되다 보니 그런 증상이 더 심해지는 것이 아닌지도 모르겠다. 너무 덥다 보니 내 말 자체도 지겹다는 느낌마저 든다.

예술 창작과
학문적 글쓰기

　조영남의 대작代作에 내린 대법원 판결을 학문에도 적용하면 안 되나? 대법원은 예술 작품에 대해 '사법자제司法自制'의 원칙[1]을 수용하면서 예술 작품의 생산에서 아이디어의 중요성에 손을 들어주었다. 이제 작품의 생산에서 기능과 기예적인 측면은 아주 부차적인 속성으로 만들어 버렸다. 하지만 기준을 예술의 전 영역에 적용하는 것은 단순화의 왜곡 여지도 크다. 회화의 특정한 영역에서 예술가의 숙련된 붓 터치나 사진 예술에서 기계를 다루고 작품을 편집하는 사진작가의 고도의 기술적 역량 등은 여전히 흉내낼 수 없는 예술가의 고유한 영역이기 때문이다.

　만약 이러한 결정을 학문의 영역에 적용하면 어떻게 될까? 오늘날 표절 시비가 많은 학문의 영역에서는 아주 세세한 부분까지 표절로 규정

---

1 사법자제의 원칙 : 미술품의 위작 여부나 학술논문 표절 여부와 같은 전문적 사안들에 대해 사법 결정보다는 전문가의 의견을 존중해야 한다는 것이다.

하는 경우가 많다. 그런데 이번 결정을 학문의 영역에도 똑같이 적용한다면 논문을 쓸 때 기본적인 아이디어만 제공하면 그 논문의 내용을 채우는 과정에서 적용되는 논증과 문체, 레퍼런스를 다루는 것 등은 대필작가를 동원해서 써도 된다는 이야기가 된다. 하지만 이런 행위는 적어도 지금까지의 기준에 비추어 본다면 완벽한 표절에 해당한다. 이런 행위를 인정하면 미래의 어느 순간부터는 논문 작성에 요구되는 알고리즘으로 코딩된 A.I가 논문을 대필하는 상황도 올지 모른다.

그런데 동일한 기준이 왜 예술 작품의 생산에서는 가능하고, 다른 창작 행위에서는 가능하지 않을까? 아마도 현대 예술의 본질과 관련이 있을 것이다. 다른 어떤 분야보다 앞서가는 예술 창작 행위에서 볼 때 극단적인 추상과 전위 그리고 퍼포먼스를 구현할 때의 아이디어 등 정신적 영역의 역할이 절대적으로 중요할 수 있다. 때문에 이런 영역에서는 아이디어를 실현하는 과정에서 동원되는 다른 부분을 비본질적인 것으로 만들 수 있다. 하지만 예술 작품의 다양한 영역에서 비동시적인 것이 공존하는 현실도 무시할 수 없다. 예술 작품의 본질을 논할 때 19세기와 21세기의 기준이 모든 영역에서 똑같이 적용되기 어려울 정도로 공존하는 부분도 크기 때문이다.

반면 인문사회과학 분야에서의 창작적 글쓰기는 아이디어뿐만 아니라 그 아이디어를 구현하는 방법과 수단이 예술 창작에서처럼 분리하기가 쉽지 않다. 저자의 고유한 문체나 논증 방식, 그리고 레퍼런스에 대한 이해의 깊이 등은 아이디어 자체와 결코 분리되지 않는다. 물론 이 영역에서도 표절 시비나 기타 법적 분쟁이 발생할 경우 법원으로 끌고 가는 것은 문제가 있다. 이런 문제들은 학문 공동체 내부의 논쟁과 토론을 통해 자율적으로 검증이 되는 것이 좋은데 한국의 법원은 너무 쉽게 논문의 학문성 여부의 판정에 개입하고 있다. 이런 현상을 학문과 예술에서 진화의 정도와 수준으로 이해한다면 단순화의 오류를 범할 수 있다. 이번 법원 결정이 현대 예술이라는 이름 하에 어중이떠중이들의 작품이 고가로 매매되면서 작품 시장을 혼탁하게 만드는 계기가 되면 안 될 것이다.

09

나의 글에
대해

내가 페이스북에 포스팅하는 사회정치적인 문제에 관한 나의 글이 시민의 합리적 의심의 수준이라고 앞서 말한 적이 있다. 이런 나의 말에 대해 혹시라도 이의를 제기할 분도 있을 것이다. '무슨 말인가? 그래도 우리는 당신을 전문가로 생각해서 읽은 것인데. 만약 당신의 말이 우리 일반 시민과 다를 것이 없다면 우리가 착각한 것인가?' 반드시 그렇지는 않을 것이다. 일단 나의 글을 그렇게 읽어준 것에 대해서는 고맙게 생각한다. 하지만 분명하게 말하고자 하는 것은 내가 모든 문제의 전문가가 아니라는 점이다. 나는 나의 전공 영역과 나의 주된 관심 영역이 있다. 이런 분야에 관해서는 내가 전문가로서 충분히 이야기를 하고 설득력있는 논변을 할 수 있다. 하지만 다른 분야에 관해서는 나 역시 다른 시민과 마찬가지로 일반적 수준에서 이야기할 뿐이다. 다만 나의 의견이 다른 이들과 좀 다른 면 혹은 다를 수 있는 면이 있다고 하면 아래와 같을 것이다.

첫째, 나는 오랫 동안 철학을 공부해 왔다. 철학은 무엇보다 비판적이고, 고정된 편견을 반성할 수 있고, 사물을 일면적이 아니라 전체적으로 보고자 한다. 비판은 언제나 늘 주어진 것, 고정되고 고착된 것의 문제를 발견하고 흔드는 데 있다. 그러기 위해서는 사물을 다양하게 볼수 있어야 한다. 대상의 다양성과 시각의 다양성을 확보하는 데는 경험이나 상상이 큰 역할을 한다. 아무리 다양하게 보려 해도 우물안 개구리 식의 경험이나 빈약한 상상으로는 역부족이다. 전체적으로 보는 데는 공간적 의미에서 여러 가지를 고려한다는 의미 외에 시간적 흐름 속에서 본다는 의미도 포함된다. 새옹지마의 고사를 염두에 두면 이런 시계열상時系列上의 고려를 이해할 수 있다. 루카치가 말했듯 '총체성'의 확보는 철학의 오랜 지향이다. 아마도 이런 시각이 똑같이 문제 제기를 하면서도 다른 이들과 나의 생각의 차이가 될 수 있다. 하지만 철학을 했다는 것이 절대 보증수표는 아니다. 그들 역시 수도 없이 많은 오류를 범했고, 더 큰 오류를 범하기도 했다.

둘째, 나는 탁상공론보다는 현실적이고 실천적이다. 철학의 가장 큰 역할은 사람들을 문제 구덩이 속으로 밀어 넣기 보다 문제를 현실적으로 해결하는 데 있으며, 나는 여기에 관심이 더 크다. 비트겐슈타인의 표현을 빌리면 파리통 속에 갇힌 파리를 구해주는 것이고, 불교식으로 말하면 고통으로부터 해방시켜 주는 것이다. 문제를 제기하는 것과 문제를 해결하는 것은 다소 차이가 있다. 비판적인 안목으로 문제를 보다 보면 끊임없이 문제를 양산할 수 있다. 하지만 비판이 문제 제기에 그쳐서 오히려 새로운 문제를 낳을 수도 있고, 대안과 해법이 없는 비판은 공허한 말잔치가 될 수도 있다. 이 점에서 문제를 해결한다는 것은 이론 이상으로 실천에 가깝다. 오래 전 마르크스는 〈포이어바흐에 관한 테제〉

에서 이런 말을 한 적이 있다.

"사유의 현실성 혹은 비현실성에 대한―이 사유가 실천적으로 유리 되어 있다면―논쟁은 순전히 '공리공론적인scholastische' 문제에 불과하다."

셋째, 어느 분야든 전문가에게 감정 훈련은 필수적이다. 문제를 대할 때 완전히 객관적인 태도를 취할 수 있는 것은 아니다. 그런 면에서 문제를 대하는 거리나 처리하는 속도의 완급을 조절하는 것도 중요하다. 전문가는 오랫 동안 이런 훈련을 받았고, 또 이런 식으로 일을 처리하다 보니까 같은 문제를 대하더라도 일반인보다는 감정 조절을 잘 한다. 나 역시 문제를 대할 때 문제 이상으로 그 문제를 바라보는 나 자신의 감정 조절에 특히 신경을 쓰는 편이다. 물론 그렇다고 해서 이런 훈련을 받지 않은 일반인은 못한다는 의미는 아니다. 어떤 이들은 본능적으로 혹은 오랜 삶의 내공을 통해 숙지해 있는 경우도 많고, 전문가라도 이런 감정 조절에 실패해서 문제를 그릇치는 경우가 비일비재하다. 다만 감정 조절과 거리 두기는 단순히 객관성을 유지하는 것과는 다르다. 때로는 악에 대해 분노하고 진실을 위해 헌신과 투쟁하는 자세도 중요하다.

위에 제시한 세 가지 태도는 어떤 문제를 대하든 일관되게 유지된다. 그 점에서 나는 일반 시민의 입장에서 여러 정치사회적인 문제에 의견을 내고 있고, 또 이런 문제들을 대할 때 전문적인 식견이 없더라도 일관되게 나의 입장을 제시할 수 있는 것이 아닐까 한다. 하지만 이런 입장이나 태도가 모든 문제에서 일관되게 유지되는 것은 아니고, 다만 그렇게 하도록 노력을 한다는 의미다.

10
쉬운
용어

철학책이나 인문사회과학 계통의 이론서를 보다 보면 지나치게 현학적이거나 난해한 개념을 사용하는 경우가 보인다. 내용보다 개념 사용 때문에 어렵게 느끼는 경우도 많다. 법학이나 법률 관계 문헌, 이를테면 마침표 없이 몇 쪽씩 넘기는 판결문이 특히 심하다. 요즘은 엔터테이너가 사용하는 방송 언어에도 복고적인 한자어가 사용되는 경우를 보고 쓴웃음이 나올 때가 있다. 이를테면 '맛'이라는 좋은 말이 있지만 그걸 '식감'이라고 표현할 때 그런 느낌이다.

그런 개념이 대체불가능할 정도로 고유의 의미를 지니고 있다면 나름 인정해줄 수도 있다. 하지만 그렇지 않은데 어려운 한자어나 개념어를 쓸 경우는 부담스러울 뿐더러 가독성도 많이 떨어뜨린다. 언어가 계급을 고정시키는 역할을 하거나 혹은 민주주의를 확산하는 역할을 하는 경우는 많다. 상당 부분의 오해는 정확하지 않거나 애매모호한 개념 사용에서 오는 경우가 많다.

이런 개념어나 잘 사용하지 않는 한자어를 쉬운 말로 바꿔주면 한결 의미도 정확하게 전달되고 이해도 쉬울 수 있지 않을까? 먼저 이런 용어를 뽑아냈으면 하는데 혼자 힘으로 하기에는 너무 힘들다. 영어도 오래 전부터 쉬운 영어 쓰기 운동plain English Campaign을 하면서 대중의 상당한 호응을 받았다고 한다. 우리도 한글 자랑만 하지 말고 학술어나 어려운 한자어를 한글로 바꿔 사용하는 운동을 하면 어떨까? 나는 최현배식으로 모든 개념을 한글로 풀어쓰는 방식은 찬성하지 않는다. 나부터라도 앞으로 쓰거나 번역하는 책에서 가급적 쉬운 용어나 한글을 쓰도록 하겠다.

11

나의 번역의
역사

　어제(2014년 7월 25일) 파주에 있는 한 출판사에 다녀왔다. 일전에 번역을 의뢰 받은 책 2권이 도착해 수령하기 위해서다. 한 권은 S. Houlgate의 《*Hegel's Phenomenology of Spirit*》이고, 다른 한 권은 D. Rose의 《*Hegel's Philosophy of Right*》이다. 두 권 다 고전 입문용 시리즈인 《*A Reader's Guide*》에 들어 있는 책이다. 한 달 전쯤에 의뢰를 받았는데, 어제 책을 손에 넣은 것이다. 앞의 책은 총 217페이지이고, 뒷 책은 159페이지다. 두 권 다 헤겔의 주저인 《정신현상학》과 《법철학》의 입문서이다.

　오래전 번역을 많이 하던 시절이 있었다. 80년대 중후반부터 90년대 초반까지 전문적인 학술 서적을 여러 권 번역했다. 오늘날 헤겔을 공부하는 학도에게는 교과서와 같은 책 중 하나인 J. 이뽈리뜨의 《정신현상학》 1권은 공역을 했지만 2권은 순전히 혼자서 번역했다. 그때가 87년도 겨울을 넘기던 시절이다. 그 당시 나는 도봉산 밑의 한 낡은 연립 주택 2층에서 친구와 같이 자취를 했다. 이 집이 난방이 잘 안돼 책을 이

불 속에서 엎드려 보고, 번역도 그렇게 이불을 뒤집어 쓰고 쭈그리고 했다. 지금 생각하면 거의 초인적인 정신력이었다는 느낌이고, 돈을 준대도 그렇게는 못할 것 같다. 그 당시는 컴퓨터가 있던 시절도 아니라 그저 사전 찾아가면서 만년필로 번역원고를 작성했다. 원고지 2,000매 정도의 초역을 마치고 원고지에다 옮겨 적는 데만도 한 달이 걸릴 정도였다. 나중에 그 책을 출판한 사장님과 마침 그 출판사에서 소설을 낸 고 최인호 작가와 점심을 같이 한 적이 있다. 그때 나는 원고지 탈고가 정말 힘이 들었다고 불평한 적이 있는데, 최 선생이 다짜고짜 오른 손을 내밀었다. 선생의 손은 하두 만년필을 많이 사용해서 이미 손가락에 툭 튀어나온 굳은살이 굵게 박혀 있는거다. 그러니 2,000매 정도 탈고한 것 가지고 까불지 말라는 액션이리라. 나중에 컴퓨터 워드프로세서를 사용하게 되면서부터 참 편리한 세상이라는 생각도 많이 했다. 덕분에 번역 속도도 빨라지고 편리하게 작업한 것도 사실이다.

당시는 철학이나 사회과학 책에 대한 관심도 높아 일간지 서평은 당연하고 어떤 경우는 광고까지 하기도 했다. 내 책도 처음 나왔을 때 동아일보 하단에 비교적 크게 광고가 나와 기분이 좋던 기억 있다. 하지만 번역에 대한 사회적 인정이나 대우는 그 당시나 지금이나 별로 달라진 것 같지 않다. 학계에서도 전문 서적 번역을 논문 2편 정도로 쳐줄 뿐이다. 예전에는 학문적 업적으로 인정도 안 해주었으니, 이 정도도 감지덕지한 셈이다. 만일 내가 그 당시 그런 업적을 인정받았다면 내 인생 행보도 많이 달라졌을 것이다.

우리처럼 독자적인 학문과 사상의 생산능력이 떨어지는 사회에서 번역은 학문 발전과 새로운 세대의 교육에 큰 역할을 한 것도 사실이다.

고전에 대한 좋은 번역은 읽지도 않거나 함량 미달의 편수만 따지는 논문과는 비교도 되지 않는다. 그럼에도 학계가 별로 인정하지 않고, 또 사회적으로 경제 가치를 인정받지 못하는 경우도 많다.

사실 그 당시는 읽을만한 책이 별로 없어 돈이나 경력이 아니라 순수한 학문적 관심으로 번역을 했다. 또 저작권 개념이 없어 번역을 하면 주로 매절로 팔아 넘기는 형태였다. 보통 책 1권 번역을 하면 2 - 300만원 정도 수중에 들어온 것 같았다. 사실 무일푼이나 다름 없었는데 출판사 사장님이 당시로는 거액인 200만원을 입도 선매 형식으로 선뜻 내줘서 결혼도 했다. 나중에 그 책은 다른 팀이 공동으로 번역을 해서 나는 번역에 참여하지 못했는데도 마음씨 좋은 문예출판사의 전 사장님은 그냥 넘어가셨다.

그렇게 번역을 10권 남짓 하다가 그것도 지겨워 그만 둔 것이 아마도 94년 경이다. 그때 마지막으로 번역한 것이 《문학과 시간의 만남》(자유사상사)이다. 이 책을 낸 출판사 김규철 사장은 너무 가난해서 번역료를 제대로 지급받지 못하고 대신 책만 수십 권을 떠맡은 적이 있다. 그 이후로 나는 학교를 떠나 사회 생활을 했기 때문에 김 사장의 소식을 듣지 못했다. 그러다가 수소문 끝에 작년 여름에 암으로 사망한 것을 확인했다. 참 좋은 사람이고, 출판에 대한 나름대로 사명감도 많았는데 결국은 고생만 하다 간 것 같아서 마음이 무척 아팠다. 이 책은 나중에 내가 다시 학계로 돌아와서 재번역 형태로 출판(《문학속의 시간》)해서 10년 가까이 끊어진 나의 경력을 다시 이어주는 가교 역할을 했다.

학계로 돌아와서 2006 - 7년 경에 경제적 압박으로 실용서나 많이 팔리는 책들을 몇 권 번역 하기도 했다. ─인터넷 서점에 내 이름을 검색해 보면 여러 책이 나온다. ― 그 중에 《소방관이 된 철학교수》는 재난구조 전문가인 한비야의 추천 덕분인지 한 때 베스트셀러 목록에 오르기도 했다. 하지만 이 책도 의뢰를 받아 번역한 탓으로 내가 버는 돈은 아니었다. 그러니까 번역을 가지고 돈을 번다는 것은 생각하기 힘들고, 다만 궁핍할 때 약간의 경제적 도움을 받는 정도로 생각하면 좋다.

나중에 학술진흥재단의 번역 과제에 응모해서 번역한 작품이 있다. 바로 G. 루카치의 《사회적 존재의 존재론》이다. ―이 책은 전4권으로 아카넷 출판사에서 출판되었다. ― 이 책은 루카치 만년의 사상을 집대성한 책으로 분량도 무려 1,500페이지 정도로 방대하고, 내용도 쉽지 않아 일반 출판사에서 번역을 시도하기 힘든 책이다. 최근에 찰스 테일러의 《헤겔》을 번역하기도 한 정대성 교수와 나, 팀장인 군산대의 권순홍 교수가 한 팀을 이뤄 번역을 진행했다. 루카치의 이 책은 우리 말로 책을 낼 경우 최소 3권 정도의 분량이 될 것이다. 이 번역은 최종 심사가 1년 반 전에 끝이 나서 이제는 출판사에 원고를 넘겨주기만 하면 된다. 그런데 너무 진이 빠진 탓도 있지만, 더 큰 이유로는 게을러진 점도 있어 현재까지 마무리 작업을 하지 않고 홀딩 상태로 있다. 이 책도 1―2년 내로 출판을 반드시 해야 한다.

학술진흥재단 지원 번역과 일반 출판사의 단행본 번역은 경제적 규모에서 비교가 되지 않는다. 그러다 보니 사실 돈도 되지 않고 학문적 업적으로도 별 도움이 되지 않는 단행본 번역을 쳐다보지도 않는 것이다. 너무 단맛을 본 탓이리라. 그러다가 한 달여 전에 앞서 올린 책의 번역을 의뢰받았다. 처음에는 경제적으로 별 도움이 되지 않아 망설이기도 했다. 하지만 전문 번역가인 친구 이상률의 이야기를 듣고 안 하는 것보다는 하는 것이 좋다는 판단을 했다. 일단 지난 몇 년 동안 내가 이런 단행본 번역을 한 적이 없고, 두 번째는 이쪽 분야와 관련한 내 생각을 정리하면서 내 책을 쓰는 데에도 도움이 될 것이라고 생각했기 때문이다. 내가 앞으로 2년 정도는 과거의 모든 경력을 무시한 상태로 야전에서 뛸 생각인데, 그중의 한 파트로 이 번역도 포함될 수 있을 것이다. 대략 1년 정도 시간을 잡고, 문제의 소지가 있는 부분은 이곳 동호회인 '번역과 오역'에도 올려서 점검도 해가면서 진행할 생각이다. 내가 오래 전에 이런 번역을 다시 하지 않겠다고 생각은 했지만, 그래도 몇 가지 변화된 상황을 고려한 상태에서 이루어진 전술적 화해 정도로 자위해본다. 이제 적어도 1년은 저자에게 투덜거리면서 이런 걸 해야 되나 하고 번역을 할지도 모르겠다.[2]

---

2 이 책들은 2015년과 2019년 각각 《헤겔의 법철학 입문》(서광사)과 《헤겔의 정신현상학 입문》(서광사)으로 출간되었다.

12

번역과
번역청 설립

　페이스북 친구 박상익 교수가 '번역청'을 설립하자고 국민청원 운동을 벌이고 있다. 나 역시 한국의 학계와 출판업계에서 번역이 차지하는 의미와 비중을 잘 알고 있다. 나는 박 교수의 이런 운동에 절대적으로 지지를 보내고 있는데 그중에서도 특히 눈에 들어오는 말이 있다. 세종대왕이 우수한 문자 '한글'을 발명했는데 그걸로 담을 콘텐츠가 부족하다는 것이다. 또 다른 페이스북 친구 김슬옹 교수는 한글 전도사라고 할 만큼 훈민정음을 알리는 데 혼신을 기울이고 있다. 왜 한글이라는 뛰어난 도구가 있는데 그것으로 표현하려 하지 않고 한문이나 영어와 같은 외국어로 표현하려고들 할까? 언어는 단순한 도구가 아니라 사유와 사상을 규정한다. 언어 사대주의가 우리의 사유와 의식의 사대주의를 결정하고 있다는 것은 자명한 진실이다.

　엄격한 의미에서 따진다면 퇴계 이황이나 율곡 이이의 뛰어난 저작, 다산 정약용을 위시한 실학자들의 방대한 저작도 한국의 사상이고 문화라고 단정짓기 힘들지 모른다. 세종대왕이 한글을 만들기 전이고, 한자 외에는 우리들의 생각을 표현할 수단이 없다면 그들의 한문저술을 액면 그대로 받아들일 수 있다. 하지만 세종대왕이 훈민정음을 창제한 큰 뜻을 그들이 몰랐고, 한글이 조선의 정치와 사상 그리고 문화 등에 미칠 수 있는 엄청난 영향을 몰랐다고 할 수는 없을 것이다. 만약 알고서도 그랬다면 그들은 결국 중화사상을 공고히 하고 소중화 조선의 봉건체제를 벗어나지 못한 근본적 한계를 안고 있다고 할 수 있다. 요즘식으로 표현하면 검은머리 외국인이라는 말처럼 갓을 쓴 중국인의 틀을 벗어나지 못했다는 의미다. 언젠가 한 학술 심포지움에서 김슬옹 교수가 지적한 것처럼 '조선의 실학자들이 왜 한글로 글을 쓰지 않았는가'라는 문제를 통렬히 반성해볼 필요도 있다. 한글은 중화세계를 극복할 수 있는 자주성의 표현이고, 봉건조선의 폐쇄적 계급구조를 타파할 수 있는 민주주의의 표현이 될 수도 있는 가장 강력한 도구라는 것을 그들이 정말 몰랐을까?

문자를 발명하고 세계 최고의 인쇄술을 자랑하면 무엇하나? 정작 중요한 것은 그런 뛰어난 발명 도구를 가지고 사람의 생각을 바꾸고 삶을 개선할 수 있어야 하지 않겠는가? 구텐베르크의 인쇄술은 실제로 종교혁명의 강력한 촉발제 역할을 했다. 유럽의 뛰어난 사상가들은 중세의 보편적 언어인 라틴어를 벗어나 영어나 프랑스어, 독일어 등 모국어로 저술하면서 새로운 시대와 사상을 열어갈 수 있었다. 영국의 근대 사상가인 홉즈나 근대 철학의 아버지라고 한 프랑스의 데카르트가 그랬고, 독일의 뛰어난 소설가 괴테가 모국어로 글을 쓰고 그의 뒤를 이은 철학자들이 독일어로 글을 쓰면서 획기적으로 그들의 사상과 문화가 발전할 수 있었다. 아무리 좋은 생각을 하더라도 그것을 모국어로 표현하지 못하면 일반 대중들의 의식과 삶에 영향을 주는 데 한계가 있다. 나는 영·독·불 3개 국어의 책들을 번역해 보았지만 책을 읽고 사유하는 데는 외국어의 절대적 한계를 느끼고 있다. 언어 구조가 다르기 때문이다. 나는 이 점에서 조선의 사상가와 유럽의 계몽 사상가 사이의 커다란 차이와 한계를 생각하지 않을 수 없다.

내가 제대로 된 철학 저술을 내놓지 못했지만 한 가지 자부심은 있다. 나는 중요한 시기에 학교를 10년 씩이나 떠나있으면서 학문적으로 단절도 오고 연구도 못했다. 하지만 나는 80년대 사회과학과 인문학 그리고 철학 등의 분야에서 폭발적으로 좋은 번역서가 나올 때 나름대로 선도적 역할을 했다는 점이다. 그 당시 번역돼서 나온 수많은 책이 그 시대의 지적 갈증을 풀고 시대적 변화의 욕구를 해소하는 데 큰 역할을 했다고 할 수 있다. 나는 당시 헤겔의 명저 《정신현상학》을 J. 이뽈리뜨가 주석한 책 1권을 서울대 김상환 교수와 공역으로 출간했고, 2권은 1987년 겨울에 도봉산 산기슭에서 고생고생하며 혼자 번역해서 출간했다. 이 책은 30년이 지난 지금도 이 분야에서 공부하는 이들의 필독서 역할을 하고 있고, 철학과 인문학계의 많은 중진도 이 책을 읽고 자극을 받았다고 할 정도로 의미가 있는 책이다. 자화자찬이 아니라 그 당시의 지평에서 그만한 역할을 했다고 많은 사람에게 칭찬을 받았다. 양서의 뛰어난 번역이 그만큼 중요하다는 말을 하기 위해서다. 이제라도 우수한 문자 '한글'에 주목하면서 세상의 모든 것을 한글로 표현할 수 있도록 번역청을 설립하는 일에 관심을 가졌으면 한다.

13

쿤데라
무의미의 축제

　대안연구공동체의 정신현상학 강좌를 듣는 한 대학원생이 모바일 메신저를 통해 질문한 내용이 있다. 《참을 수 없는 존재의 가벼움》이란 책을 통해 널리 알려진 밀란 쿤데라의 《무의미의 축제》(민음사, 2014)라는 책에 나오는 헤겔의 표현이다. 물론 당시 나는 이 책을 읽어보지 않았지만, 이야기를 듣고 바로 읽어 보았다.

　《무의미의 축제》에 이런 구절이 나온다.

　우스운 것에 대한 성찰에서 헤겔은 진정한 유머란 무한히 좋은 기분 없이는 생각할 수 없었다고 말해. 잘 들어, 그가 한 말 그대로 하는 거야, '무한히 좋은 기분unendliche Wohlgemutheit', 말이지. 조롱, 풍자, 빈정거림이 아니야. 오로지 무한히 좋은 기분이라는 저 높은 곳에서만 너는 사람들의 영원한 어리석음을 내려다보고 웃을 수 있는 거라고." (p, 199)

여기에 나오는 '무한히 좋은 기분unendliche Wohlgemutheit'이란 번역이 적절할 것인가라는 질문이다. 그래서 이 표현을 찾아보았다. 인용 부분은《헤겔의 미학강의 3 - 개별예술들의 체계》〈Ⅲ. 극시 3. 극시의 종류와 그 역사적인 주요 계기들 a 비극, 희극, 그리고 일반극의 원리〉에 나온다.(두행숙, 한국어 번역본 3권, p.688) 이때 웃음Das Lachen에 관한 설명이 나온다. 심오한 것 속에서 하찮은 것이 드러날 때 사람들이 웃는데, 이때의 웃음은 그런 대비를 인식할 만큼 영리하다고 과시하면서 웃는다는 것이다. 또 조롱이나 풍자, 빈정거림 따위에서 오는 웃음도 있다.

이런 웃음과 달리 일종의 절대적 낙관과 자신감에서 나오는 (쾌활한) 웃음도 있다는 것을 설명할 때 이 표현이 나온다.

Zum Komischen dagegen gehort uberhaupt die unendliche Wohlgemu theit und Zuversicht, durchaus erhaben uber seinen eigenen Widerspruch und nicht etwa bitter und unglucklich darin zu sein, die Seligkeit und Wohligkeit der Subjektivitat, die, ihrer selbst gewiß, die Auflosung ihrer Zwecke und Realisationen ertragen kann.

반면에 자신의 모순을 넘어서고, 그 모순 속에서 비참해하거나 불행에 빠지지 않는 무한한 낙천성과 자신감, 자기 자신을 확신해서 자신이 목적한 것과 실현한 것이 좌절되는 것조차 감당할 수 있는 주관성의 지복至福과 유쾌가 대체로 희극적인 것에 속한다.(번역을 약간 수정했음)

이런 문맥을 감안해 보면 die unendliche Wohlgemutheit을 '무한히 기분 좋음'이라고 번역한 것은 애매할 뿐더러 거의 오역에 가깝지 않을까

한다. 일종의 고도의 낙관주의 혹은 낙천성의 의미에 가깝다. 그래서 '무한한 낙관주의(혹은 낙천성)'라고 번역하는 것이 옳지 않을까 한다. 본문에 나오는 "우스운 것에 대한 성찰에서 헤겔은 진정한 유머란 무한히 좋은 기분 없이는 생각할 수 없었다고 말해."도 "웃음에 대한 설명에서 헤겔은 진정한 웃음은 —주체의 절대적 확신과 자신감에서 나오는— 무한한 낙천성(낙관주의) 없이는 생각할 수 없었다고 말해."라고 번역해야 한다. 이렇게 보면 의미가 상당히 달라질 수도 있을 것 같다.

종종 이런 것을 보다 보면 번역서를 액면 그대로 믿는다는 것이 위험할 수도 있고, 때로는 창조적 오해로 갈 수도 있다는 생각이 든다. 그만큼 정확한 번역이 중요하다는 것이다. 역자가 헤겔 미학 한국어 번역본이나 헤겔 원문을 참조해 보기만 했어도 이런 오역을 피할 수 있었을 것이란 생각이 든다. 물론 내가 제시한 번역도 문제가 있을 수 있겠다.

IV

철학과
동서

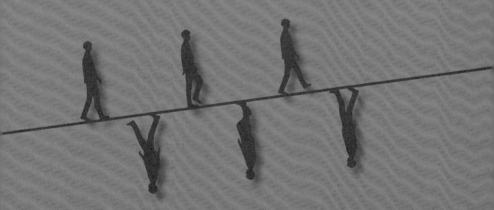

01

왜 신화가 문제인가

왜 신화가 문제인가? 신화는 세계에 대한 원초적 체험으로서 세계 이해의 원형Arechetype을 보여준다. 각 민족은 각기 그 고유의 창조 신화, 탄생 신화, 영웅 신화 등을 가지고 있는데, 이것은 그들이 세계를 체험하는 방식을 각기 다르게 형상화한 것이다. 이러한 원초적 체험은 우리 시대의 문제를 비추어볼 수 있는 거울이 되기도 하고 교훈적 지침이 되기도 한다.(아라크네, 이카루스의 신화 등) 신화의 뿌리가 깊은 만큼 그것은 언제든지 현재적 관심에서 재구성되고 재현될 수 있다. 특히나 그리스 신화는 인간 상상력의 원천이나 마르지 않는 샘이어서 서구의 정신은 그것이 한계에 부닥칠 때마다 다시금 그리스 신화로 되돌아가는 경향이 있다.

창조주와 피조물의 절대적 차이와 피조물 역사의 시초와 종말을 주재하는 히브리적 신화와 달리 그리스인의 신화에서는 히브리적 의미의 절대자나 창조는 존재하지 않는다. 오히려 신들은 인간과 마찬가지로 운명의 절대적 필연성에 예속되어 있으며, 인간과 똑같은 갈등과 대립, 사랑과 증오를 보여준다. 신은 철저히 의인화된 신들이다.

호메로스는 신의 이야기를 서사시의 형태로 그리스인에게 알려준 최초의 인물이다. 〈일리아드〉와 〈오딧세이〉에 등장하는 신과 영웅의 상호관계는 그리스인에게 신의 존재가 인간의 삶 속에 일체화되어 있음을 잘 보여준다. 그들은 삶의 대소사에서 중요한 결정을 내릴 경우에는, 이를테면 길을 멀리 떠나야 한다든지 외국과 전쟁을 해야 한다든지 등의 중요한 결정을 내릴 경우 으레 올림푸스 신전에서 신에게 제물을 바치고 신탁을 구한다. 종교는 다신교의 형태지만 그들의 구체적인 삶을 결속해주는 끈과도 같다. 이것은 교회 공동체나 율법으로 제도화된 히브리 종교와 달리 민중의 일상적 삶에 기초한 민중종교라 할 수 있다.

따라서 신과 인간의 영적 교류라든지, 신 앞에 선 단독자의 결단, 내면적 양심, 신의 은총과 구원 등 주관성에 기초한 기독교와 달리, 그리스인에게 종교는 인간의 일상적이고 외면적인 삶을 기계적으로 규율한다. 따라서 죄를 지은 자의 내면적인 동기를 중시하는 것이 아니라 철저한 외적 행동과 응징—눈에는 눈, 이에는 이—이 중시된다. 이것은 불교에서 말하는 책임의 윤리이고, 인과에 대한 응보와도 같다.

B.C 5세기 경에 이르면 그리스 사회는 페르시아와의 전쟁을 거치면서 극심한 사회 변화를 겪게 된다. 종교도 과거와 다르게 민중의 삶을 결속하는 힘을 상실하는데, 이는 사회를 규율하는 법적 규범의 경우에도 마찬가지이다. 그들은 사회 현상이나 자연 현상 모두에 대해 과거의 신화적 설명에 만족하지 않고 보다 합리적이고 과학적인 답을 추구하게 된다. 소피스트들이 말하는 삶의 기술이라든지 그리스 비극은 이 과정에서 인간에 대한 관심을 촉구하는 데 크게 기여한다. 아이스퀼로스, 소

포클레스, 에우리피데스는 그리스의 민주주의가 가장 꽃을 피운 시기에 활약한 3대 비극 시인들이다.

근본적으로 인간의 운명과 고통, 그리고 그것을 대하는 영웅의 비극적인 행동의 문제가 비극의 핵심 주제이다. 신탁의 운명은 영웅 자신의 의지와는 무관하게 다가오는 낯선 힘이다. 그 힘은 무자비하고 냉혹하게 관철되는 필연성이라 할 수 있다. 이런 필연성에서 과연 누가 벗어날 수 있는가? 이것은 신들의 왕이라 할 수 있는 제우스의 경우도 마찬가지이다. 그래서 이것은 근대인들이 자연 현상을 지배하는 자연법칙에서 발견한 필연성에 버금간다고 하는 것이다.[1]

그리스 비극이 표현하고 있는 것은 이러한 운명의 낯선 힘에 대면하여 영웅이 보여주고 있는 장엄하고도 숭고한 정신이다. 그들은 그 고통을 외면하지 않고 오히려 그것과 대결하면서 삶의 진정성과 깊이, 숭고한 정신의 깊이를 보여주고 있다. 인간의 정신은 운명의 폭력 앞에서 비루해지고 구차해지는 것이 아니라 그 필연성을 깨고 그것을 넘어설 수 있는 자유 자체가 아닌가? 인간의 정신은 고통 속에서 단련되고 강화되며, 상황의 규정을 받지만 그것을 초극할 수 있는 힘이 될 수 있다는 점에서 그리스 비극의 위대함이 있지 않은가? 때문에 그리스인은 비극의 공연을 보면서 정신적 카타르시스를 경험하며 또한 전시대의 종교에서처럼 사회적 일체감을 형성했다고 볼 수 있다. 이러한 영웅적 정신이야말로 그리스인이 생각한 정신의 탁월함이고 고귀한 정신의 전형인 것이다. 다시 한번 아픈 만큼 성숙하는 지혜를....

---

1 화이트헤드A.N. Whitehead,《과학과 근대세계》

02

철학과 현실의
패러독스

사실 순전히 지적 관심에서 본다면 철학만큼 흥미로운 학문도 없다. 평생을 토굴 속에 틀어 박혀 연구를 해도 철학에는 끝이라는 것이 있을 수 없어 보인다. 신선놀음에 도끼자루 썩는다는 말은 철학을 연구할 때 갖는 즐거움이다. 하지만 잠시 눈을 돌려 현실을 향하면 내가 지금 무슨 짓을 하고 있는가라고 정신이 번쩍 들 때도 있다.

철학과 현실은 완전히 딴 나라 세상이고, 영원히 평행선을 달리는 두 기차 같다는 느낌도 든다. "철학은 사상 속에 포착한 그 시대"라는 헤겔의 말은 완전히 무모한 말이 아닐까라는 생각도 든다. 형이상학은 파토스가 강한 젊은 시절에는 빠질 수 있어도 노인에게는 그다지 흥미거리가 되지 못한다. 모든 철학은 '현재의 철학'이다. 이 현재를 어떻게 생각하느냐에 따라 모든 철학이 갈라진다. 잠시 창밖의 밝은 햇볕을 보다 든 생각이다.

최승규 [2] 나는 생각한다 그러므로 존재하는지 존재하기 때문에 존재하
는지 혼란스럽습니다. 햄릿식으로 "존재하느냐, 존재하지 않느냐. To be
or Not to be"처럼 자살을 생각해서 한 말과 경우는 다르지만 결국 존재
의 문제에서 비롯된 고민에서 생긴 일종의 존재철학인 것은 사실입니다.

철학에서는 물질과 정신을 대조시켜 버틀란트 럿셀Bertrand Russel이
젊은 날 하도 "물체Matter는 뭐야?"라고 뇌까리면 그의 할머니는 "관심
없다! Never Mind" 하고, "정신은 뭐야? What is Mind" 하면 "신경 쓰지
마라! Does'nt Matter"고 현답하면서 이중적인 의미를 표출했다는데, 철
학에서는 어느 쪽을 더 강조하느냐에 따라 형이상학이며 종교, 물리학
이며 세속으로 이해된 것 같습니다. 더 나가서 부연한다면 정신은 이성
reason으로서 심리학으로 발전하고, 물질은 과학으로서 현대 고도의 컴
퓨터나 하이텍크로 발전한 것 같습니다. 요새는 인간이 만든 모델이 사
람을 대신해 모든 일을 한다니 그게 정신입니까? 아니면 물체입니까?
혼돈스럽습니다.

그런데 생각하는 갈대인 인간이 깊이 생각하면 철학이나 종교의 추상
세계로 가고, 물질적인 감성의 차원에 머무르면 문학이나 그림, 음악 같
은 예술이 된 것 같습니다. 그런데 예술에서 아름다움이나 추함만을 전
공하면 미학이 되는 것 같습니다.

이종철 먼저 철학 이야기도 하자는 선생님의 말씀을 듣고 무엇이 철학

---

2 재미 미술사학자 L.A. 거주

이야기인가라는 생각을 하게 됩니다. 저는 사실 페이스북에서 전문 철학자의 이야기는 가급적 삼가는 편입니다. 이런 이야기는 아이디어 차원도 있고, 논문에서나 쓸 수 있는 이야기이기도 하기 때문입니다. 무엇보다 이런 이야기를 쓰다 보면 페이스북 친구들이 급감하는 현상이 생깁니다. 반드시 그럴 필요가 있나라는 생각도 들지만 열심히 써 놓은 글에 눈길을 주지 않으면 섭섭하기도 하더라구요. 그래서 비교적 페이스북에서는 소프트한 일상의 철학을 쓰고 있습니다. 하지만 선생님의 말씀을 늘 염두에 두고 있겠습니다.

다음으로 데카르트의 '나는 생각한다. 고로 나는 존재한다.'는 명제와 햄릿의 '존재하느냐, 존재하지 않느냐. to be or not to be'는 차원이 약간 다르지 않을까 생각합니다. 전자는 최종 근거로서의 사유하는 주체를 도출하는 것이지만, 후자는 일종의 양자택일 혹은 선택의 문제가 아닐까 합니다. 정신mind과 물질matter에 관한 럿셀의 우화는 아주 재밌군요. 이 우화 밑에 깔린 생각은 '정신과 물질은 전혀 다른 것이니까 신경쓰지마라.'는 의미 같기도 합니다. 심신mind-body 문제나 심물mind-matter 문제는 현대 철학에서도 여전히 중요한 문제로 다루어지고 있는 것으로 알고 있습니다. 얼마 전에 돌아가신 미국 철학계에서 활동한 김재권 교수가 이 문제로 상당한 권위를 인정받기도 했지요.

이 문제는 선생님이 지적하신 것처럼 한편으로는 형이상학으로 갈 수도 있고, 다른 편으로 물리학과 인공 지능과 같은 과학으로 갈 수도 있겠지요. 이제 인간과 기계의 합성물인 사이보그의 차원으로 가다 보면 전통적인 인간관이 완전히 흔들릴 수도 있지 않을까 생각합니다.

철학은 점점 더 고유의 영역과 논리에 의존하기보다는 새로운 분야의 담론에 영향을 받기도 하고 주기도 할 것 같습니다. 선생님이 늘 말씀하시는 것처럼 음악이나 미술과 같은 예술의 영향도 많이 받고, 언어학이나 기호학 그리고 정신분석학 등의 영향도 무시할 수 없다고 생각합니다. 게다가 현대 과학의 영향이 파도처럼 밀려오기도 합니다. 이런 상태에서 과연 어떻게 하는 것이 철학인가라는 근본적 물음을 다시 제기해야 하지 않을까도 생각합니다. 아무튼 선생님의 질책 때문에 잠시 이런 문제를 고민해 보았습니다.

이장희 [3] 각 학문 분야의 근본문제는 결국 철학적 문제가 아니겠습니까. 철학과 무관한 것도 없지만, 철학만의 것이라 할 것이 별로 남아 있지 않아 보인다는 생각도 듭니다. 이처럼 각 분야에서 철학적 문제를 찢어 나눠가지고 있으니 철학이야 말로 전통적인 본업에 더 집중하거나 철학의 학문적 발전을 위해서라도 현실의 구체적 문제로도 관심을 돌려야 하지 않을까 생각합니다. 비전문가의 짧은 소감이었으니 너그럽게 봐주십시오.

이종철 이 교수님의 지적이 정확하다고 봅니다. 어떻게 보면 대학의 철학과 커리큘럼 문제와도 연관이 깊다고 생각합니다. 현재의 커리큘럼은 수십 년 전에 짠 것에서 아무런 변화도 없지요. 철학이 전통적인 본업에만 충실하다 보니 현실을 제대로 이해하지도 못하고 반영하지도 못하는 측면이 있지요. 그러다 보니 철학이 기껏 문헌학적인 해석에 갇혀 있기

---

3 창원대 법대 교수

도 하고요.

그래서 저는 예전부터 커리큘럼을 이원화할 필요가 있다고 생각을 했습니다. 하나는 전통적 커리큘럼에 충실한 것이고, 다른 하나는 다른 학문과의 교류에 관심을 갖고, 그런 문제의식을 공유하면서 연구하는 것이지요. 하지만 전자에 충실한 것도 어렵다 보니 후자의 문제는 언감생심 관심을 갖기도 힘들지요. 지금의 학제로는 정말 힘들 것 같습니다. 분과학문들도 창의적인 작업을 하려면 철학적 문제를 다루지 않을 수 없을 겁니다. 그런 면에서 현재의 대학 학제에 큰 변화가 일어나야 한다고 봅니다. 그런데 다들 이런 문제를 외면하고 있지요. 한국대학이 창의적 작업을 하기 어려운 이유가 아닐까 합니다.

예전에 법철학회 회원으로 있는 친구를 따라 법철학회 심포지움에 한 번 가본 적이 있습니다. 그때 보니까 과거와 달리 법철학회가 연구자도 많이 늘어났고 발표 논문의 수준도 상당히 높아졌다는 느낌을 받은 적이 있습니다. 지금은 학문들과 학제들 간의 교류가 정말 필요한 시점인데 그게 생각처럼 쉽지가 않습니다. 전문학회가 엄청나게 늘어났지만 대부분 두더지처럼 자기 구멍만 파고 있지 않나 생각합니다. 아무튼 그냥 짧은 제 생각을 적어보았습니다. 감사합니다.

03

철학과 문화적
전통의 차이

철학이란 무엇인가? 철학이란 무엇이었을까? 철학은 무엇일까? 사실 이런 질문들처럼 모호하고 답변하기 힘든 것도 없을 것이다. 이런 질문들에 대한 답변은 질문하는 사람만큼이나 많고 다양하다. 동양철학이 다르고 서양철학이 다르다. 동양 안에서도 인도와 중국, 한국과 일본만큼이나 다르고 서양에서도 크게 잡아 영국과 프랑스, 그리고 독일의 철학이 다르다. 그 안에서도 각기 고대와 중세, 그리고 근대에 이르기까지 답변의 차이를 고려한다면 철학이란 무엇인가라는 질문 자체가 모호할 것이다.

철학의 다름과 다양성은 이러한 물음을 배태한 토양의 차이만큼이나 필연적일 수밖에 없다. 획일화와 단순화는 그 자체가 오류일뿐더러 문화적 우월성을 강요하는 문화제국주의의 한 단면일 수 있다. 럿셀이 이런 문제를 깨닫고 자신이 기술한 서양의 철학사 제목을 《서양철학사》라고 한 것은 20세기 중반에 와서이다. 서양철학사를 서양철학사라고 한 것이 무에 그리 대단하냐고 하는 사람도 있을 수 있다. 하지만 서양철학사라는 표현은 그 자체가 동양철학사와 대비되는 상대적 개념이다. 적어도 그 이전에 서양인은 철학하면 당연히 그들의 문화적이고 정신적 기원인 그리스-로마의 철학만을 떠올렸기 때문이다. 그들에게 서양을 벗어난 다른 민족, 다른 지역 사람이 철학을 한다는 것은 상상하기 어려울 정도이다. 철학은 그들만의 고유한 정신적 브랜드로 간주되어 왔다. 그래서 우리는 철학을 Philosophy, Philos+Sophos, 말하자면 지혜에 대한 사랑으로 간주하는 것을 아주 당연하게 받아들인다.

하지만 이런 표현은 특별히 고대 그리스의 자연철학자들이 생각한 철학의 개념을 표현할 뿐이다. 그들에게 지혜는 우주 만물을 움직이는 원리, 즉 아르케arche에 대한 탐구이다. 고대 그리스의 자연철학자들에게 이 아르케는 여러 의미를 띄었다. 아르케는 만물을 이루는 근원 물질이기도 하고, 만물의 시초이기도 하고, 또 때로는 만물을 움직이는 근본 원리를 의미하기도 했다. 이런 답변의 방식에 따라 자연철학자들의 노선이 달라지기도 했다. 그럼에도 그들에게 공통적인 것은 순수 추상적인 사고의 실험을 통해 이 아르케를 밝히려는 태도였다. 따라서 적어도 서양철학사의 시초를 의미하는 철학은 아르케에 대한 탐구이자 사랑으로서의 애지Philosophy, 순수한 자연철학적 탐구라고 할 수 있을 것이다.

그러나 다른 문화적 전통에서 철학은 고대 그리스처럼 추상적이고 사변적인 탐구로 시작하지 않는다. 고대 인도 철학의 한 분파로서 시작한 불교에서 굳이 철학을 이야기한다면 그것은 단지 지혜를 사랑하는 것이 아니라 그 자체 지혜, 즉 깨달음[覺]이라 할 수 있다. 불교의 철학적 출발은 추상적 원리에 대한 탐구가 아니라 인간의 삶과 존재, 즉 고통과 기아와 공포와 죽음 같이 인간 사회에서 부닥치는 구체적이고 현실적인 문제이다. 잘 알다시피 부처의 법문은 이 고통[苦]의 정체가 무엇이고 그것으로부터 어떻게 벗어날 수 있는 지에 대한 실천적인 가르침이다.

중국의 철학적 전통도 이와 다르지 않다. 유가나 도가 모두 난세에서 어떻게 살 것인가라는 문제의식에서 출발했다. 유가는 자연상태와 같은 이 난세를 어떻게 인간 사회로 바꿀 수 있는가를 고민한다. 그들은 이 인간사회에서 예와 질서, 법과 규범을 구현하고자 한다. 이를 위해 수신과 제가를 하고 나아가서는 치국평천하를 하는 것이다. 물론 그 밑바탕에서는 내 마음을 닦고 사물에 대한 온전한 인식이 요구된다.

도가는 유가처럼 적극적으로 난세를 평천하하겠다는 불가능한 생각보다는 현실적으로 자신의 한 몸을 어떻게 보전할 것인가에 더 관심이 많다. 초기 도가는 죽림칠현[4]의 경우처럼 이 난세를 피해 산속으로 들어간다. 하지만 여우가 무섭다고 도망한다 하여 문제가 해결되지 않는다. 내 몸이 있는 한 그 몸을 노리는 세력은 도처에 있기 때문이다. 《장자》에 보면 이런 이야기가 나온다.

"노나라에 선표라는 은사가 있는데, 바위 속에 숨어 물이나 마시며 살면서 남들과 한데 어울려 명리名利를 다투지 않았다. 나이 70세가 되었어도 오히려 동안童顔을 가졌다. 그런데 그는 불행히도 굶주린 호랑이에게 잡아 먹히고 말았다. 또 하나는 장의란 사람 이야기다. 그는 부귀한 집 앞을 지날 때는 잔걸음으로 지날 정도로 예의를 갖추었으나, 나이 겨우 40세에 열병으

---

4 죽림칠현 : 중국 위진 교체기의 혼란을 피해 죽림으로 들어가 청담淸談으로 세월을 보낸 일곱 명의 선비다.

로 죽고 말았다.

선표는 마음을 잘 길렀으나 호랑이가 그 육체를 잡아먹었고, 장의는 몸가짐을 잘 다스렸으나 병이 그 속마음을 침노했던 것입니다. 이 두 사람은 모두 한쪽으로 치우쳐 그 뒤떨어진 곳을 채찍질하지 못했기 때문에 죽음을 당한 것입니다."

이러한 맥락에서 본다면 동양은 철학적 문제의식이 현실 세계의 구체적인 삶으로부터 생긴 반면, 서양은 추상적인 자연 인식으로부터 생긴 차이가 있다고 할 수 있다. 동양에서는 고통과 생존의 문제를 푸는 과정에서 실천Praxis 철학으로 발전하고, 서양에서는 우주 자연에 대한 호기심에서 존재의 근원arche을 밝히려는 이론Theoria 철학에서 시작했다. 하지만 그리스의 경우도 B.C 5세기 경이 되면 페르시아와 전쟁을 겪고 사회 변동이 심해지면서 이 사회 안에서 벌어지는 구체적인 문제들, 이를테면 무엇이 옳고 그르다거나, 무엇이 좋고 나쁜지와 같은 인간적이고 윤리적인 문제들로 관심사가 넘어간다. 때문에 이런 구분이 절대적인 것은 아니다.

04

철학적
사고

내가 철학을 통해서 배운 것이 있다. 철학적 사고의 내용보다는 철학적 사고의 형식이다. 이를 통해 나는 화려한 언어적 수사와 논리, 복잡하고 난해한 형이상학, 그리고 초월적 종교나 신비주의의 외피를 뚫고 그 본질을 보는 방법을 배웠다. 나는 여기서 배운 방법을 통해 인간과 사회, 그리고 정치와 세계를 인식하고 판단하는 법을 알게 되었다. 내가 보기에 겉으로 드러난 모든 현상은 장애물인 동시에 게이트이기도 하다. 그 둘을 분리할 줄 알아야 한다. 그 안에 들어가서 보면 진리와 진실은 의외로 단순하다. 진실은 때때로 비수와 같다.

내가 페이스 북에 써 놓은 글에 재미 미술사학자 최승규 선생님이 질문을 주셨다.

최승규 예를 들면 어떤 철학에서 무엇을 하는 식으로 구체적으로 설명해 주십시오. 나도 좀 배웠으면 합니다.

이종철 제가 글을 적어 놓고 보다 보니 남들에게는 주제 넘어 보일 수도 있습니다. 저는 서양철학사를 공부하면서 특히 비판과 회의주의, 부정성의 철학에 영향을 많이 받았습니다. 회의주의는 겉으로 드러난 것을 액면 그대로 인정하지를 않지요. 이런 정신은 소크라테스와 플라톤 이래로 서양철학의 큰 줄기를 형성하고 있다고 봅니다. 퓨론의 회의주의도 그렇고, 데카르트와 흄의 회의주의도 그 형식에서는 마찬가지라고 생각합니다. 물론 회의주의는 부정 자체를 위한 것도 있고, 긍정을 위한 회의주의도 있지요. 칸트의 비판 철학을 공부하면서 이성 비판의 방법을 많이 배웠지요. 헤겔의 철학도 회의주의에서 출발해 그것을 넘어서는 방법을 보여주고 있습니다. 이런 회의와 비판이 저의 철학적 기질과도 상통하는 느낌이 듭니다. 제가 보기에 마르크스와 니체, 그리고 프로이트는 각기 방법은 달라도 이런 회의와 비판의 정신을 일관되게 자기 분야에서 보여준 인물이라고 생각합니다.

　제가 개인적으로 불교, 특히 선불교에 관심이 많은데, 중국의 선사들은 다른 어떤 철학자보다 비판에 충실하지요. 임제臨濟 선사의 살불살조殺佛殺祖(부처를 죽이고, 조사를 죽여라.)의 정신에서 보면 외형적 권위나 제도 같은 것은 그저 껍데기라는 것을 보여주지요. 저는 공맹의 사상보다는 노장사상에 더 매력을 많이 느꼈습니다. 동양적 회의주의와 부정을 잘 보여준다고 생각하기 때문입니다. 오랫동안 이런 철학에 익숙하다 보니 드러난 현상을 넘어서는 데 익숙해진 것 같습니다. 이런 회의와 비판의 정신을 통해 사회 비판도 하고 정치 비판도 하고 철학 비판도 하는 것 같습니다. 저의 이런 모습이 다른 사람에게는 위험해 보이고 불편해 보일 수도 있다고 생각합니다. 하지만 그것은 제가 일관되게

나 밖의 타자를 대하는 방식이지요. 물론 저는 인간에 대한 예의와 경외감도 가지고 있습니다.

05

통합적으로
철학하기

무엇으로 철학을 하나?

오래된 우화가 있다. 제자에게 약초를 다루는 법을 가르치던 선생이 하루는 제자 보고 산에 가서 약초를 캐오라고 한다. 지엄한 스승의 명을 받들어 제자는 몇 날 며칠 온 산과 들을 헤매면서 약초를 고르고 골라 한 바구니를 의기양양하게 캐온다. 그걸 본 스승, 무어라고 했을까?

스승은 말없이 다시 캐오라고 내몬다. 낙심한 제자는 더 열심히 산과 들을 헤매면서 더 많은 약초를 캔다. 이번에는 한 가마니를 캐들고 온다. 그걸 본 스승은 여전히 고개를 저으면서 다시 내몬다. 어쩌라고?

더 기가 죽은 제자는 골똘히 생각한다. 무엇이 문제인가? 약초를 보는 내 눈이 문제인가 하고 심각한 고민에 빠지면서 더 열심히 산과 들을 헤맨다. 한참을 그렇게 고생하면서 산과 들을 헤매던 제자는 그런데 이번

---

* 이 글은 인터넷 신문 프레시안의 창간 7주년 특별 연재 코너 '철학자의 서재'에 기고, 2008년 11월 29일자에 실린 글이다.

에는 빈손으로 돌아온다. 그걸 본 스승은 왜 빈손이냐고 묻는다. 제자가 답변하기를 "온 산과 들에 약초가 널려 있어서 따로 캐올 수 없다."고 한다. 그 말을 들은 스승은 이제야 비로소 미소를 지으면서 약초를 보는 제자의 눈을 인정한다.

철학도 이와 같지 않은가? 철학의 소재나 문제들은 우리가 살아가는 일상의 삶 속에 지천으로 널려있는 것이 아닌가? 다만 우리는 그것을 끌어안을 수 있는 문제의식이 없고, 그것으로부터 삶의 지혜를 걸러낼 수 있는 안목이 부족한 것은 아닌가? 우리는 그러한 삶의 문제를 등한시한 채 그저 딱딱하고 골치 아픈 이론과 화석화된 활자들 속에서만 철학을 찾는 것은 아닌가? 그리하여 철학은 소수 전문가만이 이해하는 비밀스런 코드로 인식되고 있지는 않은가?

어떻게 철학을 하지?

텍스트해석연구소에서 펴낸 《통합적으로 철학하기 1,2》(휴머니스트, 2006－2007)는 앞서 말한 철학함의 형태를 잘 드러내면서 철학적 사유로 이끄는 충실한 안내자 역할을 해주고 있다. 이 책은 삶을 텍스트로 보고 이 삶이라는 텍스트를 읽는 데서 철학을 시작하고자 한다. 넓은 의미로 이해되는 삶으로서의 텍스트에는 반드시 책, 그것도 전문적인 철학책에 한정되지 않는다. 이처럼 개방된 텍스트에는 다양한 형태의 볼거리, 읽을거리, 들을거리, 즐길거리 등이 포함되기 때문에 그야말로 삶 자체가 철학하기의 좋고 풍부한 소재가 된다. 텍스트를 이렇게 개방해 놓으면 이러한 텍스트는 반드시 우리가 따르고 배워야 하는 기성형태의 이론이나 체계와는 거리가 멀다. 오히려 철학하기는 이 텍스트를 읽고, 따져 묻고, 서로 간에 이야기를 통해 대개는 감추어져 있거나 쉽게 드러나지 않는 텍스트의 의미를 이해하려는 작업이다. 철학하기를 '텍스트에 감추어진 의미구조'를 밝히고 해석하고 또 그것을 글로 표현하는 활동으로 보아서인지 이 책의 공동 저자들이 운영하는 연구소도 '텍스트해석연구소'이다. 결국 이 책이 보여주고자 하는 '철학하기'란 읽기, 말하기, 쓰기가 하나로 통합된 것이고, 그러한 의미에서 '통합적으로 철학하기'라고 부른 것이다.

이러한 문제의식 하에 이 책은 먼저 읽고 생각할 텍스트를 제시한다. 앞서 말했듯이 여기 제시된 텍스트는 통상적 의미의 철학적 텍스트의 경계를 넘어서고 있다. 이처럼 다양한 텍스트들 속에서 무언가 의미를 읽고 해석하려는 것 자체가 창의적인 철학의 일환이고 사유의 실험이 될 수 있을 것이다. 철학을 한다는 것이 반드시 교과서적 의미의 철학책들만 들먹이는 것은 아니지 않은가?

다음으로 텍스트를 읽는 방법을 소개하고 있다. 사실 낯선 텍스트를 처음 접하고서 그로부터 핵심 문제나 감추어진 의미 구조를 밝힌다는 것은 쉬운 일이 아니다. 낯선 곳을 여행할 때 지도나 안내자가 필요하듯 어느 정도는 탐구 방식에 대한 훈련이 필요하다. 이 책은 그러한 읽기의 길잡이로서 질문하는 방법과 관련하여 중심 질문과 보조 질문을 제시하고 있다. 올바른 질문은 올바른 답변을 얻을 수 있는 지름길이리라.

세 번째로 이 책은 텍스트를 해석하고 감추어진 의미 구조를 드러내는 과정에서 무엇보다 대화가 중요함을 보여주고 있다. 철학은 태생부터 비밀스런 독백과는 거리가 멀다. 유명한 소크라테스의 대화가 보여주듯, 우리는 나와 다른 이들과 대화를 나누면서 미처 생각하지 못한 것,

이해가 짧은 것, 잘못 알고 있는 것, 과신한 것 등을 깨달을 수 있을 것이다. 이러한 대화를 통해 우리는 기존의 협소한 앎이 깨지는 경험도 하고, 새로운 앎을 깨닫는 놀라운 경험도 할 수 있다. 무엇보다 대화는 앎에 대한 열린 태도를 요구하고, 우물 안 개구리식 유아론의 한계를 일깨워준다. 대화야말로 현대 철학에서 늘 강조하는 상호주관성이나 집단 지성의 전범이 될 수 있으므로, 이 대화는 철학하기에서 아무리 강조해도 부족함이 없을 것이다. 이 책에서는 개성이 강한 여러 등장인물 간의 다양한 이야기를 통해 텍스트를 여러 가지 각도에서 해석하는 법을 보여주고 있다.

마지막으로 지금까지 읽고 생각하고 이야기한 것을 글쓰기의 형태로 일반화할 것을 권장하고 있다. 글은 생각이나 말이 방만해지는 것을 막고 좀 더 정확해질 것을 요구한다. 글을 쓰는 과정에서 우리는 좀 더 일반적이고 이론적인 차원에서 텍스트에 접근할 수 있다. 말하자면 나름대로 텍스트에 대한 설득력 있는 해석을 제시하거나 이론적 일반화까지 시도해볼 수 있을 것이다. 그러면 이러한 일련의 작업을 통해 이 책은 삶이라는 텍스트를 통해 어떻게 철학을 하고 있는가?

고독과 더불어 철학하기

'통합적으로 철학하기'는 시리즈 형태로 진행되어, 1편은 고독, 2편은 성장, 3편은 죽음이라는 주제를 다루고 있다. 이 주제들은 인간이 홀로 태어나서 살아가다가 결국은 죽는다는 점에 착안해서 마련되었다고 하지만, 각기 별개로 읽는다 해도 무리는 없다. 고독이나 성장, 그리고 죽음 등의 주제는 인간이 세계를 살아가면서 피할 수 없는 실존적 문제이다. 이러한 문제 상황을 통해 우리는 심각한 고민에 빠지고 고통스러워하며, 반성하고 다른 사람과 그 고민을 이야기 나누고 극복해나가면서 자신의 내면도 들여다보게 된다.

첫 번째 시리즈로 나온 '고독'편은 1장 고독 깨닫기, 2장 고독 마주하기, 3장 고독 드러내기, 4장 고독 이기기, 5장 고독의 힘으로 이루어져 있다. 누구나 일상적으로 접할 수 있는 실존 문제인 고독을 깨닫게 되고, 두렵지만 그것을 대면하면서 마침내 그 고독을 적극적으로 끌어안고 승화시켜 내면의 힘을 일깨우고 창조적인 작업으로 이어질 수 있는 가능성을 모색한다. 각 장은 고독과 관련된 소설, 영화 등의 텍스트를 제시해서 그것을 읽고, 이야기하고, 쓰는 형태로 구성된다. 여기서는 지면 관계상 이 중의 한 장을 선택해서 '통합적으로 철학하기'가 구체적으로 어떻게 전개되는지와 그로부터 제기될 수 있는 문제점을 살펴보고자 한다.

'2장 고독 마주하기'는 《로빈슨 크루소의 모험》의 20세기 버전이라 할 미셸 투르니에의 소설 《방드르디, 태평양의 끝》의 일부를 발췌해 텍스트로 삼고 있다. 발췌 부분은 무인도의 굴속에서 생활하는 초기 로빈슨의 모습과 나중에 이웃 섬의 원주민을 노예로 삼은 방드르디가 화약을 잘못 건드려 로빈슨의 질서 체계를 전복시킨 후기 모습을 그리고 있다.

여기에는 해석을 요구하는 상징과 은유가 많이 담겨 있다. 이를테면 동굴 속의 축축한 통로를 묘사하는 저 그림자들, 구멍들. 그것을 보면서 지금까지 고독했던 운명에 대해 보상을 꿈꾸는 것, 그 동굴에 대해 어렴풋한 구역질과 더불어 관능을 느끼는 행위, 무인도에 자신이 이식해 놓은 문명적 질서를 쥐로부터 보호하는 일, 쥐의 증오에 찬 눈, 원주민 노예가 로빈슨의 실수로 모든 것이 파괴되었을 때 그것을 은근히 바랐을지도 모른다는 느낌, 혹은 방드르디가 자신을 다른 쪽으로 이끌어 간다는 것, 폭발로 인해 전복된 스페란차의 수호신인 거대한 삼나무의 뿌리 등, 사실 이러한 일련의 은유와 상징을 '고독'이라는 철학적 주제로 일관되게 사유한다는 것은 쉬운 일이 아니다.

먼저 읽기를 보자. 해석자는 텍스트가 갖고 있는 현란한 미로를 수동적으로 따라가서는 안 된다. 무엇보다 주제와 관련하여 의미를 부여하는 해석자의 눈이 필요하다는 것이다. 해석자의 눈은 쉽게 해석을 허락하지 않는 '낯선 것들의 접촉점'을 하나의 인과관계나 의미 지평 안에서 소통시키는 역할을 한다. 여기서는 런던에서 무인도(스페란차)로 이어지는 '장소의 이동'과 그에 따른 의미의 변화에 주목하는 것이다. 그럴 때 문명세계에서 느끼는 고독과 무인도에서 경험하는 고독의 절대 차이가 다가온다. 또한 이 해석자의 눈은 텍스트 안에서 종종 비일상적으로 현출하는 '표현'에 주목한다. 화약의 '폭발'과 그로 인해 야기되는 '다른 것'으로의 인도가 그러한 표현에 해당된다.

그렇다면 문제는 눈이다. 눈이 있다고 해서 다 볼 수 있는 것은 아니다. 눈높이가 다르기 때문이다. 이 경우 해석자의 눈은 이미 마련된 것인가, 자연스럽게 습득이 되는 것인가? 철학의 길에 들어서려는 초심자에게는 후자의 경우가 보다 친절할 텐데 이 부분에 대한 설명이나 참조가 없어 아쉽다.

이 책의 저자는 그것을 다양한 관점과 시각을 가진 여러 화자의 대화를 통해 마련하려는 듯하다. 이들의 대화를 통해 고독의 '크기'나 '성격'의 차이, 도시의 고독이나 무인도의 고독의 차이가 일깨워진다. 스페란차의 동굴과 관련한 자궁의 은유, 그로 인한 관능과 구역질에 대한 생각이 스스럼없이 튀어나오게 된다. 적의에 찬 쥐의 눈이라는 은유는 실상 문명질서의 보호막이 거두어진 생생한 자연체험을 상징하는 것으로 이야기된다.

사실 이렇게 다른 생각을 가진 이들의 대화야말로 생각의 지평을 넓이고 눈높이를 키워줌으로써, 특별히 이론에 의존하지 않은 상태로도 철학적 사유의 견인차 역할을 하는 것이다. 때문에 이 책의 저자들도 이 대화에 특별히 공을 들였다는 말을 한다. 물론 특정 문제를 주제화할 수 있는 대화의 지평이나 높이는 여전히 문제가 된다.

마지막으로 고독이라는 주제를 통해 지금까지 읽고, 해석하고 이야기를 나눈 이야기들을 가지고 어떻게 글을 쓸 것인가? 글은 스페란차라는 '전적인 낯섬'과 같은 고독의 파괴력 앞에서 느끼는 양가적兩價的(동일한 대상에 상반된 태도가 동시에 존재하는 것) 감정을 '끌림'과 '밀어냄'이라는 개념을 통해 일반화한다. 이러한 일반화는 이미 '관능'과 '구역질'이라는 표현 속에서 추론할 수 있는 것이다. '고독'의 체험은 '강한 술'과도 같아서 그리로 향하고자 하는 몸과 그것을 거부하려는 몸 사이의 갈등, 불안과 불균형의 혼돈, 경계 의식으로 흔들리는 동적인 체험이다. 사실상 두렵고 떨리는 이러한 긴장과 대면하는 과정에는 고통이 수반되고, 오래된 익숙한 것이 뿌리 채 전복되는 경험이 따르지 않을 수 없다. 마침내 두렵고 아픈 만큼 그것을 견뎌낸 정신의 크기와 깊이도 성장할 것인데, 그만큼 고독을 택할 필요가 있다는 것이 글쓰기의 결론으로 유도될 수 있다. 하이데거가 '불안'이나 '죽음'과 같은 근본 정조情操(고차원적인 복잡한 감정)를 통해 철학을 하는 것만큼 저자들은 현대인에게 익숙한 고독의 감정을 텍스트의 읽기 – 말하기 – 쓰기의 형태로 묶음으로써 통합적 철학함의 묘미를 보여준다.

우리는 지금 어디에?

비트겐슈타인은 철학을 동사적 의미의 액션(행동)으로 간주한다. 많은 이가 철학을 사유의 실험이고, 관념의 모험으로 생각하면서도 강의실에서 이루어지는 철학은, 우선은 그리고 대개는 화석화된 이론을 기계적으로 습득하는 것으로 이루어진다. 이는 상상력의 마비이고, 사유의 빈곤이며, 대화의 부재로 이어져 유아론적 고백이 되기 십상이다. 이론은 거들먹거리면서도 그 의미에 대해 무지하고, 책 속의 지혜가 삶의 지혜로 이어지지 못하고 있다.

《철학적으로 통합하기》는 이 완고하고 폐쇄적인 관행에 신선한 충격이 될뿐더러, 새로운 실험적 철학하기의 디딤돌이 될 수도 있겠다. 이 책의 저자들은 이 작품을 내기 위해 한 팀을 만들어서 수년 동안 정기적으로 작업을 했다고 한다. 너나 할 것 없이 이론 수입에 앞장서는 마당에 자기 브랜드를 생산하려는 이들의 자생적인 노력은 높이 살 만하다. 입시철이면 논술을 둘러싸고 수백만 원의 고액과외를 불사하는 이 미친 현실에서 가히 이 책은 빈자의 등불이 되어도 손색이 없을 것이다.

06

선의지와
도움

　이기적 존재인 인간이 타인을 돕는 행위는 특별한 것이다. 이기심은 자기를 보존하려는 모든 생명체의 본능에서 나온다. 굳이 도킨스의 '이기적 유전자'를 들먹이지 않더라도, 대부분의 사람은 이런 이기심에 따라 살고 있다. 반면 타인을 돕는 행위는 본능적 이기심을 넘어서는 윤리적 태도이다. 윤리는 늘 본능을 넘어서려는 태도에서 가능하다. 인간이 인간일 수 있는 것은 이러한 윤리적 태도에서 비롯된다.

　그런데 선의에서 타인을 돕다 보면 처음 의도와 다른 결과가 생기는 경우가 있다. 도움을 받은 타인은 그러한 도움에 익숙해져서 의존심이 커질 수 있다. 이러한 의존심을 당연한 관행으로 생각하다 보면 도움이 부족하거나 중단되면 오히려 서운해 하고 화를 내기도 한다. 도움을 주는 자도 도움을 받는 자의 삶에 과도하게 개입하는 경우도 있다. 자신의 생각에 비추어 상대가 너무 부족해 보이기 때문에 충분히 그럴 수 있을 것이다. 하지만 이런 행위가 반복되다 보면 도움을 받는 자의 인격이나 관심을 무시하고 모든 것을 자기 식으로 할 수도 있다. 여기서 도움을 주는 자나 도움을 받는 자 사이에 괴리가 생길 수 있다. 도움을 주는 자는 모든 것을 바쳐서 도와주었는데 상대가 그것을 이해하거나 고마워하지 않는다고 생각한다. 반면 도움을 받는 자는 상대가 자신이 원하는 것을 해주지 못했다거나 자신이 이렇게 밖에 살 수 없는 것은 상대가 그렇게 만들었기 때문이라고 생각할 수 있다. 말하자면 선의에서 시작했지만 결과는 좋지 않을 수도 있다는 것이다.

도움을 주는 자나 도움을 받는 자나 일정한 선이 필요할 것 같다. 어느 선까지 자립을 위해 돕지만 그 이상은 넘지 않겠다는 다짐이고, 마찬가지로 도움을 받는 자도 마냥 도움에 의존하기보다는 스스로 일어서기 위한 마지노선을 설정할 필요가 있다. 그런데 이처럼 선을 설정할 때 비대칭적인 경우가 많다. 도움을 주는 자는 능력이 있어서 스스로 그것을 결정할 수 있지만, 도움을 받는 자는 그렇지 못할 경우가 있기 때문이다. 어느 정도는 도움을 주는 자가 이니셔티브를 쥐고서 그 선을 지혜롭게 결정하려는 태도가 필요하다. 기껏 도와주고서 나중에 '받은 게 하나도 없다'는 식의 이야기를 들을 때의 배신감 혹은 절망감은 생각보다 크다. 그런데 평소 이런 도움에는 전혀 관심도 없고, 실제로 그런 자비와 보시와는 너무나 멀리 떨어져 있는 인간들이 비난을 할 때는 '도대체 이게 뭔짓인가?' 싶기도 하다.

07

동서양에 대한
짧은 생각

몽골에서 다친 팔이 한의원에 줄창 다니면서 침을 맞고 물리 치료를 받아도 개선되지 않았다. 침을 맞을 때는 시원한 것 같았지만 하루가 지나면 원상태로 돌아가고 만다. 결국 처음 아내가 말한대로 정형외과에 가서 체외 충격파ESWT 치료를 몇 번 받았다. 이것은 의사의 진단에 크게 상관없이 순전히 현대적인 의료장비의 효과라 할 수 있다. 그래서 그런지 확실히 부인하기 어려울만큼 증상이 개선되었다. 지난 주말 당구장에서 5시간 이상 무리할 정도로 팔을 사용했는데도 전혀 아프지가 않다. 한 번 정도만 더 치료를 받으면 통증에서 완전히 졸업해도 될 듯하다. 물론 한의원과 양의원의 비용 차이는 크지만, 그 비용을 충분히 상쇄할만큼 효과 면에서 차이가 크다.

삐었을 때 나는 종종 한의원을 찾는데 생각처럼 치료 효과가 나질 않는다. 침놓는 방법이 많이 현대화되었다고 하지만 의외로 그 효과를 모르겠다. 과거에 인산 김일훈 선생은 대못 같은 침을 사용해서 거침없이 치료를 했다는 말도 있지만, 지금 그런 침을 사용할 수 있는 한의사는 없을 것이다. 양의원은 강력한 의료장비의 성능 탓에 진단과 검사 비용 그리고 치료 비용은 많이 나온다. 이에 반해 한의원은 진료 비용은 쌀지 몰라도 치료 방식은 거의 변화가 없을 만큼 수공업적이다. 여전히 수천 년 전의 의서에 기초한 탓일까? 동양에서는 이미 오래전에 인체의 독법이 완성되었다고 보아서인가? 좀 더 현대화되고 새로운 독법도 개발해야 하지 않을까 하는 아쉬움이 크다. 이러다가 한의원은 그저 민간요법이나 대체의학 수준으로 떨어지는 것이 아닐까 하는 걱정이 들기도 한다. 적어도 의술과 관련해서는 동서양의 의학 기술 경쟁은 비교될 수 없는 차이를 느낄 수 있다.

단순화시킬 우려가 없지 않지만 나는 이런 현상을 동양철학에서도 본다. 여전히 수천 년 전의 공자와 노자 등이 별로 새로운 해석의 방법론을 수반하지도 않은 상태로 현재화되는 것을 보면서 한의원의 침술 만큼이나 달라지기 힘들다는 생각이 든다. '모든 사상은 시대의 아들'이라는 헤겔의 말처럼 그런 사상이 나온 다양한 배경과 풍토를 추상하는 것 외에는 의미가 없다. 그럼에도 불구하고 바로 알라딘 램프에서 불러들인 거인처럼 그런 사상을 현재화시킨다는 것은 그만큼 비현실적임을 반영하는 것은 아닐까? 서양의 의술이 첨단 검사 및 치료 장비를 개발시켜 온 것처럼, 서양 학문의 해석 방법론의 발전은 실로 눈이 부실 정도다. 그만큼 논쟁이 많았기 때문이기도 하다. 20세기에 들어서는 인문학도 언어학이나 기호학 같이 거의 과학화된 방법론이 도입되었고, 인문학의 고유성과 관련한 해석학의 발전도 적극적으로 이루어졌다. 물론 동양의 경우도 이런 논쟁은 많았지만 특별히 방법론에 대한 관심은 별로 없었다. 이런 배경에는 동양 학문의 전체론적holism 경향도 큰 원인이 되었을지 모른다.

맨날 잘난 조상만 자랑하고 신화화하지 말고 그 외피를 뚫고, 그리고 해체해서 현대의 방법론과 접목시켜 전혀 새롭게 분장시킬 방도는 없을까? 정말 공자가 죽고 노자가 죽어야 할까? 제자백가를 쓰레기 취급하듯이 재구성할 방법은 없을까? 퇴계도 죽이고 율곡도 죽일 수는 없을까? 다산은 또 어떨까? 그들을 진정으로 따르는 것은 단순히 그들을 모방하고 재현하는 것이 아니라 재해석하고 발전시키는 것이 아닐까? 동양의 정신이 새롭게 빛을 발할 수 있는 방법은 없는가?

08

도올과
김상욱

　도올 김용옥 교수와 물리학자 김상욱 교수의 대화 자리가 있다고 해서 일부러 KBS2 방송을 보았다. 도올이야 워낙 오랫동안 이 사회에서 스타 인문학자 역할을 했던 사람이라 잘 알고 있었지만, 내가 좋아하는 물리학을 가르치는 김상욱 교수는 처음 알게 되었다.

　일단 물리학에 관한 김 교수의 설명이 명쾌하다. 세상의 모든 것이 다 물物이고, 그것을 지배하는 법칙은 동일하다. 그런 면에서 생명은 기계이고, 인간도 기계와 같다. 물리학은 세상의 모든 물(것, thing)을 탐구하는 학문이다. 과학자의 입장에서 당연히 나올 수 있는 설명이다. 도올은 인문학자답게 '생명은 기계라는 은유보다는 기계와도 같은 측면이 있다. 그 점에서 술어로 주어를 다 포괄할 수 없다.'고 보충한다. 여기까지는 특별한 이견은 없다. 하지만 인문학이 보여줄 수 있는 플러스 알파에 대한 설명은 없다.

　도올은 사실 화법이 독특하다. 그의 쇳가루 같은 목소리와 강의할 때의 독특한 제스처는 남이 쉽게 흉내내기 힘들다. 그럼에도 그런 자신만의 아우라를 가지고 말한 것은 전통적 의미의 노장적 자연관에 기초한 기계론을 벗어나지 못한다. 기계로 인한 인류 문명의 위기라는 것이 대단히 상투적이다. 그러면 도대체 무엇을 말할 수 있는가라고 생각하면 더 할 말이 없어 보인다. 2300년 전의 노장 식으로 돌아가자는 이야기는 대단히 무책임하고 불가능한 이야기일 뿐이다. 내가 보기에 그것은 거의 수사적 기만에 불과해 보인다. 노장이나 제자백가를 여전히 리바이벌하는 동양의 철학자들은 너무나 게을러 보인다. 차라리 바그너의 말처럼 "상처를 가한 손이 상처를 치료한다."가 더 설득력이 있지 않을까 한다.

오히려 젊은 물리학자가 과학 기술 문명과 지구의 위기 문제를 자본주의와 연결시키고 있다. 아무리 발전해도 기계는 인간의 욕심을 따라잡을 수 없다고 하는데, 자본주의는 이런 욕망에 기초한 사회 원리가 아닌가? 물론 그 자본주의를 어떻게 할 것인가라는 문제는 물리학자가 이야기할 수 있는 것은 아니다.

허구헌 날 낡은 상품을 가지고 호객하는 게으른 판매자가 도올이 아닌가 하는 생각마저 든다. 본인 스스로 머리가 나빠서 '도올'이라고 호를 지었다고 하는데, 그 돌을 아직까지 써먹는 방송도 문제다. 이제 그만 하차하고 자연으로 돌아가 여생을 보내는 것이 좋을 듯하다. 역시 소문난 잔치는 먹을 게 없다.

09

동아시아
사상

나이를 먹어갈 수록 동아시아의 역사나 사상에 더 많은 관심이 간다. 동아시아의 사상은 우리의 정신적 자산이고 자양분이다. 우리가 직접 그것을 학습하지 않았더라도 자연스럽게 배우고 익히는 것이기도 하다. 여우가 죽을 때가 되면 머리를 자기가 살던 굴을 향한다는 수구초심首丘初心이 틀린 말은 아닌 것 같다. 젊을 때 이런 우리의 정신적 자산을 제대로 공부하지 않았는지 모르겠다.

학부를 법학과 나온 나는 동양철학을 따로 배울 기회가 없었다. 철학과 대학원에 들어갔을 때 타과 출신은 한 과목 정도 학부 동양철학 수업을 들으라고 해서 배종호 선생님의 수업을 들은 적이 있다. 한학에 조예가 깊고 한국유학사의 틀을 잡은 배 교수의 수업을 재밌게 듣기는 했지만 여전히 그 의미를 몰랐다. 대학원 종합시험을 볼 때 시험 과목 중 하나로 동양철학 부분이 들어간다. 그런데 그 답안지를 쓰고 나서 당시 담당 교수였던 류인희 선생님한테 혼난 적이 있다. 왜 기본적인 개념이나 사상의 틀도 못 잡았느냐고 당시 내 동기들과 함께 크게 질책을 받았다. 다들 타과 출신에다가 서양철학 전공이라 어쩔 수 없는 면이 있었다. 학부 수업 한 개 듣고 동양철학을 바로 이해를 했으면 그게 오히려 비정상이었을 것이다. 그 이후로 정인재 선생이 번역한 풍우란의《중국철학사》를 열심히 읽었다. 이 책을 통해서 대충의 개념과 중국철학사의 흐름을 잡을 수 있었다. 나중에 노사광이 쓴 3권짜리 방대한《중국철학사》를 읽기도 했지만 큰 감동은 받지 못했다. 노장 철학에 대해서는 관심이 있어서 틈틈히 보았고, 《도덕경》은 당시 범우사에서 출간한 포켓용판을 들고 다니면서 암송하기도 했다. 그 당시 김용옥 교수 사단에 들어간 친구 도모군을 통해 불교의 향기에 접하기도 했다.

불교는 정서적으로 나와 잘 맞아서 여행 다닐 때도 일부러 유명하다는 사찰은 거의 다 둘러보았다. 내가 천안의 광덕사 근처에 몇 개월 머무른 적이 있다. 그 당시 유식학에 조예가 깊은 박인성 박사가 주도하는 세미나에 열심히 참석하면서 유식학 관련 문헌을 이것저것 탐닉한 적이 있다. 내가 대학을 떠나 사회생활을 10년 가까이 한 적이 있다. 하지만 나 같은 서생이 호기심과 빈약한 IT 기술을 가지고 사회에서 버티기는 쉽지 않았다. 결국 다니던 회사가 부도나면서 실업자 생활을 2년 가까이 할 때《주역》을 읽으려고 애를 많이 썼다. 기본적인 줄기는 남회근 선생이 쓴《주역강의》와《역경잡설》이란 책을 통해서 잡았고, 특히 〈계사전〉은 따로 외우다시피 하면서 탐독했다.《주역》의 저자가 감옥에 갇혀 어려운 시기에《주역》을 썼다는 이야기가 심정적으로도 와 닿았다. 주역을 읽다 보니 다산 정약용 선생의 글에도 손이 갔다. 다산이 강진에서 18년 동안 유배 생활을 할 때《주역》공부를 하면서 쓴 책이

《주역사전》이다. 일종의《주역》을 연구할 수 있는 방법과 각 효사들을 쓴 책이다.《주역》의 〈계사전〉은 중국의 자연철학으로 볼 수 있다.

독학이기는 했지만 내가 필이 꽂히면 미친 듯이 파고드는 경향이 있어서 당시《주역》에 관한 책을 이것저것 많이 읽었다. 나중에 대학에 돌아왔을 때 후배인 임채우 박사가《주역》에 관해 좋은 글을 많이 쓴 것을 알았다. 그가《주역 왕필주》를 번역했을 때 나에게도 한 권을 보내준 적이 있다. 그런데 학위 논문을 작성하느라 정신이 없어서 읽지는 못하고 그대로 서가에 꽂혀 있다.

10
선사와
철학자

'백척간두百尺竿頭 진일보進一步'라는 말이 있다. 한 걸음 더 가면 낭떨어지로 떨어지지만 그것에 발을 내밀라는 불가능한 주문이다.

나는 종종 깨달음을 구하는 선사의 수행과 끝없이 문자에 탐닉하는 철학자의 글쓰기가 그 정신에서는 크게 다르지 않을 수 있다는 생각을 하곤했다. 물론 선사가 구하는 깨달음은 문자의 세계를 넘어 불립문자의 세계로 들어가는 것이고, 철학자의 논증적 글쓰기는 너머의 신비 mysticism도 문자로 확인하는 작업이기 때문에 현상적으로 본다면 전혀 별개의 세계처럼 보일 수 있다. 선사의 깨달음은 철저히 체험의 문제이기 때문에 언어로 규정할 수 없는 불립문자의 세계라는 생각이 너무나 당연시되고 있다. 부처도 오직 염화시중의 미소를 보면서 자신의 뜻을 가섭이 알았다고 한다.

하지만 참으로 그럴까? 도대체 그 깨달음의 세계가 무엇이고, 그것은 언어 없이 알려질 수 있을까? 만약 그것이 알려질 수 없다면 그것은 유명한 고르기아스의 회의를 벗어날 수 없지 않을까?

> "아무 것도 존재하지 않는다. 설령 존재한다고 해도, 전달할 수가 없다. 전
> 달한다고 해도 알 수가 없다."　　　　　　　　　　　　　　　 — 고르기아스

　노자는《도덕경》의 첫 장부터 도道와 언어의 관계에 대해 규정한다.
'도가도비상도道可道非常道, 명가명비상명名可名非常名'이란 구절은 분명하
게 도를 도라고 하는 순간 도가 아니고, 이름을 이름으로 규정하는 순
간 이름이 될 수 없다는 것이다. 이는 '규정할 수 없는 도와 이름'에 대한
언어의 한계를 말해주기도 한다. 하지만 한 꺼풀 더 뒤집고 들어가 보면
노자의 말은 모순처럼 말할 수 없는 도의 세계도 말할 수 없다는 문자를
통해서 드러나는 역설parados을 지시해주고 있는 것은 아닌가? 그런 의
미에서 문자는 그 문자의 끝에 역설과 신비를 마주하고 있다고 할 수 있
다. '언어는 존재의 집'이라는 하이데거의 말이나 '나의 언어의 한계는 나
의 세계의 한계이다.'라는 비트겐슈타인 말은 언어의 세계와 도(존재)의
세계가 긴밀하고도 역설적인 관계를 맺고 있다는 것을 알려준다.
　글쓰기의 이런 역설적 전도는 선사가 추구하는 깨달음이나 도의 세계
와 아무런 상관이 없을까? 나는 그렇게 보지 않는다. 나는 오히려 양자
사이에서 끈끈한 관계를 보고 있다. 이른바 '글쓰기의 선禪이고, 선의 글
쓰기'라는 것이다. 혜능대사의 이야기를 보자.

　《육조단경》의 저자인 혜능대사가 광주의 법성사에서《열반경》강의를 들
을 때 깃발이 바람에 나부끼는 걸 놓고 스님들이 논쟁을 벌였다. 한 무리의

스님들은 바람이 움직이는 것이라 하고, 다른 무리의 스님들은 깃발이 움직이는 것이라고 주장했다. 그때 계도 받지 않은 혜능대사가 일갈했다.

"바람이 움직이는 것도, 깃발이 움직이는 것도 아니다. 너희의 마음이 흔들리는 것이다.

하지만 우리는 혜능대사의 일갈에 만족하면 안 된다. 그가 말하고자 하는 진정한 의미 혹은 깨달음이 무엇일까 하는 물음을 제기하면서 백척간두에서 한 걸음 더 내밀어야 한다. 바람이 움직이는 것인가, 깃발이 움직이는 것인가, 아니면 사부대중의 마음이 흔들리기 때문인가? 내가 보기에는 한 마디로 탁상공론하는 그 마음이 문제임을 혜능이 지적했다는 것이다. 문제가 아닌 것을 문제인듯 공론하는 그 흔들리는 마음을 지적하면서 문제를 무화無化하는 깨달음이다. 마치 칸트가《순수이성비판》서문에서 지적했듯, '숫 염소의 젖을 짜려고 하니까 그 밑에 체를 바친다.'는 형국이 그렇지 않을까? 과연 숫염소에게서 젖이 나올까?

일전에 쓴 〈백척간두 진일보〉라는 글에 대해 페이스북 친구 한병식 선생님이 장문의 답글 겸 질문을 하셔서 나름대로 몇 자 적어 보았다. 한 선생님은 변호사로 활동하시지만 불교에도 조예가 깊은 것으로 알고 있다. 편의 상 댓글을 몇 가지로 번호를 붙혀, 소박하게 내가 알고 있는 차원에서 답변을 해보았다.

1. 깨달음의 방법

한병식 말씀한대로 선불교에서는 '직지인심直指人心, 이심전심以心傳心'을 그 종지로 삼고 있지요. 선불교는 '견성見性', '확철대오廓撤大悟'를 수행목표로 삼고 있는데 그 경지를 '언어도단言語道斷(말 길이 끊어짐)'이라고 하지요. 절의 일주문에 '입차문래入此門來 막존지해莫存知解(이 문에 들어 오려는 자는 알음알이를 내지 마라.)'라고 쓰여있는 경우가 많은데, '막존지해' 역시 직지인심, 언어도단 등과 같은 의미지요. 직지인심, 이심전심, 언어도단, 막존지해 등 선가禪家의 언어들은 모두 선불교가 지향하는 깨달음(견성, 확철대오)에 이르기 위해서는 지식이나 지식적 이해를 그쳐야 한다, 지식적 이해를 통해서는 선불교에서 말하는 깨달음에 이를 수 없다는 점을 가르치는 용어들이지요.

이종철 깨달음의 방법에 차이가 있다는 것을 인정합니다. 선사들은 알음알이나 분별지를 거부하거나 언어의 길을 끊고서 깨달음을 구하지요. 순전히 체험을 통해 그것을 얻기 위해서 선사들은 토굴이나 기타 물리적으로 제한된 공간 속에서 수행하려 하고 있지요. 반면 철학자들은 오직 문자와 분별 혹은 비판을 통해 그런 지혜를 구한다는 점에서 선사의 체험적 수행과는 분명히 차이가 있습니다. 그럼에도 뛰어난 철학자의 사색과 글쓰기 역시 선사의 수행 못지 않은 깊은 체험에 바탕을 두고 있다고 생각합니다.

2. 선과 언어

한병식 선불교에서 말하는 진리[道]는 시간적, 공간적으로 분리되어 있지 않은 전체이고 하나이며 일체의 시·공간적 분별이 끊어진 자리(空空이라는 말과 같음)인데, 지식이라는 것은 분별을 전제하는 것이고 분별한다는 것은 분리된 부분을 표현하는 것이기 때문에, 지식이나 지식적 이해는 결코 분리되어 있지 않은 전체 내지 하나로서의 진리가 아니고 지식이나 지식적 이해로는 그러한 진리에 이를 수도 없다는 것이지요.

예컨대, '어둠'이라는 언어는 반드시 '밝음'을 전제로 하여 성립하는 것이기 때문에 '어둠'이라는 개념에는 '밝음'이 포함된 것이고, 이에 따라 우리가 '어둠'이라고 말하는 것은 실제에 있어서는 동시에 '밝음'도 말하는 것이 되지요. 마찬가지로 '밝음'은 '어둠'을 전제로하여 성립하는 것이기 때문에 '밝음'의 개념에는 '어둠'도 포함된 것이고, 우리가 '밝음'이라고 말하는 것은 실제에 있어서는 '어둠'도 같이 얘기하는 것이겠지요.

이렇듯 어둠과 밝음은 상대적인 개념인 것이고 실제에 있어서는 서로를 포함하고 있는 개념임에도 우리의 지식은 양자를 구분하고 분별하여 표현하기 때문에 '실상＝진리'를 온전히 표현하지 못한다는 것이지요. 또한 언어는 생각을 표현하는 것이기 때문에 분별없이는 성립할 수 없지요.

이러한 관점에서 보면 직지인심, 이심전심, 언어도단, 막존지해 등의 언어 역시 분별하는 것으로서, 이는 달을 가리키는 손가락일 뿐 달은 아닌 것이지요. 그래서 선사들은 부처님일지라도 다만 진리에 통할 수 있을 뿐 진리를 언어로 표현하지는 못한다고 얘기하지요. 또 '살불살조殺佛殺祖'가 부처님의 가르침에 가장 충실한 표현이라고도 하지요.

이종철 선사들이 이해하는 지식이 단순화의 오류에 빠질 수도 있지 않을까요? 분별지를 지나치게 단순하게 규정을 해놓고 그것으로는 깨달음에 이를 수 없다는 말은 일종의 '허수아비 논증'이나 다름없을 수도 있습니다. 철학자들이 추구하는 앎의 세계는 규정지도 있고 부정지도 있고, 또 부정의 부정지 등 무수한 비판과 부정을 통해 가는 길입니다. 앞서 든 어둠과 밝음이라는 예에서도 보듯 개념의 상대성을 안다는 것은 그 개념의 상대성을 넘어서는 길을 안다는 것이기도 합니다.

그런 의미에서 언어는 분별을 하지만 그 분별을 넘어서는 측면도 있지요. 모든 언어는 달을 가리키는 손가락의 역할을 넘어설 수 없다고 하는데, 반대로 그 손가락을 통해 달을 가리킬 수 있지 않나요? 그것이 언어가 일의적인 것이 아니라 다의적 역할을 할 수 있다는 것이지요. 선사들의 선수행을 폄하하고 싶지는 않지만 그것들을 절대화할 필요도 없지요. 그들의 선수행 자체도 하나의 방편으로 생각할 수 있지요.

만약 불교의 깨달음을 문자를 버리는 데서 구한다고 한다면 그것도 불교를 지나치게 한정하는 것이라 생각합니다. 불교의 수많은 경전과 현대의 어떤 지식이론이나 철학 못지 않은 유식학의 논리들도 어떤 면에서는 그 깨달음으로 가는 방편일 수 있지요. 나는 개인적으로 《반야심경》이나 《금강경》만 제대로 이해해도 그런 깨달음에 갈 수 있다고 생각합니다. 실제로 스즈키 다이세츠 같은 선학자는 문자를 통해 서구에 선을 알리고 대중화시키는 데 큰 역할을 했지요.

3. 수행과 글쓰기

한병식 선禪에서는 일체의 분별이 끊어진 불이중도不二中道 자리를 얘기하고 그 자리에 계합하는 체험을 중시하지요. 그런데 일체의 분별이 끊어진 자리가 진리의 자리라 하여 그 자리에 머무르려는 마음을 내면 그 역시 분별심이 되어 도道에 어긋나게 되지요. '색즉시공色卽是空 공즉시색空卽是色, 색불이공色不異空 공불이색空不異色'에 대한 바른 안목을 갖추기 위해서는 계합의 체험이 꼭 필요하다는 것이지요.

불교에서는 무엇 때문에 진리에 통하려고 하는가? 분별망상, 번뇌의 괴로움에서 벗어나려고(해탈)하는 것이지요. 선불교에서 말하는 '백척간두 진일보'라는 것도 '분별이나 개념, 언어를 넘어서라', 또는 '분별 등을 넘어서는 경지'를 뜻하는 것이라고 생각합니다. '바람이 움직이느냐, 깃발이 움직이느냐, 아니다. 마음이 움직이는 것이다.'의 일화에서도 '분별심을 내지 말라'는 선불교의 핵심요지가 들어 있는 것이지요. 즉 바람이 움직인다느니 깃발이 움직인다느니 하는 것은 마음으로 분별작용을 하고 있는 것이어서 선불교가 가리키는 부동심不動心인 '도道'가 아니므로 그 허물을 지적한 것이지요.

이종철 선사들이 체험을 중시하는 것은 이해를 합니다. 성철 스님 말마따나 냉수를 직접 마셔본 것과 그에 관한 이야기를 듣는 것에는 분명히 차이가 있지요. 하지만 이런 체험이 주관주의Subjectivism나 유아론Solipsism에 빠지지 않기 위해서는 그것을 객관화도 할 수 있어야 할 것입니다. 내가 '설령 그것을 말한다 해도 알 수가 없다.'라고 한 고르기아스의 회의주의를 언급한 것도 그런 맥락에서입니다. 때문에 깨우친 선사들도 구루나 선지식의 검증을 받는 것으로 알고 있습니다. 그때 무엇으로 검증을 받나요? 언어를 벗어날 수는 없을 겁니다. 물론 단순한 언어라기보다는 선시禪詩와 같은 것이지요. 이것이 언어의 규정성과 부정성이라는 양면적 성격이지요.

제가 말하고자 하는 언어는 부정의 언어, 모든 한정(이른바 분별지)을 넘어서는 언어지요. 노자의 《도덕경》도 그런 언어라고 할 수 있습니다. 불교에서 사용하는 언어는 다른 어떤 철학의 언어보다 부정의 언어에 가깝다고 생각합니다. 인연법에 따라 일체 만물이 자성이 없고 공하다는 것을 깨우치는 언어지요. '색즉시공 공즉시색 색불이공 공불이색'이란 언어가 꼭 체험을 수반해야만 한다고는 생각하지 않습니다. 만약 토굴 속의 선체험을 중시한다면 철학자들의 무수한 사색과 글쓰기도 그런 체험 못지 않지요. 그런 사색과 글쓰기의 체험을 통해 저 구절의 의미를 밝히고 깨닫기도 하는 것이지요. 선사의 수행적 삶과 철학자의 글쓰기의 경우도 위 경우에 비추어서 판단하여야 하겠지요.

나는 개인적으로 공안을 둘러싼 중국 선사들의 기행이 너무 과장되어 있다고 생각합니다. 그리고 혜능의 깃발은 저도 지적을 했지만 분별 작용을 일으킨 마음이 문제가 아니라 문제가 되지 않는 것을 문제삼는 그릇된 태도라고 생각합니다. 중세의 수도원에서도 저런 식의 탁상공론을 무수히 했지요. 제가 칸트의 숫염소를 예로 제시한 것이 바로 그 때문이지요. 20세기 유명한 철학자 비트겐슈타인은 저것처럼 그릇된 문제 속에서 허우적거리는 모습을 보고서 '파리통 속에 빠져 있는 파리'라는 말로 규정을 했지요. 철학은 그릇된 문제를 문제가 아니라는 것을 깨닫게 해줌으로써 문제를 풀어주기도 하지요.

4. 깨달음의 삶

한병식 견성을 체험한 사람과 견성체험을 하지 못한 사람, 불이중도 자리에 있는 사람과 불이중도 자리를 모르는 사람의 삶은 어떤 차이가 있을까요? 표면 상으로는 아무런 차이가 없을 수 있고, 후자가 오히려 세속적으로 더 성공적인 인생을 살 수도 있을 것입니다. 그러나 내심으로는 전자는 체험적으로 자신의 실상이 본래부터 우주만물과 분리되어 있지 않은 하나라는 혁명적 인식전환을 겪는다고 합니다. 그리고 불이 중도에 계합하는 삶을 살게 된다고 합니다. 선가禪家에서는 그런 사람보고 '무사인無事人(일없는 사람)'이라고 하지요.

이종철 깨달음을 구한 자와 그렇지 못한 자의 차이로 범아일여의 혁명적 인식전환, 불이중도의 삶 같은 것을 이야기하셨지만 선사들마다 드러나는 모습은 많이 다른 것으로 알고 있습니다. 19세기에서 20세기를 산 유명한 선승 경허 스님 같은 만행蠻行을 일삼은 선승도 있지요. 나는 깨달음과 그의 행적은 별 상관이 없다고 생각합니다. 기존의 도덕율에 갇히는 경우도 있고, 자유분망한 삶을 사시는 분도 있고, 성철처럼 여전히 엄격한 수행의 모범을 보이는 선사도 있겠지요. 그런데 저런 체험은 선사들 뿐만 아니라 다른 분야의 사람들, 이를테면 예술가의 실천이나 철학자들의 인식의 전환에서도 많이 나타납니다. 종종 선사들은 '물 긷고 밥 짓는 데도 도가 있다.'고 하는데, 이런 일은 일반인들이 습관처럼 하는 일이지요. 다만 깨달은 자는 그 의미를 확연하게 알고 있지만, 그렇지 못한 자들은 타율적 강제나 노동으로 생각해서 자기 의미로 가져가지 못하지요.

저는 오래 전에 언어 철학을 공부하면서 하늘에서 무수히 많은 언어들이 내려오는 체험을 하면서 이런 것이 깨달음이 아닌가라는 착각을 해본 적도 있고, 또 글을 쓰다 보면 평소에는 별개로 떨어져 있던 온 우주 만물이 나의 머릿 속에 들어와 연결되는 느낌도 받은 적이 있지요. 무언가 사고의 획기적인 전환은 다 깨달음과 연결되어 있고, 그것은 하나의 모습이 아니라 다양한 형태로 나타난다고 생각합니다. 그리고 그것은 정적인 상태가 아니라 끊임없는 수행을 요구하는 동적인 상태라고 생각도 합니다.

5. 탄허와 칸트

한병식 흥미로운 것은 유불선에 통달한 고승으로 회자되는 탄허 스님 (1913 – 1983)의 칸트에 대한 불교적 평가입니다. 즉, 탄허 스님은 1977년 조선일보 그 당시 주필인 선우휘 선생과의 신년대담에서 칸트가 철학적인 사색, 명상을 통해서 우주만유의 인식주체를 순수이성이라고 보았으나 우주만유 자체가 순수이성이라는 결론에는 이르지 못했다고 보았습니다. 그리하여 칸트는 인식주체(주)와 인식대상(객)이 여전히 분리된 것으로 보고 있어 불교의 시각에서 볼 때 칸트의 사유가 완전한 공空에 이르지는 못했고 그것이 칸트철학의 한계라고 평가한 것입니다.

이종철 저도 탄허 스님을 좋아합니다. 하지만 만약 탄허 스님이 칸트를 저런 식으로 비판했다고 하면 참으로 곡해를 한 것이거나 잘못 이해를 한 것이지요. 칸트가 유명한 '코페르니쿠스의 전회'를 한 것은 인간 이성에 대한 비판을 통해서 그 한계를 지적하기 위해서이지요. 인간은 세계를 자기식의 프레임을 통해 볼 수밖에 없다는 의미에서 진정한 유한성을 고백한 것이기 때문에 주체와 객체를 여전히 분리된 것으로 보고 있다는 것은 너무나 당연한 칸트의 목표지요.

선사들이 종종 철학에 대해서 이야기하거나 혹은 성철처럼 물리학의 예를 들어서 설명하려 하는 경우도 있는데, 많은 경우 오해와 무지를 보입니다. 내가 선사들을 폄하하기 위해서 하는 말은 아닙니다. 나는 개인적으로 불교를 좋아하고, 오래전 유식학을 전공으로 하는 동국대의 박모 교수와 유식학에 관해 공부한 적도 있습니다. 저는 체험과 언어가 전혀 별개의 세계라고는 생각하지 않습니다. 만약 양자를 별개로 생각한다면 그것은 불교의 중도사상을 왜곡하는 것일 수도 있지 않을까 합니다. 저의 생각은 분명합니다. 그것이 어떤 것이든 쉽게 우상화하거나 신비화하면 안 된다는 겁니다.

한병식 자세한 답글에 감사드립니다. 이 교수님의 '백척간두 진일보'라는 글과 답글에서 이 교수님이 얘기하려고 하는 바를 존중합니다. 이에 대한 내 의견은 내가 어제 포스팅한 글(선불교에서 말하는 깨달음(견성)은 언어나 지식 등에 의한 시비 분별심이 완전히 쉬어질 때 저절로 찾아 오는 것이고, 언어나 지식은 그러한 깨달음으로 이끌어주는 방편(달을 가리키는 손가락)이라는 취지)에서 충분히 피력했다고 여겨져서, 여기서는 더 이상 언급하지 않겠습니다. 선사들은 사람들의 분별심을 깨뜨려서 깨달음으로 이끌어 주고자 다음 선시와 같이 파격적인 언어를 구사하지요. 고봉 원묘 선사(1238 - 1295)의 선시인데 역시 달을 가리키는 손가락일 뿐이지요.

바다 밑 진흙소가 달을 물고 달아나고 　　　海底泥牛含月走
바위 앞의 돌호랑이는 아기 안고 졸고 있네 　　巖前石虎抱兒眠
쇠뱀이 금강의 눈을 뚫고 들어가는데 　　　鐵蛇鑽入金剛眼
코끼리를 탄 곤륜을 해오라기가 끌고 가도다 　崑崙騎象鷺鶿牽

11

만법귀일萬法歸一
일귀하처一歸何處

일전에 동양철학을 전공하는 이찬희 선생의 글을 읽으면서 떠오른 구절이다. 일찍이 만공 선사가 화두로 잡고서 깨달음을 구했던 구절인데, 원래는 조주 선사에게서 유래했다고 한다.

한 승려가 조주에게 '우주의 모든 것이 하나로 돌아간다고 하는데, 그럼 그 하나는 어디로 돌아갑니까?[萬法歸一 一歸何處]'하고 물었다. 이에 조주는 '내가 칭저우[靑州]에 있을 때 삼베 적삼 하나를 만들었는데, 그 무게가 일곱근이었지.'라고 대답하였다.

먼저 하나에 관한 이야기부터 하자. 우리가 수많은 것을 공부하고 수없이 많은 사람을 만나고 수도 없이 많은 곳을 여행하고 등은 이 '하나'를 알고 깨닫기 위함이다. 무수히 많은 존재자의 원인과 원인을 추리하다 보면 결국은 그 모든 것을 가능하게 하는 하나의 원인, 즉 신을 만나는 것은 서양 정신의 일반적 행태다. 그리스 정신이든 유대 기독교이든 결국의 하나인 신의 문제에 닿는다는 점에서는 동일하다. 그런 의미에서 하이데거가 말한 것처럼 서양의 형이상학은 결국은 존재Onto - 신학 theologie이다. 하나인 존재, 하나인 신에 관한 탐구가 존재론이요, 신학이다.

다음은 공자가 말년에 자공과 나눈 이야기이다.

공자가 자공에게 "너는 내가 많이 배워 모두 기억하는 것으로 생각하느냐?"고 물었다. 그러자 자공이 "네 그렇게 알고 있습니다. 그렇지 않습니까?" 하며 되물었다. 이에 공자는 "아니다. 나는 하나로 꿸[一貫] 뿐이다."라고 하였다.

공자는 '학이시습지學而時習之, 불역열호不亦說乎'라고 하면서 누구보다 배움을 중시했다. 말년에는 위편삼절을 할만큼 《주역》 공부를 하는 데도 심혈을 기울였다. 하지만 그의 수많은 경험과 배움은 결국은 그 모든 것을 꿰뚫는 하나를 깨닫는 과정일 뿐이다. 공자가 깨달은 하나는 노자의 도처럼 만물을 이해하는 원리일 수도 있다. 결국은 하나가 문제인 것이다. 그렇다면 당신이 추구하는 하나는 무엇인가?

12
신들의
전쟁

　마르크스가 약관 27살에 쓴 〈포이에르바하에 관한 테제〉는 단 11개의 명제로 이루어진, A4용지 2장 정도의 짧은 글이다. 명문이나 명저가 반드시 많은 양의 글과 연관된 것이 아님을 보여주고, 요즘처럼 엄격한 각주를 많이 달아야 하는 것도 아님을 보여준다. 넘버를 붙여 글을 쓰고 아무런 각주도 없는 글로 유명한 것으로는 비트겐슈타인의 《논리철학논고》도 있다.

　〈포이에르바하에 관한 테제〉는 기본적으로 포이에르바하의 기독교 비판에 대한 재비판이다. 재비판이라면 부정의 부정과 같이 이중부정을 거쳐 본래의 입장으로 돌아간다든지 혹은 그것을 옹호하는 것으로 보일 수도 있지만 실상은 그것이 아니다. 마르크스의 비판은 포이에르의 기독교 비판의 한계를 비판한 것이고, 그 비판을 더욱 확장시키는 비판이다. 마르크스는 이 비판을 통해 비로소 '불의 강Feuer‒Bach'을 넘어서 독자적으로 사유를 하게 된다.

포이에르바하는 헤겔 사후 독일의 젊고 급진적인 지식인들의 모임인 '박사 클럽'의 수장 역할을 한 철학자이다. 헤겔이 죽고 나서 그의 정신의 왕국은 사분오열이 된다. 젊고 비판적인 지식인들은 헤겔 철학이 당대 독일 현실을 호도하고 유화하는 것으로 보고 첫 번째로 그의 국가 철학과 종교 철학을 지목한다. 이에는 "이성적인 것이 현실적인 것이고, 현실적인 것이 이성적이다."라는 법철학의 유명한 명제와도 관련이 있다. 당대 독일의 현실은 경제 현실도 낙후되어 있고, 정치적으로도 검열과 통제가 이루어지는 등 민주주의가 요원했다. 정치 비판을 직접적으로 하기 어려운 시절에 종교 비판은 일종의 우회로를 통한 비판의 한 형태였다.

인간이 절대자 신을 요구하거나 지상 낙원을 염원하는 것은 인간이 처한 현실을 반영하는 것이기도 하다. 인간의 무력하고 유한한 삶에 대한 부정으로서 절대자를 요구하고, 현실의 삶이 고단하고 비참할수록 천상의 낙원에 대한 꿈을 키우기 때문이다. 이런 맥락에서 포이에르바하는 신이 인간을 창조한 것이 아니라 인간이 신을 창조한 것이고, 천상의 본질은 지상 속에 있으며, 그리하여 신학의 본질은 인간학에 있다고 본다. 마찬가지로 헤겔의 관념론은 현실을 머리로 이고 있는 전도된 철학이고, 그 본질은 종교와 다르지 않다고 본 것이다. 이 점에서 포이에르바하의 종교 비판은 독일의 현실과 국가, 그리고 헤겔의 관념론에 대한 비판이다. 한 마디로 포이에르바하는 종교나 헤겔철학의 본질을 관념론으로 파악하고 유물론적으로 전도시키려 했다고 할 수 있다.

사실 서양의 전통에서 '신의 문제'는 배제하기 힘들 정도로 유별나다. 이런 현상은 창조 신앙을 강조하는 히브리 민족뿐만이 아니다. 그리스 철학에서도 플라톤의 '선의 이데아'나 존재의 첫 번째 원인으로서의 아리스토텔레스의 '신'도 모든 존재의 궁극 원인으로 존재한다. 원인에 원인을 찾다 보면 첫 번째 원인이 있지 않을까라는 생각을 할 수 있다는 점에서 궁극 원인으로서의 신은 사유의 궁극에 존재한다. 이 점에서 하이데거는 서양 형이상학은 그 본질에 있어 존재Onto - 신학Theology라고 말한다. 존재의 원인과 원리에 관한 존재론이자 동시에 이 존재의 궁극 원인으로서의 신에 관한 신학이란 의미다. 이런 현상은 주어 - 술어 문법으로 짜여진 인구어 전통에서 불가피한 현상이기도 하다. 여기서는 항상 원인의 원인을 추구하는 인과적 사고가 중심을 이룬다. 동시에 그 원인이 끝나는 곳에서 초월로 이행하는 것이다.

반면 동아시아의 자연철학을 대변하는《주역》의 자연관에서 본다면 무극이태극無極而太極이고, 이 태극의 운동을 통해 음과 양이 나오고, 이로부터 사상과 팔괘가 나온다. 자기 원인과 자기 운동을 통해 만물이 나오는 형태다. 괘를 이루는 음효와 양효를 볼 때 각각의 효는 그저 음과 양 이상의 의미가 없다. 여섯 개의 효가 결합해서 하나의 괘를 이룰 때 이 괘 안에서 차지하는 효의 위치와 이 효들 상호간의 작용이 중요하다. 적어도 서양적 의미에서의 독립자존하는 개별자는 없다. 모든 것은 상호 관계를 이루고 있고, 이런 관계 속에서의 위상과 작용이 개별자의 운명을 결정하는 것이다. 각각의 괘도 여러 가지 형태의 관계를 통해 상호 연결되어 있으며, 이런 괘로 이루어진 우주 밖의 어떤 초월적 존재는 없다. 달리 말하면 서양적 형태의 초월적 신이 자리 잡을 틈이 상당히 제한될 수밖에 없다고도 하겠다. 이런 사고에서는 굳이 신을 이야기한다면 우주와 자연의 이법 정도라고 할 수 있다. 장자가 부인의 죽음을 통해 이런 이법을 깨닫고 덩실덩실 춤을 추었다는 것은 유명한 이야기다.

데카르트의 '방법적 회의'는 새로운 시대의 새로운 형이상학, 즉 신 중심이 아닌 인간 중심의 철학을 시작한다는 점에서 획기적이라 할 수 있겠지만, 여전히 주술 문법의 인과론을 벗어나지 못했다. 회의를 통해 회의되지 않는 코기토Cogito(생각한다)가 첫 번째 원인으로 등장했지만, 이런 유한 실체는 다시금 자신의 관념의 확실성을 보장받기 위해 무한 실체로서의 신을 요구할 수밖에 없다. 데카르트의 시도는 신이 우선하는 존재론적 질서를 인식론적 혁명을 통해 전도시키기는 했지만 신 자체를 거부할 수 없다는 점에서 여전히 서양적 사고의 틀 속에 갇혀 있다.

칸트는 이런 신의 문제를 인간적 사고의 한계로 제시하고 신의 문제는 믿음과 종교의 문제에 해당한다고 본다. 신을 자기 원인과 본성에 따라 작용하는 유일한 실체로 본 스피노자의 신은 서양적 사고의 신을 벗어나 있다. 그가 말하는 신은 비목적적이고 비초월적인 신, 말만 신이지 철저히 자연의 원리이자 이법과 같은 것이라고 할 수 있다. 아마도 히브리적이고 헬라적인 신에 대한 근본적인 반역은 스피노자에게서 마련되었다고도 볼 수 있다. 19세기의 후반부에 니체는 드러내 놓고 신의 사망 선고를 확인한다.

신이 인간을 창조한 것이 아니라 인간이 신을 창조했다는 포이에르바하의 비판은 이런 반기독교적인 현실의 연장 속에 있다. 그는 당대의 유물론의 관점에서 신과 인간의 관계를 뒤짚기하려 한다. 신이 주인이 아니라 인간이 주인이고, 신학의 본질은 인간학이며, 따라서 천상의 비밀은 지상 속에 있다고 한다. 하지만 이때 새로운 주인이라고 할 인간은 어떤 인간인가? 마르크스의 비판은 바로 이 지점에서 시작하는 것이다. 마르크스가 보기에 포이에르바하는 유물론적 관점에서의 전도에는 성공을 했다. 인간은 더 이상 관념이나 정신이 아니라 몸을 지닌 존재다. 이런 인간을 포이에르바하는 경험주의의 차원에서 수동화한 한계를 벗어나지 못했다.

마르크스의 네 번째 테제는 이렇다.

포이에르바하는 종교적 자기소외Selbstentfremdung라는 사실, 즉 세계가 종교적 세계와 현실적 세계로 이중화verdopplung된다는 사실로부터 출발한다. 그는 종교적 세계를 그 세속적 기초 안에서 해소하려고 노력한다. 그러나 세속적 기초가 그 자신으로부터 이탈하여 구름 속에서 하나의 자립적 영역으로 고착된다는 사실은 이 세속적 기초의 자기분열 및 자기모순에 의해서만 설명될 수 있다. 따라서 이 세속적 기초 그 자체는 우선 그 모순속에서 이해되어야 하며, 다음에는 이 모순을 제거함으로써 실천적으로 변혁되어야 한다. 따라서 예컨대 지상가족이 신성가족heilige Familie의 비밀임이 폭로된 이상은 이제 지상가족 자체가 이론적 및 실천적으로 전복되어야 한다.

13

신학은 철학보다는
역사에 가깝다

　페이스북을 한지 며칠 안됐지만 놀라운 경험을 몇 가지 했다. 주로 오래전에 알았지만 그동안 소식을 모르고 지낸 사람과 연락이 되는 경험이다. 동시대를 살아가면서도 무엇이 그리 바쁜지 까마득히 잊어버리고 살던 지인을 페이스북의 놀라운 개방성과 관계성 때문에 다시 연결되고 만나게 된다. 그중의 한 분이 국내 유일의 해방 신학자로 알려진 김근수 선생이다. 철학과 후배인 김 선생과는 페이스북으로 연결되자 마자 바로 통화를 해서 거진 30년 만의 근황을 확인했다. 그런데 지금 이야기하려고 하는 것은 그런 개인사가 아니라 선생의 페이스북에 있는 명제 하나가 마음에 걸려서이다.

　"신학은 철학보다는 역사에 가깝다."

　신학은 철학보다는 구체적인 역사의 현장 속에서 신을 만나야 된다는 의미이리라. 이 명제의 이면에는 철학은 관념적이고, 역사는 구체적이라는 생각이 깔려 있을 수 있다. 철학과를 졸업하고 신학교로 옮겨 사제를 지망하고, 그 이후 독일로 유학을 갔다가 마침내 사회와 역사의 현장에 가장 밀착된 해방 신학을 하게 된 선생의 경력에 비추어 본다면 이해하지 못할 일도 아니다.

이 명제를 보면서 생각이 든 것은 아리스토텔레스의 "시는 역사보다 더 철학적이다."라는 명제이다. 《시학》에 나오는 이 말은 잘 알려져 있다. 역사가 일회적이고 개별적인 사건을 다루는 데 반해 시는 단편적 행동이 아니라 개연성과 필연성, 혹은 전형성을 다룬다.

> "비극은 인간 존재를 움직이는 일련의 감정을 합리적이고 보편적으로 이해
> 하려고 시도한다는 점에서 철학과 유사한 길을 가고 있다."
>
> — 아리스토텔레스, 《시학》

항상 사물이나 사건의 본질적 원인과 이유를 다루는 철학의 입장에서는 보편성을 떠날 수 없다. 이 점에서 시가 더 철학적이고, 개별적 사건에 매몰되는 역사는 하위의 학문으로 나타난다. 아리스토텔레스의 견해로는 학문은 개별성이 아니라 그 근거로서의 보편성을 탐구 대상으로 하기 때문이다. 보편성은 사물이나 사건의 본질을, 즉 그것의 전체적인 의미를 드러낼 수 있다고 생각한다. 이에 반해 개별적인 사건은 감각적이고 구체적인 데 반해 의미와 목적을 상실할 수 있다.

그렇다면 개별과 보편, 구체성과 추상성의 관계가 문제가 될 터이다. 역사는 전자에 가깝고, 철학은 후자에 가깝다. 신학은 철학보다는 역

사에 가깝다고 할 때 신학은 추상적이고 관념적인 공론에 빠지기보다는 고통받는 인간의 구체적인 삶의 현장 속에서 신을 만나야 한다는 의미이리라. 여기까지는 크게 문제가 없다.

삶은 실존이고, 고통은 추상적이기보다는 구체적이며 생생하다. 중세 천년 동안 보편논쟁을 통해 신 존재를 증명하는 문제가 실제로 스콜라스틱한 논쟁(탁상공론)에 빠진 과거도 부인할 수 없는 현실이다. 교회와 성서가 민중의 삶으로부터 유리된 탓이다. 우리는 이런 현상을 도그마 Dogma라고 부른다.

그래도 여전히 문제가 풀리지 않는다. 과연 철학이 추구하는 보편성은 관념적이고 추상적일 뿐인가? 철학자는 막연한 천상의 보편만을 찾아 헤매는가? 뒤집어서 이야기를 한다면 철학은 구체적인 삶의 역사에서 등장하는 수많은 개별적 사건을 외면하는가? 만일 개별자가 처한 전체적이고 보편적인 맥락이나 관계를 모를 경우 그 경험이 아무리 생생하다 할지라도 의미와 방향 혹은 목적을 상실하지 않겠는가? 그런 경험은 다만 감각적 생생함 이상을 넘어서기 어렵지 않은가?

경험주의자가 강조했던 감각자료sense data는 각각이 고립된discrete 경험에 빠져 결국에는 흄식의 회의주의로 이어지기도 한다. 신학이나 철학이 그런 것을 지향하려 하지는 않을 것이다. 본래 아리스토텔레스가 추구했던 보편자도 플라톤의 추상적 이데아를 비판하면서 나왔다. 그는 결코 보편성을 천상에서 추구하지 않았고, 또 마찬가지로 삶의 개별성과 구체성을 방기하지 않았다. 그는 '좋음'을 구체적인 개별자와 유리된 것으로 보지 않았다.

좋다는 것은 우리에게 좋다는 의미에서 아주 구체적이다. 다만 우리에게 좋다고 할 때, 이 '우리'가 누구인가를 문제 삼은 것이다. 좋다고 하는 우리를 모르는 상태에서 무조건 좋다고 하는 것은 개별적 경험의 미로에 빠질 수 있기 때문이다. 그래서 우리가 누구인가? 인간은 무엇인가? 인간이 식물이나 동물과 다른 면은 무엇이고, 어떤 면에서 인간의 고유성이 있는가? 그리고 그 인간의 역량이 가장 잘 발휘될 수 있는 면이 무엇인가? 이런 점들을 잘 물어 따질 때 우리는 '좋다'는 말의 구체성과 함께 그 의미의 전체성을 이해할 수 있을 것이다. 그래야 나에게 좋은 것과 우리에게 좋은 것이 상충할 때 보다 좋은 것을 찾아갈 수 있는 지혜도 마련되지 않겠는가?

아리스토텔레스가 '시가 역사보다 철학적'이라는 말을 했을 때는 단순히 일회적이고 개별적인 구체성 이상으로 그것의 의미를 이해할 수 있는 보편성과 전체성을 염두에 두었을 것이다. 이런 본질에 대한 이해가 없는 상태의 개별성이란 단순한 감각적 생생함이라는 의미 이상이 아니다. 그런 경험은 아무리 쌓여도 학문이 되지 못한다. 역사가 단순히 개별 사건의 나열일 수 없는 것과 마찬가지다. 역사가 단순히 사건의 나열과 고통의 경험으로 점철되는 것이라면 그런 역사는 무의미한 고통으로만 다가올 것이다. 우리가 역사를 탐구하는 목적은 무수한 사건을 일관하고 있는 나름대로의 의미와 연관, 그리고 법칙을 이해하려는 것이고, 이런 법칙의 반복 가능성을 통해 역사의 교훈을 얻으려는 것이 아니겠는가? 이런 작업을 위해서는 철학의 도움이 필요하리라. 때문에 "신학은 철학보다는 역사에 가깝다."는 말은 철학을 단순히 기피하거나 무시하라는 말은 아닐 것이다. 생각이 장황한 느낌이다. 페이스북으로 오랜 친구를 만났다가 '당신은 아직도 관념적인 철학에 빠져 있는가?'라는 비난이 무서웠는가.

14
거짓말

　조윤선 문체부 장관이 문화계 블랙리스트 작성에 자기가 관여하지 않았고 들은 바도 없다고 청문회에서 부인했다. 전 문체부 장관 유진룡이 김기춘 ─ 조윤선 고리가 장본인이라고 단정적으로 주장했지만, 이 두 사람은 안면 하나 바꾸지 않고 모르쇠로 일관하고 있다. 김기춘이야 원낙 오랫동안 쓰레기 치우는 역할을 해와서 얼굴에 산전수전 다 겪은 모습이 드러나니까 저 인간이 당연히 거짓말 하고 있다는 의심을 살 수 있다. 하지만 조윤선은 얼굴도 참해 보이고 눈망울도 똘망해 보이는데 안면 하나 바꾸지 않고 거짓말하는 모습을 보면 겉모습이 그 사람의 됨됨이를 바로 표현하는 것은 아닌 것 같다. 우병우의 경우도 보았지만 책임있는 공직자들이 거짓말을 너무 쉽게 하는 것은 아닌가 하는데, 그런 위증에 대한 책임을 엄하게 물어야 한다고 본다.

　우리는 거짓말에 대해 나쁘다고 생각하고 절대 거짓말을 해서는 안 된다고 말한다. 하지만 의외로 사람들은 거짓말을 많이 하고 있다. 우리의 일상 대화에서도 60 – 70%는 거짓말로 채워진다는 통계도 있다. 이런 거짓말은 대개는 선의로 하는 경우도 있고, 너무 원리 원칙대로 말하다 보면 일상적인 대화가 돌아가지 않는 경우도 있기 때문에 하는 경우도 있다. 하지만 악의를 동반한 거짓말 혹은 기만 같은 경우는 문제가 된다. 그리고 공인의 입장에서 공적인 말을 거짓말로 위장한다면 문제이다. 예를 들어 법정에서 증언할 경우나 청문회 자리에서 위증하는 경우, 그리고 공인이 식언하는 경우 등은 분명히 문제가 있고 그에 따른 책임도 따져야 한다. 그럼에도 불구하고 한국인은 거짓말을 너무 쉽게 별다른 죄의식 없이 하는 경우도 많다. 서양인의 문화에서는 절대 용납되지 않는 거짓말을 한국인은 쉽게 하고 책임도 지지 않는 경우가 많다. 서양인은 'I promise'라고 약속하면 반드시absolute 지켜야 한다고 생각하지만 종종 한국인은 그러면 좋고 안 그래도 별 상관없다고 생각한다. 물론 그에 따른 사정이나 이유를 제시하기도 한다.

하지만 "거짓말하지 마라."는 칸트의 정언 명법은 어떤 경우에도 반드시 지켜야 하는 도덕 명령이다. 여기에는 선의를 위한 거짓말이나 타인의 생명을 구하기 위해 불가피하게 하는 거짓말도 허용되지 않는다. 이를테면 식민지시대 독립군이 자기 집에 긴급 피난을 왔을 때 뒤쫓아온 순사가 범인이 어디에 있느냐고 물었을 때조차 거짓말을 해서는 안 된다. 한국인의 일상 상식으로는 거짓말의 효과가 진실을 이야기할 때보다 훨씬 크고 의미가 있다고 할지라도 절대 거짓말이 허용이 되지 않는다. 그런 의미에서 그의 도덕 명령은 절대적absolute이다.

칸트와 달리 거짓말이 쉽게 허용되는 경우, 혹은 거짓말과 관련된 여러 가지 경우를 살펴 보자.

첫째, 거짓말과 진실의 경계가 없다고 보는 것이다. 이런 생각을 하는 사람에게 진실은 오직 자기에게 유리한 것뿐이다. 어떤 팩트라 할지라도 자신에게 불리하면 식언하고 외면하고 자신의 입장을 합리화하는 경우이다. 이들에게는 선과 악, 거짓과 진실의 경계가 없다. 대표적으로 그리스 철학에서 나오는 소피스트Sophist가 그렇다. 이들의 입장을 상대주의, 회의주의, 주관주의, 다양성 등 여러 가지로 묘사하지만 단적으로 이들은 객관적 진리나 진실이 존재하지 않는다고 본다. 헤겔이《철학사》에서 적절히 말했듯, 소피스트에게는 참과 거짓의 경계가 없다.

이처럼 객관적이고 절대적인 것을 부정한다면 남는 것은 주관적인 자신의 입장 뿐이다. 이런 입장을 대변하는 표현 몇 가지를 보자. "힘이 곧 정의이다." "인간은 만물의 척도다." 절대를 부정하는 소피스트의 이런 입장은 오히려 도그마나 근본주의를 피할 수 있는 합리적 입장으로 간주되기도 한다. 현대처럼 모든 절대주의가 상대화된 시대에는 더욱 그렇다. "신은 죽었다"는 니체의 표현은 새로운 형태로 상대주의를 정당화시키는 입장이다. 오늘날 과학적 진리조차 어느 날 새로운 발견에 의해 상대화될 수 있는 잠정적 가설로 보는 시대에 절대 불변하는 진리와 진실을 이야기하는 것조차 이상해 보일 수도 있다. 김기춘처럼 복잡하게 꼬인sophiscated 인물은 자신의 거짓말을 저런 이론적 입장에 기대어 확신을 가질 수도 있겠다. 의외로 이런 식으로 거짓말을 정당화하는, 이른 바 똑똑한 사람이 많다.

둘째, 절대가 없는 시대, 신이 부재하는 시대에 그렇다면 거짓말을 마음대로 해도 된단 말인가? 그렇지는 않을 것이다. 오늘날 신이 존재하는지 않는지에 관한 논쟁은 부질없을 것이다. 여전히 존재한다고 믿는다면 그런 믿음과 신념 체계 안에서 정당화될 수 있고, 자신의 판단의 최종 근거로 자신의 믿음을 내세울 수 있다고 본다. 그런 의미에서 객관적으로 신이 존재하지 않는 세상이지만 주관적 혹은 종교적으로 얼마든지 신이 존재하고 그 신의 절대성에 비추어 상대의 세계를 판단할 수 있다. 이런 입장에서 본다면 거짓말은 허용이 될 수 없을 것이다. 그런데 한국인은 종교를 가진 경우가 많다. 대표적으로 기독교도 그렇고 가톨릭도 그렇고 불교도 그렇다. 종교를 신봉하는 경우가 많음에도 불구하고 거짓말이 일상화되고, 또 참과 거짓을 쉽게 넘나드는 경우가 자주 보인다면 종교가 그 종교를 가진 사람의 마음과 태도에 별다른 영향을 미치지 못한다는 증거라 할 수 있다. 한국에 종교인의 비율이 무려 70% 이상이 됨에도 불구하고 여전히 많은 사람이 헬조선이란 생각을 하는 것도 그 때문이 아닌지 모르겠다.

셋째, 신이 부재한다 해도 인간에게는 신성 혹은 신적인 마음이 내재해 있다고 보는 경우이다. 이른바 양심이 그 경우다. 이 양심은 동양에서는 동물의 수심과 달리 인간에 내재하는 천심이고 도심으로 간주되기도 한다. 도심은 주관적이고 이기적이고 상대적인 감정과 달리 인간의 본연지성이다. 주자는 이것을 리라 보았고(性卽理)라고 보았고, 불교에서는 이것이 곧 부처라고 보기도 한다(心外無佛, 直指人心見性成佛). 동양의 수양론은 이런 절대적인 마음을 보존하고 계발하려는 데 있다. 이런 양심의 기준에서 본다면 거짓말은 도심이 가려진 일시적인 감정 판단에 지나지 않는다. 그만큼 거짓말은 하위적인 판단에 불과하다.

서양의 기독교적 전통에서 볼 때도 양심은 신의 목소리가 인간의 마음 속에 내장된 것이다. 종교 개혁가 루터는 더 이상 사제나 교회가 아니라 이런 절대적인 양심의 소리를 통해 신과 직접 대면하라고 주장했다. 이런 양심은 혼란스럽고 불확실한 감정 판단과 달리 절대 의심할 수 없는 확실한 내면의 소리이다. 소크라테스도 다이몬Daemon이라는 이런 내면의 소리에 의존했다고 한다. 이 양심Gewissen은 독일어에서는 어원적으로 확실성Gewissheit과 같다. 데카르트가 아무리 의심을 해도 의심할 수 없는 사유하는 자아의 존재만은 확실하다고 할 때 그것은 명석clear하고, 판명distinct하다. 마찬가지로, 양심은 어떤 경우에도 의심할 수 없는 신의 목소리처럼 확실하다. 때문에 칸트는 밤하늘에 별이 빛나듯 내 마음에는 양심의 도덕 명령이 있다고 말한 것이다.

이처럼 내면의 신성을 자각한 사람의 양심적 도덕 판단의 경우에서는 거짓말이 절대 허용되지 않는다. 어떤 말이 참인지 거짓인지는 누구보다 본인이 확실하게 깨닫고 있으며, 거짓말을 한다는 것은 신에게 죄를 짓는 것과 다르지 않다. 그러므로 양심은 참과 거짓을 판단하고 정당화하는 최종 근거라고 할 수 있을 것이다. 이런 양심은 두 가지 측면에서 문제가 될 수 있다.

하나는 칸트가 말하는 밤하늘의 별이 보이지 않는 사람에게는 종종 적용되지 않는 경우이다. 그들은 양심을 이야기하면서도 밥 먹듯이 거짓말을 하는 경우이다. 도덕 명령 혹은 도덕 법칙 혹은 성즉리와 같은 것이 너무나 추상적이어서 별다른 제재 효과를 낳지 못하는 경우이다. 그래서 많은 종교에서 보듯 선악에 대해 상과 벌을 주는 절대적 존재 혹은 신의 존재를 내세우는 것이다. 칸트 역시 신 존재를 증명할 수는 없지만 이처럼 심판하는 신이 없다면 악이 처벌을 받지 않고 선이 보상받지 않는 허무의 세계에 빠질 수도 있다고 생각해서 신의 존재를 요청

postulate한다.

조선의 다산 정약용이 젊은 시절 서학에 빠진 이유 중의 하나도 주자가 말하는 성즉리와 같은 추상적 원리로서는 사람을 도덕적으로 제어할 수 없다고 보았기 때문이다. 그런 의미에서 그는 천주교의 신을 통해 상과 벌을 줄 수 있는 인격적 주재자의 의미에서 고대 유학의 상제上帝를 부활시키려 한 것이다. 이처럼 판단하는 절대자가 있다고 하면 인간사회에 선과 악, 거짓과 진실의 차이를 분명히 하고 그에 따라 책임과 처벌도 할 수 있기 때문이다. 현대의 경우 이것조차 힘들다면 위증에 대해 법적 책임을 묻는 것이 양심의 제재보다 훨씬 강한 경우가 많다. 그러므로 대부분의 경우 양심 판단에 기초하기보다는 법적 책임과 처벌을 엄하게 묻는 것이 훨씬 효과가 크다. 특히 거짓말을 너무 쉽게 하는 한국인의 경우에 더 그렇다.

다음으로 양심과 같은 주관적 확신은 객관적으로 검증이 되지 않는 경우가 많다. 이를테면 확신범의 경우가 그런데, 종교적 근본주의에 입각한 테러리스트의 행동에서 그런 경우를 많이 본다. 자신이 확신하는 세계 혹은 도덕율이 절대적이라고 보지만 다른 이의 확신도 그와 못지않게 절대적일 수가 있다. 이런 의미에서 각자 세상으로 우물을 가지고 있는 것이지만, 이것들 상호 간에 판단할 수 있는 제3의 근거도 없고, 또 이들 간에 대화도 불가능하다. 그런 의미에서 양심의 절대적 확신은 절대적 도그마 혹은 자폐증에 빠질 수 있는 위험이 있다. 종종 영웅주의나 종교적 광신 혹은 광기에서 이런 양심의 절대적 명령과 절대적 폭력이 동일시되는 경우도 확인한다. 그래서 정신분석학을 하는 어떤 이는 칸트의 도덕 명령이 얼마든지 히틀러나 스탈린처럼 변질될 수 있는 논리적 근거를 말하기도 한다. 그들은 인간의 이성을 세계를 체계적으로 조작하는 도구로 보기 때문에 그 세계 안에서는 얼마든지 정당화될 수 있지만 그 세계 밖에서는 소통불가능한 자폐증에 빠질 수도 있음을 경고한다.

많은 사람이 지켜보는 청문회장에서 얼굴색 하나 변하지 않고 모르쇠로 일관하거나 부인하는 김기춘이나 우병우, 그리고 조윤선의 경우를 보면 단순한 거짓말의 차원을 넘어서 조직적이고 체계적으로 세상을 왜곡하고 달리 판단하고 있다는 생각도 들 수 있다. 저들은 세상을 다른 사람하고 달리 보고 있고, 그것이 스스로 판단하기에 옳은 것이며, 자신들의 이런 옳은 판단을 세상이 잘못 판단하고 있다고 생각할 수 있을지도 모른다. 그것은 박근혜도 그렇고 최순실도 다르지 않을 것이며, 하다 못해 '개 돼지론'을 떠든 교육부의 일개 관료도 그런 생각을 하고 있다. 문제는 이런 의미에서 도덕적으로 자폐증에 빠져 있는 사람이 공적인 자리에 앉아 공적인 판단을 내리고 있다는 데 있지 않을까? 도무지 다른 사람과 공유할 수 있는 공통 감각(상식, common sense)을 결여한 저런 자폐증 환자들이 공권력을 멋대로 휘둘렀다는 것이 이 시대의 큰 불행이다. 저들은 저런 주관적 확신을 가지고 민주주의와 법치를 멋대로 유린하고 국민이 위임한 권력을 사적으로 농단하면서 국가의 질서와 기본틀을 무너뜨리고 만 것이다.

이런 경우는 설득의 여지가 없다. 오늘날 참과 거짓의 절대적 경계를 말하기는 쉽지 않지만, 합의 하에 만들어진 여러 가지 법과 그리고 근대 사회의 종교와 같은 헌법은 저런 행위를 처벌할 수 있는 개관적 근거를 가지고 있다. 그러므로 법치의 정신에 의해 거짓말과 위증에 대해 엄하게 밝히고, 일반인과 달리 공직자의 위상을 더해 더욱 엄하게 책임을 물어야 한다. 거짓말을 무조건 막을 수는 없지만 거짓말을 해서는 안 되는 것과 거짓말을 했을 때의 책임은 분명히 해야 한다. 그것이 이 소피스트의 세계에서 다양성과 상대주의 혹은 회의주의를 가지고 끊임없이 면피하고 물타기하려는 거짓말쟁이를 막을 수 있는 최소한의 방도가 아닐까?

15
칸트와 헤겔의
자유의 정신

빈곤한 현실, 정신의 풍요

흔히 독일 관념론은 칸트에서 시작되어 피히테와 셸링을 거쳐 헤겔에게서 완성된 것이라고 말한다. 칸트의 《순수이성비판》이 출간된 것은 1781년이고, 헤겔의 법과 정치에 관한 사상이 완성된 《법철학》이 출간된 것이 1821년이다. 대략 40여 년에 걸친 이 시기는 모차르트와 베토벤 등으로 이어지는 독일 고전주의 음악이 꽃을 피운 시기이고, 괴테와 쉴러 등 독일 낭만주의의 정신이 빛을 발한 시기이기도 하다. 비교적 짧은 시기에 독일의 위대한 정신이 철학과 예술 등의 분야에서 만개한 것이다. 그러나 이 시기 독일의 정치·경제 상황은 주변 국가인 영국이나 프랑스에 비해 대단히 열악한 상황에 있었다. 이미 영국은 여러 차례의 정치 혁명을 거치면서 근대 민주주의 국가의 기초를 다지고, 18세기 중반부터 산업 혁명에 성공하면서 본격적으로 자본주의 대열에 들어서고 있었다. 프랑스 역시 1789년에 자유, 평등, 박애의 기치를 내걸고 바스띠

유 감옥을 파괴하면서 혁명의 불길을 당겼다. 이에 반해 당시 독일은 통일된 국가를 이루지 못하고 수많은 봉건 영주국으로 나뉜 상태에 있었다. 오죽하면 당시 청년 헤겔이 "독일은 국가가 아니다."라는 말로 비난까지 했을 정도이다. 경제적으로도 독일은 산업화를 시작하지 못한 후진 국가였다. 이처럼 낙후된 상황에서 독일의 지식인은 이웃 국가의 혁명에 열광하기도 하고 자신이 처한 봉건적 상황을 개탄하기도 했다. 그런데 역설적이게도 독일의 정신은 이처럼 열악한 현실 상황에서 인류의 정신사에서 유래를 찾기 힘들 정도의 꽃을 피운 것이다. 흔히 문화와 예술 혹은 철학은 적어도 먹고 사는 문제가 해결이 되고, 사상과 표현의 자유가 비교적 잘 보장되어 있는 곳에서나 가능하다고 생각한다. 하지만 영국의 경제 혁명, 프랑스의 정치 혁명에 비견할 정도로 독일인이 사유 속에서 이룩한 정신 혁명을 고려한다면 사상과 문화 예술 등이 꼭 풍요로운 현실을 바탕으로 하는 것만은 아닌 것 같다. 그렇다면 독일인이 정신 속으로 내면화한 이러한 혁명의 본질은 무엇인가?

칸트와 자유의 정신

모든 위대한 사상과 철학과 마찬가지로 독일 관념론의 철학도 어느날 갑자기 등장한 것은 아니다. 독일인이 자신들의 독특한 사유의 왕국을 건설한 것은 당대의 정치 – 경제적 상황의 영향을 수용하는 것 외에도 지배적인 계몽사상, 자유주의 사상 등의 영향도 컸다. 인간 이성의 빛에 의해 모든 봉건적 사회관계와 비합리적인 관습, 제도 등을 개혁하고자 한 계몽사상은 당시 유럽의 지식인을 사로잡으면서 프랑스 혁명을 주도하기도 했다. 칸트가 점심 식사를 하면서 나눈 가장 흥미로운 주제 가운데 하나는 프랑스 혁명에 관한 소식이라고 알려져 있다. 문호 괴테는 계몽주의 사상가들의 글을 직접 번역하기도 하고, 또 시시각각 변하는 혁명의 소식을 독일로 알리는 일에 노력했다고 전해진다. 당시 튀빙겐 대학의 신학부에 수학하면서 3총사로 이름을 날리던 헤겔과 셸링 그리고 횔더린은 프랑스 혁명에 고무되어 '자유의 나무'를 신학부 교정에 심기도 했다. 그만큼 계몽사상과 자유를 위한 혁명은 독일의 지식인과 철학자에게도 깊은 인상과 영향을 미쳤다. 물론 혁명이 진행되면서 단두대의 피의 학살이 전율과 공포를 일으키고, 뒤이어 나폴레옹이 전 유럽을 전쟁의 소용돌이로 몰아넣으면서 그들의 반응은 각기 달라진다. 그럼에도 자유의 이념과 정신은 독일 관념론의 철학에서 가장 중요한 주제가 된다. 먼저 칸트의 경우를 보자.

칸트Immanuel Kant는 1724년 쾨니히스베르크에서 태어나 1804년 2월 12일에 80세를 일기로 죽었다. 그는 평생 쾨니히스베르크를 벗어나지 않았으며, 《순수 이성 비판》, 《실천 이성 비판》, 《판단력 비판》 외에도 많은 저술을 했다. 그의 생활이 대단히 규칙적이었다는 것은 잘 알려져 있다. 그는 정확히 5시에 기상해서 밤 10시에 잠을 자기까지 독서와 강의, 식사와 산책을 거의 정해진 시간에 규칙적으로 했다. 여행은 하지 않았지만 식탁 위에서 이루어지는 대화를 즐겨, 다양한 부류의 사람을 통해 바깥세상 이야기를 들었다. 덕분에 그는 웨스트민스터 사원의 계단이 몇 개인지도 정확히 알고 있었다고 한다. 칸트의 산책 시간은 대단히 정확해서 그 소도시의 사람은 그의 산책 시간에 따라 자신의 시계를 맞추곤 했다는 일화가 있을 정도이다. 그가 기계처럼 정확한 규칙에 따라 생활했다는 것을 잘 보여준다.

언젠가 한 귀족이 시골을 구경하는 마차 산책에 칸트를 초대했는데, 이 산책이 너무 길어져 칸트는 밤 10시경에 큰 불안에 빠져 집으로 되돌아왔다. 이후 칸트는 어느 누구의 마차 산책에도 절대로 따라가지 않겠다는 규칙을 세웠다고 한다. 이러한 이야기에서 보듯 칸트는 어쩌면 평생 규칙에 대해 편벽증을 가지고 있었을지도 모른다. 그에게 규칙을 무시하거나 넘어서는 일탈 행위는 자유를 가져다주기보다는 오히려 불안과 걱정을 더해 줄 뿐이었다. 그에게 자유란 모든 규칙과 질서, 혹은 법칙을 넘어선 곳에 있는 것이 아니기 때문이다. 규칙과 법칙에 대한 이런 집착은 그의 생활 습관 뿐 아니라 그의 사유 체계에서도 중요한 의미를 갖는다. 여기서 먼저 질문 하나를 해보자.

이런 규칙에 복종한다는 것이 어떻게 자유를 가져다 줄 수 있는가? 모든 규칙은 필연이자 타율이고, 자유는 이러한 규칙을 벗어날 때 가능한 것이 아닌가? 규칙과 자유는 양립가능한가? 사실 이 문제는 오랜 형이상학적 논쟁의 하나인 결정론과 자유의지의 가능성의 문제이기도 하다. 혹은 근대적 의미로는 자연과학의 필연성이 지배하는 세계에서 어떻게 도덕적 행동이 가능한가의 문제이기도 하다.

칸트 철학의 중요한 이론적 원천 가운데 하나가 뉴턴 물리학의 혁명이고, 다른 하나는 데이비드 흄의 회의론이라는 사실은 잘 알려져 있다. 뉴턴은 우주 자연의 질서가 역학의 기계론적 법칙으로 파악될 수 있다는 것을 보여준다. 이에 반해 데이비드 흄은 경험론의 전통을 발전시키는 과정에서 자연과학의 법칙도 반복적 습관에 따른 심리 연상의 메커니즘처럼 일종의 확률 법칙에 불과하다고 주장했다. 뉴턴이 자연 질서의 기계적 결정론을 보여주었다고 한다면, 흄은 이러한 결정론이 불가능하다는 회의론을 보여준 것이다.

일찍부터 자연과학에 많은 흥미를 갖고 아마추어 이상으로 과학적 지식을 갖고 있던 칸트는 대학의 강사 시절에도 물리학과 지리학, 그리고 수학 등의 자연과학에 관한 강의도 많이 담당했다. 실제로 칸트는 나중에 칸트-라플라스 가설이라고 불린, 태양계의 발생에 관한 이론을 제출할 만큼 천문학에도 일가견이 있었다. 이런 칸트에게 뉴턴의 물리학은 우주 자연의 질서를 필연적으로 파악할 수 있음을 보여준, 인간 이성의 개가라고 할 수 있을 만큼 깊은 학문적 영향을 주었다. 말하자면 자연의 통일적 질서가 인간 이성에게도 똑같이 존재하며, 이러한 확실한 토대 위에 학문을 정초해야 한다는 것이 그의 큰 관심사이다. 칸트는 《순수 이성 비판》에서 대륙의 이성주의 철학과 마찬가지로 인간 이성의 초월성과 능동성을 보여주는 사고 실험의 모델을 자연과학과 수학에서 찾았다.

다른 한편 흄의 회의주의는 당시 대륙을 지배한 이성주의(합리주의)의 독단론으로부터 칸트가 벗어나는 데 큰 역할을 했다. 대륙의 이성주의 철학은 인간 이성의 무소불위한 능력을 믿고 인간 영혼으로부터 우주 자연의 질서, 그리고 존재의 궁극 원인인 신의 문제에 이르기까지 연역적이고 필연적인 진리를 제시했다. 흄은 이러한 형이상학적 추론이 입증 가능한 경험을 벗어난 독단에 불과하다고 보면서, 이런 교설을 담고 있는 책들은 불쏘시개로 던져 버릴 것을 단호하게 주장했다.

칸트는 흄의 회의주의의 역할을 인정하면서도 인간 이성의 표현이라 할 수 있는 뉴턴 물리학과 이성주의 철학의 덕목을 포기할 수 없었다. 이러한 딜레마적 상황을 타개하기 위해서 그는 저 유명한 코페르니쿠스적 혁명을 인식에 적용하고자 한다. 즉 인식이 대상에 준거하는 것이 아니라 대상이 인식에 준거하고자 한다는 것이다. 데카르트 이후의 코기토Cogito의 전통에 따라 존재의 문제를 인식의 문제로, 대상에 대한 문제를 인식하는 주체의 문제로 전환한 것이다. 그러므로 칸트에서부터 시작한 독일 관념철학의 전통은 처음부터 현실의 문제를 관념과 정신의 문제로, 인간 이성의 능력 문제로 환치시킨 것이다.

칸트의 《순수 이성 비판》의 일차적 관심은 인간 이성에 대한 비판적 검토를 통해 회의주의와 독단론으로부터 학문의 안전한 토대를 확보하는 데 있다. 그가 보기에 독단론과 회의주의는 모두 인간 이성 능력에 대한 무비판적인 태도에서 비롯되었다. 그러므로 그의 비판 철학은 인식론적인 탐구를 통해 인간 이성의 가능과 불가능을 확인하고, 가능한 범위 내에서 객관성의 과학을 정초하고 불가능한 범위에서 이성을 초월한 자유와 신앙의 영역을 마련하는 것이다. 인식론적 물음을 통해 확보된 이 자유와 신앙의 영역은 인간이 도덕적으로 행동할 수 있고 형이상학적으로 초월할 수 있는 근거이다.

《순수 이성 비판》은 이렇게 시작한다.

> 우리의 모든 인식이 경험과 함께 시작한다는 것은 전혀 의심할 여지가 없다.⋯⋯그러나 우리의 모든 인식이 경험과 함께 시작된다 할지라도, 그렇다고 해서 우리의 인식 모두가 바로 경험으로부터 생겨나는 것은 아니다.
>
> (백종현 역, 아카넷, B1 − B2)

인식이 경험으로부터 시작한다는 것은 경험론의 손을 들어주는 것이지만, 그렇다고 해서 모든 것이 경험으로부터 생겨나지 않는다고 말하는 것은 합리론의 손을 들어주는 것이다. 합리론자에 따르면, 우리가 인식을 할 때 인식 대상으로부터 오지 않는 이성의 순수한 요소가 있다. 이런 의미에서 그의 인식론은 대상에 대한 인식이 아니라 인식 대상의 가능성의 조건으로서 인간 이성을 탐구한다. 경험 이전에 경험을 가능하게 하는 인식의 순수한 요소, 가능성의 조건이 무엇인가가 문제이다. 그러므로 여기서는 이러한 순수하고 선험적a priori[5] 인식의 요소가 무엇이고, 경험에 의존하지 않는 이러한 요소가 어떻게 대상 인식의 가능성의 조건이 되는가라는 인식 요소의 초월적transzendental 조건을 탐구한다. 이런 인식의 선험적a priori 요소가 감성(직관)의 형식으로서 시간과 공간이고, 지성의 형식으로서 12가지의 범주들이다.

인간의 감성은 신적 직관과 달리 유한하기 때문에 대상에 대해서는 철저히 수동적이다. 따라서 감성은 외부 대상으로부터 수동적으로 인식의 재료를 수용할 수밖에 없는데, 이 수용의 창구가 시간과 공간이라는 직관의 형식인 것이다. 이러한 형식은 경험으로부터 독립해서 경험 이전에 우리 인식에 내재하는 경험의 조건이다. 칸트는 이러한 요소가 경험 이전에 존재한다는 것을 형이상학적 증명과 선험적 증명을 통해 입증한다. 이를테면 이렇다. 물체가 존재하기 위해서는 먼저 공간이 존재해야 하고, 마찬가지로 변화가 가능하기 위해서는 측정 가능한 시간이 존재해야 한다는 것이다. 이렇게 직관의 형식을 통해 들어온 인식의 재료는

---

5 선험적a priori : a posteriori(후험적)와 대립되는 개념이다. 순수한 이 형식적 개념은 경험 이전에 경험을 가능하게 하는 조건의 의미를 갖는다.

이제 보편성과 필연성을 부여받기 위해 범주적으로 배열된다. 그러므로 칸트에게 과학적 인식은 감성과 지성의 합작품이라 할 수 있다.

칸트는 순수 지성의 개념들인 12가지의 범주들을 우연적으로 수집한 아리스토텔레스와 다르게 판단 형식들로부터 도출한다고 말한다. 즉 양, 질, 관계, 양태의 판단들로부터 양의 범주들(하나, 여럿, 모두), 질의 범주들(실재성, 부정성, 제한성), 관계의 범주들(내속성과 자존성, 원인성과 의존성, 상호성), 양태의 범주들(가능성, 현존, 필연성)을 유도한다. 문제는 이러한 인식의 주관적 조건이 어떻게 인식 대상에 대한 객관적 조건이 되느냐이다. 여기서《순수 이성 비판》의 가장 난해한 논증의 하나라 할 수 있는 '범주의 연역'이 진행된다.

연역이란 경험을 가능하게 하는 궁극적 조건을 증명하는 것이다. 이 때 인식의 모든 단계에서 모든 표상이 나의 것이 되기 위해서는 "나는 생각 한다.Ich denke"라는 자아의 동일성이 수반되어야 한다. 자아의 동일성이 전제되지 않는다면 동일한 대상들에 대한 경험도 주어지지 않기 때문이다. 칸트는 이러한 '나는 생각 한다.'라는 최고의 인식조건을 '초월적 통각transzendentale Apperzeption'이라 부른다. 연역의 결과 "경험 가능성의 조건이 곧 경험 대상의 조건"이 된다. 대상의 존재 근거가 인식 주체에 있으며, 인식 주체는 선험적a priori 사유의 형식에 의해 대상을 객관적으로 인식한다는 것이다. 이러한 의미에서 칸트는 인간 지성이 자연에 필연적 질서를 부여하는 입법자라고 말한다.

하지만 이러한 필연적 인식에는 단서가 붙는다. 필연성과 보편성에 기초한 과학적 인식은 대상 자체Ding an sich에 대한 지식이 아니라 현상 Phänomena에 대한 지식일 뿐이다. 대상은 우리의 인식 능력(감성과 지성)

에 의해 해석된 것이고, 이러한 능력을 넘어선 그 자체의 세계에 대해서 인식 주체는 불가지론적 태도를 취할 수밖에 없다. 그러므로 칸트에게 는 뉴턴적 의미의 필연성과 결정론이 지배하는 과학의 세계와 이 과학 적 지식의 한계를 넘어서 있는 자유의 세계, 도덕과 신앙의 세계가 완벽 하게 분리된다. 이와 관련해 칸트는 "신앙을 위해 과학을 유보한다."는 유명한 말을 남긴다. 인간 이성에 대한 비판을 통해 얻어낸 통찰의 결과 는 과학적 인식의 인간학적 토대와 한계이고, 이러한 과학적 인식을 넘 어서는 도덕의 세계, 신앙의 세계가 잉여로 남는다.

칸트의 두 번째 비판서인 《실천 이성 비판》은 본격적으로 '자유'를 문 제 삼는다. 자유는 인간이 도덕적으로 행동하기 위한 근본 전제이다. 의 지의 자유가 전제되지 않는 한 윤리학이 설 땅도 없기 때문이다. 만일 어떤 행동이 타율적으로 강제되어 독립적으로 행하기 어려운 상태에서 이루어졌다면 그런 행동에 대해 도덕적 책임을 묻기는 어려울 것이다. 아무리 그 행위가 좋은 결과를 가져왔다 할지라도 자기 밖의 다른 목적 이나 다른 원인에 의해 강제되었다면 적어도 칸트에게 그것은 도덕적 행 동이 될 수 없다. 이런 의미에서 도덕은 철저히 자율Autonomy이다.

자율은 타율Heteronomy과 달리 스스로 부여한 규범에 스스로 복종한 다는 의미이다. 행위를 강제하거나 유인하는 타율적 원인에는 여러 가 지가 있을 수 있다. 배가 고파 빵을 훔친다든가 성적 욕망에 사로 잡혀 부적절한 행위를 할 수도 있는데, 이런 것은 감각적인 욕구와 관련된 것 들이다. 혹은 합리적 계산을 고려해서 타인을 돕거나 어떤 행동을 하지 않는 것이 나에게 이롭다고 판단할 수도 있다. 가게 주인이 미성년자에게 담배를 팔 경우 떨어질 벌금을 고려해 담배를 팔지 않는 경우이다. 이러한 행동은 적어도 가게 주인에게는 합리적이고 이성적인 판단이며, 미성년자에게 담배를 팔지 않았다는 점에서 결과도 좋다. 그럼에도 그 것을 도덕적 행동이라 할 수는 없다.

칸트에게 도덕적 행동은 이러한 정서적 욕구나 이성적 인과와 무관하 게 이루어지는 의지의 자율적 결정이기 때문이다. 쉽게 말하면 도덕적 행동은 '~때문because of'이 아니라 '~에도 불구하고in spite of' 행하는 자기 결정이다. 도덕적 결정은 결과의 유·불리, 쾌·불쾌, 유·무용에도 불구하고 오로지 그것이 선하기 때문에 행동하는 의지, 곧 선의지이다. 선의지 역시 똑같은 상황에서 정서적인 이끌림이나 이성적인 계산에 따 라 행동하고 싶은 유혹이 없을 수 없지만, 그럼에도 불구하고 그것이 선 하기 때문에 마땅히Sollen 행하는 의지이다. 이 점에서 칸트는 선의지를 단적으로 의무와 연관 짓는다.

그렇다면 무엇을 의무라고 하는가? 살아가면서 우리는 좋든 싫든 여 러 형태의 의무와 연관되어 있다. 학생의 의무, 선생의 의무, 가장의 의 무, 혹은 헌법에 규정된 국민의 4대 의무와 같은 세속적인 것이 그것이 다. 이러한 의무는 현실 상황과 법의 규정에 따라 상대적으로 달라질 수도 있으며, 무엇보다 그것은 타율적으로 강제된 것이다. 이에 반해 칸 트는 도덕적 의무를 "법칙에 대한 존경에서 비롯된 행위의 필연성"이라 고 말한다. 여기서 말하는 필연성은 수학적이거나 기계적 결정론에서 말하는 필연성이 아니라 '마땅히 해야 한다'는 의미에서의 필연성이다.

그렇다면 '법칙에 대한 존경'이란 의미는 무엇인가? 어떤 행동을 할 때 주관적인 경향성이나 객관적인 인과의 원인 혹은 타율적인 법과 강제

등 여러 가지가 그 행동의 원인이 될 수 있다. 나의 행동을 이끄는 주관적 명령을 칸트는 준칙maxim이라 말한다. 우리 모두는 스스로 세운 이러한 행동의 원칙에 따라—혹은 이미 만들어진 원칙이라도 내가 스스로 받아들인—행동한다. 따라서 '법칙에 대한 존경'이란 표현은 이러한 행동의 원칙과 관련한 존경이라 할 수 있다.

하지만 모든 행동 원칙을 존경할 수는 없지 않은가? 어떤 행동이 선한지 악한지는 우리가 정립한 행동의 원칙이 선한지 악한지에 달려 있다. 만일 어떤 원칙이 나에게만 유리한 이기적인 원칙이라면 그것은 타인에게 적용되기 어려울 것이다. 예를 들어 갚을 수 없다는 사정을 알고도 급한 이유로 거짓 약속을 해서 돈을 빌린다고 해보자. 여기에는 급하면 거짓 약속이라도 해서 돈을 빌리라는 행동의 주관적 원칙이 있다. 하지만 이러한 거짓 약속을 보편화할 수 있는가? 그것을 보편화하는 순간 누구도 약속을 믿지 않게 되는 모순적 상황에 빠진다. 이러한 주관적인 행동의 원칙이 보편화될 수 없다. 주관적인 원칙은 주관적인 선에 지나지 않는다. 칸트가 '법칙에 대한 존경'이라 말할 때의 법칙이란 이러한 주관적 차원을 넘어서 보편화 가능한 원칙을 말하는 것이다. 이것이 곧 칸트가 말한 정언 명령이다.

우리의 의지를 강제하는 명령에는 두 가지가 있다. 하나는 가언 명령이고, 다른 하나는 정언 명령이다. 가언 명령이란 항상 "X를 원하면 Y를 하라"는 식으로 행동을 목적 달성의 수단으로 간주한다. 반면 정언 명령이란 절대적이고 무조건적인 명령, 다른 어떤 것의 수단적 의미에서가 아니라 행위 그 자체가 목적이 되는 명령이다. 칸트의 첫 번째 정언 명령은 이렇다.

"나의 준칙이 언제나 동시에 하나의 보편적 법칙이 될 수 있기를 내가 바랄 수 있는, 그런 준칙에 따라서만 행위 하라."

— 칸트, 《실천이성 비판》(백종현 역, 아카넷, p. 86)

'법칙에 대한 존경'은 이런 정언 명령에 대한 존경이며, 따라서 도덕 법칙에 대한 존경에서 마땅히 행한 행동만이 선한 행동이라 할 수 있는 것이다.

다음으로 도덕 법칙의 기초와 관련해서 볼 때 이 정언 명령은 오로지 인간에게만 관련된다. 만일 행위의 절대적 목적이 있다고 한다면 그것이야말로 도덕적 명령의 참된 근거가 될 수 있을 것이다. 그 자체가 목적이 되면서 존재만으로도 절대적 가치를 지닐 수 있는 존재는 오직 인간뿐이다. 수단으로 사용되는 사물과 달리 인간은 그 자체가 목적이 되어야 하는 이성적 존재이기 때문이다. 이성적 존재로서 인간은 그 자체 존엄성을 갖는 '인격'이다. 여기서 두 번째 정언명령이 나온다.

"나 자신이든 다른 어떤 사람이든, 인간을 절대 단순한 수단으로 다루지 말고, 언제나 한결 같이 목적으로 다루도록 행동하라."

— 칸트, 《윤리 형이상학 정초》(4:429)

인격으로서 인간은 그 자체 한 사람 한 사람이 목적이 되며, 이러한 목적이 이루는 공동체가 '목적의 왕국'(《윤리 형이상학 정초》, 4:434)이다. 이성적 존재자는 이 목적의 왕국의 한 구성원을 이루지만 각자가 도덕 법칙의 입법자로서 이 나라의 주권자가 된다.

마지막으로 도덕과 자유의 문제를 살펴보자. 도덕적으로 행동한다는 것은 의무감에 따른 행동이고, 의무란 법칙에 따른 당위적 행동이라고 했다. 그렇다면 법칙에 따른 행동이 어떻게 자율이고 자유일 수 있는가? 하지만 앞서 보았듯 칸트에게 의무와 자율은 자기 입법에 대한 존경이다. 자유로운 인간으로서 나는 도덕 법칙에 예속된 수동적 존재가 아니다. 만일 내가 타율적으로 강제된 법에 종속된다면 나는 자유로울 수 없을 것이다. 하지만 도덕 법칙에서 나는 내가 입법한 법에 따른다면 나는 법칙 속에서 자유로운 존재가 되는 것이다. 정언 명령에 따른다는 의미는 우리가 입법한 도덕 법칙에 따르는 것과 다르지 않다. 따라서 칸트에게 도덕 법칙에 따르는 것은 예속과 신민이 되는 것이 아니라 목적의 왕국에서 자유롭게 행동하는 것이다. 그런데 각자가 자기 입법에 따라 행동하는 것을 자율이라고 할 때 각자의 법은 만인의 법과 충돌할 수 있지 않을까 하는 우려도 있을 수 있을 것이다. 하지만 도덕법칙의 주체인 나는 행위의 주관적 원칙에 따라 행동하는 이기적이고 개별적인 존재가 아니라 이성적 주체이자 보편화 가능한 도덕법칙의 입법자이다. 이런 의미에서 자유의지와 도덕 법칙을 따르는 의지는 똑같은 하나이다.

헤겔의 정신과 자유

헤겔Georg Wilhelm Friedrich Hegel은 1770년 슈투트가르트에서 태어나서 1831년 베를린에서 사망했다. 그는 튀빙겐에서 철학과 신학을 공부했으며, 베른과 프랑크푸르트에서 가정교사를 했다. 1801년 동료인 셸링의 초청을 받아 예나 대학에서 강의를 하고 철학잡지를 발간한다. 그가 《정신 현상학》을 1806년 예나 전투가 있던 바로 전날 완성한 것은 유명한 일화다. 자기 집 앞을 진군하는 나폴레옹을 보면서 '말 위에 탄 세계정신'이라고 부르기도 한다. 당시 나폴레옹과의 전쟁에 대해 피히테는 〈독일국민에게 고함〉이라는 연설을 통해 독일인의 민족 감정과 애국심에 호소함으로써 프랑스와의 전쟁을 독려한다. 반면 헤겔은 보편사적 관점에서 똑같은 현상을 자유의 이념이 전 유럽으로 확산되는 계기로 본다. 그의 철학에 비추어 보다 의미 있는 것은 독일이라는 특정한 민족 국가가 아니라 자유의 진보이기 때문이다. 하지만 이 전쟁으로 인해 예나 대학에서 자리를 잃은 그는 1807년 '밤베르크 신문'의 편집을 맡고, 1808년에는 뉘른베르크의 인문계 고등학교 교장이 된다. 이어서 1816년에는 하이델베르크 대학의 교수가 되었으며, 1818년에 죽을 때까지 재직한 베를린 대학의 교수가 된다. 그는 《논리학》, 《법철학》, 《엔치클로패디》, 《미학강의》, 《역사철학강의》 등 수많은 저서를 출간하고 국가 철학자로 추앙받다가 1831년 유럽 전역에 유행한 콜레라로 사망한다.

그러면 이제 헤겔철학에서 정신과 자유의 문제를 살펴보자. 주지하듯 헤겔은 독일 관념론의 완성자로 알려져 있다. 일찍이 하이데거는 근대 주관성의 철학의 발생을 전망하면서 이 주관성의 섬을 최초로 발견한 철학자는 데카르트이고, 그 섬의 정밀한 지도를 그린 철학자가 칸트라면 헤겔이야말로 이 섬에다 비로소 정신의 왕국을 건설한 철학자라고 갈파했다. 데카르트가 학문의 가장 확실한 토대를 찾기 위한 방법적 회의를 하다가 찾은 것은 사유하는 주체로서의 생각하는 실체res cogitans였다. 칸트는 순수한 이성 비판을 통해 이 사유하는 주체, 즉 이성의 능력에 관한 정밀한 지도를 작성해서 이성이 알 수 있는 것과 알 수 없는 것, 필연(과학)의 세계와 자유(도덕과 실천)의 세계로 영역을 분할했다.

이제 헤겔은 다시금 이 두 세계를 정신의 운동 속으로 끌어들여 이 주관성의 섬에다가 거대한 관념의 왕국, 자유의 현실태로서 정신의 왕국을 건설한 것이다.

하이데거의 이런 지적이 정확하다고 한다면 우리는 그것에 한 마디를 더 덧붙일 수 있을지 모른다. 말하자면 헤겔이 죽고 나서 저 거대한 정신의 왕국이 어떻게 해체되고 분열되게 되었는가? 한때 국가 철학자로 숭배를 받던 헤겔 사후에 이 정신의 왕국은 급격히 내부의 분열을 겪으면서 진보적인 청년 헤겔학파와 보수적인 노년 헤겔학파로 갈라진다. 마침내 '불의 강'(포이어바흐)을 건넌 마르크스가 헤겔의 관념 철학을 유물론적으로 전도시키고, 프롤레타리아를 내세워 이 왕국을 접수하고자 한다. 사회경제적인 차원으로 보면 산업화에 따른 자본주의가 성장하면서 19세기 유럽은 부르주아와 프롤레타리아의 계급적 대립으로 발전한 것이다. 그래서 어떤 이는 프롤레타리아를 근대 주관성의 철학적 전통에서 성장한 정신의 왕국 모순을 해결할 수 있는 적자로 간주하기도 한다. 이렇게 헤겔의 정신의 왕국은 단순히 관념 속에 존재하는 것이 아니라 현실 세계의 문제와 연결되어 있다는 것을 반증하는 것이리라.

앞서 튀빙겐 신학부 시절의 일화에서 소개했듯, 헤겔은 자유를 열망한 프랑스 혁명에 깊은 인상을 받았다. 그에게 자유란 인간 정신의 가장 심오한 본질이다. "물질의 실체가 무게인 데 반해, 정신의 실체, 정신의 본질은 자유이다."(헤겔, 《법철학》, 임석진 역, 지식산업사, §4, 보유.) 라고 보는 헤겔의 입장에서 낡은 봉건적 관계를 척결하면서 이 자유를 현실화하려는 프랑스 혁명은 천상의 왕국이 지상의 왕국에 실현되는 순간처럼 보이기도 했다. 그러나 혁명이 급진주의자의 공포정치로 변질되는 과정을 경험하면서 헤겔의 생각이 달라진다. 말하자면 현실을 고려하지 않고 추상적인 자유의 이념을 실현하려는 것이 얼마나 무모하고 위험할 수 있는가를 깨달은 것이다.

사실 이것은 자유의 이념에 대한 불신이기보다는 그 이념이 현실화되기 위해서 요구되는 구체성의 문제라고 할 수 있다. 이러한 생각은 자유에 대한 추상적 사유로부터 보다 구체적이고 현실적인 사유로의 발전과도 연관되어 있다. 다시 말해 그의 자유관의 변천과 발전은 그의 사유, 좀 더 구체적으로 말하면 현실을 매개하는 변증법적 사유의 발전과 깊은 연관을 맺고 있는 것이다. 그러므로 사유에 대한 헤겔의 이해를 통해 자유에 대한 이해를 좀 더 구체적으로 파악할 수 있다.

《엔치클로패디》에서 헤겔은 대상성에 대한 사유의 태도를 세 가지로 나누고 있다.(헤겔, 《엔치클로패디》, §80 이하 참조) 첫째는 오성적 사유, 둘째는 부정적인 변증법적 사유, 셋째는 긍정적이고 사변적인 변증법적 사유이다. 오성적 사유는 대상의 규정을 고정된 것으로 간주하여 한 규정이 다른 규정에 비해 절대적으로 차이 난다고 생각한다. 예를 들어 선과 악이나 좋고 나쁨 같은 규정이 있을 때 오성적 사유는 선은 선이고, 악은 악일 뿐이라고 생각한다. 양자는 절대적으로 대립하기 때문에 선이 악이 된다든지 혹은 악이 선이 된다든지 하는 경우는 있을 수 없으며, 또한 양자를 똑같이 취급하는 것은 궤변에 불과하다고 보는 사유다.

이에 반해 부정적 변증법의 사유는 오성적 사유보다는 진일보한 사유다. 이러한 부정적 변증법은 적어도 모든 유한한 규정이 스스로 지양되고, 그럼으로써 그 대립물로 이행한다는 사실은 알고 있다. 종종 회의주의에서 볼 수 있는 이러한 사유는 모든 규정을 부정하고 무화無化할 수 있다. 예를 들어 선을 부정해서 악을 긍정하기도 하고, 또 악을 부정해서 선을 긍정하기도 한다. 하지만 이러한 추상적 부정은 모든 것을 부정할 뿐, 부정의 결과로부터 아무런 긍정적 의미를 발견하지 못한다.

마지막으로 사변적 변증법 혹은 긍정적 변증법은 이러한 규정의 해체와 이행 속에서 그것의 통일, 즉 긍정적인 것을 파악한다. 부정적 변증법에서처럼 결과가 공허하고 추상적인 무로 돌아가는 것이 아니라 어떤 규정의 부정이며, 그리하여 이 규정적 부정 속에는 어떤 긍정적 결과가 담기는 것이다. 선은 선이고, 악은 악이라는 오성의 절대 구별에 대해 회의주의자의 추상적 부정은 선이 악이고, 악이 선이라고 주장한다. 하지만 이러한 주장은 앞의 구별을 단순히 무매개적으로 뒤집은 것일 뿐이다. 이에 반해 사변적 부정은 선과 악의 대립 속에서 규정의 단순한 대립과 부정만을 보는 것이 아니라 보다 높은 차원 속에서 양자가 통일되는 긍정적 계기를 보는 것이다. 이를테면 하위 차원에서 대립되는 선과 악의 규정을 보다 높은 차원의 통일 속에서 이해할 수 있다. 프랑스 혁명의 공포 정치는 추상적 자유의 표현일 뿐이며, 현실적이고 구체적인 자유의 실현은 19세기 유럽의 현실을 매개로 진통을 겪을 수밖에 없다.

사유의 이 세 가지 측면은 헤겔이 말하는 정신의 자유를 이해하는 데 도움이 된다. 자유는 정신의 본질을 이루며, 정신은 끊임없이 자유롭게 운동한다. 이 점에서 자유는 정신의 특정한 상태를 말하기보다는 정신이 자신을 둘러싼 여러 조건으로부터 스스로를 해방시키는 운동이고 과정이라 할 수 있다. 헤겔 형이상학의 견지에서 이 과정은 크게 자연Natur – 정신Geist – 이념Idee의 삼각축을 중심으로 이루어진다. 먼저 정신은 공간적으로 자연 조건으로부터 스스로를 도야하고 해방시키는 운동을 통해 자기 자신을 발견하고, 다음으로 정신은 시간적으로 역사의 무대를 통해 자신의 자유를 실현한다. 마지막으로 시간과 공간의 규정으로부터 해방된 정신은 이제 순수하게 이념 속에서 자신을 실현한다. 헤겔의 전 체계와 그 안에서 구성된 저작들은 이런 형이상학적 구도 속에서 전개된다. 하지만 이러한 정신의 운동은 우리에게는 너무 크고 추상적으로 보일 수도 있겠다. 따라서 우리는 정신의 자유, 보다 구체적으로는 자유로운 의지의 세 가지 계기에 국한시켜 논의하고자 한다.

헤겔은 《법철학》에서 자유 의지의 세 가지 계기에 대해 다음과 같이 적고 있다. 자유로운 의지의 규정에 관한 이 세 가지 설명은 사유의 세 가지 측면과 함께 헤겔이 말하는 자유의 세 가지 측면을 잘 설명해주고 있다.

의지는

α) 순수한 무규정성 또는 자아의 자기 내 순수 반성이라는 요소를 포함하고 있다. 이러한 무규정성 속에서는 일체의 제한, 즉 자연과 욕구와 욕망 및 충동을 통해 직접적으로 현존하거나 또는 그 무엇에 의해서든 간에 주어져 있고 규정되어 있는 일체의 내용이 모두 해소되어 버린다. 절대적 추상이나 보편성의 무제약적 무한성, 자기 자신에 대한 순수한 사유. […]

β) 그에 못지않게 자아는 무차별적 무규정성에서 차이와 규정, 즉 하나의 내용과 대상으로서 규정성을 정립하는 것으로의 이행이다.……이때 내용은 자연에 의해 주어진 것일 수도 있고 정신의 개념으로부터 산출된 것일 수도 있다. 이렇듯 자아는 자기 자신을 하나의 규정된 것으로 정립

함으로써 현존재 일반으로 들어서게 된다.······자아의 유한성 혹은 특수화라는 절대적인 계기. [···]

γ) 의지는 이 두 가지 계기의 통일이다.······자기 내로 반성함으로써 보편성으로 복귀한 특수성, 곧 개별성. 자아가 스스로를 자기 자신에 대해 부정적인 것으로, 즉 규정되고 제한된 것으로 정립하면서도 동시에 자기 자신에, 즉 자기동일성과 보편성 속에 머물러 있는 가운데 오직 자기가 자기 자신과 결합하는 자아의 자기규정.

— 헤겔, 《법철학》(§ 5-7)

의지의 이 세 가지 규정에 따라 헤겔이 말하는 자유를 첫째는 내면의 관념적 자유, 둘째는 행동의 자유, 셋째는 사회적 자유로 대별해볼 수 있겠다. 의지의 첫째는 순수한 무규정성이다. 아무런 규정이 없다는 것이 어떻게 가능한가? 사실 우리는 작게는 가족으로부터 조직과 사회 속에서 수많은 관계를 맺고 살아가지 않는가? 마르크스의 지적처럼 인간은 사회적 관계의 앙상블이라 할 수 있지 않은가? 또 우리 자신은 수많은 감정과 상념, 욕망과 충동의 규정을 받지 않는가? 그럼에도 불구하고 이 첫 단계에서 순수한 무규정성으로 제시된 의지는 무엇을 의미할까?

이런 의지를 헤겔은 일체의 내용을 해소해 버린 절대적 추상이나 보편성의 무제약적 무한성으로 기술하고 있지만 이해가 쉽지는 않다. 하지만 순수한 무규정성으로의 의지를 결정론과 대비된 자유 의지의 가능성으로 읽는다면 이해가 불가능할 것도 없을 것이다. 결정론은 문자 그대로 자유 의지의 가능성을 부인하면서 모든 의지는 결정되어 있다고 본다. 자유로운 의지의 선택으로 보는 것조차 그런 선택 가능성의 원인을 알지 못하기 때문에 그렇다고 본다. 스피노자의 결정론이 단적인 예이다. 스피노자는 "젖먹이는 자유 의지로 젖을 욕구한다고 믿으며, 성난 소년은 자유 의지에 따라 복수를 원한다고 믿고, 겁쟁이는 자유의지로 도망친다고 믿지만"《에티카》, 서광사) 그것은 그 참된 필연적 원인을 모르기 때문에 그렇게 본다는 것이다. 단적으로 그에게 자유의지란 '국가 속의 또 다른 국가'와 마찬가지로 불필요한 무지의 소산일 뿐이다. 그러나 순수한 무규정성으로서의 의지, 절대 추상으로서의 의지는 일체의 타율적 원인에 의한 결정을 거부할 수 있다. 설령 우리의 의지가 그런 외부적 조건이나 주·객관적인 원인에 의해 조건지워졌다 하더라도 그것을 받아들이고 결정하는 것은 의지 자신의 선택이다.

헤겔에게 자유는 단순히 경험적인 사실이 아닌 선험적인 문제이다. 무엇이 개인에게 영향을 미치며 또 그것이 어떤 영향을 미치는가는 오직 개인 자신에게 달린 문제이다. 예를 들어 독재 체제 하에서 지식인이 체제 유지를 위해 적극적으로 부역을 하느냐, 아니면 모든 정치적 요구를 거부한 채 사적인 삶에 안주하느냐는 비록 상황이 개인의 의지를 제약하고 있다 할지라도 결국은 오직 개인의 자유 의지의 선택이라는 것이다. 설령 이러한 거부로 인해 감옥에 갇혀 고생을 한다고 하더라도 그것은 그의 자유로운 선택의 결과라는 것이다. 이러한 자유 의지의 가능성은 인간이 도덕적으로 행동할 수 있는 마지막 보루라 하겠다.

다음으로 의지는 일체를 거부하는 추상적 보편성을 넘어서 어떤 규정을 갖는다. 이러한 규정은 자연적 충동이나 욕망을 통해서 가질 수도 있고, 어떤 생각과 행동을 통해서 가질 수도 있다. 인간은 아무런 규정 없이 살아갈 수는 없다. 괴테의 말처럼, 인간은 아무리 재능이 많아도

이 재능을 한정하지 않으면 사용할 수 없다. 보편성에 대한 한정은 특수화이다. 이러한 한정을 통해 특수한 규정이 정립되고, 이러한 정립을 통해 잠재적 능력이 현실화된다. 능력이 특수하게 규정되고 현실화되면 불가피하게 그것이 지닌 여러 가지 문제점이 드러날 것이다.

"모든 규정은 부정"이라는 말과 같이 어떤 하나의 규정은 다른 규정을 배제함으로써 제한되고 제약될 수밖에 없으며, 이러한 제한과 제약으로 인해 부정될 수도 있다. 예를 들어 독신으로 사는 남자와 여자의 경우를 보자. 그들은 모든 일을 스스로 결정하고 그러한 결정에 따른 책임도 자신들이 져야 한다. 그러다가 이들이 결혼으로 함께 생활하는 순간 홀로 살 때의 자유는 일정 부분 제한을 받을 수밖에 없다. 그들은 공동의 가정을 운영하면서 생기는 여러 문제를 해결하고 대처하기 위해서는 과거처럼 혼자 결정하고 혼자 책임질 수 없게 된다. 오랜 독신 생활에 익숙한 사람이라면 이런 공동의 결정과 책임을 부담스러워하고 불편할 수도 있을 것이다. 하지만 타인과 관계를 맺는 순간 이러한 행동의 제약은 불가피하다. 그리고 우리는 관념 속에 갇혀 있을 수만은 없는 한 선택하고 행동할 수밖에 없다. 그렇다면 모든 규정과 한정, 그리고 모든 관계는 이렇게 부정적 측면만 있는 것일까? 나의 자유는 타인과 관계하는 한 제한을 받을 수밖에 없는 것인가? 자유란 모든 규정과 관계로부터 벗어날 때만이 가능한 것인가?

의지의 세 번째 단계는 앞의 두 계기, 즉 보편성과 특수성의 통일로서의 개별성이다. 헤겔의 변증법에서 종합과 통일은 단순히 앞의 두 계기를 봉합하고 합산하는 것이거나 원점으로의 단순한 복귀가 아니다. 여기서 지양Aufheben이 갖는 변증법적 의의가 있다. 지양은 첫째 부정적인 것을 폐기하는 의미가 있고, 둘째 긍정적인 것은 보존하는 의미가 있으며, 마지막으로 낮은 차원을 보다 높은 차원으로 끌어올리는 의미가 있다. 그러므로 개별성을 변증법적 지양의 의미에서 본다면 보편과 특수의 부정적 측면을 폐기하고 긍정적 측면을 보존하면서 더 높은 단계로 고양시킨다는 의미를 갖는다.

개별적 의지는 특수적 규정을 통해 타자 관계를 맺으면서도 그것에 매몰되지 않고 자기 동일성으로서의 자유를 견지한다. 헤겔은 이처럼 "규정성 속에서의 자유"를 "타자 존재 속에서 자기 자신에 머무름"이라는 표현으로 묘사한다. 다시 말해 의지의 구체적인 자유는 타자관계를 부정하거나 타자관계에 구속되지 않는다. 오히려 이 타자관계는 자기 자유의 내용을 풍부하게 할 수 있다. 헤겔은 이러한 관계의 예로서 '사랑과 우정'을 들고 있다. 참다운 사랑은 사랑으로 인해 상대방을 구속하지 않으며 사랑으로 인해 자기를 상실하지도 않는다. 참다운 사랑은 '너와 나'의 고립된 관계를 넘어서 '우리' 안에서 자유를 확장하는 의미를 갖는다. 이러한 관계는 우정의 경우에도 마찬가지이다. 때문에 헤겔이 말하는 참다운 자유, 즉 구체적인 자유는 언제나 타자와의 관계를 요구하며 더 나아가서는 항시 사회적 관계의 연대를 통해서만 가능하다. 실제로 《법철학》에서 헤겔은 인륜성의 궁극적 단계인 국가가 자유의 현실적 모습이며, 이성의 궁극 목적은 이 자유의 실현이라고 말한다. 때로 이러한 주장은 "현실적인 것은 이성적이며, 이성적인 것은 현실적이다."라는 표현과 결합해서 헤겔을 국가지상주의자로 비판하는 빌미가 되기도 했다.

그러나 헤겔이 《법철학》에서 국가를 말할 때는 사랑에 기초한 가족의 자연적 정신과 이것이 해체되어 욕망과 노동, 그리고 형식적 법률에 의해 개인의 사유재산을 보호하는 데만 관심을 갖는 시민사회의 분열 문제를 거치면서 나온 개념이다. 특히 시민사회는 모든 경제 활동으로부터 국가의 간섭을 배제하고 오로지 법과 시장의 논리에 따라 소유권을 보호하고 국가를 경영하려는 자유주의자의 최소 국가론과 유사하다. 여기서 근대 국가의 개인과 공동체의 유리 현상과 빈곤의 문제도 다루고 있다. 따라서 헤겔의 국가는 가족의 실체적 보편성과 시민사회의 특수성이 지닌 부정과 분열의 문제를 지양하면서 현실적 대안으로 제시한 것이다. 물론 현존하는 현실 국가는 이러한 자유의 이념에 미흡할 수밖에 없을 것이다. 하지만 자유의 이념으로서의 국가는 현실 국가의 지향점이고, 현실 국가는 이러한 자유의 이념을 실현하고 확장하는 과정이라 할 수 있다.

정신이 운동하는 무대를 세계사로 확장해 보면 이러한 자유의 이념의 필연적 전개가 납득이 갈 수 있다. 헤겔은 세계사를 자유의 확대 과정으로 본다. 즉 세계사는 자연적 의지의 정신을 훈련하고 도야해서 보편적이고 주체적인 자유의 정신으로 인도하는 과정이다. 그는 세계사를 1인만이 자유로운 동양의 국가로부터 소수의 시민만 자유로운 그리스-로마 제국을 거쳐 만인이 자유를 의식하는 근대 게르만 국가의 단계로 발전한다고 본다. 헤겔의 이러한 역사 해석은 다분히 서양 중심의 목적론적 역사관이라고 비판받을 수도 있다. 그러나 보다 중요한 것은 정신의 세계사가 민족과 국가를 매개로 끊임없이 자유를 실현하고 완성하는 방향으로 진행한다는 데 있을 것이다. 세계사의 정신은 이러한 목적을 달성하기 위해 때로는 영웅을, 또 때로는 국가와 민족을 도구로 사용하는 '이성의 간계'를 부리기도 한다.

맺음말

자유가 인간의 본질 규정이 된 것은 오랜 역사를 가지고 있다. 그러나 인간은 자유롭게 태어났으며 법 앞에 평등하다는 인권 사상이 현실 문제가 되는 것은 근대에 들어서이다. 근대 사회는 자유주의 사상에 기초해 반봉건적인 민주주의 혁명을 주도했으며, 그 정점이 프랑스 혁명이었다. 칸트에서 헤겔에 이르는 독일 관념론의 철학은 프랑스 혁명이 전파한 자유의 이념을 정신 속에서 반성하고 내면화한 철학이었다. 이 철학에서 자유의 이념은 다른 어떤 주제보다 큰 의미를 띠고 있다. 자유주의자의 전통에서 자유는 모든 타율적 간섭으로부터의 해방을 의미한다. 이런 정치적 자유는 봉건적 관계를 철폐하고 개인의 사적 소유와 시장에서의 거래의 자유를 확보하는 데 커다란 역할을 한다. 칸트에게서 자유는 그의 전 사상 체계의 주춧돌이라고 할 만큼 핵심적인 위치를 차지한다. 자유는 과학의 한계 영역이면서 도덕과 신앙의 기초이다.

칸트에게 자유는 단순한 간섭의 배제가 아니라 자기 입법에 대한 존경이다. 자유주의자에게는 법칙에 따르는 것이 타율에 대한 종속으로 간주되어 모든 법칙으로부터의 해방이야말로 자유로 간주된다. 하지만 칸트가 말하는 법칙은 이성적 주체의 선의지의 표현인 도덕 법칙이다. 그러므로 도덕 법칙 안에서 비로소 인간은 가장 자유로운 것이다. 이 같은 법칙 안에서의 자유, 혹은 필연에 배타적이지 않은 자유는 프랑스 혁명의 추상적이고 부정적인 자유에 대한 비판이자 극복이라 할 수도 있다. 자유는 모든 간섭을 배제한다든지 종종 오해되듯 어떤 것이든지 마음대로 할 수 있다든지 하는 자의를 넘어서 있는 것이다.

헤겔의 자유는 필연성과 법칙의 타자관계를 자기 규정 속으로 적극

끌어들인다. 헤겔은 이런 상태를 "절대적 타자 존재 안에서 자기 안에 머무름"이라는 표현으로 여러 곳에서 묘사한다. 따라서 그에게 자유는 개인의 자유 의지를 넘어서 사회와 국가 속에서 타인과 적극적으로 관계 맺는 데서 가능한 것이다. 스피노자가 말한 '필연성의 인식'이라는 의미의 자유는 자연 법칙 뿐만 아니라 사회와 역사 안에서 작동하는 이러한 필연성을 인식할 때 비로소 가능하다. 그런 의미에서 헤겔은 역사를 자유 의식의 진보라고 보고, 국가의 진정한 의미를 자유의 실현된 모습으로 본 것이다.

16

여우가 꼬리에
물을 적시니

연말이면 내가 잊지 않고 만지작 거리는 책이 있다. 《주역》이다. 개인
적으로 큰 어려움이 있을 때 《주역》을 공부하려고 발심한 적이 있다.
《주역》은 우주 만물의 변화와 운동의 도를 보여주는 책이다. 지금은 다
잊어 버렸지만 《주역》을 풀이한 〈계사전〉은 길을 걸을 때나 차를 탈 때
늘 암송하기도 했다. 고문은 운율이 있어 암송하기도 좋다. '독서백편讀
書百遍 의자현義自見'이란 공자의 말은 어쩌면 이 《주역》을 읽는 데서 나
왔는지 모른다. 공자가 말년에 《주역》을 탐구하면서 부딪힌 어려움을
토로한 것이리라. 아무리 읽어도 그 뜻을 알기 어렵다 보니 열심히 백
번 정도 읽다 보니까 문리가 트이더라는 말일 것이다. 고전은 이렇게 되
새김질하는 것이 절대적으로 필요하다. 당시의 책은 대나무 쪽을 가죽
으로 엮었기 때문에 열심히 만지작거리다 보면 가죽끈이 끊어질 수 밖
에 없다. 그래서 나온 말이 "위편삼절韋編三絕"이다. 책을 묶은 끈이 세
번이나 끊어질만큼 탐독한 사정을 말해준다. 이 《주역》은 음효와 양효

의 변화무쌍한 이합집산을 통해 만들어진 64개의 괘에 관한 이야기이고, 이 괘의 변화를 통해 인간사가 포함된 우주 만물의 상을 해석하는 것이다. 이 거대한 프로그램 속에는 인간학과 역사 철학, 그리고 동양적인 자연철학 등이 다 포함되어 있다. 이 괘들 중에 63번째 괘가 수화기제水火旣濟이고, 마지막 64번째 괘가 화수미제火水未濟이다.

수화기제   화수미제

이 괘들의 형상을 자세히 보면 기제괘는 물(☵)이 불(☲) 위에 올라타 있는 형상이고, 미제괘는 정반대로 불이 물 위에 있는 형상이다. 물 기운은 무거우니까 아래로 내려오고, 불 기운은 가벼워서 위를 향한다는 것은 자연의 당연한 이치다. 그 점에서 본다면 기제괘는 물이 불을 끄는 것이라 더 이상의 운동과 변화를 모색하기 어렵다. 따라서 기제괘는 만사가 다 이루어진 것을 성취한다. 동양에서는 개별자(개인)라 할 각각의 효의 위치와 다른 효와의 관계가 중요하다. 독립적으로 존재할 수 없기 때문이다. 이 점에서 본다면 기제괘는 양효가 자신의 자리인 1, 3, 5에 올바로 위치해 있고, 반대로 음효는 2, 4, 6에 위치해 있다. 개별적으로나 전체적으로도 다 자기 자리를 찾아가서 모든 것이 성취되고 완성된 것이라 할 수 있다.

하지만 《주역》의 지혜는 이런 완성 속에 붕괴의 씨앗을 감춰두고 있다. 반면 모든 것이 무너져 더 이상 희망을 갖기 힘들 때 새로운 희망의 불씨를 돋워 주는 것이 《주역》의 지혜다. 음이 가장 성한 동짓날을 상징하는 괘가 지뢰복地雷復(䷗)이다. 엄동설한 5개의 음효가 위에서 무겁게 누르고 있는 동짓날에 양효가 상징하는 봄 기운이 저 밑에서 꿈틀거리고 있는 것이다. 그래서 적어도 이런 순환적 자연관에서 본다면 완성은 모든 것이 끝난다는 의미보다는 한 싸이클의 순환이 마감되면서 새로운 싸이클이 시작된다는 것을 의미한다. 이런 싸이클은 개인의 삶일 수도 있고, 그 개인들이 그 속에서 살아가는 사회일 수도 있다. 더 나아가서는 민족과 운명의 싸이클, 우주의 축이 변화하는 싸이클일 수도 있다.

기제괘 다음에 이어지는 미제괘가 바로 그것을 보여주는데, 이 괘는 바로 앞의 기제괘의 미덕이 다 무너져 있음을 보여준다. 각 개인들도 제자리를 찾아 자리하지 못하고, 전체로서의 사회도 갈등과 불화가 심하다. 불과 물이 각기 다른 곳을 지향하고 있는 탓이다. 기제가 완성이라면 이 완성 안에서 싹튼 미제는 붕괴의 시작이다. 이처럼 완성과 붕괴, 안정과 불안이 서로 인과적으로 연결되어 있다. 통상적으로 완성은 모든 변화와 운동이 마무리를 한 다음에 오는 최종적인 것으로 생각할 수가 있다. 그런데 《주역》의 지혜로운 저자는 63괘를 기제로 두고 마지막 괘를 미완성의 미제 괘로 제시하였다. 이 괘의 풀이가 재밌다.

"미제未濟는 형통한다. 어린 여우가 냇물을 거의 건너가려 할 때 그 꼬리를 적신다. 이로울 것이 없으리라."

냇물을 다 건넜다면 더는 뒤돌아보지 않을 것이다. 그런데 다 건넜다고 생각하는 순간에 그 꼬리를 적시는 것이다. 꼬리에 물을 적신다는 것은 새로운 변화의 조짐이자 새로운 모순이 생긴다는 것이리라. 완성이 결코 완성이 아님을 보여준다. 새로운 변화와 운동이 시작되기 때문에 그만큼 갈등도 심하고 불안도 커질 수 있다. 그렇기 때문에 지혜로운 자는 이런 상황을 대하면서 더욱 조심하고 신중해야 하며, 상황이 아무리 어렵다 하더라도 희망을 잃지 말아야 할 것이다.

이제 며칠 안 있으면 한 해가 마무리된다. 캘린더 몇 장으로 마감되는 물리적 시간이 무슨 큰 의미가 있을까라고 생각할 수도 있다. 하지만 하루를 마치고, 한 달을 마감하고, 한 해를 마무리짓는다는 것은 새로운 것이 다시 시작된다는 것을 의미한다. 나 개인적으로도 성적처리가 끝이 났기 때문에 2014년의 공식적인 일정이 마무리가 됐다. 그런데 나는 당장 이번 주 월요일(29일)부터 3주간 가장 빡세게 진행되는 겨울 학기 수업을 맡았다. 가장 추운 계절에 하루 3시간씩 3주간을 진행하는 수업이다. 보통 16주로 진행되는 한 학기 수업을 단 3주에 진행하기 때문에 그 강도가 심할 수밖에 없다. 이제 나이도 있다 보니 감당하기가 예전 같지 않다. 하지만 나는 종종 이 수업을 스님들이 용맹정진하는 동안 거에 비유하곤 한다. 화두를 들고 가부좌를 틀면서 수행하는 것도 쉽지 않겠지만, 어려운 철학 수업을 매일 3시간씩 듣는 것이나 강의하는 것도 쉬운 일은 아니다. 하지만 나는 이런 시간이 좋기도 하다. 다시 긴장을 하며 나 자신을 되돌아 볼 수 있는 시간을 가질 수 있고, 또 지난 학기 강의가 끝나고 몇 차례의 연말 술자리에 휩쓸리면서 일상의 욕망으로 흐려진 정신을 일거에 씻어낼 수 있는 시간으로 생각하기 때문이다. 선방의 문고리만 잡아도 지옥의 불길만은 면한다고 하지 않던가? 남들이 쉴 때 하는 겨울 학기 수업이 나에게는 노동이 아니라 동안거이기도 하고 선방의 문고리를 잡는 일이기도 하다.

17

지뢰복

오늘이 12월 22일 동지冬至구나. 동지는 일년 중에서 밤이 가장 길고 낮이 가장 짧은 날이다. 하지만 이날부터 다시 낮이 서서히 길어진다. 《주역》에서 동지의 괘를 '지뢰복地雷復(☳)'으로 표현한 것은 절묘하다. 한편으로는 다섯 개의 음효가 양효를 누른 것 같지만, 다른 한편으로는 5개의 음효 밑에서 양효가 움을 트는 것으로 볼 수 있다.《노자 도덕경》 40장에 보면 "돌아옴은 도의 움직임이다.[反者, 道之動]"라고 했다. 여기서 반反은 복復의 의미로 읽어도 틀리지 않는다. 아무리 음기가 충천해도 저 밑에 깔린 양기가 고개를 내밀 수밖에 없는 것이 자연의 이치다.

"머지않아 모든 것이 좋아질 것이다.[不遠復]"

지뢰복괘를 통해서 보면 현재 코로나 사태가 지극히 심각하지만 백신이 개발된 것은 충천한 음기 속에서 양기가 움을 트는 형상과 같다. 이

어둠을 뚫고서 조만간 다시 정상으로 되돌아갈 것이다. 그것이 자연의
움직임이고 이치다.

V

고통, 폭력과
죽음

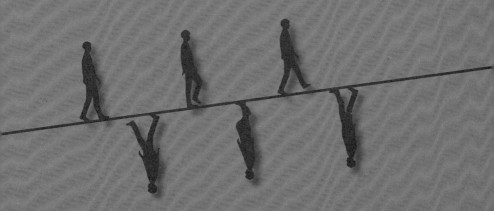

01
고통에
대해

지난 열흘 동안 감기 몸살로 아주 심한 고통을 겪었다. 그런 고통을 겪는 동안에 나는 아무런 생각도 할 수 없었고 몸도 내 마음대로 움직여지지 않았다. 완전히 무기력한 상태에 빠져서 그저 잠만 잤다. 나는 내가 그렇게 잠이 많은 사람인줄 몰랐을 할 만큼 며칠 밤낮을 정신없이 자는 경험을 했다. 이제 어느 정도 그런 고통에서 벗어나려고 하는 시점에서 나는 그런 고통을 좀 더 냉정하게 분류하고 기술해 보고자 한다.

우리가 겪는 고통에는 물리적인(신체적인) 고통과 정신적(감정적)인 고통이 있다. 전자는 질병이나 부상 등으로 인해 신체가 능동적으로 반응하는 고통이고, 후자는 이별이나 모욕 등 외부 원인으로 인해 우리의 정서pathos가 수동적으로 반응하는 고통이다. 그런데 정신적인 고통은 정신(감정) 자체가 아니라 정신의 외부에 그 원인을 두고 있다. 때문에 이런 수동적 감정은 내 의지와 상관없이 언제든 생길 수 있다. 사랑하는 사람이 존재할 경우 기쁘기도 하지만 어느 날 그가 갑자기 떠나버리면

슬픔에 빠질 수도 있다. 이런 감정은 전적으로 타자에 의존해 있다.

하지만 이 타자에 대해 나의 정신이 일정하게 거리를 두거나 혹은 생각이나 관점을 달리함으로써 수동적인 감정을 벗어날 수도 있다. 거리두기는 일종의 감정 분리와도 같다. 감정의 물리학을 이야기한 스피노자에 따르면, 슬픔이란 감정에 깊이 빠져 있을 때 그것을 단순히 잊으려고 한다고 해서 잊히는 것이 아니다. 이럴 때는 그와 상반되는 감정에 몰입함으로써 슬픔의 감정을 상쇄할 수 있다. 예를 들어 경마장에 가서 베팅하여 그 순간에 몰입하다보면 자신도 모르게 슬픔을 잊는 경우가 바로 그것이다. 슬픈 감정의 크기를 반대 방향의 기쁜 감정으로 상쇄시키는 것이다.

직업적이거나 훈련을 통해 감정을 분리할 수도 있다. 감정 판단이 사태를 인식하는 데 장애가 될 경우 가급적 감정을 억제하거나 분리시키는 경우가 바로 그것이다. 노련한 사람은 일반인이 상상할 수 없을 만큼 감정을 쉽게 드러내지 않는 경우가 많다. 예를 들어 포커 페이스라는 것도 그렇다. 보통 사람은 일희일비하는 경우가 대부분이지만 감정 분리에 능한 사람은 감정이 외부에 드러나지 않게 할 수도 있다. 그만큼 훈련을 통해 감정 컨트롤을 할 수 있다는 의미다. 싸이코패스Psychopath나 소시오패스Sociopath 같은 이는 대상에 대한 그런 감정적 유대가 없기 때문에 타인의 고통을 보고서도 무신경하게 대한다.

이렇게 감정 컨트롤을 하는 데는 대상에 대한 인식이나 대상에 대한 관점이 큰 역할을 할 수 있다. 스토아주의자도 그와 비슷한 사유를 했다.

참다운 지혜로 마음을 가다듬은 사람은, 저 인구人口에 회자膾炙하는 호머의 시구詩句 하나로도, 이 세상의 비애와 공포에서 자유로울 수 있을 것이다.

사람은 나뭇잎과도 흡사한 것
가을 바람이 땅에 낡은 잎을 뿌리면
봄은 다시 새로운 잎으로
숲을 덮는다

잎, 잎, 조그만 잎! 너의 어린애도, 너의 아유阿諛자도, 너의 원수怨讐도, 너를 저주하여 지옥에 떨어뜨리려 하는 자나, 이 세상에 있어 너를 헐고 비웃는 자나, 또는 사후에 큰 이름을 남길 자나, 모두가 다 한 가지로 바람에 휘날리는 나뭇잎, 그들은 참으로 호머가 말한 바와 같이 봄철을 타고난 것으로, 얼마 아니 하여서는 바람에 불리어 흩어지고, 나무에는 다시 새로운 잎이 돋아나는 것이다. 그리고 이들에게 공통한 것이라곤 다만 그들의 목숨이 짧다는 것뿐이다. 그럼에도 불구하고, 너는 마치 그들이 영원한 목숨을 가진 것처럼, 미워하고 사랑하려고 하느냐? 얼마 아니 하여서는 네 눈도 감겨지고, 네가 죽은 몸을 의탁하였던 자 또한 다른 사람의 짐이 되어 무덤에 가는 것이 아닌가?   — 이양하 역, 《페이터의 산문》

다른 한편 대상에 대한 관점을 달리함으로써 대상에 대한 의존을 벗어날 수도 있다. 관점을 다양하게 하거나 상대화한다는 것은 대상 의존성을 현저하게 줄일 수 있다. 대상을 절대화하면 대상에 대한 감정으로부터 벗어나지 못하지만 이처럼 상대화할 경우에는 대상에 대한 감정에서 쉽게 벗어날 수 있다. 사람이 이별의 슬픔을 크게 느끼는 것은 그 대상이 차지하는 부분이 크기 때문이다. 하지만 그처럼 헤어진 사람은 세상에 널려 있으며 맘만 먹으면 얼마든지 다시 구할 수 있다고 생각하면 이별의 슬픔이나 고통으로부터 벗어나는 데 어렵지 않을 수도 있을 것이다. 일체를 시각perspective으로 보는 니체의 입장은 우상이나 형이상학적 본질을 파괴하는 데 큰 도움이 된다.

인간이 다른 동물과 달리 대상에 기인한 감정pathos에 완전히 예속되지 않을 수 있는 것은 정신의 자유 때문이다. 이것은 인간만이 누릴 수 있는 정신의 고유성이라고도 하겠다. 때문에 인간은 가장 고통스러운 순간에도 극적인 희열을 경험할 수 있는 존재이다. 인간은 환상이나 이데올로기를 통해서 현실의 고통을 반전시킬 수 있는 유일한 존재이다. 종교가 아편의 기능을 할 수 있는 것도 따지고 보면 정신의 이런 자유에 근거해 있는 것이다. 이런 정신의 자유에 의해 철학이나 예술 그리고 종교가 인간에게 고유한 활동으로 나타날 수 있다.

그런데 정신 혹은 감정의 고통 외에 신체body가 직접적으로 겪는 고통은 어떨까? 이런 신체성corporality에 기인한 고통은 인간이 다른 동물과 마찬가지로 신체를 갖고 있기 때문에 피할 수 없다. 인간이 신체를 가지고 살아가는 한 이 신체의 근원적 제약 혹은 유한성으로 인해 고통을 피할 수 없다. 석가는 인간 존재를 고苦로 보고 이런 고통을 생·노·병·사로 대별하고 있다. 엄마의 뱃속에서 세상에 나오는 순간의 아이 울음소리는 태어남의 고통이고, 이 신체가 나이를 먹어가면서 늙어가는 것은 늙어감의 고통이며, 살아가는 중에 어쩔 수 없이 병을 얻음은 질병의 고통이다. 마침내 이 신체가 생명을 다하면 죽을 수 밖에 없으니, 이것은 죽음의 고통이다. 인간의 신체는 이런 고통으로부터 벗어날 수 없기 때문에 불교는 인간 실존을 고통으로 보고 있는 것이다.

신체상의 고통은 어떻게 느껴지는가? 이런 고통에는 먼저 외부의 자극이나 충격으로 인해 고통을 받는 경우가 있다. 이를테면 회초리로 손바닥을 맞으면 당연히 손에 통증을 느낀다. 신체에는 일종의 자극 감수성이 있기 때문이다. 이런 외부 자극이나 충격 말고 병든 신체로 인해 고통을 느끼는 경우가 있다. 바이러스나 세균도 외부 원인이기는 하지만 이런 원인이 신체에 미치는 것은 접촉할 때가 아니라 접촉 후 신체에 야기하는 효과에 있다. 때문에 그것은 외부적인 동시에 내부적이라고 할 수 있다. 일단 병에 걸린 신체는 외부에서 침투한 바이러스 균과 신체 내부에 존재하는 방위군이라 할 수 있는 백혈구가 격렬한 싸움을 벌인다. 통증과 발열은 이런 전투의 부산물이라 할 수 있을 것이다. 이런 통증은 외부에서 관찰이 가능하지만 그것을 직접적으로 그리고 고유하게 느낄 수는 없다. 통증은 오직 그 통증을 겪는 자에 고유한 의미로서만 존재한다. 정신(감정) 상의 고통은 공감sympathy이 가능하다. 하지만 신체상의 고통은 고유하고 개별적이기 때문에 타인은 다만 추체험Nacherlebnis을 통해서만 짐작할 뿐이다. 신체상의 고통을 겪을 때 인간은 고통의 정도만큼 타인과 분리될 수 있다. 고통이 심할수록 타인과 그만큼 분리가 되고, 고통이 없을 때 타인과 공존해 있다는 것을 확인한다.

고통은 그것을 인내하는 과정에서 정신을 단련시킬 수 있다. 고통이 심할수록 인간은 자기 자신의 존재, 자기 자신의 정신을 더욱 자각하고, 그 고통에 굴복하지 않거나 참아내려고 노력하는 과정에서 정신이 단련되는 것이다. 정신이 고통의 불 속에서 단련된다는 것은 이런 의미에서이다. 하지만 정신이 감당하기 어려울 정도의 극심한 고통은 오히려 인간의 정신을 파괴할 수도 있다. 그런 점에서 정신과 신체적 고통은 어느 정도 상관성을 띤다고 할 수 있다. 그런데 신체적 고통은 정신적 고통과 달리 정신이 관점을 달리하거나 상대화한다고 해서 달라지지 않는다. 신체적 고통은 그야말로 정신이 내면에서 어떤 형태로든 견강부회하거나 합리화를 시도한다 하더라도 큰 효과가 없다. 그 점에서 신체적 고통은 직접적이고도 개별적이고 또 구체적이다. 관념론자라도 신체상의 고통을 느낄 때는 유물론자임을 고백하지 않을 수 없을 것이다.

마지막으로 정신(감정)적 고통과 신체적 고통 간의 관계를 살펴보자. 데카르트가 정신과 육체를 이원적으로 보았지만 양자 간 반응하는 것을 보고 송과선의 가설을 세웠다는 것은 잘 알려져 있다. 오늘날에도 정신과 육체의 관계는 심리 철학에서 중요한 자리를 차지하고 있다. 나는 이런 전문적인 문제를 건드리지는 않겠다. 다만 신체상의 고통이 정신적으로 고통의 감정을 낳을 수 있고, 그 반대로 너무 마음이 슬프다 보면 그로 인해 신체를 상하게 하는 경우도 있다. 이런 점을 고려한다면 정신과 신체는 데카르트가 주장하듯 전혀 별개의 실체는 아니라고 볼 수 있다. 그러므로 신체와 정신이라는 것은 별개의 기능과 역할을 담당하고 있지만 이들 간에는 모종의 끈이 연결되어 있어서 서로 간에 영향을 미치는 것으로 볼 수 있다. 화이트헤트는 이런 사정을 마차의 두 바퀴와 같은 공액관계congredience라는 표현으로 말하기도 한다.

02

폭력은
왜 일어날까요

너무 가슴 아픈 폭력

요즘 우리 사회에서 폭력을 둘러싸고 이야기가 많이 나오고 있어요. 특히 학생이 공부하고 인성을 기르는 학교 안에서조차 이러한 폭력이 많이 일어나고, 그로 인해 적지 않은 학생이 고통을 당하고 있습니다. 이런 고통에 오랫동안 시달린 어떤 학생은 자살과 같은 극단적인 선택까지 해서 주변의 친구와 가족에게 깊은 슬픔을 주는 경우도 있어요. 얼마 전 대구의 한 중학교에서 일어난 이와 비슷한 이야기는 피해 학생과 그 가족뿐만 아니라 가해 학생들의 가족, 그리고 그 학생들이 다니는 학교의 다른 학생에게도 고통과 슬픔을 주었지요. 별로 죄의식 없거나 심각하지 않게 생각하면서 그런 행동을 한 학생들도 감옥을 가게 되었고 앞으로 살아갈 인생에 큰 오점과 상처를 안게 되었지요. 폭력은 이

---

* 이 글은 《삐뚤빼뚤 생각해도 괜찮아》(동녘, 2013) 중 필자의 〈폭력, 사회가 병들면 생기는 것〉을 옮겨온 것이다. 전재轉載를 허락해 준 동녘출판사에 감사를 표한다.

V. 고통, 폭력과 죽음 • 237

렇게 가해 학생과 피해 학생만의 문제로 끝나지 않고, 주변의 사랑하는 많은 사람에게 엄청난 슬픔과 고통을 안겨주는, 정말 나쁜 행동이잖아요. 그런데도 이런 폭력이 작게는 가정이나 학교로부터 군대와 사회 등 곳곳에서 때를 가리지 않고 끊임없이 일어나고 있어요. 왜 이런 일이 일어날까요? 왜 모두가 나쁘다고 생각하는 이런 일이 되풀이해서 일어날까요?

왜 폭력이라고 하나요?

사전에서 폭력을 어떻게 정의하고 있는지 한번 볼까요? 사전의 정의는 우리가 생각을 풀어나가는 실마리 역할을 할 수 있을 겁니다. 그것에 따르면 폭력은 "불법한 방법으로 행사되는 물리적 강제력"이라고 적혀 있습니다. 여러분의 머릿속에 그려지는 폭력은 여러 가지 의미가 많지 않나요? 그런데 이 사전의 정의는 너무 단순해 아쉬운 감이 없지 않다고요? 하지만 이야기를 쉽게 풀어나가기 위해서 이 정의부터 살펴보도록 하지요.

사전에 따르면, 폭력은 첫째 불법한 방법으로 행사되는 것이고, 둘째 물리적 강제력을 의미합니다. '불법'이라는 것은 법에 어긋난다는 것, 법을 어긴다는 것을 말합니다. 여기서 우리는 다시 두 가지를 생각해볼 수 있을 겁니다.

첫 번째는 합법적으로, 말하자면 법에 따라 물리적 강제력을 행사할 수도 있지 않은가 하는 겁니다. 이렇게 합법적인 강제력이라면 무엇을 생각할 수 있을까요? 사람이 모여 사는 조직이나 집단, 그리고 사회에서는 어느 정도는 혼란을 막고 질서를 유지하기 위한 힘이 필요합니다. 이때 이런 힘을 그 집단이나 사회를 구성하고 있는 사람이 법이나 계약을 통해 약속할 수 있습니다. 이렇게 약속되고 합의된 힘(강제력)을 우리는 단순한 폭력과 구분해서 합법적 권력이라거나 정당한 권력이라고 합니다. 우리는 이러한 권력을 학교나 군대, 교도소나 회사 등 사람이 집단적으로 모여 있는 곳이라면 어디서든 만나게 됩니다. 하지만 정당한 권력도 약속한 법이나 정당한 이유 없이 행사되면 불법이 되고 폭력이 될 수 있습니다. 이러한 불법은 대개는 피해자가 원치 않거나 피해자의 자유의지를 억압하는 경우가 많습니다.

두 번째로 사전에 따르면 폭력은 '물리적 강제력'을 의미합니다. 물리적 강제력은 우리의 신체에 폭행을 가하거나 우리 자신의 의사에 반해서 우리의 신체를 어떤 규율에 강제로 복종시키는 힘을 말합니다. 이런 강제력을 행하는 사람은 대부분 당하는 사람보다 힘이 셉니다. 힘센 자가 약한 자에게 폭행을 가하면 어떤 일이 일어날까요? 너무 당연한 이야기를 물었나요? 일단 폭행이 가해지면 고통스러운 것은 말할 나위도 없겠지만, 폭행이 단순히 현재의 육체적 고통만으로만 끝나지는 않을 겁니다.

폭행은 당하는 약자의 의사나 의지에 거슬려 가해지기 때문에 육체적인 아픔을 줄 뿐 아니라 정신적으로도 상당한 고통을 줄 수 있습니다. 폭행의 정도가 지속되고 심해지면 심해질수록 폭행을 당하는 약자의 마음속에는 죽을지도 모른다는, 죽을 것 같다는 공포심도 커지고, 더 나아가서는 고통과 공포에 시달리기보다는 차라리 죽는 게 낫다는 극단적인 생각도 일어납니다. 그렇기 때문에 폭력이 오랫동안 지속적으로 이루어질 경우 폭력을 당하는 피해자의 자아는 공포심 때문에 극도로 약해질 수 있습니다. 주변의 선생님이나 상담가가 도움을 주겠다고 해도 피해자가 외면하거나 침묵하는 것도 바로 이러한 데 큰 원인이 있을 겁니다. 이처럼 폭력은 물리적인 강제력과 공포심을 조장함으로써 피해자의 자아와 인격을 피폐하고 무력하게 만듭니다. 우리 모두는 자유 의지를 가진 자유로운 존재, 혹은 인격적 존재라는 것을 아주 당연하게 생각하고 있습니다. 그런데 폭력은 이 자유 의지에 반해서, 이 자유로운 존재를 공포심에 떠는 노예로 만들 수 있지 않을까요?

세 번째로, 사전의 정의에 나와 있지는 않지만 중요한 사실이 하나 더 있습니다. 앞에서 폭력은 공포심을 조장해서 우리의 자유로운 의지를 무력하게 만든다고 했습니다. 이런 공포심을 조장하는 데 물리적 폭력만 있나요? 아니면 다른 또 무엇이 있을까요? 사람의 말은 물리적인 힘보다 때로 더 강한 영향을 미칠 수 있습니다. 부모님이나 선생님의 말씀을 잘 따라야 한다는 말을 귀가 따갑게 들으면서도 쉽게 거역하지 못하는 것은 그만큼 그 말이 권위나 힘을 갖고 있기 때문이지요. 좋은 말은 감동과 감화를 일으켜 한 사람의 인생에 좋은 영향을 미칠 수 있는 반면, 나쁜 말은 정반대의 나쁜 영향으로 그 사람의 인생을 망칠 수도 있습니다. 그렇기 때문에 당하는 사람의 의사에 어긋나는 나쁜 말로 그에게 상처와 고통을 주는 것도 물리적 폭력 못지않게 커다란 '언어폭력'이라고 할 수 있지 않을까요? 다른 사람에 대한 악성 루머나 인신공격, 욕설 등이 대표적으로 이러한 언어폭력에 해당됩니다. 게다가 오늘날에는 인터넷 게시판이나 트위터 등이 급속히 확산됨에 따라 그 영향력도 커져서, 이런 매체를 통한 언어폭력에 오랫동안 노출된 사람이 물리적 폭행 이상으로 고통을 받는 경우가 많이 있다고 합니다. 이런 사실을 알고 있는 우리는 이제 언어폭력의 문제를 결코 간단하게 생각해서는 안 되지 않을까요? 결국 지금까지의 설명을 통해서 폭력을 다시 정의해보면 폭력이란 "불법한 방법으로 정신이나 육체에 가해지는 물리적이거나 언어적인 강제력"이라고 할 수 있을 겁니다. 그런데 이렇게 나쁜 폭력이 왜 일어나고, 또 왜 없어지지 않을까요?

폭력은 왜 일어날까요?

폭력 문제를 오랫동안 연구한 학자에 따르면, 두 가지 상반된 차원에서 이 폭력의 원인을 접근하는 방법이 있다고 합니다. 그 하나는 인간의 생물학적이고 본능적인 차원에서 접근하는 것이고, 다른 하나는 사회적이고 구조적인 차원에서 접근하는 것입니다. "인간은 사회적 동물이다."는 오래된 인간의 정의에서 보듯, 인간에게는 동물적이고 본능적인 측면과 사회적이고 정치적인 측면이 있습니다. 먼저 이 두 가지 측면을 각각 살펴보고 어떻게 하면 폭력을 사라지게 할 수 있는가를 생각해보기로 하겠습니다.

폭력이 본능적이고 동물적 성격을 띠고 있다는 것은 많은 사람이 동의하는 생각입니다. '동물의 왕국'이라는 TV 프로그램을 보면 야생 환경에서 생존을 위해 먹고 먹히는 싸움을 하는 동물을 볼 수 있을 거예요. 이런 싸움에서 진 동물은 다른 동물의 먹잇감이 되고, 결국 생존에 적응하지 못하는 동물은 자연에서 도태됩니다. 때문에 동물이 보이는 야수성이나 공격성은 살아남기 위한 본능적 행위이고 자연선택을 위한 불가피한 방식이라고 볼 수 있습니다. 동물의 생존방식에서는 번식이나 먹잇감을 차지하기 위해서 혹은 집단 내 서열 매김을 위해 끊임없이 쟁탈전을 벌이는 게 오히려 자연스러울 정도죠. 그런데 동물 세계에서 이처럼 강자가 독식하고 강자가 약자를 잡아먹는 현상을 보고 우리는 그것을 잘못됐다고 비난하나요? 이를테면 무서운 갈기를 하고 있는 수사자가 어린 영양을 잡아먹는 것을 보고 사자는 나쁜 동물이라고 하나요? 학교에서 힘이 센 친구가 약한 친구를 괴롭히고 때릴 때는 그 친구가 잘못했다고 하면서, 사자는 왜 잘못했다고 하지 않을까요? 두 표현 사이의 차이가 어디에 있을까요? 그것은 힘이 세다거나 약하다는 표현이 동물의 세계에서 벌어지는 자연 사실을 가리키는 반면, 옳다거나 그르다는 표현은 어떤 도덕적 가치나 규범적 기준에 따라 사람의 행위를 판단하고 평가하는 말이기 때문입니다. 옳고 그름을 판단하는 것을 우리는 가치판단이라고 하지요.

그러면 자연적 사실과 도덕적 가치를 구분하는 이유가 어디에 있을까요? 그것은 동물의 약육강식의 논리를 사람이 살아가는 세상에 그대로 적용할 수 없기 때문입니다. 그것은 자연 본능에 따르는 동물의 세계와 도덕과 규범이 지배하는 인간의 세계가 다르기 때문입니다. 반면 인간도 동물이기 때문에 이런 동물의 논리가 인간의 행동을 설명할 수 있다는 강력한 주장도 있습니다. 그들은 약육강식과 적자생존, 20:80의 법칙(파레토 법칙) 등과 같은 강자 중심의 경쟁 논리로 인간 사회를 설명하려고 합니다. 파레토의 법칙이란 한 사회의 가치나 부를 능력 있는 20%가 생산한다거나 소유하는 것이 자연스러운 현상이라고 주장합니다. 하지만 이러한 경쟁 논리가 어떤 집단이나 사회의 경쟁력을 높이는 데 정말 큰 도움이 될 수 있을까요? 학급에서 힘세고 공부 잘하고 집안이 부유한 학생이 그렇지 못한 학생을 괴롭히는 데도 친구들 사이에 인기가 높고 선생님들의 귀여움을 더 받는 경우가 있지만 과연 그것이 옳을까요? 빈부 격차가 심해지고 구성원들 사이에 공정한 경쟁이 사라진다면 더욱 갈등과 공격성이 증가되지 않을까요? 어쩌면 이것은 우리가 살아가는 사회를 약육강식의 동물 사회로 만드느냐 아니면 더불어 살아가고 서로를 배려하는 인간 사회로 만드느냐의 차이가 되지 않을까요? 폭력이나 공격성은 인간 사회의 특수한 환경에 따라 얼마든지 심해질 수도 있고, 아니면 상당히 줄일 수도 있다는 것을 알 수 있을 겁니다. 이것은 상당 부분 사회를 어떻게 구성하고 운영하느냐, 말하자면 동물의 논리에 따를 것인가 아니면 사람의 도리를 따를 것인가에 달려 있습니다.

여기서 잠시 유명한 심리학 실험의 한 예를 들어볼게요. 이 실험에 따르면 제한된 공간에 거주하는 개체의 수가 늘어나면 늘어날수록 개체들 상호 간에 공격성의 정도가 높아진다고 합니다. 말하자면 똑같은 본능이고 똑같은 공격성이라 할지라도, 그 개체의 생존 환경과 밀도에 따라 상당히 달라질 수 있다는 겁니다. 더 나아가서 단지 밀도만이 아니라 그 공간이나 환경을 움직이는 규칙이 더 큰 영향을 미칠 수도 있습니다. 예를 들어 개체들 상호 간에 경쟁심을 유발시켜 강한 개체만이 먹이 보상을 받는다고 하면 어떨까요? 그러면 이 먹이를 얻기 위해 개체들 상호 간에 경쟁이 치열해지고, 나아가서는 서로 간에 적개심까지 생길 수 있다는 것을 어렵지 않게 알 수 있을 겁니다. 이 과정에서 약한 개체는 따돌림을 당하거나 심한 폭력에 노출될 수도 있고, 때로는 죽임을 당할 수도 있습니다. 여러분은 이 실험을 통해 무엇을 생각할 수 있나요? 폭력은 동물적인 것이므로 당연한 현상이라고 생각할까요 아니면 폭력은 사회 구조와 그것을 움직이는 규칙에 더 큰 원인이 있다고 생각할까요? 오늘날 우리 사회에서 학교 폭력이 큰 문제가 되고, 사람들의 자살률이 다른 선진국보다 훨씬 높은 것도 따지고 보면 우리 사회가 지나치게 강한 자들 중심의 생존경쟁 원리에 의해 움직이기 때문이 아닐까요? 우리는 학교를 다니는 내내 좋은 성적, 좋은 학교를 위해 경쟁해야 하고, 선생님이나 학교도 이런 가치만을 강조하는 경우를 많이 보고 있습니다.

하지만 강한 자만이 살아남는 그런 사회가 과연 건강할까요? 설령 건강하지 않더라도 그런 사회가 계속 지속가능할까요? 이런 사회 환경이 계속 유지될 경우 과연 강한 자라도 살아남을 수 있을까요? 재미나는 예를 하나 더 들어보겠습니다. 제한된 공유지에서 양들이 멋대로 먹이를 찾도록 하면 어떻게 될까요? 처음에는 아무래도 힘센 양이 더 많은 풀을 먹고, 힘이 약한 양은 굶어죽을 지도 모를 거예요. 하지만 그대로 방치할 경우 결국에는 풀이 없어져서 힘센 양도 굶어죽을 수밖에 없죠. 우리가 살아가는 환경은 힘센 자들이 이기적으로 이용하는 것 이상으로 모두가 살아갈 수 있도록 이 환경을 개선하려는 노력이 중요하다는 것입니다. 이를 통해 우리는 폭력이 개개인의 동물적 공격성보다는 우리가 살아가는 환경과 규칙의 영향에 훨씬 더 노출되어 있다는 것을 알 수 있습니다. 때문에 우리가 살아가는 환경과 그것을 움직이는 규칙을 바꾸려는 노력을 하지 않은 채 폭력이 있을 때만 가해자를 비난하거나 처벌한다고 해서 폭력이 사라지기는 어렵지 않을까요?

폭력은 문제 해결에 도움이 될까요?

폭력이 나쁨에도 불구하고 쉽게 사라지지 않는 이유가 무엇일까요?

아마도 폭력이 목적을 달성하는 데 효율적이고 필수적이라는 생각이 크게 작용하고 있을 것입니다. 앞에서도 이야기를 했지만 폭력은 폭력을 당하는 사람의 자아를 무력화하고 공포심을 조장합니다. 폭력을 당하는 사람은 이 커다란 공포심으로 인해 폭력에 쉽게 굴복할 수 있지요. 폭력이 갖는 이러한 즉각적인 효과 때문에 사람은 쉽게 폭력을 필요악처럼 이용하려는 경우가 많지요. 하지만 폭력이 그렇게 효과적이어서 문제 해결에 훨씬 도움이 될까요? 폭력은 효율적이어서 다른 어떤 방법보다 문제를 해결하는 데 비용도 적게 들고 시간도 단축시켜 줄까요? 종종 폭력은 이러한 효율성과 효과성 그리고 저비용과 시간 단축 등을 이유로 필요악처럼 인식되는 경우가 있습니다. 이러한 폭력은 개인들 간의 관계에서 사용될 수 있고, 또 집단과 조직에서 규율을 잡기 위해 사용되는 경우도 있어요. 그리고 권위적이고 전제적인 국가에서도 질서와 안정을 효과적으로 유지하기 위해 권력을 위장한 폭력이 동원되는 경우가 있습니다. 만일 우리가 필요악으로 간주되는 이러한 이유가 옳지 않다는 것을 안다고 하면, 문제를 해결하거나 목적을 달성하기 위해 폭력을 사용하려 하지 않지 않을까요? 때문에 이런 이유들을 하나하나 따져 보는 것도 폭력문제를 해결하는 데 도움이 될 것입니다.

먼저 폭력이 효율적이고 효과적이라는 주장에 대해 생각해 볼까요? 얼핏 보면 이런 주장은 확실히 그럴듯해 보일 겁니다. 예를 들어 사람들의 의견을 모아서 어떤 의사 결정을 내리는 경우를 생각해 보죠. 말은 물리적인 폭력과 달라 상대방과 대화를 해야 하고, 또 설득을 해야 합니다. 이러한 과정은 때로 짜증이 나기도 하고 지루하기도 하고, 또 대화의 상대방이 쉽게 납득하지 않을 경우에는 화가 나기도 할 거예요. 사람은 이럴 때 폭력을 사용하고 싶은 유혹에 빠질 수 있을 겁니다. 폭력으로 상대방을 제압하면 아주 쉽게 문제를 해결하고 목적을 달성할 수 있다고 생각하는 거죠. 이런 생각은 어린이뿐만 아니라 종종 성인도 갖고 있어요. 국회의원이 법안을 통과하거나 어떤 정치적 결정을 내릴 때 신성한 국회에서조차 몸싸움을 하면서 폭력을 휘두르는 경우를 TV에서 보기도 하죠.

하지만 폭력은 무엇보다 정당성을 잃고 있기 때문에 폭력을 당한 사람에게 억울한 감정, 분노의 감정 혹은 원한의 감정을 낳을 수 있습니다. 한번 이러한 감정이 생기면 그것이 해결되거나 해소되기 전에는 쉽게 사라지지 않습니다. 폭력은 일시적인 미봉책이지 완전한 해법이 될 수 없는 이유인 것이지요. 폭력적으로 결정된 사안도 정당성이 없기 때문에 두고두고 문제를 일으킬 수 있습니다. 그래서 폭력에 의한 힘의 우위가 사라지는 순간 원래 상태로 돌아가 새롭게 해결할 것을 요구합니다. 이렇게 본다면 폭력이 처음에는 효율적이고 효과적인 것처럼 보이지만, 그 후유증이 훨씬 크고 나중에 더 큰 노력을 들여야만 한다는 것을 알 수 있을 겁니다. 예를 들어 고속도로를 날림으로 공사하여 비용도 적게 들이고 또 예정된 공사 기간보다 훨씬 빠르게 건설하는 경우를 보죠. 이런 도로는 얼마 지나지 않아 문제가 생겨 그것을 보수하는 데 훨씬 많은 노력과 비용, 그리고 시간을 들이게 됩니다. 정상적으로 건설하는 것이 날림 공사나 단축 공사에 비해 처음에는 비효율적으로 보일지 모르지만 사실은 그렇지 않다는 것을 알 수 있을 것입니다.

왜 이런 말을 할까요? 일반적으로 생각되는 것과 달리 폭력이 결코 효율적이거나 효과적이지 않다는 것을 강조하기 위해서이죠. 민주주의에서는 대화를 통한 설득과 합의가 중요한 수단입니다. 이러한 설득과 합의를 통해 대화의 상대방은 서로 간에 신뢰를 쌓고 문제 해결에 대한 정당성을 얻는 것입니다. 신뢰와 정당성이 확보가 되면 나중에 문제가 생기더라도 쉽게 깨지거나 원점으로 되돌아가지 않습니다. 하지만 폭력을 통해 해결된 문제는 끊임없이 문제를 야기하고, 해결을 위한 노력과 비용을 요구합니다. 따라서 문제를 즉각적으로 해결하거나 목적을 달성하기 위해 폭력에 호소하는 행위가 오히려 비효율적이고 비효과적이며 고비용을 요구한다는 것을 알 수 있지요. 폭력은 생각처럼 필요악으로서 필수적인 수단이 결코 될 수 없다는 것이지요. 우리는 어떤 경우에도 폭력에 호소해서는 안 될 것입니다. 그러면 마지막으로 이런 폭력을 줄이거나 없애기 위해 우리 스스로 무엇을 해야 하고 어떻게 해야 하는가를 생각해 보겠습니다.

폭력 없는 세상을 위하여

만일 이 세상에 폭력이 없다면 얼마나 좋을까요? 하지만 우리가 늘 살아가는 세상은 온갖 폭력으로 얼룩져 있습니다. 우리는 이 자리에서 폭력을 없애려는 여러 가지 노력이나 대책을 다루지는 않을 거예요. 그런 것은 이미 학교나 사회에서 많이들 이야기되고 있고, 뉴스를 통해서도 알려져 있기 때문입니다. 더 중요한 이유는 철학을 공부하는 우리 입장에서는 그런 임기응변의 미봉책 이상으로 우리의 생각과 태도, 그리고 우리 사회를 움직이는 규칙과 원리를 바꾸는 것에 있다고 보는 것이죠.

앞에서 폭력을 "불법한 방법으로 정신이나 육체에 가해지는 물리적이거나 언어적인 강제력"이라고 정의한 것을 잊지 않고 있죠? 이러한 불법적 강제력은 자유 의지와 인격을 가진 우리의 의사에 반해서 이루어지기 때문에 우리의 자아를 파괴하고, 심지어는 노예처럼 수동적인 인격을 만들기 때문에 나쁘다고 했습니다. 또 이러한 강제력은 단순히 자연 본능이 아니라 사람이 살아가는 사회 구조와 그 구조를 운영하는 규칙에 달려 있는 인간적 현상이라고 말했습니다. 그렇기 때문에 힘이 센 사자가 힘이 약한 영양을 잡아먹는 현상을 보고 사자가 폭력적이라거나 사자는 나쁘다고 말하지 않는다고 했습니다. 이런 의미에서 폭력은 순전히 인간적인 현상이며, 인간의 육체에 고통을 안겨줄 뿐 아니라 자유로운 인격과 영혼을 파괴하는 현상인 것입니다. 우리가 폭력을 이렇게 이해한다면 폭력 없는 세상에 다가가는 방법도 개인의 차원과 사회의 차원으로 나누어 생각해볼 수 있을 겁니다.

먼저 개인의 차원을 살펴볼까요? 모든 폭력은 언제나 폭력을 행하는 어떤 개인을 통해 이루어집니다. 물론 인터넷 게시판이나 SNS가 발달한 오늘날에는 익명으로 이루어지는 언어폭력의 수위가 높아지기도 합니다. 그런데 개인의 물리적 폭력이든 언어폭력이든 그것을 행하는 사람이 별다른 죄의식 없이 재미로 하는 경우가 많습니다. 의외로 순진한 아이들의 이런 행위는 처음이 문제지 반복적이고 습관적으로 이루어질 경우에는 더욱더 죄의식이나 책임감이 없어집니다. 하지만 죄의식 없이 재미로 하는 폭행이 그것을 당하는 사람에게는 고통과 슬픔이 되고, 자아가 무너지고, 영혼이 피폐해질 만큼 엄청나게 나쁜 영향을 미칠 수 있습니다. 이솝 우화에서 보듯, 아이들이 장난으로 하는 돌팔매질은 연못에 사는 개구리에게 목숨을 좌우할 수도 있는 폭력이 될 수 있습니다. 그런데 이때 아이들이 이런 장난 행위의 위험이나 영향을 알고서도 그렇게 할 수 있을까요? 물론 그렇게 하는 아이도 있겠지만, 명백히 잘못과 불법임을 알고서도 고의로 행할 만큼 나쁜 의지를 가진 사람은 아주 적을 거예요. 말하자면 대부분의 아이는 죄책감이나 별다른 생각 없이 눈앞의 재미나 이익 때문에 그렇게 하는 경우가 많다는 것이지요. 하지만 폭력을 휘두르는 아이가 자기 행동의 의미와 옳고 그름을 판단하는 아이라면 이처럼 아픔을 주고 영혼과 인간성을 파괴하는 행위를 고의적으로 할 수 있을까요?

여기서 우리는 자신의 행위를 스스로 반성하고 성찰하는 것이 얼마나 중요한가를 알 수 있을 겁니다. 이런 행동은 자신의 자유 의지에 따른 능동적 행위입니다. 이러한 능동적 의지에 따라 우리는 항상 어떤 상황에서 어떤 행동을 하는 것이 옳고 그른지를 반성할 수 있습니다. 옳고 그름을 판별하는 도덕과 도덕적 행동은 결코 외부에서 주입되는 타율적 규범이나 강제된 행동이 아닙니다. 우리는 지금까지 항상 무엇을 해라, 무엇을 하지마라는 식의 타율적 명령에만 길들여지다 보니 스스로 반성해서 옳고 그름을 판별하는 자아의 도덕 능력이 너무 약해졌는지도 모릅니다. 이처럼 반성하고 성찰하고 판단하는 도덕적 자아를 키워 나가도록 교육하는 것이 폭력의 문제를 해결하는 중요한 방법이 아닐까요? 오래전 독일의 유명한 철학자 칸트는 이런 도덕적 자아가 되기 위해서는 다른 사람을 결코 자신의 이기심을 위한 수단으로 대해서는 안 된다고 했어요. 물론 이런 태도는 시간이 많이 걸리고 쉽지 않은 문제이겠지만요.

다음으로 사회의 차원에서 살펴보죠. 앞에서 우리는 폭력이 본능적 요인보다는 사회 구조적 환경과 그것을 움직이는 규칙에 더 큰 영향을 받는다고 했습니다. 사회가 약육강식의 논리에 따라 강한 자만이 살기에 유리하게 짜이고 움직인다면 아마도 그런 사회는 동물이 싸우는 자연 상태이지 인간적인 사회와는 거리가 멀다고 했지요. 자연 상태에서의 싸움은 "공유지의 비극"에서 보았듯 모두가 지고 모두가 죽는 어리석은 놀이라고 할 수 있지 않을까요? 그렇기 때문에 많은 철학자들은 이 상태를 벗어날 수 있는 새로운 질서와 규칙을 찾으려고 했던 것입니다. 따지고 보면 사람이 사람다운 것은 동물과 다른 인간의 질서와 규칙, 서로가 서로를 잡아먹으려는 공격적인 태도보다는 약자를 배려하고 그들과 평화롭게 공존하려는 태도에서 보이지 않을까요?

너무 이상적이라고요? 처음에는 그런 생각이 들 수도 있을 겁니다. 하지만 인간만이 이상을 꿈꾸고 그 이상을 향해 우리의 삶을 변화시키고 개선시켜 나갈 수 있지 않을까요? 자연선택과 적자생존에 지배되는 동물의 진화과정은 옛날이나 지금이나 달라지지 않습니다. 하지만 인간의 사회는 좀 더 나은 사회, 좀 더 좋은 사회를 향한 끊임없는 노력을 통해 사회도 발전하고 문화와 문명도 발전하고 있습니다. 자연의 진화는 저절로 이루어지지만 인간 사회의 발전은 인간의 의식적인 노력에 의해서만 가능합니다. 지나치게 강자 중심으로 운영되는 사회, 강자와 약자의 차이가 너무 큰 사회, 약자의 슬픔과 고통에 기초한 사회는 개인의 폭력성을 더 자극할 수 있을 겁니다. 때문에 우리는 이런 노력을 통해 동물의 세계와 달리 약자를 배려하고, 약자와 공존하고, 투쟁과 공격보다는 사랑과 평화가 넘치는 사회가 되도록 사회의 법과 규칙을 바꾸어 나가

는 것입니다. 그런 규칙이 구체적으로 무엇이냐고요? 그것이 바로 우리
가 함께 고민해야 할 문제이고, 공부해야 할 이유가 아닐까요? 폭력이
없는 인간다운 사회는 저절로 만들어지는 것은 아니니까요.

03

어떤 사람들은 왜 자발적으로
죽으려 하는가

인간의 정신은 참으로 이해하기 힘들다. 이것이라 생각하면 어느새 다른 것으로 드러나고, 그 다른 것으로 생각하면 또 다른 것일 수 있는 것이다. 천변만화하고, 팔색조 같은 것이 사람의 마음이고 정신이다. 그런 정신을 해독할 수 있는 지도Map가 과연 존재할까?

인류는 끊임없이 자신들의 정신을 탐구하기 위해 무수한 노력을 기울여 왔다. 오래전부터 종교와 철학이 그랬고, 좀 더 경험적이고 과학적인 탐구 방법을 찾은 심리학이나 프로이트와 라캉류의 정신분석학, 융의 분석 심리학 등도 이런 대열에 속한다. 오늘날에는 인문학적 분석을 넘어 뇌과학이나 인공 지능에 대한 연구가 앞장 서서 정신과 영혼의 작용을 가능케 하는 물리적 기관인 뇌brain에 대한 연구를 도맡고 있다. 하지만 여전히 인간의 정신은 그 지극히 작은 일부에 대한 지식만을 허용하고 있을 뿐 대부분의 경우는 여전히 '블랙 박스'이자 시인 기형도의 표현처럼 '검은 페이지'이다.

생물학이나 사회학이나 혹은 철학의 경우도 마찬가지지만 자신의 생명을 지키는 것, 고통을 피하고 쾌락을 추구하는 것을 모든 생명체의 기본 성향이고 본능이라고 했다. 맛있는 것을 먹으려 하고, 건강을 추구하고, 공부를 잘해서 원하는 학교를 가고, 좋은 직장과 배우자를 구하려 하고, 행복한 가정을 꾸며 잘 살고 싶어하는 모든 것은 결국 생명의 본능에서 나오는 것이다. 이런 것은 유전자에 코딩된 것이기 때문에 학습을 통한 것도 아니고 사회화의 결과도 아니다. 생명체의 모든 활동은 이런 의미에서 자신의 생명을 지키고 확장하는 방향으로 이루어진다. 큰 틀에서 본다면 진화의 방향도 생명체들 간의 경쟁을 통해 이처럼 생명을 확장하고 강화하는 방향으로 이루어지는데, 생명체들 간의 경쟁은 그 가운데 한 방식이다. 프로이트는 이것을 생명의 본능Eros이라고 불렀다.

그런데 프로이트는 이러한 생명의 본능과 달리 파괴하고 공격적이고 궁극에서 그 생명을 파멸시키려는 경향도 생명체에 있다는 사실을 뒤늦게 알았다. 참혹한 1차 세계대전을 겪으면서 도대체 생명체들 상호 간에 파괴하고 무화無化시키는 이런 경향의 뿌리가 무엇인가라는 생각을 했다. 현대 과학과 기술이 이룩한 문명의 자해 현상은 지금까지 당연시하던 생명의 본능과 전혀 다른 모습으로 나타났다. 때문에 프로이트는 생명의 본능이 1차적이라는 자신의 가설에 문제가 있다고 보고, 이런 파괴적 충동, 무無로 환원시키려는 본능을 그리스 신화에 등장하는 죽음의 신 타나토스Thanatos를 본따 '죽음의 본능'이라고 불렀다.

생명의 본능과 죽음의 본능이 동시에 하나의 생명체 속에 존재한다는 가설은 심각한 모순처럼 보일 수 있다. 삶과 죽음은 형식논리의 모순율이 보여주듯 공존할 수 없기 때문이다. 그러나 따지고 보면 생명체 자체가 이런 모순 덩어리이다. 이러한 모순은 생명을 움직이는 두 가지 원리라고 할 수도 있다. 생명은 한편으로 자기 보존과 확장을 끊임없이 도모하지만, 다른 한편으로는 어느 순간 자기 파괴적이고 스스로 무화되려는 경향도 지니고 있다. 이는 니체가 《비극의 탄생》에서 그리스 정신의 양면성을 분석하는 틀로 '아폴로적 정신'과 '디오니소스적 정신'을 제시한 것과 궤를 같이 하고 있다. 문제는 이 두 가지 원리가 어떤 상황에서 어떻게 움직이느냐에 따라 생명의 본능이 지배적일 수 있고, 다른 경우에서는 죽음의 본능이 지배적일 수 있다는 것이다. 프로이트는 어떤 것이 근원적인가에 대해서는 고민했지만 왜 그런가에 대해서는 충분한 답을 제시하지 못했다.

나는 생명을 지배하는 이 두 가지 원리의 관계를 태극의 대대관계로 생각하고 싶다. 한 쪽이 극대에 이르면 다른 쪽은 극소가 되고, 그 반대의 경우도 마찬가지이다. 예를 들어 삶의 본능이 선순환을 일으키는 경우가 있다. 열심히 일도 하고 그것을 인정받고 그로 인해 여러 가지 성취도 할 경우 더욱 열심히 살려고 한다. 이 경우는 삶의 본능이 극대화되어서 죽음의 본능은 거의 표면화되기 어렵다. 더욱이 이런 자신감은 생명 역량을 강화시켜 생명 본능을 확장해줄 수 있다. 하지만 반대의 경우를 생각해보자. 이 경우는 하는 일마다 풀리지 않고, 그로 인해 타인의 멸시와 경시를 받으면서 자존감도 떨어질 수 있다. 이런 자존감은 자기 보존에 절대적인데 그것이 떨어질수록 삶에 대한 의욕을 상실할 수 있다. 만약 이런 현상이 구조적이고 반복적일 경우는 자신을 포기하고 싶은 욕구가 표면화되기 쉽다. 따라서 생명 본능과 죽음 본능은 주체의 역량과 외부의 인정 및 성취와 깊은 관계가 있다. 물론 이런 경우가 단선적이지만은 않다. 열심히 일하고 많은 성취를 하고서도 어느날 갑자기 혹은 모종의 계기로 인해 삶의 무의미를 느끼면서 죽음 본능이 표면화될 수 있다. 반대로 수많은 실패를 겪고 타인의 경시를 받으면서도 삶의 목적을 더욱 강화하는 경우가 있다. 때문에 죽음 본능이 지배적인 경우는 외부적인 성취와 절대적인 관계가 있다기보다는 삶의 무의미를 자각하는 것과 더 깊은 연관이 있지 않을까 한다.

죽음 본능이 반복적이고 지배적으로 나타나는 이유로 '우울증depression'을 드는 경우가 많다. 충격적인 정두언 전 의원의 자살이나 그 이전 배우 전모씨의 자살에 대해 우울증이 직접적인 이유인양 너무나 당연시하고 있다. 하지만 과연 우울증이 자살 혹은 자기 파괴로 바로 이어진다고 단정할 수 있을까? 만일 우울증이 자살의 필연적인 원인이라고 한다면 너무 안이한 물리적 원인의 일반화generalization of physical cause가 아닐까? 우울증이 있더라도 그것이 자살로 이어지는 경우가 있고, 더 많은 경우는 그렇지 않을 수도 있다. 그렇다면 우울증이 죽음 본능을 극대화하는 경우는 보다 직접적인 다른 계기가 있지 않을까? 그리고 그것이 극대화되는 순간은 당사자의 자유로운 선택일 수도 있고, 물리적 원인으로 인해 피할 수 없는 행위일 수도 있다. 과연 사람들은 왜 그리고 어떤 경우에 자살을 선택할까? 죽음 본능이 극대화되는 것을 피할 수 없을까? 나에게는 여전히 이런 형태의 죽음을 하나의 단순한 원인으로 치부할 근거가 보이지 않는다. 왜 그들은 자발적으로 죽음을 선택했을까? 나에게 인간 정신은 여전히 그리고 많은 경우 '블랙 박스Black Box'이다.

04

삶과
죽음의 길

　나이를 먹을수록 자주 가는 곳이 있다. 하나는 결혼식장이고, 다른 하나는 장례식장이다. 젊은 시절에는 친구들 결혼식장을 다녔지만, 이제는 친구 자녀들의 결혼식장을 다닌다. 결혼식장은 선남선녀가 사랑을 다짐하면서 인생의 새로운 출발을 함께하는 자리니까 보는 사람도 즐겁다. 젊었을 때는 나도 그런 결혼을 하고 싶다는 생각 때문에 즐거웠고, 나이를 먹어서는 나도 저런 사랑과 결혼을 한 시절이 있었구나 하는 추억을 되돌릴 수 있어 기쁘다. 하지만 장례식장을 다녀올 때는 마음이 무겁다. 축하해주러 가는 길이 아니라 슬픔을 위로하고 함께하는 자리이기 때문이다. 아직은 그래도 부모님 연배의 죽음을 슬퍼해주는 경우가 많지만, 주변 친구나 그 부인의 죽음을 함께 슬퍼해주고 위로해주는 경우도 드물게 있다. 더구나 자식 세대의 죽음을 대할 때는 그 아픔이 더 크다. '부모가 죽으면 청산에 묻고 자식이 죽으면 가슴에 묻는다.'는 말도 있듯, 그런 고통은 참으로 말할 수 없을 것이다. 몇 년 전 친동

생의 딸이 허망하게 세상을 떠났을 때, 올해 친구의 다 큰 아들의 죽음을 대했을 때는 그 고통을 그대로 느낄 수 없는 것이 고통스럽기까지 했다. 참으로 지금까지 살아오면서 가깝게 지내던 많은 사람이 그렇게 내 곁을 떠났다는 생각이 주마등처럼 스친다. 중학교 시절부터 아주 최근에 이르기까지 수많은 얼굴, 오래전이어서 이제는 그 얼굴도 잘 떠오르지 않는 사람들...부모의 죽음, 세월호의 죽음들...며칠 전 걸그룹 행사를 구경하려다가 환풍구가 꺼져서 순식간에 16명이나 되는 사람들이 참사를 당했는데, 그 죽음을 대하는 가족이나 친지는 얼마나 황당하겠는가? 우리 삶은 이렇게 불안한 것인가? 아, 생명은 이렇게 죽을 밖에 없는 것인가?

오래전 고등학교를 다닐 때 암송한 시, 월명사月明師의 〈제망매가〉이다.

죽고 사는 길이

이 세상에 있으므로 두려운데

나는 간다는 말도

못다 하고 가버렸느냐

어느 가을 이른 바람에

이리저리 떨어질 이파리처럼

같은 가지에 났어도

가는 곳을 모르겠구나

아, 극락세계에서 만날 나는

도를 닦으며 기다리겠노라

그 당시는 별생각 없이 외웠지만 지금 다시 보니 죽음에 관한 성찰이 다 담겨 있는 것 같다. 죽음에 대한 두려움, 예고 없이 찾아오는 죽음의 우발성, 가을바람에 나부끼는 이파리 같은 생명의 유한성, 태어난 곳은 하나이고 분명해도, 죽고 난 후는 어디로 가는 것일까? 사후의 세계는 과연 있는 것인가? 죽음 이후에 대한 인간 지식의 완벽한 무지, 죽음 이후 아무 것도 존재하지 않는다면 너무 허무하지 않은가? 그럼에도 극락과 천국에서의 만남을 위해 도를 닦고 선을 행하겠다는 윤리적 결단, 과연 신은 존재하는가? 극락정토는 있는 것일까? 죽음은 삶에 대해 어떤 의미를 갖는가? 등 이 짧은 시 안에 우리가 생각할 수 있는 죽음에 관한 많은 이야기가 담겨 있는 것이 아닌가? 한 배에서 태어난 누이가 먼저 간 것을 슬퍼하며 쓴 시이지만, 어찌 이것이 오누이만의 사별에 한정될 수 있겠는가?

"죽고 사는 길이 이 세상에 있으므로 두려운데"
— 죽음에 대한 두려움

고대 그리스의 철학자 헤라클레이토스는 '어두운 철학자'로 알려져 있다. 그는 사람의 통속적인 생각을 넘어선다. 만물이 유전한다는 그의 철학은 변증법의 시작을 알린다. 그의 잠언은 이렇다.

"삶은 죽음이다."
"시작은 끝이다."

만물의 시작에서 종말을 이야기하고, 생명의 탄생에서 죽음을 이야기하는 이 어두운 철학자의 말을 사람들이 깨닫기는 쉽지 않을 것이다. 하지만 따지고 보면 죽음은 삶에서 나오는 것이 아닌가? 삶이 없다면 죽음도 없는 것이고, 시작이 없다면 끝도 있을 수 없다. 너무나 자명한 사실이지만 우리는 오직 사물의 한 면만을 보려고 한다. 탄생과 소멸, 만물의 끊임없는 변화를 그는 타오르는 불의 이미지로 묘사한다.

불교는 헤라클레이토스의 지혜를 더 깊게 해준다. 불교의 가장 기본 철학인 사성제四聖諦는 고苦에서 시작한다. 고는 어디서 오는가? 생명이 있기 때문이 아닌가? 모든 생명은 죽을 수밖에 없다는 데서 고통이 시작되는 것이다. 생명이 탄생하면서 이 생명을 지속하기 위해 먹어야 되고, 먹기 위해서 일해야 되고, 이 몸이 힘들다 보면 병도 생기는 것이 아닌가? 그러다 보면 결국 이 생명은 죽을 수밖에 없는 것이 아닌가? 이렇게 본다면 모든 고통은 이 몸을 타고 나는 데서부터 시작되는 것이다. 이런 자연법칙과 같은 필연성을 우리는 종종 잊고 사물의 한 면만 보는 것이 아닌가? 아름다운 꽃이 영원히 피어 있을 수 없는 것이다. 불교는 이런 생명의 고통을 해결하려 한 것이다. 우리 몸을 이루는 오온五蘊이 다 공空하다는 것, 우리가 경험하는 일체 색계色界가 다 공空하다는 것은 이런 깨달음의 출발점이다.

난세에 몸과 생명을 보존하려 했던 중국의 도가는 산속으로 숨어 들어가 양생을 위한 수련에 힘쓴다. 하지만 열심히 수련해 동안을 유지하고 장생불사의 건강하던 도인의 몸도 한 순간에 호랑이의 먹이가 될 수 있지 않은가? 양생법이 해답이 될 수는 없는 것이다. 이 몸과 생명이 낳고 죽는 그 까닭을 알아야 하지 않겠는가? 《장자》 외편에는 부인상을 당한 장자가 죽은 부인의 시신을 앞에 두고 덩실 덩실 춤을 추는 이야기가 나온다. 친구 혜자가 문상을 왔다가 그 모습을 보고 어이없어 한다. 아무리 부인이 죽으면 사내들은 뒷간에 가서 웃는다는 말도 있지만 그래도 이렇게 춤까지 추는 것은 심하지 않은가? 이 때 장자가 말을 한다.

"그렇지 않네. 아내가 죽었을 때 나라고 어찌 슬퍼하는 마음이 없었겠나? 그러나 그 시작을 곰곰이 생각해 보았지. 본래 삶이란 게 없었네. 없었을 뿐만 아니라 본래 형체도 없었던 것이지. 그저 흐릿하고 어두운 속에 섞여 있다가 그것이 변하여 기氣가 되고, 기가 변하여 형체가 되었고 형체가 변하여 삶이 되었지. 이제 다시 죽음이 된 것인데, 이것은 마치 봄 여름 가을 겨울 사철의 흐름과 맞먹는 일. 아내는 지금 '큰 방'에 편안히 누워 있지."

이처럼 삶과 죽음에 관한 우주의 영원한 이치와 작용을 깨달은 장자가 어찌 애닯다 하여 곡을 하겠으며, 어찌 기뻐 춤을 추지 않을 수 있겠는가?

스토아의 현인도 죽음에 대한 이런 깨달음을 통해 극복하고자 했다. 삶과 죽음은 거대한 우주의 수레바퀴가 굴러가는 것과 같은 필연성의 법칙과 같은 것일 뿐이다. 오래전 고등학교 교과서에도 실려 있던 《페이터의 산문》에는 이런 구절이 나온다.

사람은 나뭇잎과도 흡사한 것, 가을바람이 땅에 낡은 잎을 뿌리면, 봄은 다시 새로운 잎으로 숲을 덮는다. 잎, 잎, 조그만 잎. 너의 어린애도, 너의 아유자阿諛者도, 너의 원수도, 너를 저주咀呪하여 지옥에 떨어뜨리려 하는 자나, 이 세상에 있어 너를 헐고 비웃는 자나, 또는 사후에 큰 이름을 남길 자나, 모두가 다 한 가지로 바람에 휘날리는 나뭇잎. 그들은 참으로 호머가 말한 바와 같이 봄철을 타고난 것으로, 얼마 아니 하여서는 바람에 불리어 흩어지고, 나무에는 다시 새로운 잎이 돋아나는 것이다.

이런 필연성의 논리를 깨닫는다면 죽음이 일찍 다가온다고 슬퍼할 일도 없고, 더 늦게 온다고 해서 기뻐할 일도 없다. 그들은 다만 그런 외부의 필연성이 우리 마음의 평정을 깨뜨릴 수 없다는 것을 이야기하고자 한다. 더 나아가 유명한 쾌락주의자 에피쿠로스는 "죽음은 우리에게 아무것도 아니다."라고 적극 논변한다. 우리가 존재할 때 죽음이 존재하지 않으며, 죽음이 존재할 때 우리는 존재하지 않는다. 말하자면 우리의 존재와 죽음의 존재는 양립이 불가능한데 어찌 우리가 죽음을 걱정할 것이고, 죽음이 어떻게 우리를 괴롭힐 수 있단 말인가? 그러니 죽음에 대한 걱정은 붙들어 매라는 이야기다.

하지만 기독교는 인간의 유한성이라는 엄연한 진실과 그로 인한 고통의 감정을 강조한다. 사도 바울은 어두운 사망의 골짜기를 헤맬 수밖에 없는 인간의 유한성을 통렬하게 일깨운다.

"오호라 나는 곤고한 사람이로다. 이 사망의 몸에서 누가 나를 건져내랴."
— 〈로마서〉 7장 24절

모든 생명은 곧 죽을 수밖에 없다는 엄연한 사실, 이 고통을 어떻게 벗어날 수 있는가? 오직 우리를 창조한 신에 귀의할 때만이 가능하다는 것이다. 이렇게 본다면 모든 철학과 종교는 죽음이라는 엄연한 사실과 그로 인한 고통을 해결하려는 몸짓의 표현이리라. 아침 이슬과 같은 이 생명에 대한 집착으로부터 벗어나게 하는 법을 깨닫게 하거나, 이 유한한 생명을 창조한 무한한 신의 존재에 귀의하거나이다. 혹은 우주의 영원한 이법 속에서 삶과 죽음의 물리적 법칙을 깨닫는 것이다. 가을날 낙엽이 떨어지는 것을 보면 당신은 눈물이 흐르는가? 돌이 위에서 아래로 낙하하는 모습을 보면 당신은 슬픈가?

"나는 간다는 말도 못다 하고 가버렸느냐."
— 죽음의 우발성과 영웅에 대해

천수를 누리다가 돌아가신 분을 문상 갈 때는 비교적 마음이 가볍다. 모든 죽음의 이별이 쉬운 것은 아니다. 그래도 천수를 누리고, 갈 때를 알면서 돌아가신 경우에 우리는 호상이라는 말을 한다. 이런 호상을 맞이할 때는 산 사람의 마음도 무겁지는 않다. 그런데 우리가 어떻게 죽음을 예측한단 말인가? 아침에 잘 다녀오겠다고 나간 사람이 사고로 갑자기 죽을 때, 도심 광장에서 공연을 보겠다고 하다가 급작스럽게 죽음을 당할 때처럼, 죽음은 종종 우리가 알지 못하는 사이 갑자기 들이닥친다.

독일의 사회학자 울리히 벡은 현대를 '위험 사회'로 규정한다. 이런 위험은 곳곳에 널려 있다. 거대 도시에서 교통사고, 건물 붕괴, 화재 등의 재난은 다반사다. 재난 사고에 취약한 우리의 경우는 이런 사고가 전혀 낯설지 않다. 그래서 더 위험한 것이다. 지진이나 해일 같은 자연 재해도 기후 변화와 환경 파괴로 더 빈발해진다. 미국 같은 경우는 종종 총기 사고로 많은 사람이 죽는다. 세계 곳곳에서 벌어지는 테러 행위로

멀쩡한 시민이 다치거나 죽는 경우도 많다. 이런 사고는 늘 우리가 사랑하는 사람을 우리로부터 빼앗아 간다.

며칠 전 성남의 테크노밸리 앞 공연장에서 일어난 참사로 무려 16명이나 죽었다. 공연을 좀 더 잘 보기 위해 지하철 환풍구로 수십 명이 한꺼번에 올라가면서 붕괴되고 그로 인해 순식간에 수많은 사람이 참사를 당한 것이다. 사람들의 안전 불감증도 큰 문제지만, 우리가 일상적으로 거주하고 활동하는 도시 곳곳에 이런 대형 참사를 유발할 수 있는 것이 수도 없이 널려있다는 것도 문제다. 현대 도시는 인구가 크게 밀집해 있고, 지하철과 고층건물 그리고 가스나 전력 그리고 통신망 같은 기간시설이 집산돼 있다. 따라서 내부적으로나 외부적으로 이런 시설에서 사고가 날 경우 그 피해는 과거와 비교할 수만큼 클 수밖에 없다. 움베르토 에코는 현대 도시가 이러한 구조적 취약성으로 인해 언제든지 중세로 되돌아갈 소지가 크다고 진단한 적이 있다. 국가 기간 시설이 파괴되고, 수많은 인명 피해가 발생하며, 도처에서 약탈과 방화와 같은 폭동이 발생해 경찰력으로 치안을 유지하기 어려워지는 상황을 가정해 보자. 그러면 군대가 진출해서 계엄을 선포하고, 도시는 외부로부터 단절된 채 계엄 사령관이 봉건왕국의 군주와 같은 역할을 떠맡는 경우가 생길 수 있다는 것이다.

에볼라 바이러스가 전 세계를 공포에 몰아넣고 있는 지금의 상황[1]이 그와 유사할 수 있다. 서아프리카는 에볼라 바이러스로 죽음의 땅으로 변하고 있고, 미국과 유럽에서도 자국 내 감염환자가 죽는 사고가 발생

---

1 이 글은 2014년에 작성한 글이다. 코로나 바이러스가 극심한 때에 에볼라 바이러스를 이야기한다는 것이 다소 거리감이 있을 것이다.

했다. 독일 라이프니츠에서도 유엔의 의료 봉사를 담당하던 감염 환자가 죽었다는 소식을 전하고 있다. 전염병의 전파 속도와 영향력은 세계화의 속도와 비례한다. 과거의 전염병은 전파 속도도 느렸고, 영향력도 지역적으로 제한될 수밖에 없었다. 하지만 현대의 발달된 교통은 지역적 한계를 뛰어 넘어 급속도로 파급될 수 있다. 한때 할리우드에서 유행하던 놀이가 있었다. 몇 단계를 거치면 할리우드 내의 어떤 배우와도 연결이 된다. 이런 인간관계는 순차적이 아니라 우발적으로 진행이 되는 경우가 있다. 이를테면 내가 아프리카인하고 친구가 될 가능성은 전무하지만, 그곳에서 상사 주재원으로 오래 근무하다가 귀국한 사람을 통해 한 단계 건너서 관계를 맺을 가능성은 높다. 교통과 통신이 발달한 현대에는 이렇게 우발적으로 먼 곳의 사람과 연결될 수 있다. 에볼라 바이러스와 같은 경우도 보균자의 우발적 이동을 통해 순식간에 먼 곳으로 전파될 수 있기 때문에 지역 간, 도시 간 여행을 지역 계엄 사령관이 통제할 수 있을 것이다.

한반도는 전쟁이 끝난 지 60년이 넘었지만 여전히 평화상태가 아니라 휴전상태에 있다. 물론 이런 휴전상태가 장기화되다 보니 남북 간에 돌발적인 상황이 벌어져도 크게 놀라지는 않는 편이다. 서해에서 여러 차례 교전이 있었고, 휴전선을 사이에 두고서도 심심찮게 총성을 듣고 있다. 그런데 최근 몇 년간은 탈북자 단체에서 북한 거주민에게 바깥세상을 알린다는 명목으로 대규모 전단을 풍선으로 날리는 행사가 이어지고 있다. 문제는 북한이 이 행사를 극도로 경계하고 반대한다는 점에 있다. 입장을 바꿔 생각한다면 당연한 처사이다. 체제를 근본적으로 뒤흔들고 최고 존엄을 훼손하는 것으로 받아들이는 것이다. 때문에 여러 차례 행사 중단을 요구하고 심하면 조준사격도 하겠다고 경고를 해왔다. 최근에 그로 인해 파주와 연천에서 몇 차례 총격전도 있었으며, 당시 북한의 자주포의 포문이 열리고 남한의 F15 전투기까지 출동 일보 직전이었다고 한다. 이렇게 위험하고 돌발적인 상황이 벌어지는데도 행사를 막을 법적 근거가 없다고 한다면 이 정부는 국민의 안전과 재산을 보호해야 하는 기본적인 책임조차 방기하는 것이다. 남북한 군 전력의 60% 이상이 휴전선을 중심으로 한 전방에 몰려 있고, 인구 천만이 넘는 도시가 휴전선에서 불과 50킬로미터도 떨어져 있지 않은 상황에서 이렇게 우발적인 군사 대결을 유발하는 행사를 수시로 열게 한다는 것은 현 정치가 북한 문제를 국민을 통제하는 수단으로 악용하고 있다고 밖에 볼 수 없지 않겠는가? 국지적이고 우발적인 전투가 대규모 전쟁을 야기하는 상황은 얼마든지 가능하다. 때문에 정상적인 국가라면 이런 우발적인 위험을 극도로 줄여야 할 것이 아닌가?

우발적인 죽음으로 인한 갑작스런 이별을 대할 때 우리는 어떤가? 벌써 6개월이 넘도록 전국을 난타하고 있는 세월호 대참사는 갑작스럽게 닥쳤기 때문에 더 고통스럽다. 죽음을 대하면서 마음의 준비를 할 시간이 없었기 때문에 산 자는 더 고통스러운 것이다. 산 자는 자신의 이 비통한 마음을 죽은 자에게 투사를 한다. 억울하고 원통하게 죽은 영들은 필시 구천을 떠돌 수밖에 없다고 생각해서 영혼결혼식도 하고 천도제를 지내기도 하고, 그들의 억울한 죽음을 다시 반복하지 않기 위해서 산 자는 안전한 대한민국을 건설해야 한다고 몸 받쳐 싸우고 있는 것이 아닌가?

이런 우발적인 죽음과 달리 자발적인 죽음도 있다. 물론 우리나라가 세계 제1위의 오명을 뒤집어쓰고 있는 자살을 자발적인 죽음이라 할 수는 없다. 그것은 비록 자신이 선택한다 할지라도 엄밀한 의미에서의 자기 결정은 아니다. 자살은 여러 가지 사정으로 인해 어쩔 수 없이 떠밀려 선택할 수밖에 없는 타살의 한 형태로 보아야 할 것이다. 자유로운 선택에 관한 라캉의 유명한 예가 있다. 밤길 골목에서 강도를 마주친 어떤 사람이 "죽을래? 돈을 내 놓을래?"라는 말을 들었을 때, 그가 선택할 수 있는 것이 무엇인가? 외양은 선택의 자유라는 형식을 취하고 있지만 내용상으로 그가 선택할 다른 여지는 없다. 돈을 내놓기 싫다고 하면 죽을 수도 있고, 죽고 나면 돈도 뺏길 수밖에 없지 않은가? 많은 사람이 최후의 수단으로 자살을 선택할 때는 그것 외에는 달리 선택할 도리가 없기 때문에 자살하는 것으로 봐야 옳다. 때문에 높은 자살률은 우리 사회의 여러 문제로부터 비롯된 사회적 타살과 깊은 연관이 있으며, 그만큼 사회가 더 많은 관심과 배려를 해야만 할 것이다.

반면 자율의 형식을 가장한 타율이 아닌 진정한 의미에서 자발적인 죽음도 있다. 이른바 영웅적인 죽음이 그렇다. 설령 죽을 수밖에 없다 하더라도 죽음을 무릅쓰고 감히 죽음과 대결하고 그 죽음을 넘어서는 죽음이다. 생명보존의 욕구는 모든 생명체의 자연적 본능이다. 그런데 자신이 죽을 수도 있다는 것을 알면서도 타인의 생명을 구하기 위해서 위험한 상황으로 들어가는 것은 죽음에 대한 본능적 두려움을 극복하면서 이루어지는 영웅적 선택이다. 하이데거는 이런 형태의 죽음은 죽음을 미리 앞서 예비하는, '죽음에 대한 선구적 결단'으로 묘사한다. 이런 결단은 오직 자유로운 존재인 인간에게만 가능하다. 인간만이 자신의 신체가 소멸되는 두려움을 넘어설 수 있다. 아마도 인간 정신의 위대함은 이런 자발적이고 영웅적인 죽음에서 드러나지 않겠는가? 그래서 그의 신체는 소멸해도, 그의 정신은 산 자의 기억 속에서 생명을 유지하지 않겠는가?

"어느 가을 이른 바람에 이리저리 떨어질 이파리처럼
같은 가지에 났어도 가는 곳을 모르겠구나"
— 사후 세계에 대해

죽음을 두려워하고, 죽고 나서 어떻게 될 것인가를 알고 싶어 하는 것은 동서고금을 통해 별로 다르지 않다. 모든 종교는 이 죽음에 대한 공포를 극복하고, 사후 세계에 대한 해답을 구하려는 데서 탄생한다. 모든 예술은 이 죽음과 관련된 두려움을 미학적으로 의식화儀式化하고 예술적으로 표현하려는 데서 탄생한다. 이런 문제의식에서는 철학도 별반 다르지 않다. 다만 철학은 종교나 예술과 다르게 합리적 언어로 서술하고 논증하려 할 뿐이다.

고대 문헌 가운데 이 죽음과 관련해 빼어난 성찰을 보여주고 있는 것 중 하나가 플라톤의 《파이돈》이라는 작품이다. 초기 플라톤의 작품은 대부분이 스승 소크라테스의 행적과 관련되어 있다. 청년들의 정신을 타락시키고 신을 모독한다는 죄로 고발을 당한 소크라테스가 법정으로 가다가 제사장 에우튀프론을 만난다. 아버지를 살인범으로 고소하러 가는 그와 경건과 불경의 문제를 토론한 작품이 《에우튀프론》이다. 법정에 선 소크라테스가 배심원인 아테네 시민을 향해 자신의 행위를 변호하는 내용을 담은 작품이 《변명》이다. 빌어도 시원찮을 소크라테스는 도리어 아테네 시민을 향해 세속의 명예나 부보다는 당신들의 영혼을 살피라고 충고한다. 이에 괘씸죄까지 더해져 사형선고를 받은 소크라테스가 감옥에 갇힌다. 당시 감옥의 소크라테스는 바로 사형을 당하지는 않는다. 외국으로 나간 아테네의 배가 들어올 때까지 사형선고를 유예 받는다. 이때 돈 많은 제자 중 한 사람인 크리톤이 소크라테스를 감옥에서 탈출시켜 외국으로 망명시키려고 소크라테스와 논쟁을 벌인다. 여기서 잘못 알려진 '악법도 법이다'라는 이야기가 나오는 작품이 《크리톤》이다. 그런데 사형을 받기 바로 전날 밤에 마지막으로 파이돈이 스승을 설득하러 들어갔다가 나눈 대화가 '죽음'에 관한 유명한 작품인 《파이돈》이다. 소크라테스는 여기서 인간의 영혼이 무엇이고, 이 영혼이 어디서 와서 어디로 가는가를 자못 날카로운 논증을 통해 설명한다. 그러면서 자신이 살 이유가 아니라 죽어야 하는 이유를 설명하는 것이다. 이 작품에 나오는 유명한 구절 몇 가지를 적어보자.

"육체는 영혼의 감옥이다."
"죽음은 육체로부터의 해방이다."
"철학은 죽음의 연습이다."

영혼과 육체는 본래 다른 존재이다. 여기에서 정신과 육체를 별개로 보는 이원론이 시작한다. 영혼은 비물질적이고 단일하고 죽지 않는 것이다. 복합물이 아니기 때문에 나누어지지 않으며, 파괴되지도 않기 때문에 영원히 죽지도 않는다. 육체는 그 정반대이다. 육체는 물질적이고 복합적이기 때문에 생멸을 반복한다. 플라톤의 《공화국》에 등장하는 '에르Er의 신화'에는 영혼이 본래 이데아의 세계에 거주하는 것으로 묘사된다. 이 영혼이 이승으로 넘어오는 도중 망각Lethe의 강물을 마시면서 이데아 세계의 기억을 상실하고 육체의 감옥에 갇히는 것이다. 플라톤을 거부하는 현대의 포스트 모더니스트들은 그를 패러디해서 정반대로 표현한다. "영혼이 육체의 감옥이라고." 육체의 감옥에 갇힌 영혼은 빠삐용처럼 끊임없이 탈출을 시도한다. 그때 도와주는 것이 철학이다. 때문에 "철학은 죽음의 연습이다." 이 죽음은 육체의 죽음이다. 육체가 죽을 때 비로소 영혼은 자유로워지고, 자신의 본래 고향인 이데아의 세계로 들어가는 것이다. 이런 플라톤의 생각은 얼마나 기독교적인가? 이 철학 수업을 받은 사도 바울은 누구보다 플라톤 철학이 기독교를 그리스에 전파하는 데 어울린다고 본 것이다. 구원은 이 육신의 고통을 벗어버리고, 영원한 낙원의 세계로 들어가는 것이란다. 아우구스투스는 플라톤의 이원론을 따라 '신의 나라'와 '인간의 나라'의 두 세계로 나누는 기독교의 역사철학을 정립한다.

"가이사의 것은 가이사에게, 하나님의 것은 하나님에게."

기독교의 몸을 빌린 플라톤의 철학이 중세 천년을 지배하는 것이다. 마지막으로 자신을 감옥으로부터 탈출시키려고 온 파이돈 앞에서 소크라테스는 이렇게 자신이 감옥을 나갈 수 없는 이유, 그리고 결연히 죽음을 선택할 수밖에 없는 이유를 설명한다. 그에게 죽음은 끝이 아니라 육체의 감옥으로부터 벗어난 해방이고, 이데아의 세계로 들어가는 영원한 자유의 시작이다. 이보다 더 큰 확신이 있을까? 이처럼 강한 신념을 가진 사람을 어떻게 탈옥시킨단 말인가? 몽매한 제자들은 그저 이 뛰어난 스승의 말에 설득당하고 감복할 뿐이다. 하지만 치밀하고도 논리적으로 설명하던 소크라테스의 마지막 말을 놓치지 말아야 한다.

> "나도 그 세계를 직접 가본 것이 아니라 전해들은 것이네. 그래서 꼭 내 말
> 과 같지 않을 수도 있다네.……이렇게 믿는 것은 하나의 모험이라 하겠으
> 나, 그 모험은 아름다운 것일세."　　　　　　　　　 ─ 플라톤, 《파이돈》

그렇다. 결국 소크라테스는 자신의 직접 경험한 바를 이야기한 것이 아니라 신화를 전달한 것이고, 다만 그 신화가 그럴 듯해서 그것이 옳다고 확신한 것이며, 이러한 확신이 강해질수록 더 정당성을 부여한 것이 아닌가? 게다가 그는 이렇게 믿는 것을 하나의 모험으로, 그것도 아름다운 모험이라 하지 않았는가? 지금까지 소크라테스의 논증은 전승된 이야기에 대한 주관적 확신이고, 거기에 상상력까지 동원해 아름다운 모험으로 미화한 것일 뿐이다. 그것은 경험된 것도 아니고 증명된 것도 아니다. 만일 그것을 논증이라고 한다면 증명되지 않은 전제에 의한 순환 논증일 뿐이다.

죽음 이후의 세계에 대한 모든 이야기, 신화와 설화, 종교와 이성의 논증 등은 다만 이러한 완벽한 무지에 기초해 있을 뿐이다. 그 세계는 우리가 경험한 것도 아니고, 합리적으로 논증이 가능한 것도 아니다. 이렇게 경험적으로 검증할 수 없는 것이 어디 죽음뿐이겠는가? 영혼은 어떻고, 세계의 유무한성은 또 어떤가? 그리고 이 모든 것의 창조주라고 하는 신의 존재는 또 어떤가? 많은 신학자와 철학자가 신 존재 증명을 둘러싸고 무수한 논쟁을 벌였지만, 어떻게 보면 그런 논쟁은 사상누각

에 불가할 뿐이다. 근대 철학의 새로운 지평을 연 데카르트조차 이런 신의 존재를 증명하려 애쓴다. 사유하는 자아(코기토)를 새로운 세계의 원리로 정립했지만, 여전히 이 자아를 보증서줄 절대자가 필요했기 때문이다. 여기서 그의 유명한 존재론적 신 존재 증명이 나온다. 신은 개념상 완전한 존재이고, 완전하기 때문에 개념으로만 존재하는 것이 아니라 실제로도 존재한다는 것이다. 칸트가 《순수이성비판》의 '합리적 심리학'에서 제시한 신 존재 증명 비판은 그런 논증이 원천적으로 불가능함을 밝힌다. 관념 속의 백 탈러(당시 독일 화폐)와 실제 내 호주머니 속의 백 탈러는 다르다. 관념 속의 신은 현실 속의 신이 아니라고. 존재는 신이라는 완전성의 개념에 속하는 술어가 아니라고.

이런 오래된 형이상학적 문제들의 약점은 경험적으로 검증이 안 된다는 것이다. 그래서 과학이 발달하고 실증주의적 세계관이 비등할 때, 형이상학의 존재는 끊임없이 위협을 당한다. 검증되지 않은 전제로부터의 논증은 순환 논증에 빠지고 도그마를 만들 뿐이다. 때문에 근대 경험론의 유명한 회의주의자인 데이비드 흄은 신학과 형이상학에 관련된 모든 책은 백해무익하므로 불쏘시개로나 쓰라고 독설을 퍼붓는다. 진시황의 '분서갱유'는 먼 옛날만의 이야기가 아니다. 20세기 비엔나 서클Vienna Circle의 논리실증주의자들은 비트겐슈타인의 저술을 읽은 흄의 제자들이다. 그들에 따르면, 세상에는 두 가지의 명제만이 있다. 하나는 의미 있는meaningful 명제이고, 다른 하나는 의미 없는meaningless 명제이다. 무엇이 의미 있는 명제인가? 경험적으로 검증이 가능한 명제와 참과 거짓이 확실한 논리적인 명제가 그렇다. "서울은 대한민국의 수도이다."는 명제가 전자에 해당되고, "3×5=12"라는 명제는 후자에 해당된다. 전자는 참인 명제이고, 후자는 거짓 명제이다. 이와 다르게 경험적으로 검증도 안 되고, 논리적이지도 않은 명제는 무의미한 명제이다. 가치와 관련된 도덕 명제나 검증이 불가능한 영혼의 불사나 신의 존재와 같은 형이상학적 명제와 신학적 명제는 무의미한 명제이다. 따라서 이러한 명제는 그저 '개소리'나 다름없이 무의미한 명제이다. 그들은 이런 '검증이론Verification theory'을 가지고 철학의 오랜 아포리아들을 해결했다고 주장한다.

그렇다면 철학은 이제 종언을 고해야 하는가? 철학은 그들의 도발적인 주장 이래로 더 이상 그런 형이상학적 문제에 관심을 갖지 않는가? 그들의 '검증이론'은 검증이 가능한가? 과학이 발달하면 영혼에 관한 오랜 갈증이 해소되고, 신에 관한 물음을 더는 하지 않는가? 이제 더는 사후 세계와 같은 터무니없는 문제에 대해 두려움을 갖지 않아도 되는가? 이런 말만 덧붙이겠다. 비엔나 서클의 수장인 모리츠 슐릭은 강의를 하다가 학생의 권총에 맞아 죽고, 그 서클 멤버들도 뿔뿔이 흩어져 버렸다고. 개를 오래 키워 본 경험으로는 개소리에도 미세한 변별이 있고, 그 차이에 무수한 의미가 담겨 있다고. 아마도 사후 세계나 신 존재, 영혼의 불멸 등과 관련한 종교와 형이상학의 문제는 영원한 블랙박스일지 모른다. 차라리 비트겐슈타인의 말이 더 솔직하지 않겠는가?

"말할 수 없는 것에 대해서는 침묵해야 한다."　　　　—《트락타투스》

그것들에 관해서는 있다고도 할 수 없고, 없다고도 할 수 없다. 그 세계는 있다는 말도 맞고, 없다는 말도 맞다는 칸트 식의 이율배반의 세계일 뿐이라고. 하지만 "확고한 지주와 권위"(헤겔)에 의탁해서만 살 수밖에 없는 가련한 군상群像의 내면은 말할 수 없이 비어 있어 늘 믿음을 강조하고 실정적인 종교를 앞세우는지도 모른다. 순수이성의 법정 속에서 모든 것을 비판적으로 검증하려 했던 칸트조차도 신의 존재를 증명은 못해도 요청postulate할 수밖에 없다고 하지 않았는가? 최소한 악인이 사후에서라도 벌을 받고 선인이 보상을 받아야 이 세상에 정의가 살아 있다고 할 수 있지 않겠는가?

"아, 극락세계에서 만날 나는 도를 닦고 기다리겠노라."
— 왜 인간은 도덕적으로 행동해야 하는가?

월명은 죽은 누이와 극락세계에서 만날 것을 기약한다. 착한 누이가 선한 삶을 살았다고 생각하기 때문에 당연히 극락왕생한다고 생각하는 것이리라. 때문에 자신도 선한 삶을 살고자 도를 닦고, 다시 만날 그날을 기다리겠다고 한다. 사실 사후 세계가 존재하지 않는다고 한다면 이런 만남의 기약은 증명되지 않은 전제에 기초한 오류일지 모른다. 하지만 우리는 그 세계를 블랙 박스라고 가정한 바 있다. 그렇기 때문에 이런 논증은 가정에 기초한 하나의 윤리적 태도를 언명하는 것으로 보아도 좋을 것이다.

죽음은 그냥 죽음에서 그치지 않는다. 사후 세계에서의 보상과 징벌의 문제는 이승에서 어떻게 살 것인가를 생각하게 한다. 죽음은 곧 삶의 문제이다. 어떻게 살 것인가? 왜 우리는 도덕적으로 살아야 하는가? 이런 생각의 밑바탕에는 숨은 전제가 있다. "착한 사람은 복을 받고, 나쁜 사람은 벌을 받는다." 이는 받아야 한다는 당위가 아니라 받는다는 사실의 문제이다. 당연히 그래야 하지 않겠는가? 그래야 이 불공평하고 부정의한 세상에서 그나마 살아갈 이유가 있는 것이 아니겠는가? 과연 그것은 사실 명제인가? 그것은 소망에 불과하지 않은가? 착하게 사는 사람이 과연 상을 받고, 나쁘게 사는 사람이 과연 벌을 받고 있는가? 하지만 잠시 눈을 돌려 세상을 냉정하게 있는 그대로 보라. 과연 그럴까? 오히려 이기적이고 남을 이용하려 들고 나쁜 짓을 서슴지 않는 사람이 더 잘 살고, 권력이나 사회적 지위도 누리고 그러지 않는가? 착한 사람은 그저 멍청하게 당하기만 하고 어렵게 살고 있지 않는가? 이런 현실 속에서 착하게 살라고?

《사기》를 쓴 중국의 유명한 사마천은 그 책을 이런 물음으로 시작한다. "과연 하늘에 도道가 있는가?" 백이와 숙제는 두 임금을 섬길 수 없다고 수양산으로 들어간 충절의 정치인이다. 그들은 주나라 무왕이 통치하는 곳에서 나는 어떤 것도 먹을 수 없다고 하면서 결국은 굶어 죽었다. 양심과 절개를 지킨 사람들의 말로는 비참하게도 굶어 죽은 것뿐이다.

반면 유명한 악인 도척은 온갖 악행을 일삼고도 부귀영화를 누리고 무병장수까지 한다. 그는 사람의 생간을 매일같이 먹었다고 한다. 얼마나 악인이면 공자까지 그를 교화하러 들어갔다가 손을 내두르고 물러날 정도였다고 한다. 《장자》의 잡편에 나오는 이야기이다. 물론 사실은 아니고, 다만 유가를 패러디하기 위해 노장老莊 쪽에서 만든 이야기이리라.

사마천은 선인과 악인을 이렇게 극명하게 대비시키면서 "과연 하늘에 도가 있는가?"라고 묻는다. 만일 도가 있다면 당연히 선인은 상을 받고 악인은 벌을 받아야 하는데 현실 세계에서는 정반대의 상황이 더 빈발하지 않는가? 그러니 다시 한 번 묻는다. 과연 하늘에 도가 있는가? 이런 물음을 던진 사마천의 내력이 있다. 그는 이릉李陵 장군이 흉노와의 전쟁에서 중과부적으로 패배한 사건에서 이릉을 변호하다 무제武帝의 노여움을 사서 남자로선 치명적인 거세의 궁형宮刑을 받게 된 것이다. 사실 다른 대신들처럼 비겁하게 이릉의 등에 비난의 화살을 쏘았다면 그런 일은 벌어지지 않았을 것이다. 그런데 그는 너무나 솔직하게도 진실과 소신을 지킨 것이고, 그 대가는 너무도 비참했다. 그런 참담을 견디지 못해 자살까지 하려 했다. 하지만 아버지의 권유로 그 억울함을 누대에 남은 명저《사기》를 쓰는 일로 대신한 것이다. 때문에 그가《사기》의 〈열전〉을 시작하면서 던진 물음은 너무나 절실한 개인의 실존적이고 윤리적인 물음이다. "과연 하늘에 도道가 있는가?" 과연 도덕적으로 선하게 살아야 하는가? 하지만 이것은 당위이고 요청이다. 적어도 선하게 살아야 한다면 그 의미는 무엇인가? 왜 우리는 도덕적으로 착하게 살아야 하는가?

이것은 오래된 물음이지만 여전히 답변을 기다리는 물음이다. 이 물음에 답하기 위해 숱한 종교와 철학이 등장한다. 불교는 인과응보를 이야기한다. 선인선과善因善果고 악인악과惡因惡果라는 것이다. 선하게 살면 복을 받고, 악하게 살면 벌을 받는다고 한다. 금생의 복이 없다면 그것은 전생에 나쁜 업業을 지었기 때문이다. 내생의 복은 금생의 선업을 쌓을 때 가능하다는 것이다. 그렇기 때문에 우리는 선을 행하고 악을 멀리해야 한다고 불교는 가르친다. 이 인과응보론이 교조화되면 현실 합리화의 논리로 변질될 수도 있다. 다 과거의 인연이고 업보라고 하기 때문이다. 이런 논리는 여자로 태어난 것, 장애인으로 살아가는 것, 가난한 것 등을 정당화하는 것은 아닐까?

극락과 연옥, 천국과 지옥은 악을 행하지 말고, 선을 행하도록 유도한다. 선한 자가 복을 받고, 악한 자가 벌을 받기 때문이라는 것이다. 이런 방식은 사후 세계의 심판을 이용한 징벌과 보상이다. 하지만 사후 세계나 심판자의 존재를 입증할 수 없다면 무슨 의미가 있겠는가? 더구나 그것은 공포와 두려움을 이용한 타율적 강제이다. 이런 공포와 강제가 도덕적으로 행동해야 하는가에 대한 충분한 이유가 되지는 못한다.

그렇다면 도덕이란 무엇인가? 도덕적 행위란 단지 연민과 동정심으로 행하는 행동인가? 이런 감정을 갖고 선한 행동을 하는 경우도 많다. 루소나 흄과 같은 근대의 많은 계몽 사상가는 이런 동정심을 통해 가난한 자와 병약한 자와 같은 사회적 약자의 문제를 해결하려고 했다. 공리주의자는 보다 많은 사람의 행복을 증진시킨다면 그것이 도덕적이고 선하다고 말한다. 행위의 동기와 상관없이 좋은 결과만 있으면 도덕적이며 선하다고 보는 것이다. '돼지의 쾌락'이라 비난 받는 면이 없지 않지만, 공리주의자의 견해는 사회 정책적 차원에서 사회를 개량하고 개선하는 데 상당한 기여를 하고 있다.

칸트는 이런 접근과는 다른 이야기를 한다. 무엇이 도덕적이고, 왜 도덕적으로 행동해야 하는가? 두 가지 길이 있다. 하나는 짐승의 길이고, 다른 하나는 인간의 길이다. 개가 도덕적으로 행동하는가? 묵묵히 그리고 열심히 일한 소를 도덕적이라고 하는가? 그렇지 않다. 우리는 동물의 행위를 도덕적 행위라고 하지 않는다. 그렇다면 도덕은 인간에게 고유한 행위가 아닐까? 인간의 행위 중에서 동물의 행위와 비슷한 행위를 제한다면 도덕적 행위가 남지 않을까? 무엇이 동물의 행위이고, 무엇이 인간의 행위인가? 애완동물을 키워 본 사람은 알겠지만 동물도 감정이 있다. 어떤 때는 인간보다 더 정서적으로 반응을 잘 한다. 이런 감정은 항상 그 감정을 유발한 원인이 있다. 기쁘게 하는 것, 슬프게 하는 것, 화가 나게 하는 것, 사랑하게 하는 것 등 모두가 어떤 원인이 있어 그것에 대한 반응이 나타나고, 그 각각에 대응하는 감정이 나타난다. 이런 감정은 정도의 차이는 있을지언정 인간이나 동물이나 다르지 않다. 그러므로 감정은 원인과 결과의 고리에 갇혀 있다. 편의상 우리는 이것을 '~때문because of'의 산물이라고 하자. 인간은 항상 '~때문'에 희노애락喜怒哀樂의 감정을 가지며, 동물도 그 점에서는 큰 차이가 없다.

하지만 칸트는 숭고한 도덕을 이런 동물적 감정에 정초할 수 없다고 생각한다. 이런 감정은 출신이 비천하기 때문이다. 도덕은 자유로운 존재의 자유로운 행위에 기초해 있다. 타율적 강제나 외부의 공포 때문에 선한 행동을 한다고 하면 그것은 노예의 도덕일 뿐이다. 나중에 니체는 원한(르쌍티망) 감정으로 타자를 부정하는 행위를 '노예의 도덕'으로 보고, 자기 자신을 긍정하는 것으로 시작하는 고귀한 도덕을 '주인의 도덕'으로 본다. 그리스의 자유인에게는 자기를 긍정하고 자기 안에 목적을 갖는 행위가 정치적 실천Praxis이다. 정치는 자유인만의 활동이다. 반면 타자를 위해 봉사하고 행위의 목적을 타자에게 두는 것은 비천한 여성이나 노예가 담당하는 노동Arbeit이다. 이 점에서 칸트가 생각하는 도덕은 자유 의지를 가진 자의 덕목이다. 자유인의 도덕적 행위는 외부의 원인에 종속되거나 타율적 강제에 굴복하지 않는다. 그것은 오로지 자신 안에 행위의 동기를 가지는 행위이다. 편의상 이런 행위를 '~에도 불구하고in spite of'의 행위라고 하자. 두려움에도 불구하고, 손해가 남에도 불구하고, 힘듦에도 불구하고, 오로지 착한 마음으로 착한 행동을 하는 것, 그것만이 도덕적이라는 것이다.

《성경》에 나오는 '선한 사마리아인'의 이야기를 보자. 밤에 산을 넘던 사마리아 장사꾼은 강도의 피해를 입고 신음하는 사람을 만난다. 생각해보라. 얼마나 무섭고 떨리겠는가? 이런 상황에서 갖는 두려움과 떨림은 모든 생명체의 자연스런 보호 본능이자 감정이다. 당연히 도망가고 싶을 것이다. 합리적(이성적)으로 생각을 해도 마찬가지이다. 산속에서 이런 피해를 받았다고 한다면 그 또한 똑같은 피해를 당할 가능성이 높다고 판단할 수 있다. 강도는 주변에서 똑같이 행인을 노릴 가능성이 클 것이기 때문이다. 그래서 감정적인 반응이나 이성적인 계산은 똑같이 이유(~ 때문에)를 들어 빨리 도망가라고 권유한다. 하지만 사마리아인의 착한 마음(선의지)은 이런 이유를 넘어선다. 그는 두려움에도 불구하고, 자신도 강도 피해를 당할 수 있다는 합리적 판단에도 불구하고, 오로지 부상당한 사람을 구해야겠다는 생각을 한다.

도덕의 뿌리는 감성이나 이성이 아닌, 전사들의 용기와 같은 의지에 있는 것이다. 그러므로 도덕적 인간은 순응하는 인간이 아닌 용감한 인간이다. 그렇다. 도덕이란 이런 선의지에 기초해 있다.

> "이 세계에서 또는 도대체가 이 세계 밖에서까지라도 아무런 제한 없이 선하다고 생각될 수 있는 것은 오로지 선의지뿐이다."
>
> — 칸트, 《윤리 형이상학 정초》

그것은 감정도 아니고 결과에 대한 고려나 계산도 아니다. 그것은 오직 자유로운 의지를 가진 인간의 착한 마음일 뿐이다.

그러므로 다시 처음의 질문으로 돌아가 보자. 왜 우리는 도덕적으로 행동해야 하는가? 인간은 자유로운 존재이고 선의지를 가진 존재이기 때문이라는 것이다. 선의지는 의무감이다. 의무란 무엇인가? 의무란 법칙에 대한 존경으로 말미암은 행위의 필연성이며, 도덕은 이런 선의지에 기초해 있다. 마땅히 법칙에 따르는 행위, '마땅히 ~해야 한다'의 명령에 따르는 행위이다. 하지만 이 명령은 외부로부터 주어지는 타율적 명령이 아니다. 자유로운 인간 스스로 부여한 규범이자 명령, 곧 자기 입법이고 자율Autonomy이다. 때문에 이런 도덕 법칙을 따를 때 비로소 자유롭다. 자유로운 인격의 왕국에 거주하는 인간이 따르는 보편적 도덕 법칙이 칸트가 말하는 '정언명령'이다.

> "마치 너의 행위의 (주관적) 준칙maxim이 너의 의지를 통해서 보편적인 자연법칙이 되는 것처럼 그렇게 행위 하라."
> "너의 인격에 있어서나 어떤 다른 사람의 인격에 있어서나 인격을 항상 동시에 목적으로 취급하고, 단지 수단으로서만은 결코 사용하지 않도록 행위하라."
> — 칸트,《실천이성비판》

이런 칸트의 생각이 너무 추상적이고 이상적으로 보이는가? 도덕적으로 행동하려 하다 보면 늘 손해를 볼 뿐이고, 결국 선인보다 악인이 득세하는 세상이 되지 않겠는가? 그렇다. 칸트는 결과의 유불리를 조금도 고려하지 않는다. 우리가 도덕적으로 행동해야 하는 까닭은 우리가 인간이므로, 우리가 자유로운 존재이므로, 우리가 선의지를 가지고 있으므로, 우리가 비도덕적으로 행동할 이유가 많음에도 불구하고, 우리는 마땅히 도덕적으로 행동해야 한다. 그러므로 도덕적 행동은 저절로 이루어지는 것이 아니다. 선의지의 선택은 비도덕적으로 행동할 무수히 많은 이유와 유혹에도 불구하고, 또 그 모든 것을 무릅쓰고 이루어지는 힘든 인간적 선택이고 용기 있는 선택이라 할 수 있다. 도덕적 인간으로 산다는 것은 그런 힘든 선택 속에서 이루어지는 것이다. 마치 광야에서 악마의 유혹을 물리치는 예수처럼, 오직 깨달음을 구하기 위해 왕궁의 호사로운 삶을 박차고 나간 석가처럼, 사람들이 자신의 뜻을 알아주지 않아도 화를 내지 않은 공자처럼 사는 것이다.

평범한 우리가 감당하기에는 너무 무리한 요구인가? 그렇지 않다. 마땅히 도덕 법칙에 따라 살아가려는 인간은 이미 성인의 반열에 있기 때문이다. 인간은 개가 아니다. 인간은 소가 아니다. 인간은 이미 성인聖人이다. 이런 성인을 어떻게 이기적인 목적을 위한 수단으로 사용하겠는가? 인간은 그 자체가 목적이고, 우리는 이런 인간의 '목적의 왕국'에 거주하고 있는 것이다. 인류의 모든 위대한 종교는 이런 인간 속에 감추어진 신성神聖을 끊임없이 일깨운다. 당신이 이미 부처라고, 인간이 곧 하늘이라고. 그러나 우리가 살고 있는 세계는 어떠한가? 그 세계 안에 거주하는 인간의 존엄과 가치는 어떠한가? 그 세계에서 목적으로 대접받는가, 혹은 수단과 소모품으로 취급되는가?

죽음은 모든 것을 무화하는 절대 부정이다. 그래서 죽음은 슬프고, 고통스럽고, 모든 것과 단절되는 두려움이다. 이 생사의 문제 앞에서는 다른 어떤 문제도 가볍다. 부귀와 권력도 이 앞에서는 한없이 무력해진다. 성서의 온갖 이야기, 팔만사천의 법문조차 이 생사의 문제를 해결하지 못한다면 한낱 휴지 조각이나 다름없다. 인간 문명이 쌓아 올린 온갖 지식과 기술, 그리고 과학조차 이 절대 부정의 죽음 문제를 해결하지 못한다면 죽음의 슬픔과 고통, 그리고 두려움으로부터 우리를 구원해 주지 못한다. 죽음에 대한 생각은 우리를 생각의 극단으로 끌고 간다. 죽음은 삶의 무게조차 사소하게 만든다. 죽음 앞에 서면 우리는 삶을 더 진지하게 성찰하게 된다. 과연 어떤 삶이 의미가 있는 것인가? 우리는 어떻게 살 것인가? 깊어 가는 가을날, 도처에서 죽음의 원한이 들리는 상황에서 생각한 죽음에 대한 단상은 끝이 없는 것 같다. 다시 한 번 월명사의 〈제망매가〉를 읽어보자. 어떻게 다가오는가?

生死路隱   죽고 사는 길이
예 이샤매 저히고   이 세상에 있으므로 두려운데
나는 가나다 말도   나는 간다는 말도
못 다 니르고 가나닛고   못다 하고 가버렸느냐
어느 가을 이른 바라매   어느 가을 이른 바람에
이에 저에 떨어질 닙다이   이리저리 떨어질 잎처럼
한 가재 나고   같은 가지에 났어도
가논 곧 모다온뎌   가는 곳을 모르겠구나
아으 彌陀刹애 맛보올 내   아아! 극락에서 만날 나는
道 닷가 기드리고다   도를 닦으며 기다리겠노라

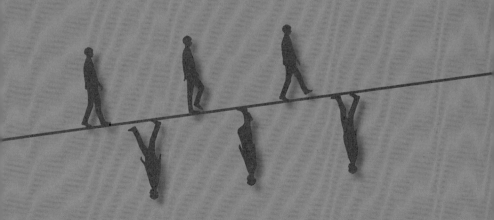

VI

분석과
비판

01

평면과
깊이

　쉽게 이해되는 사상은 강력할지 몰라도 생명력은 길지 않다. 대중은 단순하고 강력한simple and powerful 사상에 쉽게 굴복하고 열광한다. 대중 강연을 많이 하는 강연자나 바람처럼 대중을 끌고 다니는 자가 이런 부류에 속한다. 하지만 사상의 깊이가 한정되어 있어서 한계도 금방 드러난다. 우리 나라에도 눈에 뛰는 이런 인물들이 보인다. 이런 사상의 생명력은 끊임없이 새로운 것을 제시해야 하기 때문에 고단하지만 그나마 생명을 연장할 수 있다.

　반면 쉽게 이해되지 않는 사상은 비난은 받을지언정 생명은 길다. 이런 사상이야말로 끊임없이 탐구를 자극하기 때문에 지식의 본성에 부합한다. 많이 알려져 있지 않은 경우도 있고, 글로서만 자신의 생각을 드러내는 자도 있다. 그들의 글을 읽다 보면 도도한 깊이에 감탄할 때가 있다. 이런 사상은 독창성과 깊이에 대한 인식을 요구하기 때문에 당연히 대중의 욕망과 충돌하거나 외면당한다. 대중에게 이런 사상가는 너무 빨리 왔거나 너무 늦게 오는 경우가 많다.

일의적으로 어떤 사상이 더 바람직하다고 말하기는 힘들다. 하지만 사상을 가독성과 이해력의 차원에서만 평가하려는 작금의 천박한 유행은 모든 인식을 평면으로 환원한다는 점에서 바람직하지 않다.

02

문제와
해결

　문제가 생기면 사람들은 비난하고 흥분한다. 문제를 감정적으로 대하고 도덕적으로 바라보기 때문이다. 하지만 나는 문제가 생기면 대응을 먼저 생각한다. 감정적 반응보다는 이성적 해결에 더 관심을 갖기 때문이다. 이왕 벌어진 문제에 대해 흥분을 해보았자 소용이 없다. 비난한다는 것은 이미 벌어진 과거에 잡힌다는 것이고, 대응한다는 것은 미래의 해결에 관심을 갖는다는 것이다. 설령 감정적으로 흥분을 한다 해도 그것은 미래의 해결을 위한 동력으로 삼기 위해서이다. 같은 문제에 대해 이처럼 서로 다르게 반응할 때 그 차이도 크다. 그런데 의외로 사람들은 이런 차이에 익숙하지 않다.

　나는 세상에서 벌어지는 모든 사건을 문제로 생각한다. 이런 사건에는 개인의 주·객관적인 체험에서 시작해 한 사회 및 세계 전체의 공통된 문제들 모두가 포함된다. 이런 문제들에는 고통과 구원에 관련된 종교적 문제, 예술적 창작에 관련된 문제, 사회 안에서 벌어지는 갈등과 투쟁과 같은 정치적 문제, 밥그릇을 둘러싸고 벌이는 이해관계 집단들 간의 경제 투쟁과 같은 경제적 문제, 국가들 간의 크고 작은 외교적 문제처럼 이 세계 안에서 벌어지는 모든 사건이 다 문제라고 할 수 있다.

일단 문제가 발생하면 해결을 해야 한다. 그런데 사람들은 문제가 일어났을 때 그것을 푸는데 골몰하기보다는 그런 문제들을 불평 비난하고 비판 개탄하는데 더 많은 에너지를 투입한다. 하지만 이런 일은 과거에 잡히는 일이다. 보다 중요한 것은 미래의 해결이다. 개인적인 고민이 있으면 그 원인을 알아내서 풀어내고, 돈이 없으면 돈을 벌고, 밥이 없으면 밥을 만들어 내도록 노력해야 한다. 타인과의 갈등이 문제면 그 원인을 찾아내서 해결하는 데 힘써야 한다. 다시 말해 문제가 일어났을 때 과거에 매여서 불평 불만을 터트리기보다는 적극적으로 미래의 해법을 모색해야 한다는 것이다.

나는 같은 맥락에서 철학의 역할도 문제를 만드는 이상으로 문제를 푸는 일에 있다고 생각한다. 이렇게 푸는 방식에는 여러 가지가 있다. 그 중에서도 문제가 문제 아니라는 것을 밝히는 일이 가장 중요하다. 많은 경우 문제가 되지 않는 것을 문제인 양 간주해서 허구헌날 고민하는 것도 문제이다. 전통적인 형이상학의 문제들—영혼의 불멸, 세계의 유무한, 신존재 증명—과 같은 경우가 그렇다. 사실 이런 문제들은 인간의 경험을 벗어나 있기 때문에 어떤 식으로든 해결이 불가능한 문제이다.

03

분석과
종합

　문제가 풀기 어려울 정도로 복잡할 때는 낱낱이 풀어헤쳐서 각기 독립적으로 접근하는 것이 좋다. 반면 비교적 쉬운 문제는 하나로 묶어서 한꺼번에 처리하는 게 좋다. 이런 식의 접근법은 개인들 간의 관계나 서로 대립하는 정당들이나 정치 집단들, 그리고 남북 관계나 최악의 상황에 있는 한일관계 등을 처리할 때 유효할 수 있다.

　해결하기 힘든 복잡한 문제들을 하나로 묶어서 처리하려고 하다 보면 한 걸음도 발전할 수가 없다. 하나를 건드리면 다른 것이 튀어 나오는 이런 현상들이 반복되기 때문이다. 그래서 문제를 구성하는 낱낱의 계기들을 독립적인 사안으로 보고서 협상도 분리시켜 독립적으로 진행을 하는 것이다. 이런 각각의 경우에서 낮은 수준의 타협을 하면서 신뢰를 쌓고 그 타협의 수준을 높여 간다면 나중에는 어려운 문제도 타협할 수 있을 것이다. 반면에 비교적 해결이 쉬워 보이는 것은 한꺼번에 해결을 해야지 그것을 각개로 접근하면 오히려 혼란만 키울 수 있다. 그런데 이런 접근이 무조건적으로 통용되는 것은 아니다. 상대에 따라 달라질 수밖에 없는 한계도 있다. 이를테면 남북 간이나 한일 간에서 한 쪽은 낮은 수준의 신뢰에서 출발하려고 하는데, 다른 쪽은 높은 수준의 일괄 타결을 원한다고 하면 협상 자체가 쉽지 않다.

어느 정도는 이념화idealized된 요청이겠지만 정치적 문제를 해결하는 데서 상호 간의 일정한 규칙을 만드는 것도 좋다. 가령 축구 경기에서 아무리 격렬하게 씨름을 한다고 하더라도 축구 경기를 규율하는 규칙 내에서 진행되기 때문에 경기 자체를 중단할 수는 없다. 더티한 플레이를 한 선수는 경고나 퇴장을 줄 수 있고, 패널티 라인 안에서 반칙을 범하면 댓가가 큰 벌칙을 준다. 전후반 간에 시간을 정해 놓고 중간에 휴식할 시간도 준다. 중간에 필요하면 선수를 교체할 수 있도록 해주고, 심판은 엄정한 규칙을 통해 경기 상황을 관리하며, 이를 지켜보는 관중은 자신의 선호에 따라 응원하고 거부하기도 한다. 마찬가지로 정치적 문제를 풀어나갈 때도 서로 간에 동의할 수 있는 수준에서 규칙을 만들어서 게임을 하듯 진행하면 복잡하고 감정낭비가 심한 문제를 비교적 합리적으로 냉정하게 풀 수 있지 않을까? 정치는 최상의 결과를 얻는 것이 아니라 차선책을 구하라는 말도 있다. 이를 위해 끊임없이 타협하는 기술이 필요하고, 타협을 위해서라도 규칙을 수립할 필요가 있다.

지금까지 말한 것은 분석Analysis과 종합Synthesis의 방법을 대상에 따라서 적절하게 사용하는 것이다. 데카르트가 이러한 사유의 방법을 이야기했고, 마르크스도 대상에 따른 방법의 차이에 대해 언급한 바 있다. 이상화된 게임의 규칙은 비트겐슈타인을 위시한 20세기 분석철학자들의 관심 대상이다.

04

거짓 원인의
오류

비형식적 논리학

학생들에게 논증이론Argumentation Theory을 가르치다 보면 논리학의 '오류론'을 한 번은 꼭 다룬다. 그런데 이 오류론에는 '형식적 오류'와 '비형식적 오류'가 다 포함된다. 형식적 오류는 형식적 규칙을 위배했는가 여부를 판단하는 것이니까 그 규칙만 알면 비교적 판별하기가 쉽다. 마치 도로 교통에서 신호 위반이나 과속의 경우 규칙 위반이 분명하게 드러나는 것과 같다. 그런데 일상 언어에서는 형식이 아닌 내용과 관련해서 문제가 생기는 경우가 다반사다. 겉으로 보기에는 그럴듯한데 곰곰이 따져보면 이치에 맞지 않는 것이다. 때로는 이 오류를 일정한 효과를 내기 위해 의도적으로 사용하는 경우도 있다. 재판정에서 피의자가 눈물 흘리면서 동정심에 호소하는 경우가 전형적이다. 그가 한 행위와 그의 처지는 별개지만 눈물은 이 둘을 연결시켜줘서 정상참작에 도움이 되는 경우도 종종 있을 것이다. 《변명》을 보면 소크라테스도 이런 '연민에의 호소'를 한다.

> "친구여, 저도 사람입니다. 다른 사람과 똑같습니다. 저도 호머의 말처럼
> 목석으로 된 인간이 아니라 피와 살을 가진 인간이고, 식구도 있고, 아들
> 도 셋이예요."

찔러도 피 한 방울 나올 것 같지 않은 소크라테스조차 마누라와 자식
새끼를 앞세우며 선처를 구하는 것이다. 김삿갓의 '자지는 만지고, 보지
는 조지라.[自知晩知 補知早知]'는 표의문자와 표음문자로 혼용되는 우리
일상어의 애매성을 노린 위트 효과다. 서당에서 열심히 글을 읽는 아이
들 모습이 기특해 큰 소리로 한 수 읊었더니 서당의 훈장 이하 아이들
이 욕하는 줄 알고 달려들었다는 것이다. 사실은 김삿갓 자신이 왔는데
내다보지도 않는 모습에 부아가 나서 야유를 한 것이리라. "스스로 알려
고 하면 늦게 깨우치고, 도움을 받아 알려고 하면 일찍 깨우친다."는 말
이다.

선거철만 되면 흑색선전이 난무하고, 온갖 비리가 폭로되는 경우가
있다. 단식하는 김형오씨 사생활을 들춰 비난하는 자들이 있다. 개인이
라면 그럭저럭 넘어갈 수 있지만, 언론이 이런 일을 한다면 스스로 쓰레
기임을 자처하는 짓이다. 전형적인 물타기 방식이요, 피장파장의 오류
이다. 종종 '예수 믿으시오' 하면서 확성기로 떠들고 앞뒤로는 '불신지옥'
간판을 달고 다니는데, 이는 흑백논리의 오류이다. 신이 이 아름다운
세계를 창조했는데 그들은 흑과 백이라는 두 가지 색깔로만 보는 것이
안타까울 뿐이다. 신의 창조물을 왜곡하는 저들이 오히려 신을 불신하

는 것은 아닐까? 이런 단순화가 합당하지 못하다는 것을 모르지는 않을 것이다. 하지만 그 효과가 강력하기 때문에 종종 정치인이나 대중을 선동하는 사람이 쉽게 유혹을 뿌리치지 못한다. 때문에 이런 형태의 오류는 무조건 틀렸으니 사용해서는 안 된다고만 말하기 어렵다. 그중에 하나가 '거짓 원인의 오류'이다.

거짓 원인의 오류

이 오류는 원인과 결과 사이의 관계가 필연성이 없음에도 마치 있는 것처럼 상정하는 오류다. 예전에 마당이 있던 시절 여름날 열심히 빨래를 해서 마당에 널었는데 소나기가 내린다고 생각해 보라. 또 그런 불편한 경험을 두어 차례 반복해보라. 그러니까 나오는 엄마들의 소리가 '빨래만 하면 비가 온다'는 것이다. 여러분은 세차를 할 때 그런 기분을 느끼지 않는가? 세차만 하면 비가 온다고. 사실 빨래를 널거나 세차를 하는 사건과 비가 온다는 사건 사이에 인과 관계가 없음에도, 몇 번 반복적 경험을 한 우리의 연상 속에서는 자연스럽게 연결된다. 파블로프의 개들만 조건 반사하는 것이 아니다. 전라도 사람이 어떻고, 경상도 사람이 어떻고 하는 것도 사실 그 사람 자체와 그의 출신 지역 사이에 필연적 인과관계가 없음에도 자연스럽게 편견으로 자리 잡고 있다. 중세의 마녀사냥이나 나치가 유대인을 희생양으로 삼은 것, 한국 정치에서 늘 반복이 되는 종북 놀이도 그 한 예이다.

과거 봉건시대에는 여름날 가뭄이 심하면 왕이 나서서 기우제를 지냈다. 자연재해와 인간의 도덕적 책임 간에 어떤 연관이 있다고 믿는가? 동양의 전통적인 천인합일의 사상에서는 양자가 연결되어 있고 상호 조응한다고 본다. 이 형이상학적 가설을 장황하게 설명하고 은근슬쩍 학생들한테 이런 질문을 던진다. "기우제를 지내면 실제로 비가 올 까요 안 올까요?" 학생들은 당연히 연관이 없다고 생각하지만 막상 질문을 받으면 당황하면서 여러 가지 답변을 내놓는다. "안 옵니다." 사실 이런 답변이 합리적이다. 그런데 배운 것이 죄라고, 어떤 학생은 기우제를 지내면 연기가 하늘로 많이 올라가 비가 내린다고 나름 과학적으로 답변하는 경우도 있다. 마른하늘에 그 한 조각 구름이 무슨 큰 역할을 하겠는가? 하지만 정답은 기우제를 지내면 비가 반드시 온다는 것이다. 왜 그럴까? 비가 내릴 때까지 기우제를 지내니까.

관상학과 인과성의 오류

일전에 송강호, 김혜수가 주연한 '관상'이라는 영화가 히트를 친 적이 있다. 병약한 문종이 관상쟁이를 통해 역모의 상을 미리 알아 단종의 보위를 지키려다 실패하는 이야기다. 수양대군의 상은 전형적으로 역모의 상이라고 한다. 역모는 당시 정치 상황을 꿰뚫고 있다면 충분히 예측 가능할 것이다. 관상쟁이의 판단은 다만 사람들의 합리적 예측에 대해 신념과 확신을 불어넣어 주는 데 적격이다. 꿈보다 해몽이고 후행적 정당화에 가깝다고 할 것이다. 관상은 얼굴에 드러난 상을 통해 그 사람의 과거·현재·미래를 본다는 것인데 사실 가당찮은 이야기일까?

드러난 상은 과거를 일정하게 반영할 수 있고, 그 과거를 통해 미래를 미루어 짐작은 할 수 있다. 그리고 이런 판단은 상당히 경험적이고 통계적이다. 게다가 오랜 숙련을 통해 통계예측의 정확도를 높일 수 있을 것이다. 과학적인 통계가 부족하던 시절의 경험적 통계학이다. 사람을 많이 대하는 직업에서는 외양을 통해 그 사람을 판단하는 것이 어느 정도는 신뢰도가 있다. 나도 그렇게 판단하는 방법이 있다. 동양의 12지 이론을 가지고 사람들을 일정하게 그 유형에 포함시켜 판단하는 것이다. 예전에 노무현과 이회창이 대통령 선거로 대립할 때 다들 이회창을 독수리 상이라고 했는데 나는 쥐 상이다라 하고, 노무현은 호랑이 상이라고 어거지 부린 적이 있다. 사실 이런 포괄적 분류가 전혀 근거 없는 것은 아니다. 이걸 가지고 학생들이 많이 떠들면 "너희들 다 보인다. 미래가."라고 엄포를 주면 서로 봐달라고 하면서 조용해진다. 학생들은 나의 합리적 이론보다는 그런 불합리하고 비합리적인 속설에 더 반응한다. 학자가 하는 애기보다 사주 봐주는 점쟁이 이야기를 더 귀담아 듣지 않는가? 일종의 심리적 효과이고 플라시보 효과placebo effect이다.

서양에서도 19세기 초에 이런 형태의 관상학과 골상학이 유행한 적이 있다. 용모와 안색, 얼굴에 드러난 특성 등을 통해 그 사람의 마음을 읽는다는 것이다. 외면이 내면을 반영한다는 생각이다. 특히 범죄인의 성향과 유형을 판단하는 데 골상학이 상당히 이용되기도 했다. 하지만 얼마 지나지 않아 사이비 과학으로 더는 과학의 반열을 유지하지 못하게 된다. 외면으로 드러난 특질, 뼈의 구조와 배치 등이 내면의 정신과 필연적 연관이 없다는 것이다. 동양에서는 관상보다는 골상이요, 골상 보다는 심상이라고 겉으로 드러난 것보다 안에 감추어진 마음을 더 높이 사고 있다. 나는 아직도 "정신은 뼈다."라는 말의 의미를 묻고 있다. 당신들은 그 말을 아시는가?

박근혜 정부 들어 크고 작은 사건이 빈발하고 있다. 그중에서도 세월호 사건은 너무도 큰 참사인데다 현재까지도 진행형인 사건이다. 얼마

전에는 내가 사는 곳에서 그리 멀지 않은 고양 터미널에서 화재가 나서 7명이 죽고 수십 명이 큰 부상을 당했다. 시민이 일상으로 이용하는 시설에서 이런 사고가 벌어졌다는 것은 큰 충격이 될 수 있다. 전남 장성의 한 요양원에서는 화재가 발생해 요양 노인 21명이 불에 타고 연기에 질식돼서 죽는 사고도 났다. 그런데 이처럼 빈발하는 사고의 형태가 과거 김영삼 대통령 시절을 연상케 하고 있다. 당시의 대형사고 몇 가지만 손꼽아도 서해 페리호 침몰사고(사망 292명), 대구 지하철 가스사고(98명 사명), 삼풍백화점 붕괴사고(사망 500여명), KAL기 괌 추락사고(228명 사망), 성수대교 붕괴사고(32명 사망) 등이다.

하나만으로도 엄청난데 이런 대형 사고가 부지기수로 터지니까 국민이 받는 체감 충격이 얼마나 컸겠는가? 그러니까 영부인의 상이 곡상哭相이라 국민의 눈물을 많이 뺀다는 말이 돌았다. 아닌 게 아니라 영부인의 얼굴을 자세히 보면 들어가고 나온 굴곡屈曲이 없지는 않다. 뒤의 곡曲을 앞의 곡哭으로 치환한 것이다. 어느 유명한 관상가의 말이라고 했다. 물리적인 사고와 대통령 영부인의 상 간에 인과관계를 어떻게 찾을 수 있겠는가마는 관상가의 그런 자다가 봉창 두들기는 소리가 대중의 마음속에는 아무런 저항 없이 자리 잡기도 한다. 김영삼 정부 말에 초유의 IMF 위기를 맞았으니 그 말의 울림이 더 크다. 전형적인 '거짓 원인의 오류'이지만 국민의 집단 연상 메카니즘 속에서는 필연성이 있다는 믿음이다. 혹세무민은 바로 이런 틈을 파고든다. "어, 그러고 보니 박근혜 상도 만만찮아. 눈물 꽤 짜내게 생겼네. 편안한 상이 아니여."

05

흑백
논리

오늘 강의 중에 재미난 경험을 했다. 사실 강의라는 것이 처음 의도한 대로나 생각한 말과 표현만을 쓰는 것이 아니다. 하다 보면 의도치 않은 생각도 떠오르고 표현이나 설명도 새로운 것이 떠오를 수 있다. 오늘 그런 비슷한 경험을 했다.

비형식적 오류와 관련한 예를 들 때였다. 통상 흑백 논리나 성급한 일반화, 그리고 상대방에 대한 인신공격 같은 경우는 상식적으로 판단해도 쉽게 구분할 수 있다. 그럼에도 불구하고 왜 끊임없이 이런 단순 논리의 오류를 정치인이 사용하는가와 연관되어 있다. 정치인이나 국민의 정치 의식과 연관된 것일 수도 있고, 단기간에 효과를 많이 볼 수 있다는 유혹도 없지 않을 것이다.

전 경기도지사를 지낸 김모씨가 성남을 방문하면서 "성남 주민 가슴 속에 종북이 파고 든다."는 표현을 썼다고 한다. 과거 민중당의 핵심 당원이었고, 80년대 인천 사태의 주범이기도 한 사람이 종북의 의미를 잘 모르고 쓰지는 않았을 것이다. 그는 누구보다 그런 말의 의미가 미칠 효과를 잘 알고 있는 사람이리라. 그럼에도 불구하고 왜 그렇게 단순한 흑백논리를 사용할까? 그가 머리가 나쁘고 언어가 달려서 종북이란 말뿐이 사용하지 못하는 것일까? 그렇지는 않을 것이다. 오히려 정치인은 그 말의 수사적 효과를 겨냥했을 것이다. 적어도 그는 그런 효과가 있을 것이라고 판단해서 사용했을 것이다.

이때 내가 든 예가 운전이다. 낮은 속도로 운전할 경우 시야각이 넓어서 두루 살필 수 있다. 하지만 고속으로 운전할 경우는 시야각이 극히 좁아지고 판단도 단순해진다. 정치인이 흑백논리와 같은 이분법이나 인신공격성 발언이 빈발한다는 것은 일종의 언어 게임에서 속도가 빨라지고 시야가 좁아지며 단순해진다는 것이다. 말하자면 정치 상황이 급박하게 돌아갈 때 나타나는 현상이다. 선거 정국이나 사회적 갈등이 크게 증폭되는 상황이 그렇다. 이런 상황에서는 단순 논리의 수사적 효과가 크게 나타나고 그것을 판단하는 국민의 시야도 상당히 좁아지는 것이다. 그래서 단순 논리가 더 판을 치는 지도 모르겠다.

속도와 시야는 어느 정도는 상대적인 문제이다. 노련한 운전자라고 한다면 상대적으로 높은 속도를 내면서도 시야를 넓게 유지할 수가 있다. 마찬가지로 국민이 역량이 있다고 한다면 그런 단순 논리와 이분법적 진영 논리에 쉽게 휘둘리지 않을 수 있다. 오히려 그런 논법을 쓰는 자를 부끄럽게 만들 수도 있지 않을까 한다. 100킬로미터 정도의 속도를 유지해야 하는 고속도로의 1차선에서 80킬로미터 정도로 나몰라라 주구장창 달리는 운전자를 보면 답답할 뿐더러 화가 나기까지 하지 않을까? 이런 운전자는 교통의 흐름을 깰 뿐만 아니라 사고의 위험도 있다. 마찬가지로 성숙한 국민이라면 종북놀이와 같은 단순 논법으로 무조건 표를 끌어 모으려는 정치인이 설 땅이 없게 해야 하지 않을까?

06
나는 왜
무신론자인가

　의외로 내 주변의 사람들 가운데는 종교를 가진 분이 많다. 대부분은 기독교이고, 소수의 사람은 불교이다. 인간이 종교를 갖는다는 것은 밥을 먹고 숨을 쉬는 것만큼이나 자연스러운 현상이다.

　나는 신의 존재를 적극적으로 부정하거나 종교를 거부하지는 않는다. 우주 자연의 오묘한 이치를 생각하다 보면 딱히 신을 부정할 이유를 찾지 못한다. 그렇다고 해서 배후 세계를 적극 주장하는 종교에 대해서는 거부감도 가지고 있다. 젊은 시절 교회를 다니기도 했지만 나는 교회가 나하고는 맞지 않는다는 것을 알고 있다. 하지만 내 친구 가운데는 목사도 있고 집사나 장로도 여럿 있다. 나는 그들의 종교와 관계없이 그들과 스스럼없이 잘 어울린다. 나는 개인적으로 불교를 선호한다. 나는 불교를 종교라기 보다는 철학으로 생각하고 그것이 관념론을 공부한 나의 철학과 매칭되는 부분이 많아서 공부를 했다. 특히 산속에 있는 절을 방문하거나 스님들의 수행방식에도 호감을 많이 가지고 있다. 하지만 나는 영혼의 불멸이나 윤회설은 받아들이지 않는다. 많은 경우 윤회설이나 인과응보설은 현실의 고통과 불평등을 정당화하는 근거로 활용되기 때문이다. 현실의 고통을 강조하고 내세나 천국을 내세우는 것은 대부분의 종교의 공통 전략이다. 하지만 나는 이런 '배후 세계설'을 인정하지 않는다. 그런 의미에서 나는 이 세계에 대해 훨씬 긍정적이다. 이 세계가 고통이나 모순으로 가득 차 있다고 생각하면 이 세계 안에서 풀어야지 다른 배후의 세계가 대안이 될 수 없다는 의미다.

어느 순간부터 나의 무신론적 신념은 더욱 강화되었다. 나는 유물론자는 아니지만 유물론의 존재를 인정하고, 유심론을 오랫동안 공부를 했지만 모든 것을 마음 심心자 하나로 해석된다고 생각하지는 않는다. 나에게 종교는 하나의 생활양식(삶의 방식)이고 문화와도 같다. 각 민족마다 다른 생활양식을 가지고 있기 때문에 종교를 갖는 형태도 얼마든지 달라질 수 있다고 본다. 그것을 하나의 종교로 통일하려는 생각은 인간의 다양한 삶과 의식을 획일화하려는 파시즘이나 다름없다.

종교는 문화와도 같아서 인간 일상의 생각이나 행동에 많은 영향을 미칠 수 있다. 많은 사람이 종교에 대해 의심하는 것은 종교와 일상 혹은 종교적 삶과 일상적 삶에 괴리가 크기 때문이다. 6일 동안 나쁜 일을 하다가 주일날 하루 교회 다녀오면 세탁이 된다고 생각하는 사람이 의외로 많다. 평소에는 공동화되었다가 부활절이나 성탄절에만 찾는 서구의 기독교가 서구인에게 과거처럼 영향을 유지할 수는 없을 것이다. 이런 사정은 불교의 경우도 마찬가지이다.

나는 종교인이 특별히 선하다고 생각하지는 않는다. 그들 역시 이 세상의 고통과 부조리, 불평등과 부정의에 대해 마음 아파하고 그에 대한 해답을 구하려는 사람들이다. 어쩌면 그런 형태의 감수성 면에서 일반인보다 더 강할 수 있다고도 생각한다. 그럼에도 이들이 현실의 삶을 외면하고 현실의 고통을 다른 세계로 떠넘기려고만 한다면 그것은 마약 중독자처럼 현실도피적인 것과 다르지 않다. 오늘날 다수의 종교는 이런 태도에 책임이 있다. 마르크스가 종교를 '인민의 아편'이라고 비판한 것도 이런 맥락에서이다. 종교가 이런 비난을 벗어나기 위해서는 사회에서 '빛과 소금'의 역할을 할 수 있어야 한다. 그런데 오히려 종교를 비즈니스화하면서 호의호식하는 성직자를 보면 지옥의 마구니보다 더 나쁘다는 생각이 들고, 그런 마구니에 열광하는 사람을 보면 인간의 무지가 얼마나 심한가라는 생각도 든다. 아마도 나쁜 종교인은 이런 인간의 무지와 나약함을 파고드는 데 탁월한 능력을 갖고 있는지도 모르겠다.

07

운명Fortuna과
역량Virtus에 대해

군주론

마키아벨리의 《군주론》은 총 26장으로 이루어져 있다. 그중 25장은 운명의 힘을 다루고, 마지막 장은 이탈리아의 해방을 호소하고 있다. 그가 마지막 두 장을 이렇게 배치한 것은 의미심장하다. 마키아벨리는 이 책을 통해 군주의 통치를 위한 자질과 덕목을 다루면서 당대의 군주인 메디치에게 헌정을 했지만 정작 메디치는 읽어보지도 않았다고 한다. 결국 그는 정치적 야망과 이탈리아 통일에 대한 염원을 실현하지 못하고 야인으로 죽고 만다. 아마도 25장에서 인간의 운명Fortuna과 역량Virtus에 대해 다룰 때 자신의 운명과 역량도 가늠하지 않았는가 생각하게 된다.

운명

고대인에게 운명은 피할 수 없는 '신탁'과 같은 것이다. 이를테면 오이디 푸스Oedipus는 신탁에 의해 결정된 자신의 운명을 피하기 위해 여러 차례 시도를 한다. "아버지를 죽이고 어머니를 취한다."는 신탁을 받은 그는 태어나자마자 버려지지만, 목숨을 건져 이웃나라에서 성장한다. 그러다가 다시 자신이 태어난 나라로 돌아가다가 사거리에서 아버지와 시비가 붙는다. 의도치 않게 아버지를 죽인 오이디푸스는 스핑크스의 수수께끼를 풀고 그 나라의 왕이 됨으로써 결국 어머니를 아내로 취하게 된다. 오이디푸스의 주체적인 의지와 노력을 넘어서 신탁의 숙명적 필연이 관철된 셈이다.

운명인가 역량인가

근대의 정치사상가 마키아벨리는 이런 운명에 대해 정면 도전을 시도한다. 즉 그는 "운명이란 우리의 행동에 대해 반만 주재할 뿐이며, 대략 나머지 반은 우리의 통제에 맡겨져 있다."고 말한다. 운명을 필연성의 법칙이라고 말하는 순간 인간의 자유 의지나 주체성이 설 땅은 없어진다. 그런 점에서 운명의 역할을 절반만 인정한다는 것은 그만큼 나머지 절반에서 인간의 자유 의지와 주체의 역량Virtus도 중요하다는 것이다. 여기서 그는 운명의 여신을 '험난한 강'으로 비유한다. 이 강이 범람하면 모든 것을 쓸어버릴 수 있다. 하지만 평소 홍수에 대비한 사람과 그렇지 못한 사람의 운명이 똑같지 않다. 재난에 잘 대비한 사람은 피해를 입어도 소량이지만 그렇지 못한 사람은 사소한 재난에도 쉽게 모든 것을 잃을 수 있다. 이처럼 운명이 절대적 위력을 발휘하는 것은 아무런 준비가 없는 사람, 말하자면 역량이 없는 사람에게만 그렇다는 것이다.

역량

Virtus는 생명Vie에서 유래한 말로서 능력이나 활력, 용기 등 여러 의미가 있지만 본질은 남성적 힘에 있다. 평소 이런 힘을 잘 갈고 닦은 사람은 쉽게 운명의 폭력에 제물이 되지 않는다. 이런 역량은 여러 가지로 나타난다. 개인의 스펙을 쌓는 것처럼 실력을 갈고 닦는 것도 역량을 강화하는 일이다. 미래를 위해 어떤 대비책을 세우는 일도 역량에 해당된다. 평소 재난 사고에 대비하는 일이 그렇다. 그런데 보다 중요한 것은 상황과 시대의 변화에 적응하는 일이다. 어떤 사람이 신중하게 처신하고 시대의 방향이 그것과 일치하면 성공할 가능성이 있다. 반대로 앞서의 경우와 다르게 처신하고 시대의 방향도 일치하지 않을 경우 실패할 가능성이 있을 것이다. 하지만 이렇게 과거에 성공하거나 실패했다고 해서 미래에도 똑같이 반복되라는 법은 없다. 그런데 종종 사람은 과거의 기억에 사로잡혀 새로운 변화를 모색하고 적응하지 못하는 경우가 많다. 성공한 사람은 성공한 기억 때문에 변화가 요구될 때 변화를 하지 못하고, 실패한 사람도 실패한 기억 때문에 변화를 하지 못하는 경우가 많다. 중요한 것은 끊임없이 변화할 수 있는 유연성이라 할 수 있다. 이 점에서 본다면 남성적 역량이라는 것이 우직하고 강직한 힘에만 있는 것이 아니라 시대의 변화와 요구에 따라 자신을 변화시킬 수 있는 유연함도 중요하다.

과단성

이런 유연성을 결여해서 과거의 방식을 고집하고 과거에 매일 때 실패할 가능성이 높은 것은 사실이다. 때문에 마키아벨리는 여기서 재밌는 비유를 들고 있다. 지나치게 신중한 것보다는 과감한 것이 더 좋다고 말한다. 왜냐하면 운명은 여성이기 때문이다. ─그리스 신화에 등장하는 운명의 신들은 다 이런 여신들이다. ─ 여기서 마키아벨리식의 '나쁜 남자론'이 나온다.

말하자면 이 여성을 손아귀에 넣고 싶다면 그녀를 거칠게 다루는 것이 필요하다는 것이다. 여성은 냉정하고 계산적인 사람보다는 과단성 있고 과감하게 행동하는 사람에게 더 큰 매력을 느낀다고 한다. 그리하여 운명의 여신은 신중한 중년보다는 과감하고 용기있고 때로는 거친 젊은 남성에게 끌린다고 결론짓는다. 운명에 끌려 나가기보다는 스스로의 역량에 기초해 자신의 운명을 개척해 나갈 수 있다는 근대적 주체의 힘을 강조하는 것이다.

마태효과

이런 이야기에 요즘 젊은 대학생들이 선뜻 동의하기 어려울지 모르겠다. 단군 이래 최대의 스펙을 쌓기 위해 열심히 노력을 해도 20 – 30대의 미래 전망은 암울하다 못해 비관적이라는 통계도 나와 있다. 한국사회의 고령화 속도가 빨라지면서 그만큼 젊은 세대의 사회적 짐도 높아지는 것이 현실이다. 많은 대학생이 88세대와 비정규직으로 사회에 첫발을 내딛고, 이것이 개선될 전망이 보이지 않기 때문이다. 이런 현실은 초혼의 연령이 점점 높아지고 출산율이 OECD 전체에서 바닥으로 1등을 달리고 있다는 데서도 확인할 수 있다. 실제 이 문제와 관련해 토론한 한 학생이 강의 관련 게시판에 쓴 글은 울림이 크다. 그는 "무릇 있는 자는 더욱 넉넉해지되 없는 자는 그 있는 것마저 빼앗기리라."는 마태복음의 한 구절에서 유래한 '마태효과'까지 인용하면서 이렇게 적고 있다.

구조적 불평등

"신자유주의적인 경제 구조를 거치면서 사회 계층간의 장벽이 점차 견고화

돼가고 있고, 우리사회의 지니Geni 계수도 점점 악화되고 있습니다. 개인의 역량으로 극복할 수 없는, 한 개인으로서 어찌할 수 없는 사회구조가 점점 포르투나를 도도하게 만드는 것 같습니다. 계층 간 소득의 편차가 상대적으로 낮았던 과거에는 그만큼 계층의 장벽이 높지 않았을 것이며, 열심히 노력한다면 집안을 일으켜 세우고 개천의 용이 되어 상류 사회에 진입할 수도 있었을 것입니다. 그러나 요즘은 사정이 좀 다른 듯 싶습니다. 부모가 곧 개천이고 소득이 자본을 이길 수 없으며 '금수저'가 최고의 스펙이라는 말이 나오고 앞으로의 삶의 기대치가 점점 낮아지는 사회에서 비르투스가 포르투나를 이길 수 있는 것은 매우 힘들어 보이네요."

이 글에 대한 댓글도 대부분 이런 논조에 동의를 하고 있다. 명문대를 다니는 젊은 대학생들의 공통적이고 지배적인 생각이 이렇다면 참으로 한국 사회의 미래에 대해 우려하지 않을 수 없을 것이다.

압축 근대화의 명암

한국 사회는 세계사에 유래가 없을만큼 식민지 역사와 전쟁의 참혹상을 겪은 상태에서 산업화와 민주화를 이루었다. 그런데 이제는 다른 어떤 나라보다 심각할만큼 고령화의 속도를 빠르게 체험하면서 늙어가고 정체되고 있으며, 자랑스런 민주화의 경험조차 빠른 속도로 과거의 기억으로 돌리고 있다. 양극화와 빈부격차가 커지고, 사회 정치적이며 이념적인 갈등의 골은 쉽게 메우기 힘든 상태로 점점 더 빠지고 있다. 민주적 소통과 표현의 자유는 대학을 위시한 곳곳에서 파괴되어 유신과 공안정국의 아픈 기억을 되살리고 있다. 이런 상태에서 최후의 보루라고 할 법원조차 힘 있는 자와 가진 자의 편에 유리한 판결을 부끄럼 없이 내놓고 있다. 비정규직과 정규직의 골과 갈등이 이 사회에 대한 희망을 무참히 꺾어 내리고 있음에도 장그래의 현실에 대해 기업과 국가는 여전히 안이하게 받아들이고 있다. 더 열심히 하라고만 내몰고, 힘들면 나가라고 내몰 뿐이다. 한국 사회에서 유독 사회적 약자에 대한 인격 모독과 '갑질'이 비일비재한 현실도 이런 불평등이 개선될 희망이 없기 때문일 것이다.

정치의 역할

포르뚜나가 비루투스를 압도하는 현실은 고대적이고 봉건적인 현실이다. 그런데 21세기의 선진국을 자처하는 한국의 젊은이들이 이런 현실에 자신들이 갇혀 있다고 생각한다면 잘못됐어도 크게 잘못된 것이다. 그것은 젊은 대학생과 청년의 잘못이 아니라 교육과 정치, 기업과 사회의 잘못이다. 대학은 커져도 그 구성원의 삶은 피폐해지고, 국가는 비대해져도 청년은 비관적이고 노인은 빈곤하고 불안해하고, 기업은 성장해도 고용은 정체되고 비정규직의 삶은 더욱 비참해질 뿐이다. 이런 사회에서 새로운 생명의 출산율이 바닥을 기고, 노인의 빈곤과 자살률이 최고인 것은 너무나 당연한 현실일지도 모른다. 개인이나 사회할 것 없이 고령화가 진행될수록 과거에 매달리고 운명을 숙명처럼 받아들이는 것은 매일반이다. 사정이 그렇다면 이런 잘못을 개선해서 이 사회에 청년의 새로운 활력을 불어넣기 위해 정치와 정책 그리고 교육의 주안점을 어디에 둘 것인지도 분명하지 않을까?

08
부유한
천민

헤겔《법철학》의 '시민사회' 장은 자유주의 국가에 대한 빼어난 분석이자 비판이다. 이것은 봉건 질서로부터 풀려난 개인에게 왜 국가가 필요하고 국가의 역할이 무엇이어야 하느냐는 홉스와 로크 등의 근대 자연법론자들의 핵심 화두이다. 그들에게 국가는 개인의 재산과 생명을 보존해주기 위한 최소 장치에 불과하다. 이른바 자유주의의 야경 국가론이나 최소 국가론이 그것이다. 이 이론은 개인의 영업 자유를 최대한으로 보장하고 모든 문제는 아담 스미스가 말하는 시장의 '보이지 않는 손'을 통해 자율적으로 조정될 수 있다고 주장한다.

헤겔은 이런 형태의 국가를 본래적 의미의 국가와 구별해서 '시민사회' 장에서 다룬다. 그가 말하는 시민사회는 두 가지 핵심원리에 의해 규정된다. 그 하나는 각자는 자신의 욕망만 추구하고, 타인은 그들 자신에게 아무 것도 아니다. 다른 하나는 이런 자신만의 욕망을 충족시키기 위해서는 타자와 관계하고 타자의 욕망을 이해할 수밖에 없다. 전자는 시민사회가 이기적 개인들로 구성된 원자화된 사회임을 보여주고, 후자는 그럼에도 이런 개별적 욕망이 타인과 전면적으로 의존되어 있음을 보여준다. 전자는 일종의 특수성의 원리이고, 후자는 보편성의 원리이다. 하지만 여기서의 보편성은 경제 법칙 혹은 물리적 법칙과 같아서 개인에게 외부적으로 강제되는 낯선 보편성일 뿐이다.

시민사회는 개인이 오로지 자기 이익을 위해 열심히 노동함으로써 사회의 보편적 재산을 나눌 수 있는 가능성을 가지고 있고, 또 그것이 공적 권력에 의해 보장이 되어 있다. 그럼에도 이러한 가능성은 개인의 우연적 능력 차이에 의해 좌우된다. 게다가 노동의 특수한 개별화와 탄생에 따른 계급적 구속성 등의 이유로 인해 시민사회에서는 불가피하게 빈민이 발생하고 부의 양극화 현상이 나타날 수밖에 없다. 때문에 시민사회는 부의 과잉에도 불구하고 이러한 빈곤 문제를 해결할 만큼 충분히 부유하지 않다는 것이 헤겔의 최종 진단이다. 그런데 헤겔이 시민사회의 내적 모순으로 인해 발생한, 경제적으로 가난한 자를 빈민die Armen이라 하지 않고 굳이 천민das Pöbel이라 한 데는 까닭이 있다. 그는 마르크스처럼 경제적 상태가 바로 천민을 규정하는 것으로 보지 않는다. 여기에는 일종의 정신적 태도가 있기 때문이다.

천민은 경제적 곤궁 상태 외에 빈곤과 결부된 정신의 태도가 있다. 즉 그들은 근로 의욕을 상실할 뿐 아니라 부자에 대해서 그리고 사회나 국가에 대한 내적 분노로 가득 차 있다. 이런 정신적 태도로 인해 권리나 정의 그리고 자존감 등을 상실할 때 비로소 천민이 발생한다. 천민은 스스로의 노동을 통해 생계를 마련하기보다는 오로지 자신의 생계를 위한 특수한 권리만을 앞세운다. 그러니까 천민은 경제적 상태에 더해서 가진 자에 대해 분노하고, 자기 권리만 내세우고 법과 타인의 권리는 안하무인격으로 무시하는 데서 분명하게 드러난다. 이런 점에서 본다면 천민은 일종의 천민적 정신하고도 연관이 된다고 볼 수 있다. 가난하다고 모두가 천민이 되는 것은 아니다. 정신적 태도와 연관짓는다면 천민적 정신은 부유한 자에게서도 나타날 수가 있다.

헤겔은 가난한 천민으로부터 시작하고 있지만, 이런 해석을 확장한다면 '부유한 천민'이라는 개념도 가능할 것이다. 종종 한국적 자본주의를 천민 자본주의로 비하하는 말이 있다. 그만큼 경제 성장과정에서 노동자에 대해 야만적 수탈을 해왔고, 부의 축적 과정에서 부도덕한 졸부가 많다는 점을 반증하는 것이리라. 때문에 이들은 돈과 권력은 있을지 몰라도 가난한 자에 대한 거의 증오에 가까운 적대감과 무시, 안하무인격으로 법 위에 군림하려는 태도, 그리고 타인의 권리를 짓밟는다는 점에서는 거의 천민적 정신을 보여주고 있다. 나는 이들을 부유한 천민으로 분류하고자 한다.

최근에 벌어진 대한항공의 조현아 부사장의 태도는 '부유한 천민'의 태도를 적나라하게 보여준다. 제아무리 항공사의 부사장이라 하더라도 기내의 수장은 기장이고 질서 유지와 서비스는 승무원의 몫이다. 그런데 안하무인격으로 그런 규범과 법칙을 무시했을 뿐만 아니라 그들을 무릎 꿇고 인격적 수모를 일삼은 것이다. 그녀에게는 법도 없고, 인간에 대한 최소한의 예의나 인격에 대한 존중도 없다. 오로지 자신의 부와 권력에 대한 오만하고 방자한 믿음만 있을 뿐이다. 물론 그 부도 본인의 노력을 통해 쌓은 것이 아니라 세습받은 것이 아닌가?

그런데 이런 천민 의식이 과연 재벌에게만 나타나는 특수한 현상일까? 우리 사회에 만연해 있는 '갑질'이 다 이런 천민 의식을 반영하는 것은 아닌가? 우월한 지위와 권력 그리고 부를 이용해서 자신보다 약한 자들 위에 한 없이 군림하려는 '갑질'은 일종의 먹이사슬처럼 연결되어 도처에 존재해 있지 않은가? 우리 사회의 다른 부분보다 비교적 깨끗하고 순수하다고 한 대학에서조차 이런 갑질 현상이 만연해 있다. 우월적 지위를 이용해 여학생을 성추행이나 성폭행하고, 대학원생을 종처럼 부리면서 연구비를 착복하는 교수의 비행이 수시로 드러나고 있다. 고급 두뇌인 대학 강사를 단기 계약서와 저임금을 가지고 멋대로 부리면서도 법적으로 전혀 하자가 없다고 떳떳해 하는 대학 당국의 모습은 또 어떤가? 대학의 가장 중요한 인력 중 한 부류인 청소부나 관리직원을 용역 회사로 빼돌려 저임금으로 부리면서 부당 고용에 대해 문제라도 제기할라치면 나 몰라라 하는 대학에서 과연 진리와 정의가 살아있는지 모를 일이다. 대학의 실정이 이러 한데 하물며 사회의 다른 곳은 말하기도 어려울 것이다.

그러나 여기서 잊지 말아야 할 것은 저들의 이런 천민 의식이 결코 독립적으로 자생한 것이 아니라는 점이다. 그것은 무엇보다 우리 사회의 양극화와 불평등 및 부정의에 기초하는 바가 크다. 특히 90년대 말 IMF 이후의 대량 해고와 비정규직이 양산되면서 이런 현상이 더 심화되고 있다. 헤겔은 시장이 이런 문제를 해결하지 못할 때 국가의 의식적 통제와 개입이 필요하다고 못박고 있다. 이 점에서 본다면 헤겔은 일찍부터 자유주의자의 최소 국가론을 넘어서 있는 것이다. 지난 선거에서 쟁점이 되었다가 유명무실해진 헌법 119조 2항의 '경제 민주화'도 이와 연관되어 있다. 말하자면 국가가 적극적으로 시장의 불평등을 개선하고 법과 정의의 원칙을 세워 나가려할 때 천민 의식이 더는 뿌리를 못 내리지 않을까? 하지만 작금의 정부에서 그런 기대를 갖는 것이 가당키나 한 것인지 모르겠다.

09

정신의 변형과
한국인

인간 정신의 세 단계

니체는《짜라투스트라는 이렇게 말했다》에서 인간 정신의 성장과 변형의 단계에 대해 언급하고 있다. 그에 따르면 인간 정신은 다음의 세 단계를 거친다.

첫 번째 단계는 '낙타의 정신'이다. 낙타는 정해진 목적지까지 무거운 짐을 싣고 뚜벅뚜벅 걸어가는 인고의 정신이다. 이 정신의 최고 덕목은 '인내심'이다. 이 정신은 타율적으로 주어진 '너는 해야만 한다.du sollst'는 규범과 명령에 따라서 행동하는 수동적 정신이다. 이 정신은 스스로 결정할 수 있는 힘이 없으며, 오로지 참아낼 뿐이다. 요즘 전광훈 류의 막말 목사들이 신도를 향해 거의 쓰레기 수준의 막말을 해도 그저 '아멘'만 되풀이 하는 것을 보면 니체가 비판했듯 기독교가 여전히 '낙타의 정신', '노예의 종교' 수준을 벗어나지 못하고 있다고 할 것이다.

두 번째 단계는 '사자의 정신'이다. 사자가 포효하면 산천초목이 울리듯 이 정신은 기존의 규범과 악습에 대해 비판하고 부정하는 정신이다. 사자의 정신은 자유로운 의지와 주체의 자율성을 가진 정신이다. 계몽의 정신이 봉건주의와 낡은 종교적 신념을 타파하는 데 큰 역할을 했듯 사자의 정신의 근본 본질은 기존 체계를 부정하는 정신이다. 비판과 부정을 상징하는 '사자의 정신'은 분명 오로지 순종을 강요받는 '낙타의 정신'보다는 상위이다. 하지만 이 정신이 끊임없이 타자를 비판하고 부정하는 한, 이 정신은 결코 자기 목적적이고 긍정적이지 못하다. 다시 말해 이 정신은 자기 삶을 즐기면서 스스로 기쁨을 찾지는 못한다는 것이다.

정신 발전의 세 번째 단계를 니체는 '어린아이의 정신'으로 규정한다. 이런 니체의 말에 의아해 하는 사람이 많을 수 있다. 어린 아이의 순진무구함은 인정할 수 있지만 아무 것도 모르는 철부지 어린아이가 어떻게 정신 발전의 최종 단계가 될 수 있을까? 하지만 니체가 어린아이를 강조할 때는 '때묻지 않은 순수함'을 강조하는 것 이상으로 과거의 유산이나 기억으로부터 자유롭고, 있는 것 자체(현실)를 긍정하고, 그것을 즐기면서 그로부터 새로운 것을 만들어내는 창조의 정신을 염두에 두고 있다. 파도치는 백사장에서 모래성을 짓고 노는 아이를 생각해보라. 아이가 모래성을 멋지게 지어 놓았을 때 파도가 밀려오면 모래성은 싹 씻겨내려간다. 그러면 아이는 파도를 원망하며 파도가 다 망쳐 놓았다고 울까? 그렇지 않다. 아이는 깔깔거리면서 모래성과 파도 사이의 끊임없는 반복적 운동을 즐길 뿐이다. 과거의 유산과 기억으로부터 자유로울 때 새로운 시작을 할 수 있다. 현재의 삶을 긍정할 때 더는 자기 밖 타자의 시선에 흔들리지 않고, 이 현재 바깥의 것에 의해 현재적 삶이 저당잡히지 않을 수 있다. 니체는 그것들을 어린아이에게서 보고 있는 것이다.

어린아이는 순진무구함이며, 망각이며, 새로운 시작이며, 하나의 놀이이며, 스스로 굴러가는 바퀴이며, 최초의 움직임이며, 하나의 신선한 긍정이다. 그렇다. 창조적 놀이를 위해서는 신선한 긍정이 필요하다. 이제 정신은 자신의 의지를 원하고 세계를 잃어버린 자는 스스로 자신의 세계를 획득하는 것이다.

—《짜라투스트라는 이렇게 말했다》

한국인들의 저당잡힌 의식

니체의 이런 정신의 변형에 관한 이론을 한국인의 삶과 정신에 적용해보면 어떨까? 한국인의 의식과 삶은 한 마디로 '저당잡힌 의식이고 삶'이다. 한국인은 과거에 저당잡혔고 미래에 저당잡혔다. 과거에 저당잡혔다는 것은 자기 의사와 상관없이 규정되는 혈연과 지연 그리고 학연으로 묶여 있다는 의미다. 한국인이 현재를 즐기지 못하고 미래에 저당잡혔다는 것은 성취해야 할 미래의 목표, 자식들 미래의 삶이 현재를 규정하고 있다는 의미다. 한국인의 현실은 오로지 미래의 목적지를 위해 뚜벅뚜벅 걸어가는 낙타의 인종과도 같다. 조선이 멸망한지 100년이 넘었는데도 유교의 관혼상제가 여전히 힘을 발휘하고 있고, 일제 식민지에 대한 기억은 지금도 펄펄하게 살아 있다.

한국인의 의식은 내세의 구원에 저당잡혔다. 한국 사회에 유독 종교가 큰 세력을 형성하고 영향을 미치는 이유가 그렇다. 한국인의 삶은 타인의 시선에 저당잡혔고, 타인과의 경쟁과 비교 속에서 저당잡혔다. 한국인의 낮은 자존감은 엘리트 계층에게는 사대주의로, 일반 대중에게는 열등감으로 표출된다. 이런 현상은 지배 엘리트이건 피압박 대중이

건 별 차이가 없다. 엘리트 계급은 중화 사대주의와 일제 식민지, 그리고 해방 후 미국의 지배권으로 편입되는 상황에서 생존의 기술로 사대를 적극 받아들였다. 반면 역사적으로 억압과 수탈을 오랫동안 경험한 피압박 대중은 지배계급에 대한 분노를 내장하고 원한 감정(르쌍티망)을 키웠다. 한국인은 아파트에 저당잡혔다. 주거 공간인 아파트가 유독 한국에서는 투기화되고 계층 상승의 한 수단이 되기도 한다. 한국인이 도무지 자신들의 삶을 긍정하지 못하는 이유다. 그러니 한국인은 스스로가 성취한 것에 만족하지 못하고 늘 박탈감에 시달리고 불행해 한다. 한국인은 사자의 정신처럼 낡은 것을 무너뜨리고 새로운 것을 세우기도 했지만 한국인에게는 여전히 긍정과 만족이란 있을 수 없다. 도달하지 못하는 것과 떠나지 못하는 것 사이에서 히스테릭하게 전전긍긍하는 정신은 불행한 의식이나 다름없다.

한국인은 '해야만 한다'는 낙타의 인고 정신과 낡은 규범과 체제를 부정한 사자의 정신을 거쳤다. 하지만 한국인은 여전히 자신의 본질과 정체성을 자기 밖의 명령과 자기 밖의 대상에 둠으로써 자신을 참으로 긍정하지 못하고 있다. 한국인에게는 아직 자기 긍정의 창조적 정신이 보이지 않는다. 어떻게 하면 이런 상태를 벗어날 수 있을까? 한국인은 무엇보다 타자에게 저당잡힌 의식과 삶을 되찾아와야 한다. 이러한 타자는 과거, 현재의 자식들, 미래의 꿈들 등 여러 가지 형태로 외부에서 한국인의 의식을 붙들어 매는 것들이다. 이런 타자로 인해 한국인의 불행은 자신들의 삶을 온전히 즐기지 못하는 데 있다. 이런 상황에서 필요한 정신은 니체가 말한 것처럼 타자에 대해 부정하는 '사자의 정신'이라 할 수 있을 것이다. 사자의 정신을 지배하는 것은 타자의 시선이다. 한국인의 정신적 자존감은 낮은 편이라 늘 타자의 시선에 의한 인정에 목말라 하고, 타자의 시선에 맞추기 위해 전전긍긍하는 것이다.

한국인이 이렇게 현실 부정적인 것은 역사적으로도 유독 고단한 현실의 삶에서 수탈당한 경험이 많기 때문이다. 조선 500년 양반이 지배한 역사가 그렇고 일제 40년의 식민지 치하에서 겪은 고통도 큰 몫을 했다. 때문에 한국에서는 정치적으로는 저항 민족주의의 성격이 강하고, 끊임없이 이 세계를 넘어서려는 종교적 측면에서는 현실도피적 신앙이 강하다. 다른 말로 표현한다면 한국인의 의식과 삶은 자기 밖의 타자에 의해 저당잡힌 것에 가깝다.

10
우리는 왜 인정을 받으려고 하는가

일반 욕망

오늘 우리는 욕망에 대해, 그것도 특별히 인정 욕구에 대해 이야기하려고 합니다. 욕망 혹은 욕구는 여러 가지 형태가 있을 것입니다. 당장 배가 고플 때 먹고 싶다는 식욕, 이성과 짝짓기나 혹은 쾌락을 추구하려는 성욕, 그리고 자기 것을 지키고 더 가지려는 물질에 대한 욕구(소유욕, 탐욕) 등을 떠올릴 수 있습니다. 이런 욕망을 이야기하다 보면 너무 간단하게 생각하는 것이 있습니다. 첫째 다들 욕망하는데 왜 그게 문제가 되느냐는 것입니다. 말하지 않아도 잘 안다는 것이겠지요. 하지만 그럴까요? 내가 원하는 것이 과연 나의 욕망이고 나는 그 욕망을 잘 알고 있을까요? 여러분은 지금 무엇을 욕망하고 있나요? 그 욕망이 참으로 자신이 욕망하는 것이라고 생각하나요? 둘째, 이런 욕망은 자연스

---

* 이 글은 2015년 서울시 산하 문화센터에서 한 대중 강연 원고이다. 미드와 호네트의 인정 개념은 문성훈 교수의 《인정의 시대》(사월의 책, 2014)의 도움을 받았다.

런 것이기 때문에 동물이나 인간이나 별 차이가 없다고 생각합니다. 하지만 정말 그럴까요? 동물과 인간 모두 자연적 욕망이란 면에서 차이가 없을까요? 셋째, 이런 욕망이 파멸로 이끌 수 있다고 생각합니다. 그래서 동서양을 막론하고 욕망은 항상 억압과 금기의 대상이었지요. 과유불급過猶不及. 과연 욕망은 그렇게 파괴적이기만 할까요?

자연적 욕망

먼저 욕망이 자연적이기 때문에 동물이나 인간이 별로 차이가 없다는 생각을 한번 보지요. 사실 욕망의 근원은 생명에 있다고 볼 수 있습니다. 생명이 있기 때문에, 그 생명을 지키려는 데서 욕망이 나오지요. 그 생명을 유지해야 하기 때문에, 먹어야 하는 식욕이 있고, 그런 식욕을 좀 더 자신에게 유리하게 하기 위해 자기만의 영역이나 소유를 유지하려고 하지요. 이런 욕망은 물질욕이나 소유욕으로 나타납니다. 다음으로 그 생명의 전승, 세대 간 재생산을 위해 동물은 짝짓기를 하지요. 사실 이렇게 본다면 동물이나 인간이 모두 별 차이 없어 보입니다. 하지만 인간의 욕망은 특별히 인간적입니다. 우리가 '인간적'이란 표현을 쓸 때는 식물이나 동물 같은 다른 생명체와 다르게 특별히 인간적 특성을 강조하기 위해서입니다.

인간의 욕망

인간의 식욕은 단순히 결핍을 채우는 것으로 끝나지 않습니다. 사자는 허기진 배를 채우기 위해 잔인하게 사냥을 해도, 일단 포식하면 곁에 영양이 있어도 신경을 쓰지 않습니다. 하지만 인간의 식욕은 단순히 허기를 채우는 것을 넘어서 끊임없이 맛있는 것을 찾습니다. 로마의 귀족들은 먹은 것을 게워 놓고 다시 먹는 것을 즐겨했다고 합니다.

자기 것을 지키려는 소유욕은 동물에게도 나타나지만 인간적인 소유욕은 한도가 없습니다. 때문에 인간 사회에서는 이런 끝없는 소유욕으로 인해 갈등과 투쟁이 일어나고 사회적 불평등이 일반화되고 있습니다. 이런 불평등은 문명의 발전과도 크게 상관이 없는 듯합니다. 불평등이 부도덕하고 부정의하다고 비난하면서도 여전히 심화되고 있습니다. —한국의 불평등 지수는 세계 최고!— 이런 점에서 인간의 소유욕은 동물의 본능적인 소유욕을 넘어서 있습니다.

마지막으로 성욕과 관련해서도 인간과 동물의 본능적 욕구는 질적으로 다른 차이가 있습니다. 동물의 성욕은 일정한 발정기가 있고, 그 목적은 세대의 재생산에 있습니다. 하지만 인간의 성욕은 그런 본능적이고 직접적인 욕구를 넘어서 쾌락 자체를 추구하는 도구로 사용하고 있습니다. 오늘날 인간의 성욕에서 세대 재생산이 차지하는 비율은 점점 줄어들고 있지요. 이런 몇 가지 측면에서 보아도 자연적 욕구에서조차 인간의 욕망과 동물의 욕망 간에는 본질적인 차이가 있다는 것을 부정할 수 없습니다. 그렇기 때문에 우리는 욕망에서조차 굳이 '인간적' 욕망이란 표현을 쓰려고 하는 것입니다.

부정적 욕망

'인간적 욕망'이란 표현을 쓸 때 우리는 인간의 욕망의 다양성과 중요성을 이해할 수 있습니다. 물론 과도한 욕망이 파멸의 원인이 되는 경우를 부인하지 않습니다. 하지만 욕망을 단순히 부정적이거나 억압의 대상으로만 보는 것이 문제가 있을 수 있습니다.

불교의 삼독三毒(사람의 착한 마음을 해치는 세 가지 번뇌)인 탐貪·진
瞋·치癡 가운데 첫 번째가 탐욕으로서의 욕망입니다. 플라톤의 인간
관에서도 배에 해당하는 부분이 욕망을 담당합니다. 하지만 불교나
플라톤이 아니더라도 동서양의 종교나 철학에서 욕망이 긍정적으로
받아들여지는 경우는 아주 드뭅니다. 그래서 욕망의 덕은 절제이고,
끊임없이 억압의 대상입니다. 플라톤의《파이드로스》에 나오는 신화
에 보면 욕망은 이성이 휘두르는 채찍에 훈육당하는 모습으로 나타납
니다. 플라톤이《국가》에 '여성 공유제'를 주장하는 부분이 있습니다.
부인을 공유하고, 자녀를 공동으로 양육하자는 것인데, 사실 이런 주
장은 재산공유제를 주장한 마르크스의 공산주의 이론보다 훨씬 과격
한 주장으로 보일 수도 있습니다. 하지만 플라톤이 이런 주장을 한 이
유가 있습니다. 그가 보기에 국가를 타락시키는 사적 욕구는 남녀의
잠자리에서 나오고, 내 새끼와 내 마누라를 지키려는 '사적인' 욕구에
서 나온다는 것입니다. 여성 공유제는 이런 사적 욕망을 원천적으로
막아 국가를 지키려는 플라톤의 고육책이라고 할 수 있을 것입니다.
이런 맥락에서 본다면 고대에 모든 욕구는 타락의 원인이자 억압의
대상일 뿐입니다. 드물게 양생론을 주장하는 도가 계열이 이런 욕망
의 긍정성을 인정했지만 큰 영향을 미치지는 못했습니다.

긍정적 욕망

고대와 근대의 차이는 어쩌면 욕망에 대한 부정성과 긍정성의 차이

로 보아도 좋을 듯합니다. 경제학자 아담 스미스는 욕망을 부정적으로만 대하지 않습니다. 그는 도덕적 선의보다는 '사적인 이기심'이 사회적 생산력을 끌어 올리고 사회 전체의 이익을 도모한다고 봅니다. 모든 경제 행위는 나의 욕망을 실현하는 데서 옵니다. 하지만 이런 욕망을 실현하기 위해서는 타자의 욕망을 이해해야 하고, 이렇게 욕망들 간에 전면적으로 의존됩니다. 그것이 '보이지 않는 손'에 의해 움직이는 시장의 원리라는 것입니다. 그래서 사적인 이기심은 이런 시장을 움직이는 중요한 동력이 되는 것이지요. 욕망은 이제 부정적 대상이 아니라 긍정적 원리가 됩니다. 소유에 대한 욕구에 기초해서 노동을 하게 되고, 그 노동의 객관적 산물이 재산으로 나타납니다. 그래서 로크와 같은 자연법론자들은 재산을 욕망하는 나의 의지의 표현이자 확장으로 보기도 하는 것입니다. 19세기 후반에 가서 무의식의 본질이 욕망임을 드러내면서, 20세기에 들어오면 이런 욕망이 전면적으로 해방됩니다. 이 과정에서 프로이트의 정신분석학이 큰 역할을 하지요. 동물과 공유하는 것 같은 자연적 욕구에서도 인간의 욕망은 특별합니다. 우리는 그 중에서도 인간적인, 너무나 인간적인 욕구를 이야기하고자 합니다. 사실 이런 욕구는 앞서 이야기한 다른 욕구와 달리 인간과 인간이 사는 사회에서 유다르게 드러나는 욕구라고 할 수도 있습니다. 바로 그것이 '인정욕구'입니다.

인정욕구

이 '인정욕구'를 설명하기 위해 예를 들어볼게요. 얼마 전 중국에서 이런 일이 있었다고 인터넷 뉴스에 뜬 적이 있습니다. 절벽 등반 중 조난당한 위급한 상태에서 구조를 받던 한 청년이 막상 구조대가 다가오니까 제일 먼저 부탁한 일이 있습니다. 당장의 자기 목숨보다 중국판 트위터인 웨이보에 올릴 사진을 찍어줄 것을 부탁한 것입니다. 그에게는 당장의 목숨 이상으로 자기가 무엇을 했다는 것을 남이 알아주는 게 중요하다는 것이겠지요. 요즘 장안의 히트작인 '국제시장'에서도 주인공 덕수는 마지막에 자신의 힘들었던 삶을 돌이키면서 아버지의 인정을 구합니다.

"아버지! 저 이만하면 약속 잘 지켰지예? 저 진짜 힘들었거든요!"

아버지의 인정이 그의 삶의 정체성을 확인하는 보루인 것입니다. 인간은 이미지에 목을 매는 존재입니다. 제품 자체보다 그 브랜드를 더 따질 때 자신이 어떤 브랜드를 사용하는 것에 대해 타인으로부터 인정을 받고 싶다는 것이지요. 이런 브랜드에 대한 욕망은 '타자의 욕망'이라고 할 수 있을 겁니다. 그런 의미에서 인정은 동물적인 자연적 욕구나 과잉 욕구를 넘어서 인간들 사이의 관계에서 비롯된 욕구입니다. 자의식을 가진 인간은 자기 자신을—자신의 지식, 자신의 가치, 자신의 언어, 자신의 능력, 자신의 업적 등—타자로부터 인정을 받고자 합니다.

공자와 인정

여러분도 어린 시절에 좋은 성적을 받으면 제일 먼저 부모님에게로 달려가 '나 백점 받았어.'라고 자랑하고 인정을 받고 싶어 한 경험이 있을 겁니다. 성장하는 것은 이런 자신의 인정을 서서히 확장시켜 나가는 것이라 해도 과언이 아닐 겁니다. 따라서 사회적 존재로서의 인간에게 인정욕구는 자신의 존재와 생명 이상으로 중요한 가치를 지닙니다. 공자가 말년에 한 말이 있습니다.

인부지이불온人不知而不慍, 불역군자호不亦君子乎.
"다른 사람이 나를 알아주지 않아도 성내지 않으면, 이 또한 군자 아닌가?"

나는 공자의 이런 말을 볼 때 성인인 공자도 인정욕구에 많이 시달렸다고 생각합니다. 식솔과 많은 제자를 거느리고 자신의 경륜을 펴려고 천하를 주유할 때 공자 역시 수많은 푸대접과 굴욕을 받았을 겁니다. 경륜을 편다는 것은 곧 군주의 인정을 받는 일이니까요. 공자도 그런 군주들로부터 수없이 문전 박대를 당하면서 성숙해진 것이라 볼 수 있지요. 그래서 더는 이제 타인으로부터의 인정에 매달리지 않게 되고, 그들의 거친 말조차 거슬리지 않게 되면서[耳順] 비로소 "다른 사람이 알아주지 않아도 성내지 않으면 이 또한 군자 아닌가?"라는 말을 할 수 있게 된 것이라 생각합니다. ─ 궁극에 가서는 내가 나를 인정하는 것이라 할 수 있을 겁니다. ─ 그만큼 '인정욕구'는 자아와 인격의 성장에서 중요하다는 것을 반증하는 것이겠지요.

인정투쟁

이쯤에서 '인정욕구'를 철학의 중요한 주제로 삼은 독일 철학자 헤겔(1770─1831)의 분석을 한번 살펴보고자 합니다. 그의 분석틀은 오늘 날 '인정' 개념에 관한 많은 논의의 초석이 되고 있기 때문에 그만큼 중요합니다. 그에 따르면 자립적 의식을 가진 인간은 자신의 존재를 끊임없이 타인에게 인정받으려고 합니다. 그런데 타인 역시 똑같이 인정을 받고자 합니다. 이런 인정은 자신의 자유를 확장하려는 것이기 때문에, 인정을 받으려는 나의 노력은 동시에 타인의 노력과 충돌할 여지를 안고 있습니다. 여기서 헤겔은 두 자립적 의식의 관계가 나와 너의 상호 인정으로 정상화될 수 없는, 일종의 투쟁 관계이자 권력 관계로 발전할 수밖에 없다고 봅니다. 모든 싸움과 투쟁이 그렇듯 결국은 목숨을 건 생사 투쟁이 됩니다. 상대방을 죽여야 내가 사는 게 싸움의 본질인지 모릅니다. 하지만 상대방이 죽으면 누구한테 인정을 받을 수 있을까요? 결국 죽도록 싸우고 죽을 만큼 싸우지만 죽고 나면 처음 가졌던 타인의 인정이라는 싸움의 의미가 사라집니다. 그래서 목숨만은 보존할 수밖에 없게 됩니다. 이 투쟁에서 자연적 생명을 내던지고 자신의 위신과 자유를 지키려는 자는 승자가 되고, 자유를 포기하는 대신 생명을 부지하려는 자는 패자가 될 수밖에 없을 것입니다. 말하자면 인정투쟁을 통해 주인－노예라는 수직적 권력 관계가 만들어지는 것입니다. 자립적 인간들 사이의 인정이 투쟁으로 이어지고 권력 관계를 만든다는 것을 알 수 있습니다. 사회의 모든 권력 관계와 불평등 관계의 밑바탕에는 이런 인정에 대한 욕구가 깔려 있다고 할 수 있을 겁니다. 하지만 인정투쟁은 여기서 끝나지 않습니다.

노예의 노동

노예는 목숨을 부지하기 위해 주인의 명령 하에 고된 노동을 할 수밖에 없습니다. 주인은 승리의 대가로 노예의 노동 산물을 향유하게 됩니다. 그런데 노예가 하는 일이 만만치 않습니다. ─여기서 말하는 것은 한 가지 예입니다. 이 예를 통해 다른 종류의 노동에도 확장할 수 있을 것입니다. ─ 일단 노동의 대상이 저항을 합니다. 농사를 지어도 그게 마음대로 되지가 않지요. 토질을 알아야 되고, 어떤 작물이 그 토질에 잘 맞는지를 알아야지요. 다시 말해 물성物性에 대한 이해가 없으면 농사를 지을 수 없지요. 또 농사를 시작할 때도 때와 기후 조건 등을 잘 알아야 하지요. 모내기를 잘 해야 하고, 여름에 가뭄이 들면 적절히 물을 끌어와 용수해야 하는 일도 만만치 않습니다. 병충해의 피해를 입지 않도록 끊임없이 신경을 써야 할 겁니다. 열심히 농사를 지어서 가을에 추수를 하려고 하니까, 웬걸 태풍이 몰아쳐 하루아침에 애써 가꾸어 놓은 것을 날릴 수도 있는 것입니다. 숱한 고생을 하면서 수확을 할 때 보람도 느낄 것입니다. 하지만 자기 농사를 짓는 것이 아니라 주인을 위해 봉사해야 하는 처지의 노예에게 수확물은 다시 주인의 인정을 받아야 하는 단계가 남아 있습니다. 수확물에 대한 주인의 인정은 노예의 노동에 대한 최종적인 승인 절차라고 할 수 있을 겁니다. 이렇게 노예가 주인을 위해 일하는 과정은 대상의 저항과 주인의 위협과 공포라는 이중적 저항을 거치면서 이루어지는 고된 과정이라 할 수 있습니다. 하지만 이런 과정을 거치면서 노예는 그만큼 자신의 지혜를 일깨우고 자신의 역량을 알아가게 됩니다. ─노예의 노동은 처음에는 주인의 강요에 의해 수동적으로 이루어졌지만, 노동하는 과정에서 스스로도 알지 못했던 노예의 잠재 능력을 일깨우는 과정이기도 합니다. 반면 주인은 인정투쟁에서 승리한 탓으로 노예의 노동 결실을 향유할 수 있습니다. 승자는 패자의 생존권을 장악하고 노예로 부릴 수 있지요. 주인은 그러므로 더이상 자연을 상대로 직접적인 대결을 하고 노동을 하지 않아도 됩니다. 주인은 노예를 매개로 자연과 상대하며 노예의 노동

결실을 향유만 하면 되는 것이지요. ─

노동의 긍정성

헤겔의 인정투쟁에서 우리는 아주 흥미로운 점을 발견할 수 있을 겁니다. 처음에 주인과 노예라는 불평등한 관계가 영구화되는 것이 아니라 전도될 수 있다는 것을 보기 때문입니다. 이 과정에서 노예의 노동과 주인의 쾌락의 향유가 갖는 의미를 알 수 있습니다. 적어도 헤겔에게 노동은 타율적으로 강제된 고통스러운 행위만 의미하지는 않는다는 것입니다. 첫째 노동은 무엇보다 '저지된 욕구'입니다. 노동하는 노예는 하고 싶은 대로 행동할 수 없습니다. 노예는 늘 자신의 욕망을 다른 목적을 위해 억제할 수밖에 없습니다. 이런 의미에서 노예는 참고 유예하는 법을 아는 것이지요. 이런 '저지된 욕구'가 금욕적이거나 부정적인 의미만 갖는 것은 아닙니다. 현재의 욕망을 유예한다는 것은 미래를 위해 기획하는 것이기도 하지요. 둘째 노동은 대상의 저항을 경험하면서 대상의 물성과 물리를 깨달아 나가는 것입니다. 문제는 이런 물성과 물리를 깨달아 가는 것이 곧 자신의 잠재된 능력과 역량을 깨달아 나가는 것이기도 하지요. 반면 노동하지 않는 주인의 경우는 자신의 향유와 삶을 노예에게 의존하다 보니 오히려 자립적 존재에서 의존적 존재로 전도되는 수가 있지요. 그래서 헤겔이 인정투쟁에서 제시한 주인과 노예의 변증법의 결론은 노예가 오히려 주인이 되고, 반면 주인은 노예로 전락한다는 것입니다. 다시 말해 노예의 노예가 주인이고, 주인의 주인이 노예라는 것이지요. 즉 불평등한 인간 관계가 노예의 노동을 통해 반전되고 있습니다. 물론 오늘날 자본주의 현실에서 헤겔이 말하는 노동이 액면 그대로 긍정적으로 이해되기는 어렵지요. 앞서 이야기한 비정규직의 불안한 고용과 그에 따른 인격 모독과 무시, 그리고 마르크스가 비판한 것을 거론하지 않더라도 자본주의 사회에서 이루어지는 파편화되고 단편적인 노동은 노동자가 자신이 하는 일의 긍정성을 찾기 힘든 경우가 많지요.

인정투쟁의 의미

이 이야기를 들으면서 머리가 빠른 사람은 '인정투쟁'이 단순히 불평등한 주인 – 노예의 관계만 만드는 것이 아니라는 것을 짐작했을 겁니다. 그렇지요. '인정투쟁'의 의미는 첫째, 인간들 사이의 관계에서 '인정욕구'가 갖는 중요성을 보여준다는 점에 있습니다. 앞서도 잠시 이야기했지만 인정 욕구는 사회적 관계를 중시하는 인간에게 유별난 욕구입니다. 물론 동물에게도 이런 욕구를 찾아 볼 수 있습니다. 가령 집에서 키우는 애완동물을 보면 끊임없이 주인에게 사랑을 받고 인정을 받으려고 합니다. 주인과의 교감 정도가 높아지면 더욱 이런 주인의 인정에 반응하는 것을 볼 수 있습니다. 이런 점을 감안한다면 관계 속의 존재는 타자의 인정이 자신의 생명과 존재를 확인하는 중요한 계기가 아닌가 하는 생각이 듭니다. 인정이 타자와의 관계, 좀 더 확장한다면 사회적 관계 속에서 중요한 역할을 한다고 할 때 이 인정은 다른 어떤 존재보다도 인간에게 중요한 계기라고 할 수 있을 겁니다. 인간은 이런 인정을 통해 자신의 정체성을 확인하고, 사회성을 학습하기도 합니다.

미드의 인정관계

사회학자 미드Mead는 자아의 정체성과 도덕성이 성장하는 데 이런

'자기와 타자의 인정 관계'가 중요한 역할을 한다고 이야기합니다. 그에 의하면 자아 안에서 또 다른 자아와의 갈등과 인정관계가 성립합니다. 주격 '나'와 목적격 '나'의 관계, 혹은 주체로서의 '나'와 객체로서의 '나 Me'의 관계가 그런 인정관계입니다. 자아는 자기 안에서의 이런 인정관계와 갈등을 통해 자아의 정체성을 확인하고 타자의 욕망을 욕망하기 위해 부단히 자신을 채찍질하기도 합니다. 내가 누구인가, 나는 왜 이렇게 행동하고 그 의미가 무엇인가 등은 끊임없이 다른 나의 인정을 요구합니다. 이때 다른 나는 사회적 자아라고 할 수 있지요. 이런 자아는 성장하는 과정에서 일차적으로 부모가 맡고, 유치원에서부터는 학교의 선생님이 맡는 경우가 일반적일 것입니다. '오이디푸스 콤플렉스'의 경우에서도 보듯, 가부장적 사회에서는 아버지의 인정이 아이의 성장과 인격, 그리고 정체성 형성에 큰 역할을 합니다. 또 우리나라처럼 성적 지상주의와 경쟁이 치열한 입시제도 하에서는 학교 선생님의 인정이 큰 역할을 할 수 있을 것입니다. 학교를 졸업해서 사회생활을 할 때도 경쟁이 치열할수록 사람은 타인의 인정 혹은 사회적 인정을 끊임없이 확인합니다. 이런 면에서 본다면 주격 '나'의 정체성을 끊임없이 인정하는 목적격 '나'는 사회적 타자의 역할을 한다고 볼 수 있습니다. 미드는 이런 타자를 '일반화된 타자'라는 개념으로 표현합니다. 자아는 이런 일반화된 타자와 갈등 관계를 겪고 인정을 받으면서 성장하는 것이라고 하겠지요. 이때 이 '일반화된 타자'는 사회의 도덕률과 관습을 자아에게 내면화시켜주는 역할을 하기도 하고, 또는 사회적 경쟁 속에서 생존할 수 있도록 지배 이데올로기를 학습시키는 역할도 할 것입니다. 타자의 인정은 한편으로 나를 성장시켜주는 역할도 하지만 다른 한 편으로 사회의 지배적 욕구에 순응하는 존재로 만들 수도 있습니다. 타자의 인정욕구가 갖는 이중적이고 이율배반적인 측면일 것입니다.

비대칭적 관계

둘째, 이런 '인정욕구'가 비대칭적이고 수직적인 인간 관계를 만들 수 있습니다. 미드의 이야기를 좀 더 발전시켜 보지요. 주격 '나'가 취약한 경우에는 목적격 '나'의 역할이나 지배력이 클 수밖에 없지요. 주격 '나'는 끊임없이 목적격 '나'의 관심과 사랑을 구하고, 또 인정을 구합니다. 이런 과정을 거치면서 자아가 성장하면 어느 순간 양자의 분리가 일어나고 또 역전이 일어나는 경우도 있을 것입니다. 개성이 강한 주체는 일반화된 타자의 지배를 극복할 수 있지만, 그렇지 못할 경우에는 여전히 자아의 정체성이 성장하지 못하는 경우가 있을 것입니다. 이런 경우에는 주격 '나'와 목적격 '나'의 관계는 비대칭적이고 수직적인 관계에 머무를 수밖에 없겠지요. 현실을 둘러보면 사회적 구조 안에서 불평등한 관계로 진행되는 경우가 훨씬 많지요. 일단 가족 내에서 부모와 자식 간의 관계도 대등한 관계라기보다는 수직적이고 비대칭적인 관계라고 할 수 있습니다. 가부장적인 가족 관계에서 부모는 일방적으로 자녀들에게 명령하고 금지하는 경우가 더 많지 않을까요? 자녀들은 부모를 어려워하면서도 부모의 인정을 받으려고 애를 쓰고 그것이 미치지 못할 경우 힘들어 하는 경우가 있습니다. 그래도 가족들 간에는 사랑이 밑바탕에 있어서 심하게 질책하거나 무시하는 경우는 드물겠지요. 여기 계신 분들 스스로 자녀와의 관계를 돌이켜 생각해 보면 수긍이 갈 수 있을 겁니다.

불평등한 갑질

인정이 자아의 정체성을 확인하고 성장하는 데 도움이 되는 반면, 불평등한 고용 관계나 수직적인 지시가 일상화된 비대칭적 관계 속에서 무시나 모욕을 받는 경우에는 자아의 정체성을 파괴할 수도 있습니다. 특히 IMF 이후 신자유주의의 정신이 일반화되면서 고용이 대거 불안해지고 비정규직이 양산되면서 고용주와 단기 비정규직 간의 관계, 대기업 안에서도 정규직과 비정규직 간의 관계에서 드러난 불평등 관계로 인해 인격적인 무시와 모욕이 이루어지는 경우가 적지 않지요. 흔히 한국사회에서 거론되는 '갑－을 관계'나 '갑질'이 다 이런 사정을 반영하고 있을 겁니다. 얼마 전 강남의 모 아파트에서 경비원이 분신자살을 시도한 사건이 있었지요. 입주민이 상시로 경비원을 인격적으로 모독한 것에 대한 분노 때문이었다고 합니다. 입주자 대표 회에서 직접 고용한 것도 아니고 용역업체에서 파견 나온 경비원의 지위는 대단히 불안할 수밖에 없습니다. 이런 상황에서는 입주민이 어떤 비인격적인 주문을 해도 일방적으로 당할 수밖에 없을 것입니다. 그는 인간이자 직업인으로서 정상적인 인정과 대우를 받지 못한 것에 분노를 느끼고 그것을 안타깝게도 분신으로 표현한 것입니다. 이런 인격적인 무시는 한 사람의 생명을 파괴할 만큼 치명적이라 할 수 있습니다. 오늘날 이런 경우를 비정규직 노동자나 감정 노동자들 사이에서 광범위하게 목도할 수 있습니다. 인격에 대한 무시와 모독은 물리적인 폭력 이상으로 한 인간의 인격을 파괴한다는 것을 알 수 있습니다. 특히나 주격 '나'의 주체성이 약한 한국인에게 인격적인 무시와 모욕은 더 치명적일 수 있습니다.

호네트의 인정이론

이처럼 인격적인 무시와 모욕은 한편으로 피억압적 자아를 파괴하기도 하고, 다른 한편으로는 분노와 저항을 유발할 수도 있습니다. 이런 분노와 저항은 훼손된 인격과 권리를 회복하고 인정받으려는 운동의 밑거름이 되기도 합니다. 프랑크푸르트 학파의 제3세대 학자인 호네트의 '인정투쟁'의 개념은 현대 사회에서 '권리에 대한 인정'이 중요함을 일깨웁니다. 그는 헤겔과 미드의 이론을 발전시켜 '인정투쟁'을 오늘날 규범적 사회이론의 중요한 틀로 제시하고 있습니다. 그에 따르면 권리에 대한 인정은 경제적인 문제 이상으로 인간의 자존심과 인격적 존엄과 관련이 되어 있습니다. 하지만 현실에서 이런 기본적 권리가 유린되고 무시되는 경우를 우리는 너무 많이 보고 있습니다. 특히 사회적 약자의 경우에 이런 권리 침해가 더욱 많이 벌어지고 있지요. 학생으로서의 권리, 여자로서의 권리, 장애인으로서의 권리, 성적 소수자로서의 권리, 노동자로서의 권리, 소비자로서의 권리 등 사회의 각 부문에서 우리는 수많은 주권자로서 살아가고 있습니다. 하지만 그만큼 주권자로서의 우리 권리가 훼손되고 박탈당하는 경험도 겪을 것입니다. 인정 개념은 여기서 이런 우리 자신의 권리를 자각하게 하는 데 중요한 역할을 하고 있습니다.

가치 연대

앞서 지적했지만, 주격 '나'의 주체성이 약한 우리 문화의 특성상 무시나 모욕이 한 개인의 영혼에 상처를 줄 수 있습니다. 아파트 관리 노동자는 그로 인해 분신자살까지 했습니다. 당연히 분노가 치밀어 당장 사직서를 내고 싶지만 목구멍이 포도청이라 이마저도 쉽지 않습니다. 사회적 스트레스의 강도가 높다 보니 이런 현상이 일반화하는 경향도 없지 않습니다. 이런 처사를 접할 때 우리는 당연히 분노가 일어날 수밖에 없습니다. 분노해야 할 때 분노하지 못하는 것은 자아의 주체성 결여와 연관이 있습니다. 그런데 막상 권리 침해와 관련해서 분노할 때 종종 개인의 모든 삶이 흔들리는 경우가 있을 겁니다. "절이 싫으면 중이 떠나라."는 말도 있듯, 우리 사회는 이런 문제를 개인적 부담으로 밀어넣는 경우가 많습니다.

권리는 개인의 사적인 이익의 문제가 아닌, 그가 속한 사회적 주체로서의 보편적 권리와 상관이 있습니다. 그런데 막상 이런 권리가 훼손돼서 그것을 보호하고 복원시키려고 하다 보면 그 순간 완전히 외톨이로, 고립된 개체로 환원되는 경우를 볼 수 있을 겁니다. 인정 개념은 이런 순간에서도 큰 역할을 할 수 있습니다. 훼손된 가치에 대한 인정이고, 그것을 복원시키기 위한 가치 연대에서 인정 투쟁이 중요한 역할을 담당할 수 있습니다.

가령 소비자 권리의 경우를 볼 수 있습니다. 한두 사람의 소비자가 거대한 기업을 상대로 불이익이나 권리를 제대로 대접받지 못한 것을 항의하기란 어려울 것입니다. 이때 같은 문제의식 혹은 가치를 공유하는 일군의 소비자들이 연대할 경우 그만큼 권리 회복이 쉬워질 것입니다. 일종의 가치 인정에 따른 연대라고 할 수 있을 것입니다. 이런 가치 연대는 환경 운동이나 소수자 권리 인정 운동, 장애인 연대 운동 등 가치의 세분화가 이루어지는 만큼 얼마든지 확대될 수 있을 것입니다. 동일한 가치를 공유하고 그것을 인정받으려는 것이 하나의 사회운동으로까지 발전하는 경우입니다. 이런 면에서 '인정투쟁'은 경제적 이익을 둘러싼 계급투쟁이나 정치적 이해관계에 따른 권력투쟁의 단순한 도식을 넘어서 무시된 권리나 훼손된 가치를 중심으로 다양하게 확장될 수 있는 것입니다.

좋은 사회

이제 이 강의를 마무리하면서 다시 한번 질문을 던져보지요. "왜 우리는 인정을 받으려고 하는가?" 인정은 우리가 이 사회 속에서 타인과 더불어 살아가는 존재이기 때문입니다. 그것은 우리 자신의 '존재 이유'라고도 할 수 있습니다. 때문에 그것이 무시되고 모욕될 때 우리는 분노하고 저항하고 투쟁하게 됩니다. 결국 나도 인정하고 너도 인정하는 사회, 상호 인정하는 사회는 이런 갈등을 넘어서 공존하는 사회, 더불어 사는 좋은 사회를 만들어가는 작업이기 때문이 아닐까요? 감사합니다.

11

정치적 판단과 법적 판단
— 박영선 대표의 탈당 거론과 원세훈 1심 판결을 보고

　지난 주말 두 가지 판단이 논란이 되었습니다. 하나는 민주당 비대위 대표 박영선이 2011년 한나라당 비상대책위원, 2012년 새누리당 정치쇄신특별위원으로 활동하며 지난 대선에서 박근혜 대통령 당선에 기여했던 이상돈 교수를 비대위 위원장으로 내정했다는 정치적 판단이고, 다른 하나는 지난 대통령 선거에서 국정원 선거 개입 관련 재판에서 전 국정원장 원세훈에게 내려진 법원의 판단입니다. 둘 다 여론의 질타를 받고 있는 예민한 문제인데, 저는 판단이라는 의미에서 한번 이야기해보고 싶습니다.

　칸트의《판단력 비판》에 따르면 판단은 보편과 특수를 결합하는 방식입니다. 여기에는 크게 이미 존재하는 보편을 특수에 적용하는 규정적 판단과 특수로부터 보편을 찾는 반성적 판단이 있습니다. 전자는 도덕적이고 법적인 판단에서 많이 볼 수 있고, 후자는 미적이고 정치적인 상황에서 많이 내려집니다.

먼저 특수에서 보편을 찾는 정치적 판단을 보지요. 세월호 정국에서 비대위 대표를 맡은 박영선의 행로를 보면 괴이할 정도입니다. 새누리 당과의 협상안이 당내에서 두 번이나 부결이 되고, 유족들의 반발도 크게 샀지요. 협상 내용을 떠나서 협상의 기본적인 원칙과 방식조차 없었기 때문입니다. 협상에 들어가려면 관련 당사자의 합의를 거친 내용이 있어야 하는데, 그걸 상대측과 협상하고 와서 당내에서 그리고 유족들의 동의를 구하는 형태인거지요. 본말이 전도된 셈이지요. 비상 상황이라 전권을 행사해야 한다고 생각했었는지는 모르겠지만, 한 번 부결되었으면 다시 실수를 되풀이해서는 안 되겠지요. 그런 실수를 두 번 되풀이하는 것을 보고 괴이쩍다고 생각하는 겁니다. 두 번 실수는 분명히 책임을 물어야 하는데 새정련에서 그냥 넘어간 것도 문제이고요. 그런데 이번에는 새정치민주연합(이하 '새정련') 내부의 문제를 해결한다고 해서 이상돈 교수를 영입하려 했다가 당내의 큰 반발을 사고 있습니다. 아하, 이 대목에 와서 나는 박대표가 정말 정치적 판단력이 없구나 하는 생각을 했습니다.

이 사람들이 얼마나 포스트 모던적으로 생각을 해서 여야와 진보·보수의 경계를 넘나드는지 모르겠습니다. 이상돈 교수는 직전 대통령 선거까지 적장의 책사 노릇을 했던 자가 아닙니까? 그가 아무리 새누리당을 비판하고 있고 합리적 사고와 중도 입장을 가지고 있다 하더라도 적장의 책사를 자당의 비대위 위원장으로 앉히려는 생각을 했을까요? 그냥 좋은 게 좋은 거라 그렇게 했을까요? 나는 이것이 정치의 기본도 모르고, 정치적 판단이 전혀 안돼 있는 데서 나왔다고 생각합니다. 그에게는 현 상황이 아무런 질적 차이가 없이 무수한 잡다한 사람들의 혼재로 비춰진 것이지요. 다 그놈이 그놈이고, 대신 좀 더 낫거나 좀 더 나쁜 정도의 차이로만 파악되는 것이 아닐까 합니다. 이 상황의 보편적이고 객관적 의미나 원리가 파악이 안 되는 거라 할 수 있습니다. 한 마디로 똥인지 된장인지 구분을 못한다는 것이지요.

칼 슈미트의 말처럼 정치란 적과 아군을 구분하는 데서부터 시작합니다. 그래야 전선이 어디에 있고, 전략을 어떻게 세우며 전방과 후방에 인력을 어떻게 배치해야 하는지를 확실히 할 수가 있지요. 이건 강경파니 온건파니 하는 문제와는 상관도 없습니다. 그동안 새정련이 세월호 정국에서 허둥지둥거리면서 새누리당에 면박당하고 유족들 꽁무니를 따라 다닌 데는 다 그만한 이유가 있던 셈입니다. 피아를 구분하지 못하니까 어떻게 행동할지 판단이 서지 않은 거지요. 한 마디로 정치적 판단력의 부재 혹은 무능, 정치에 대한 무감각을 적나라하게 보여준 셈입니다. 이럴 때는 다른 수 없습니다. 가능한 한 빨리 장수를 갈아치우는 수밖에.

판단은 앞서의 경우처럼 특수한 상황으로부터 그 객관적 의미를 찾아가는 반성적 판단이 있는 반면, 어떤 원칙이나 규칙을 가지고 특수한 상황에 적용하는 규정적 판단도 있습니다. 국정원장이 지난 선거 정국에서 선거법을 위반했는지를 판단할 때, 국정원법을 위반해서 정치에 개입한 것에 대해서는 유죄를 인정했지만 선거에 개입한 부분에 대해서는 무죄를 선고한 겁니다. 게다가 정상 참작으로 집행유예를 선고했으니까 사실상 아무 문제도 되지 않은 것이 되고 말았습니다. 명백히 국정원장이 직원들을 동원해서 11만건이나 되는 댓글 공작을 한 정황이 드러났음에도 선거법 위반이 아니고 구속도 되지 않았으니, 국민의 법감정이나 여론이 용납하기 힘든 것이겠지요.

법적 판단은 사건과 관련된 여러 증거를 판단해서 해당 법조항을 적용하는 것이지요. 이때 이런 판단은 특수한 상황이나 증거에 어떤 조항이나 원칙이 적용되는가가 문제가 됩니다. 이것은 상당한 증거 능력과 관련된 공방이 필요하죠. 본 사건의 경우에도 댓글 공작이 2012년 1월 전이고, 야당 후보가 확정되지 않은 상태라 특정 후보의 탈락을 겨냥한 것이 아니고, 이런 댓글 행위가 일상적인 정치 행위인지 아니면 의도적으로 선거에 영향을 미치려는 행위인지 등을 따지게 됩니다. 그리고 그런 증거가 확정이 됐을 때 검찰의 기소 내용과 여기에 적용할 법조항이 무엇인지를 판단하는 것이죠. 때문에 법원의 이런 판단은 상당히 정교하고 기술적인 법적 판단이라 할 수 있을 겁니다.

하지만 법실증주의자들이 말하듯 이 판단은 자판기에 동전을 넣고 커피를 뽑는 식으로 기계적으로 이루어지는 것이 아닙니다. 때문에 사건의 의미와 정치적 성격, 그 파장 등을 바라보는 재판부의 입장이 드러나지 않을 수 없습니다. 과거 재벌의 탈세나 기타 등등으로 법원이 판결을 내릴 때 이른바 국민 경제에 미친 공로나 영향 등을 판결 주문에 넣고 정상 참작 운운하면서 집행유예로 빼내는 경우가 다반사였습니다. 하지만 이것은 법치와 평등의 원칙에 어긋나는 재판부의 월권이나 다름없는 것이지요.

국민경제는 그들이 판단할 수 있는 영역이 아님에도 판사의 재량권과 해석권을 빌려 주관적이고 자의적으로 개입하는 것이라 할 수 있습니다. 오늘날 법원이 재벌에 대해서 이런 봐주기식 판단을 상당히 제한하는 것은 법치와 사법부의 독립이란 측면에서 고무적이라 할 수 있을 겁니다. 재판부가 법조항이란 보편과 사건이라는 특수를 결합해서 판단할 때 자의성이 개입할 여지, 쉽게 말하면 정치적 판단의 여지가 많다는 의미입니다. 그래서 판결문이 문제가 됩니다.

이번 판결에서는 첫 번째, 국정원의 정치적 개입은 인정했으면서도 집행유예로 빼준 것도 문제가 될 겁니다. 정치적으로 중립을 지켜야 할 국가 기관, 특히 정보기관이 조직적으로 정치에 개입한 것을 인정하고서도 유야무야하는 것 자체가 정치적 판단이지요. 민주주의 국가에서는 도저히 있을 수 없는 반상식적인 정치적 판단을 재판부가 한 것입니다.

다음으로, 선거에 개입했는가의 여부를 판단할 때 적용한 법조항이 문제입니다. 법원은 선거법 제85조(선거운동금지)와 제86조(선거에 영향을 미치는 행위 금지)의 차이를 부각시키면서 기소된 제85조 위반이 아니라고 합니다. "'선거 또는 선거 결과에 영향을 미치는 행위'와 '선거운동'을 엄격히 구분하고 있는 공직 선거법의 입법 취지 및 죄형 법정주의의 원칙이 고려되어야 할 것"이라는 것이 그 이유지요.

제86조는 검찰의 공소장에 들어 있지 않았기 때문에 법원이 판단할 이유가 없어서 별론으로 처리를 했습니다. 선거에 영향을 미친다는 것은 선거운동한다는 것보다 외연이 넓고 포괄적이죠. 죄형 법정주의 운운하는 것은 그만큼 법을 엄격하고 좁게 적용하겠다는 제스처지요. 여기서 짜고 치는 고스톱판을 연상케 합니다. 이미 국정원의 정치 및 선거 개입 여부에 대해 강력 수사하겠다고 했던 검찰 총장을 사생활 문제로 밀어냈고, 수사팀도 완전히 물갈이를 해놓았습니다. 이런 사전 정지 작업을 통해 건드리면 다친다는 무언의 경고를 한 셈이지요. 이제부터 검

찰은 자기 검열을 하게 되고, 쉽게 말하면 알아서 기는 개가 될 수밖에 없는 형국이었지요. 제86조는 이미 민주당에서 고발장을 제출할 때 적용한 법규인데 검찰이 그걸 몰라서 뺐을까요? 당연히 바보가 아닌 바에야 국민은 검찰과 법원, 그리고 그 윗선의 거래에 대해 상상력을 발동할 수밖에 없지요.

세 번째로, 선거운동금지에 관한 85조 적용문제를 보지요. 법원은 국정원의 조직적인 댓글 공작을 정치활동으로 인정했으면서도 집행유예로 무력화했고, 선거에 영향을 미치는 행위라는 판단을 공소장에 없다는 것으로 빼버렸습니다. 이렇게 외연을 좁혀 놓고 나서 마지막으로 국정원의 조직적 댓글이 선거운동도 아니라고 한 것입니다. 재판부가 죄형 법정주의 운운하면서 이렇게 좁고 엄격하게 법을 적용하느라 고심을 많이 했을 겁니다. 한 마디로 재판부는 축소전략을 쓴 것인데, 이것이 일관성이 있다고 한다면 뭐라고 하겠나요? 법을 엄격하게 적용해야 하는 것은 법원의 덕목이니까요?

그런데 담당 판사는 2013년 야당 시의원의 리트윗 단 한건에 대해 벌금 500만 원이라는 의원직 상실형을 선고했고, 야당 후보자 배우자가 월간지에 보도된 내용을 인용해 상대 후보자의 부정축재 의혹을 제기하는 이메일 1건을 보냈다는 이유만으로 징역 6월, 집행유예 1년을 선고하기도 했다고 합니다. 한 쪽에서는 법을 한 없이 축소해서 적용하고, 다른 쪽에서는 한 없이 확장해서 적용한 셈이죠. 이러니 일반 국민의 법감정은 법원의 판결을 고무줄 판결이라고 생각하고 코에 걸면 코걸이고, 귀에 걸면 귀걸이로 생각하는 거지요. 법관의 자의성과 주관성, 게다가 정치적 판단이 민주주의의 발전에 중요한 판결에서 적나라하게 드

러난 것이겠죠. 당장 현직 동료 판사가 이 판결문을 가지고 지록위마指
鹿爲馬라고 비난하고 나선 겁니다. 동료의 판결문을 비판한다는 것은 대
단히 이례적이고 용기있는 행동일 것입니다.

중요한 대통령 선거 정국을 앞두고 정치에 개입은 했지만, 선거 운동
은 아니라는 판단은 개도 웃을 일이지요. 손바닥으로 해를 가린다고 해
서 가려질 수 있을까요? 법관들이 이렇게 뻘짓을 하니까 사법부에 대한
불신이 높아지고, 법원 판결을 믿지 못하겠다고 하는 것입니다. 이런 판
결을 가지고 어떤 이들은 법관들이 형식논리도 모른다고 비판합니다.
하지만 그것은 논리의 문제가 아니라 진리의 문제입니다. 검은 것을 검
다 하고, 흰 것을 희다고 하지 못하는 거짓의 문제이지요.

나는 모든 법관이 이렇게 정치성을 띤다고 생각하지 않습니다. 어물전
의 망신은 꼴뚜기가 시킨다고 소수의 출세 지상주의 판사들이 사법부의
위상을 떨어뜨리고 있는 것이지요. 당장 이 판결문에 대해 의롭게 문제
제기를 하는 판사도 있고, 또 이재현 CJ 회장에 대해 과거의 재벌 봐주
기식과 다르게 엄격히 법을 적용하는 재판부도 있다고 봅니다. 하지만
이번의 원세훈 판결과 2013년 김용판 전 서울지방경찰청장의 국정원 수
사 은폐사건 판결 같은 것은 법원이 스스로 알아서 기는 개가 되는 치욕
적인 판결이고, 사법적 정의를 크게 후퇴시키는 판결이라 생각합니다.

검찰이야 행정부 소속이고, 최고 권력자의 입김이 검찰총장을 통해
압박으로 가해질 수 있을 것이라는 생각은 합니다. 하지만 삼권이 분립
된 법치국가에서 법원이 독립적으로 판단을 하지 못하고 권력의 눈치를
본다는 것은 국민으로서 대단히 불행하게 느낄 수밖에 없습니다. 민주
주의와 법치는 헌법이 자동적으로 보장하는 것이 아닐 것입니다. 그것

은 무엇보다 법을 운용하고 적용하고 또 판단하는 법관이 법의 정신을 지키려고 노력할 때 가능한 것입니다. 무소불위의 권력과 금력이 지금 정치를 유린하고 민주주의를 유린하고 국민을 소외시키고 있을 때 그것을 막을 수 있는 최후의 보루는 사법부가 아닐까요? 이 점에서 본다면 법률적 판단은 단순히 보편을 특수에 기계적으로 적용하는 규정적 판단에 그치는 것이 아님을 알 수 있습니다. 거기에는 특수가 지니고 있는 보편성을 알아가는 반성적 판단도 개입하고 있으며, 이런 이중적 판단을 통해 법의 정신과 법치주의가 살아나는 것이 아닐까 합니다.

12

법적 판단과 우연성
— 성매수

딸 같은 12세 여아와 성매매를 한 40대가 집행유예를 받았다고 한다. 판결문을 읽어보지 못했지만, 뉴스에 나온 양형 이유에 따르면 이렇다.

> "아직 성적 자기결정권을 제대로 행사할 수 없는 아동·청소년의 성을 매수해 죄질이 불량하지만 동종 전과가 없는 점, 범행을 반성하는 점을 참작했다."

이런 내용을 보면서 도대체 이 나라의 사법부가 위치한 시간대가 19세기인지 의심스럽다. 가부장적이고 봉건적인 조선의 19세기라 하더라도 미성년자의 성을 매수하는 행위는 도덕적으로나 법률적으로 도저히 용납이 안 될 것이다. 그럼에도 법원은 어떻게 이런 판단을 내리게 되었는가? 일단 여기 나온 내용만 가지고 보자.

법원도 12세 여아의 성을 매수한 것이 불량한 죄질임을 인정하고 있다. 현행법 하에서 성매수는 불법이다. 특히나 13세 이하의 미성년자를 상대로 하는 경우는 특례법에 의해 가중 처벌을 한다. 스마트폰의 어플을 통해 만났고, 자유의사에 의해 합의를 했다 하더라도 미성년자의 경우는 독립적인 인격이 아니므로 인정이 안 된다. 일단 성매수가 불법이고, 두 번째는 미성년자이다. 언론에 나온 것만으로는 두 차례 성매수를 했다고 한다. 언론에 나온 정도가 이러니 그 이상도 생각해볼 수 있다. 한 번도 아니고 두 번이라면 반복적이고 상습적일 수 있다. 그렇다면 누범의 효과도 있기 때문에 더 엄중하게 처벌할 수밖에 없다. 그런데 법원은 집행유예로 판결했다. 그 이유가 재밌다.

"동종 전과가 없는 점, 범행을 반성하는 점을 참작했다."

40대가 어린 막내 딸 같은 12살 짜리와 성매매를 했다는 것이 어디 간단한 문제인가? 합의를 가장하고, 돈으로 유혹을 했다 하더라도 아이가 성큼 따라나설 수 있겠는가? 여기에는 돈으로 유혹하는 이상으로 위계에 의한 강박도 적지 않을 것이다. 그래서 성폭력 범죄의 처벌 등에 관한 특례법 제7조(13세 미만의 미성년자에 대한 강간, 강제추행)는 10년 이상 무기징역까지 처벌할 정도로 엄중하다. 그런데 12살짜리 아동의 성매수를 한 자에 대해 법원은 '죄질이 불량하다'는 표현으로 간단하게 처리한다. 이런 표현 속에는 죄질이 얼마나 위중하고, 얼마나 반인륜적이고, 얼마나 폭력적인가 드러나 있지 않다. 그저 통상적으로 있을 수 있을 정도의 불량한 죄 정도로 무심하게 넘길 수 있다. 죄질이 불량하다고 했으니까 그 죄에 대해 문책하고 처벌해야 하지 않는가? 이런 행위에 대해 법원은 어떻게 판단했는가?

"동종 전과가 없는 점, 범행을 반성하는 점을 참작했다." 일단 범행을 반성하는 점부터 보자. 아무리 나쁜 범죄를 저지른 자도 엄중한 처벌을 받을 가능성이 높으면 면죄를 위해 반성을 가장할 수 있다. 이런 반성은 사실 진실한 반성일 수 없다. 물론 그런 경우도 없지 않겠지만 법원이 그런 반성문 정도로 면죄시켜 준다면 개나 소도 다 반성문 쓰고 나올 일이다. 법원의 판단이 그렇게 우연적이고 심정적인 판단에 매달린다면 법의 엄중함을 어디서 볼 수 있으며, 그런 범죄가 다시 반복되지 않도록 예방적 처벌의 효과를 어떻게 기대할 수 있겠는가?

다음으로 다른 이유가 된 동종 전과가 없다는 점을 보자. 전과가 없는 초범의 경우 정상을 참작할 수는 있겠지만, 그것도 경우에 따라서다. 죄질이 불량하고 위중하고 반인륜적이고, 앞으로 반복될 가능성이 높은 범죄에도 똑같이 초범이라 정상을 참작한다는 것은 법원이 별 생각 없이 기계적으로 판단했다는 것 밖으로는 이해할 수가 없다.

다시 한번 양형의 이유를 보자. "죄질이 불량하지만 동종 전과가 없는 점, 범행을 반성하는 점을 참작했다." 이런 표현은 대부분 복사하여 붙이기copy and paste로 이루어지는 상투적 판단이다. 혹은 자판기에 넣고 커피 뽑는 것처럼 기계적이다. 이 판단에는 불량한 죄질에 대한 심각한 고민이 보이지 않는다. 법원의 판단은 이 문제에 대한 사회적 관심과 가치의 지향점이 어디로 향하고 있고, 또 그 판단이 사회적으로 얼마나 파급효과가 있는지에 대한 아무런 성찰이 없다. 미성년자에 대한 성폭행이나 성매수 등과 관련해 죄를 엄중하게 묻는 것은 세계적으로 일반적 추세이다. 그만큼 인터넷 등의 발달로 아동 성매매의 가능성이 높아지고 있기 때문이다. 그렇다면 앞으로의 그런 추세를 저지하고 경고하기 위해서 더 엄중하게 처벌해야 하는데 대한민국의 법원은 거꾸로 가고 있는 것이 아닌가? 그럼에도 이런 기계적 판단에는 그런 관심과 파급효과 등을 의도적으로 차단하려는 전문가의 계산된 비정함이 엿보일 지경이다. 도대체 그것이 무엇일까?

일반인의 호기심 이상으로 법원의 판단에 대해 알 수 없는 나로서는 다만 법적 판단이 상당 부분 우연적이고 자의적으로 내려지고 있다고 생각할 수밖에 없다. 이런 우연과 자의의 틈바구니로 정치적 압력, 금전의 유혹, 전관예우 같은 비합리적 요소가 들어오는 것이다. 그렇길래 법원의 판단을 불신하는 사람들은 "귀에 걸면 귀걸이고, 코에 걸면 코걸이", "유전 무죄요, 무전 유죄" 혹은 "늘었다 줄었다 하는 고무줄 판결"로 생각하는 경우가 적지 않다는 것이다. 물론 법의 판단이 그럴 수 없고, 결코 그래서도 안 된다. 엄중하고 공정해야 할 법원의 판단이 이렇게 자의적이고 우연적으로 이루어진다면 법적 정의가 훼손이 되고 법적 질서와 안정이 깨질 수 있다. 이 경우 그 피해는 고스란히 국민이 떠안게 되지 않겠는가? 12살짜리 미성년자가 유서를 쓰는 나라, 12살짜리 미성년자의 성을 매수해도 집행유예로 빠져나오는 나라에서 과연 국격을 이야기하고 21세기의 선진국을 이야기할 수 있겠는가? 따라서 법원은 자신들이 내리는 판단의 의미와 효과에 대해 좀 더 신중하고 성찰적이어야 할 것이다.

13

문제는
판단력이다

　미국이 코로나 바이러스로 아비규환 상태인데, 나는 이것의 절반 이상은 미국의 지도자 트럼프의 오판에 기인한다고 생각한다. 중국과 한국에서 한 달 이상의 시간을 벌어주었음에도 불구하고 트럼프는 강 건너 불 보듯 하고 그릇된 정보를 가지고 비난만 했다. 미국 내부에서도 여러 정보기관이 위험에 대비할 것을 알리는 신호를 보냈다. 특히 피터 나바로 백악관 무역제조업정책국장은 메모에서 "미국 땅에서 코로나19가 완전한 대유행full－blown pandemic으로 번질 경우 미국은 무방비로 당할 수 있다."면서 "대규모 인명 피해와 경제 손실을 초래할 수 있다."고 경고했다. 문제는 아무리 이러한 정보들이 넘쳐도 그것을 최종적으로 판단하는 것은 대통령과 그 주변 핵심 참모들의 몫이다. 그런데 그들은 그런 결정을 외면했다. 이들은 코로나 문제를 안이하게 생각하면서 방심하고 말았다. 이런 오판은 트럼프 뿐만이 아니라 유럽 각국의 정상들도 거의 매한가지이다. 이 점에서 판단력이 얼마나 중요한지를 알 수 있을 것이다.

왜 유럽이나 미국은 코로나 사태를 가볍게 생각했을까? 합리적으로 생각을 했으면 충분히 예방할 수도 있지 않을까? 옆 동네에 난리가 났으면 당연히 그 원인을 조사한 다음 동일한 사태가 벌어지지 않도록 대비를 세웠어야 한다. 그리고 사태의 심각성에 따라서 더 철저한 대비가 필요했을 것이다. 이러한 대비는 결국 사태를 어떻게 인식하느냐에 따라 달라질 수 있다. 심각하게 생각하면 심각하게 대비를 하고, 그렇지 않을 경우 쉽게 대비할 수 있다. 미국과 유럽도 중국과 한국의 사태를 보면서 놀래기는 했다. 당장 중국과 한국을 입국 금지 목록에 올려 놓았다. 하지만 그 이후 내부적으로 얼마나 준비를 했는지 알 수가 없다. 알고 모르고의 문제는 그 결과가 알려준다. 유럽과 미국이 겪는 지옥과 같은 상황이 말해주었기 때문이다. 오히려 그들은 코로나를 열등한 아시아인의 병으로 생각하고 인종 차별을 일삼고 조롱하기까지 했다. 이들이 이처럼 안이하게 인식하고 방심한 데는 오리엔탈리즘이 절대적으로 작용했다. 유럽 우월주의 같은 편견으로 인해 긴급한 상황에서 그들은 잘못 판단한 것이다.

그 후 중국은 우한시와 후베이성을 봉쇄하면서 코로나와 사투를 벌여 극복했다. 한국도 신천지라는 사이비 종교집단으로 인해 대구에서 코로나 바이러스가 폭발을 했다. 하지만 한국은 중국과 달리 봉쇄정책을 쓰지 않고서도 개방적이고 민주적이고 공격적인 방식으로 코로나 사태를 극복했다. 중국을 입국 통제하지 않았다고 비난하는 입장은 한국에서 크게 문제가 되었다. 이런 입국 통제는 미국과 유럽이 앞장 서서 했고, 일본도 따라갔다. 하지만 그렇게 통제를 해놓고 결과는 왜 최악이 되었을까? 이들은 한결같이 입국 금지만 하면 바이러스가 차단될 것으로 낙관 혹은 방심한 것이다. 이러한 입국 금지는 경제 전반에 걸쳐 엄청난 악영향을 미쳤고, 포스트 코로나에서 가장 큰 장애물이 될 것이다. 반면 한국은 처음부터 입국 금지가 아니라 대응력을 높이는 쪽으로 방향을 잡았다. 한국은 선제적으로 진단 키트를 준비해서 진단 검사를 획기적으로 높이고, 감염자를 역학적으로 추적하는 일에 힘썼다. 한국의 적극적인 대응 방식이 옳다는 것은 그 이후의 결과에서 바로 드러났고, 지금은 전 세계 국가들이 한국의 모델을 칭찬하면서 협력을 구하고 있다. 문을 열어 놓고 대응한다는 것은 그만큼 바이러스를 관리 통제할 수 있다는 자신감이 있었기 때문에 가능하다. 결국 봉쇄가 아니라 대응력을 키우기로 결정한 한국의 판단과 결정이 옳은 것이다. 한국의 개방적이고 민주적이고 공격적인 대응은 포스트 바이러스의 회복과정에서도 중요한 모델로 작용할 것이다.

동양에 대한 서양의 오리엔탈리즘적 편견은 오래 되었을 뿐 아니라 광범위하다. 이런 편견은 인종 차별주의로까지 발전하기 때문에 해링턴이 말하듯 동서 간의 문명충돌을 야기하는 원인이기도 하다. 때로 이런 편견으로 인해 서구는 아시아의 비약적 성장을 제대로 인식하지 못하는 경우도 있다. 이번 코로나 사태에 방심한 탓도 오리엔탈리즘적 편견이 작용했다고 할 수 있다. 최근 이와 관련해 악성 판단이 프랑스에서 나왔다.

> "한국은 개인의 자유에 있어서 최악의 국가다. 디지털 감시 사회를 만든 나라이고, 중국에 이어 세계에서 두 번째로 감시와 고발이 많은 나라다. 타인을 밀고해 돈벌이를 하는 나라가 한국이다. 한국은 개인의 자유라는 걸 오래전에 포기한 나라다."

코로나 바이러스 대응과 관련해 한국을 과도한 수위로 비판한 프랑스 변호사의 기고문이 프랑스어권 최대 경제지인 레제코에 실린 것이다. 이런 글은 제한된 정보와 극도의 편견에 사로잡혀 쓴 글이다. 전문가의 판단이라 할 수 없을 정도이다. 그런데 의외로 서구 인텔리 가운데 아시아에 대해 이렇게 극도로 폄하하는 사람이 많다. 그런 결과가 지금 프랑스가 겪는 참혹한 경험이다. 현재 확진자수가 10만 명이 넘고, 사망자수도 1만 3천명이 넘을 정도로 초토화된 프랑스에서 할 수 있는 말이 아니다. 코로나 바이러스로 인해 개인들 이동조차 허가서가 있어야 하는 프랑스에서 개인의 프라이버시를 가지고 한국을 비난하는 것 자체가 지독한 오만의 다른 면이다.

하지만 이번 사태를 동서양의 균형 잡힌 시각에서 이야기하는 경우도 있다. 다니엘 튜더 전 이코노미스트 한국 특파원은 이번 사태를 서양 우월주의가 무너지는 계기로 보았다. 서양 우월주의는 뒤짚어서 이야기하면 동양에 대한 열등감이기도 하다. 그는 말한다.

> "한국에서는 내재화된 '서양 우월주의'를 쉽게 볼 수 있다. 최고의 교육은 미국식이고 글로벌 스탠더드도 늘 서양 기준이다. 한국의 유명인이 서양에서 인정이라도 받으면 한국 언론은 유별날 정도로 열광한다."

한국인이 서양을 지향의 목표이자 평가의 기준으로 삼다 보니 나타나는 열등감의 다른 표현이다. 그런데 이번 사태를 거치면서 서양도 코리아의 역량을 인정하고, 한국인도 자신감을 가질 수 있게 되었다. 이런 현상은 서로 간에 시각의 차이를 줄일 수 있는 계기가 된다. 그만큼 아시아는 자신들의 역량에 대해 신뢰를 하면서 자신감을 갖고, 반면 서구도 지나친 우월주의가 오히려 자신들의 시스템을 업데이트하지 못하는 불찰이 될 수 있다는 점을 인정해야 할 것이다. 이 세상의 누구도 타자를 경멸하고 차별할 권리는 없다. 그 점에서 튜더의 판단은 균형이 잡혀 있다고 볼 수 있다.

지식인이나 전문가는 종종 현실이나 현장보다는 주로 책상에서 작업을 하다 보니 현실에서 나타나는 조그만 현상을 침소봉대하는 경우가 많다. 코로나 바이러스 사태를 보면서 바로 파시즘으로 가는 것이라고 말하거나 이번 4.15 선거가 파시즘의 헬게이트를 연다고 주장하는 경우가 그렇다. 코로나 사태는 특수하게 일어난 현상이고, 그것에 대응하는 추적 기술이 개인의 프라이버시를 위협하는 것도 제한된 현상이다. 그런데 바로 그것을 가지고 파시즘으로 몰고 가는 것은 성급한 일반화일 뿐더러, 인간 주체의 대응을 무시한 태도이다. 과도한 기술주의에 대한 맹신이 오히려 비현실적 분석으로 이끈 셈이다. 정치철학 교수인 모씨는 4.15 총선의 화두는 '조국曹國이냐, 조국祖國이냐'로 압축된다고 역설한다. 사회학과 교수 출신인 미래통합당의 공대 위원장인 박형준도 그렇게 말하고 있다. 하지만 이들은 선거 아젠다agenda를 설정하는 데도 감각이 떨어진다. 조국 문제를 소환해서 다시 쟁점으로 삼고 싶은 의도를 이해할 수는 있지만 이미 그것은 법원으로 넘어가 있고, 한물간 의제다. 낡은 의제에 집착하는 것은 그만큼 현실 변화를 읽지 못하는 판단력의 부족을 반영한다.

더 나아가서 그는 이런 말조차 서슴치 않고 한다.

"패권적 진영 논리를 극대화해 장기 집권을 노리는 문 정권은 연성軟性 파시즘의 헬게이트를 열고 있다. '문빠'라고 하는 '문재인·조국 정치 팬덤'은 반反이성주의, 국수주의적 민족주의, 지도자 숭배라는 파시즘의 특징을 공유한다. 끊임없이 가상의 적을 만들어 민심을 격발시키고 다중의 위력 시위로 공론장과 법치주의를 왜곡한다. 파시스트들에게 정치는 적과 동지의 투쟁이므로 기만과 조작이야말로 핵심적 정치 수단이다. 그리하여 연성 파시즘에선 '어용 지식인'의 추악한 딱지가 찬란한 훈장이 된다. 극단적 가치 전도 현상이다. 21세기 한국 사회에서 '자유로부터 도피하는' 대중의 지지에 편승해 연성 파시즘이 흥기興起하고 있다. 문재인 정권의 참혹한 현실이다."

이 글을 보면 그는 4.15 선거가 연성 파시즘의 헬게이트를 열고, 그 앞잡이가 문빠라고 보는 듯하다. 동원된 개념과 수사는 화려하지만, 그 내용은 자다가 봉창 두들기는 수준이다. 모씨는 과연 파시즘의 현실을 알고서나 이런 말을 하는가? 만약 알고서도 이런 말을 했다면 사악한 것이고, 모르고서 했다면 무능하고 무식한 것이다. 도대체 세상의 어떤 파쇼체제가 지배의 가장 핵심적 도구인 언론과 검찰에 포위된 상태로 국가를 운영하는가? 무슨 파쇼체제가 코로나 위기로 전 세계가 초토화되는 현상에서도 개인의 자유에 대해 거의 아무런 제한도 하지 않을 수 있을까? 도대체 한국 사회처럼 소란스런 전체주의 사회가 세상에 어디 있나? 이런 단순한 증거만으로도 그의 현실 판단이 얼마나 과장되고 오류에 빠져 있는가를 알 수 있다. 오히려 연성 파시즘은 공기公器인 언론을 수구 기득권 세력의 보호를 위해 기관지처럼 활용하는데 더 많이 작동하고 있다고 해도 틀린 말이 아니다. 이런 근본적 인식과 문제의식이 없이 정치꾼들의 선동처럼 파시즘, 헬게이트, 국수주의적 민족주의 운운하면서 협박을 하는 것을 보면 가관이다. 그런 면에서 이 글은 학자의 글이라기보다는 현재 한국 사회의 가장 큰 기득권 세력들의 주문자 생산 격으로 생산된 글이 아닐까라는 합리적 의심마저 자아낸다.

문빠만 해도 그렇다. 우르르 몰려 다니는 빠들의 행태가 좋아 보이지 않는다. 그런 모습이 지나칠 때는 영혼이 없는 좀비들이나 마구니들의 모습이 연상될 지경이다. 인민 재판에 쏠려 다니는 무리나 중국의 문화혁명 당시 홍위병들의 모습이 그러하다. 하지만 겉모습이 비슷하다고 해서 그것을 동일시하면 안 된다. 한국 사회는 오래전부터 지배 계급의 억압과 수탈, 그리고 불평등이 지속되어 왔다. 그런 면에서 한국 사회는 민란과 시민운동으로 점철된 저항의 역사가 깊다. 87년의 민주화와 김대중─노무현 정권이 민주주의를 확장시키는 데 큰 기여를 했지만 여전히 수구 기득권 세력과의 편차는 말할 수 없이 크다. 촛불 국민들이 만들어준 문재인 정권 역시 그런 연장 속에서 존재하고 있다. 그런 면에서 한국 사회를 분석하고 비판할 때는 지배와 피지배, 기득권과 신진 세력 등 양항 간의 기울기에 특별히 주목해야 한다. 문빠는 현상적으로는 팬덤 정치로 보일지라도 본질은 저 '기울기'를 바로 잡으려는 저항적 민주주의의 표현이 본질인 것이다. 그 점을 정확히 인식하지 못하고 팬덤으로 비난하다 보니 오히려 스스로 수구 기득권 세력 같은 파쇼의 인질이 되어서 대변인 역할을 하는 것이다. 어용 지식인이라는 것은 바로 이런 모습에 더 어울리는 딱지가 아닐까?

정보가 아무리 많고, 권력이 아무리 크고, 과거의 영광이 아무리 대단하고, 가방끈이 아무리 길어도 판단하는 문제는 자동적으로 올바로 이루어지는 것이 아니다. 오히려 그런 것이 많다 보면 더 판단을 그릇칠 가능성도 높다. 자신만만한 교만hybris이 그릇된 판단으로 이끄는 최대의 적이 될 수 있다는 것은 오래전 그리스의 비극이 잘 가르쳐 주고 있다. 그러므로 중요한 판단을 할 때는 더욱 철저히 판단 대상에 관해 데이타를 모아서 분석하고 두루 여러 면을 살펴서 내려야 한다. '양 끝으로 떨어지지 마라.'는 불교의 중도中道 정신도 가슴 속에 새겨야 한다. 물론 양 끝이 무엇을 의미하는가는 새로운 지혜와 판단이 요구되는 문제이다. 그래서 정치적 판단에서는 기울기와 균형이 중요한 것이다.

14

분석과 비판
― 정규재(참을 수 없는 인용의 부끄러움),
  송평인(안창호 재판관, 격정에 못미친 교양) 글에 대한 비판

안창호 헌법재판관이 박근혜 대통령 탄핵결정문에 단 보충의견이 말이 많은가 보다. 그는 옛 성현의 말, 플라톤의 '국가론', 《성경》의 〈아모스서〉에서 한 구절씩을 인용하고 있다. 동아일보의 송평인은 이 글을 두고 헌법 재판관들의 교양 수준이 의심스럽다고 하고, 정규재 같은 이는 '참을 수 없는 인용의 부끄러움' 운운하면서 노골적으로 잘못 인용했다고 비판한다. 과연 그런지 나도 호기심이 나서 한번 살펴보았다. 그런데 확인하고 나서 내가 내린 결론은 오히려 송평인 논설위원의 교양이 의심스럽고, 정규재의 말마따나 단장취의斷章取義나 견강부회牽強附會가 너무 심하다는 생각이다.

1. 일단 이런 글이 나오게 된 맥락과 배경을 보자. 안창호 헌법 재판관은 지난 3월 10일 탄핵 결정문 보충 의견에서 옛 성현과 플라톤 그리고 《성경》의 글을 인용한 바 있다. 나는 22일자 동아일보 송평인 논설위원

의 글을 처음 보고 알았다. 그런데 조사를 해보니 3월 20일 한국경제신문의 정규재 논설위원이 먼저 이 문제를 거론했고, 그보다 앞서 이미 극우주의자들의 사이트로 유명한 '일베'에서 안창호 재판관의 글을 문제삼은 것을 알게 되었다. 여기서 시간대 확인이 중요한데, 최초로 문제 제기한 것이 그만큼 독창성을 인정받을 수 있고, 그 다음의 비판들은 최초의 문제 제기에 기반해서 보충 논증을 하는 경우가 많기 때문이다. 게다가 정규재와 송평인이 일베의 글에 의존해서 논지를 폈다고 한다면 기성 언론의 나름 유명한 논설위원들이 일베나 기웃거리며 그들의 아이디어를 훔치고 있다는 비난도 피할 수 없을 것이다. 또 송평인은 정규재의 글마저 나온 상태에서 별달리 새로운 논지도 없는 상태로 헌법 재판관들의 교양 수준 운운했기 때문에 도덕적으로도 문제가 있다. 그래서 일단 정규재의 글을 중심으로 살펴보고 송평인의 글은 보충적으로 비판하고자 한다. 정규재의 글이 일베와 송평인의 중간 지점을 보여주기도 하기 때문이다.

1.1 정규재는 '참을 수 없는 인용의 부끄러움'을 타이틀로 달면서 안창호 재판관의 잘못된 인용을 호되게 비판하고 있다. 그는 "남의 말과 글을 함부로 잘라내어 자기 멋대로 인용하거나 심지어 반대의 뜻으로 만들어 버리는 언론 기사를 접하기 시작한 것은 꽤 오래 전부터의 일이다. 단장취의斷章取義의 범위를 벗어난 지 이미 오래요, 견강부회牽强附會를 넘어선 지도 한참"이라고 하면서 인용에 대해 준엄한 태도를 취하고 있다. 그는 재판관의 보충 의견에 그런 흔적이 있다고 말하면서 "'지도자가 위법한 행위를 했어도 용서한다면 어떻게 백성에게 바르게 하라고

하겠는가.[犯禁蒙恩 何爲正]'라는 옛 성현의 지적이 있다."는 안 재판관의 글을 제시한다. 도대체 '범금몽은 하위정犯禁蒙恩何爲正'이란 구절에서 어떻게 지도자의 위법을 말할 수 있는가라는 것이다. 이 글 비판의 핵심은 '범금몽은 하위정'과 관련되어 있다. 그래서 한번 조사를 해봤더니, 작년 국회에서 탄핵 의결이 나온 후 황종택이 세계일보에서 《관자》를 인용해 쓴 글에 이 부분이 나오더라는 것이다. 그런데 이 부분은 이미 3월 14일 일베 사이트에 올라와 있었다. 정규재는 여기서 일베의 똑같은 지적 글을 봤으면서도 전혀 아는 체도 하지 않고 있다. 이 점은 송평인도 마찬가지이다. 하긴 제도권 논설위원들이 일베의 글에서 아이디어와 자료를 얻었다고 하면 그보다 창피한 일이 어디 있겠는가?

1.2 여기서 먼저 일베의 글을 살펴보는 것이 좋다.(http://www.ilbe. com/9566155480)[1] 일베는 안창호 재판관이 '범금몽은 하위정'을 옛 성현의 글이라고 인용하면서 제시한 해석도 '지도자'라는 말을 덧붙인 것 외에 똑같다는 점을 확인해 주고 있다. 그러면서 그 글을 세계일보에 썼던 황종택의 글(http://www.segye.com/.../html/2016/12/14/20161214002985. html)에서 취사한 것임을 최초로 확인해 주었다. 일베는 이 인용문이 어떻게 황종택이 해석한 방식대로 나올 수 있는가에 의문을 제기하면서 《관자》 5권 15편 〈중령重令〉의 해당 구절을 면밀히 검토하고 있다. 상세한 검토 끝에 이 글 속에는 '정국존군 근중령靖國尊君根重令, 범금몽은 하위정犯禁蒙恩何爲正'이란 구절이 없으며, 결국 그 글은 황종택이 멋대로

---

1 아쉽게도 중요한 출전이 되는 일베사이트가 지금은 폐쇄되었다. 이 사이트에서 안창호 재판관의 글을 처음으로 문제 삼았다.

견강부회한 것이고, 이 글에 안창호 재판관이 낚였다고 결론짓고 있다. 정규재도 이 부분을 지적하면서 마치 자신이 《관자》를 읽은 것처럼 〈중령〉의 부분을 인용하고 있다.

임금이 나라를 다스리는 데 가장 중요한 것은 명령이다. 명령을 무겁게 하면 임금이 높아지고 나라가 편안해진다. 엄하게 벌하면 명령이 실행되고 모든 관리들이 두려워한다. 명령이야말로 나라를 다스리는 근본이다. 명령을 어그러뜨리거나 덧붙이거나 행하지 않거나 멈춰두거나 따르지 않은 자는 사형에 처하고 사면하지 않는다.

1.3 일단 안창호의 보충 의견과 일베의 지적, 정규재와 송평인 모두 이 인용문을 시비걸고 있으므로 인용과 관련된 문제부터 살펴보자. 일반적으로 인용은 자기 글의 객관성이나 권위를 보충하기 위해, 혹은 자기 생각의 권위 있는 전거를 위해 사용하는 방법이다. 이 인용에는 원문을 그대로 혹은 축자적으로 인용하는 경우도 있지만 원문의 취지를 살리는 상태에서 자신의 구미에 맞게 각색해서 인용하는 경우도 있다. 그런데 일베와 정규재, 송평인은 모두 축자적으로 인용하지 않은 것을 문제삼는다. 인용에 대한 단편적인 이해일 뿐이다. 더 나아가 그들은 황종택의 글을 사기라고 비난하고, 나아가서 원문 해석도 잘못 왜곡한 것이라고 비난한다.

1.4 여기서 일베가 확인한 《관자》 〈중령〉 부분을 살펴보는 것이 오히려 분란을 적게할 수 있다. 일베는 친절하게 원문에 해당하는 번역서의

해당 부분까지 학구적으로 제시하고 있다. 정규재나 송평인보다 훨씬 지적이고 성실하다.

凡君國之重器, 莫重於令, 令重則君尊, 君尊則國安, 令輕則君卑, 君卑則國危.

故安國在乎尊君, 尊君在乎行令, 行令在乎嚴罰, 罰嚴令行, 則百吏皆恐. 罰不嚴, 令不行, 則百吏皆喜.

故明君察於治民之本, 本莫要於令.

故曰, 虧令者死, 益令者死, 不行令者死, 留令者死, 不從令者死.

五者死而無赦, 唯令是視.

故曰, 令重而下恐.

아래는 내(일베)가 해석한 것이 아니라 소나무 출판사에서 나온 《관자》로 역자들은 나보다 훨씬 더 많이 배운 사람들이고 해석도 현대인에 맞게 쉽게 되어 있어 갖고 왔다. ─마치 자기가 해석한 것처럼 적은 정규재나 송평인보다 지적으로 얼마나 솔직한 태도인가?─

나라를 통치하는 방법 가운데 명령보다 중요한 것이 없다. 명령이 중시되면 군주가 존엄하고, 군주가 존엄하면 나라가 안정된다. 그러나 명령이 경시되면 군주가 미약하고, 군주가 미약하면 나라가 위태롭다.

그러므로 나라를 안정되게 하는 것은 군주를 존엄하게 하는 데 있고, 군주를 존엄하게 하는 것은 명령을 시행하는 데 있으며, 명령을 시행하는 것은 형벌을 엄숙하게 하는 데 있다. 형벌이 엄숙하지 않고 명령이 시행되지 않으면 모든 관리가 희희낙락거린다.

그래서 현명한 군주는 백성을 다스릴 때 그 근본이 명령보다 중요한 것이 없음을 알아야 한다.

그러므로 "명령을 함부로 삭제한 사람은 사형에 처하고, 명령을 함부로 첨가한 사람은 사형에 처하고, 명령을 시행하지 않는 사람은 사형에 처하고, 명령을 지연시키는 사람은 사형에 처하고, 명령에 따르지 않는 사람은 사형에 처한다."고 한다.

이 다섯 가지는 용서하지 않고 사형에 처하며 오직 명령대로 한다.

그러므로 "명령이 중시되면 신하와 백성이 두려워한다."

이 인용문은 크게 어렵거나 복잡한 것이 아니다. 나라를 통치하는 데 법이 중요하고, 법이 중시될 때 군주가 존엄해지며, 군주가 존엄해질 때 나라가 안정된다는 것이다. 때문에 법을 위반하고서도 처벌을 받지 않고 풀어준다면 어찌 나라가 바로 서겠는가라는 의미이다. 황종택이 이런 취지를 살려가지고《관자》를 언급하면서 '정국존군 근중령靖國尊君根重令, 범금몽은 하위정犯禁蒙恩何爲正'이라고 인용한 것은 오히려 법[令]을 중시한 관자의 정신에 충실하다고 보겠다. 황종택은 축자적이 아니라 원문의 취지를 잘 드러낼 수 있도록 댓구적으로 표현하고 또 그것을 현대적으로 해석했다고 볼 수 있다.

1.5 그런데 이것을 가지고 일베와 정규재 그리고 송평인은 인용이 잘못되었다고 비난했으니 오히려 가당찮다는 생각이다. 송평인은 한술 더떠《관자》를 번역한 역자에게 중국 사이트까지 검색해서 찾아보아도 그런 구절이 안 나온다고 말한다. 사실 이런 이야기를 한다는 것은 일베

의 아이디어 표절을 은폐하려는 술책이라는 것은 삼척동자도 아는 사실이다.

안창호 재판관은 '헌법을 준수하고 수호해야 할 의무'가 있는 대통령은 '법치와 준법의 상징적 존재'와 같으므로 그런 의미에서 옛 성현의 말을 빌려 "지도자가 위법한 행위를 했어도 용서한다면 어떻게 백성에게 바르게 하라고 하겠는가.[犯禁蒙恩何爲正]"라고 했다. 법치와 준법의 정신에 비추어 본다면 다소 포괄적인 황종택의 해석에 기댄다 하더라도 크게 문제될 수 있는 것은 아니다.

그런데 정규재는 엉뚱하게 주체와 대상의 문제를 걸고 넘어 가고 있다. 즉 "위법한 행위를 용서하는 주체와 백성에게 바르게 하라고 요구하는 주체가 누구인지 선뜻 이해하기 어렵다."고 하면서, 이것은 "법가적인 엄벌주의의 주장일 뿐 제왕적 대통령제를 비판하는 근거가 될 수 없다."고 한다. 하지만 이 부분은 '제왕적 대통령제'라는 포괄적 대상이 아니라 '법치와 준법'의 상징인 대통령의 위법을 구체적으로 지적하기 위해 인용했을 뿐이다. 쉽게 말하면 정규재는 '허수아비 논증'으로 호도하고 있는 셈이다.

송평인도 "법가法家적 성격이 강한 관자"의 뜻에 따라 해석하면 '백성의 위법을 지도자가 봐주면 어떻게 백성을 바르게 하겠는가.'로 전혀 다른 의미에서 시비를 걸고 있다. 하지만 범금犯禁이나 몽은蒙恩은 누구든 법을 위반한 상태에서 처벌받지 않을 경우 어찌 나라가 올바로 설 수 있는가라는 일반적 의미에 가깝다. 게다가 법가임을 강조한다 하더라도 법가가 말하는 법은 통치자의 자의에 따라 달라지는 것이 아니다. 법가의 서적인 《유도有度》에는 "법은 귀족을 봐주지 않는다. 먹줄이 굽지 않는 것과 같다.[法不阿貴 繩不撓曲]"면서 법치의 평등주의를 분명히 하고 있다.

2.1 정규재의 비판이 참으로 문제가 되는 것은 그가 지적했듯 결정문 86쪽에서 플라톤의《국가》를 인용한 다음의 문장이다.

일찍이 플라톤은 50대에 저술한《국가》에서 "통치하는 것이 쟁취의 대상이 되면, 이는 동족 간의 내란으로 비화하여 당사자들은 물론 다른 시민들마저 파멸시킨다."고 경고했다. 이러한 플라톤의 경고는 우리가 권력구조의 개혁을 논의하는데 있어 시사하는 바가 크다.　　　— 안창호 재판관

당연히 정규재는 이 인용문의 출처를 확인하고 있다. "이 부분에서 인용한 플라톤의 말은《국가》제7권에 나온다. 저 유명한 동굴의 비유에 이어지는 부분이며 철인, 즉 철학자의 독재를 주장하는 논거 부분이다." 그는 친절하게 "인용된 플라톤의 말은 그 앞부분까지 읽어 보아야 의미가 이해된다."고 하면서 직접 〈공화국〉 7권의 해당 부분을 인용하면서 앞서 스스로 경계했던 견강부회牽强附會를 서슴없이 일삼고 있다.

만약 스스로 좋은 것을 갖지 못한 굶주리고 가난한 사람들이, 공공의 일에서나 좋은 것을 움켜잡아야겠다는 속셈으로 공공의 일을 맡게 된다면 잘 다스려지는 나라의 실현은 불가능하게 된다. 왜냐하면 통치하는 것이 쟁취의 대상이 되면(하략)

2.2 일단 고전에 대한 원문 인용은 누구의 번역인지 출처를 밝히는 게

좋다. 왜냐하면 과거 일본어나 영어의 중역이거나 혹은 잘못 번역한 경우가 적지 않기 때문이다. 그런데 정규재가 친절하게 제시한 앞부분 번역은 플라톤의 취지를 크게 왜곡하고 있다. "만약 스스로 좋은 것을 갖지 못한 굶주리고 가난한 사람들"이라는 표현은 플라톤의 의도와는 전혀 상관없는 이야기다. 일단 국내에서 《플라톤》 원전 번역으로 잘 알려진 박종현 선생과 영어판 번역자로 유명한 조엣B. Jowett이 번역한 해당 구절을 보기로 하자. 왜냐하면 정규재는 이 부분을 악의적으로 요약하면서 전혀 엉뚱하게 《플라톤》을 해석하고 있기 때문이다.

장차 통치하게 될 사람들에게 통치하는 것보다도 더 나은 삶을 찾아준다면 그 나라는 훌륭하게 경영될 것이다. 그런 나라만이 참으로 부유한 자들이, 결코 황금으로 부유한 자들이 아니라 행복한 사람들이 마땅히 풍부하게 지니고 있어야만 하는 것, 즉 훌륭하고 슬기로운 삶으로 풍부한 자들이 통치하게 될 것이기 때문이다. 그러나 훌륭하고 슬기로운 삶에 있어서 형편없이 가난한 자들이, 그리고 개인적으로 좋은 것들에 허기진 자들이 공적인 일에 관여한다면, 이에서 좋은 것을 낚아채야만 한다고 생각한다면 그런 나라가 실현될 수는 없다.
통치하는 것이 쟁취의 대상이 되면, 당사자들은 물론 다른 시민들마저 파멸시키기 때문이다. ―《플라톤》(박종현 역, 서광사)

……only in the State which offers this, will they rule who are truly rich, not in silver and gold, but in virtue and wisdom, which are the true blessings of life. Whereas if they go to the administration of public affairs, poor and hungering after their own private advantage, thinking that hence they are to snatch the chief good, order there can never be; for they will be fighting about office, and the civil and domestic broils which thus arise will be the ruin of the rulers themselvesand of the whole State. — B. Jowett

박종현 선생 번역이나 조엣의 번역이나 의미는 큰 차이가 없다. 여기서 말하는 부유한 사람과 가난한 사람이란 의미는 정규재가 말하듯 경제적 의미의 '부자와 빈자'가 아니라 삶의 진정한 축복인 덕과 지혜의 면에서 풍부한 사람과 그렇지 못한 사람을 이야기하는 것이다. 안창호 재판관은 제왕적 대통령제를 권력공유형 분권제로 개편하는 것이 오늘날 민주주의를 요구하는 시대 정신에 부합하지 않겠는가라는 차원에서 《플라톤》의 이 구절을 인용했다. 그런데 오늘날 제왕적 대통령제와 같은 권력 구조는 덕과 지혜가 부족하고 탐욕적인 자들이 오로지 권력 쟁취의 목표로 삼고 있기 때문에 문제가 된다는 것이다. 그것은 정규재가 엉뚱하게 주장하듯 "굶주리고 가난한 사람들은 달리 한 몫 잡을 곳이 없어서 공공의 일에서나 한 몫 잡으려고" 싸우는 장場이 아니라 덕과 지혜가 부족한 사람들이 권력을 잡는 경우를 경계하고자 한 것이다. 따라서 이 부분은 통치에 필요한 덕과 지혜를 '철학자 왕'에게 요구하는 명분은 될 수 있어도 민주주의를 폄하하기 위해서 그리고 플라톤을 칼 포퍼 말마따나 독재와 전체주의의 기원으로 삼을 수 있는 계기는 아니다. 물론 문맥상으로 볼 때 안창호 재판관의 플라톤 인용이 적절한 것만은 아니라 할 수 있다. 그렇다 하더라도 공적 권력이 사익을 추구하고 덕과 지혜가 부족한 사람들의 쟁취 대상이 되어서는 안 된다고 한 플라톤의 정신에서 그리 멀리 떨어진 것은 아니다.

2.3 정규재와 송평인 모두 칼 포퍼가 《열린사회와 그 적들》을 언급하면서 어떻게 플라톤이 "우리의 권력구조를 개편하는 논의를 하는 데 시사점을 던져주는 경고가 될 것이며, 어떻게 제왕적 대통령제를 비판하는 논거가 될 수 있는가?"라고 지적한다. 송평인은 한술 더 떠 플라톤이 정치학에서 차지하는 비중을 안창호 재판관이 모르고 있다고 비판한다.

칼 포퍼의 책은 20세기 전체주의를 비판하면서 플라톤과 헤겔, 마르크스와 프로이트 등을 사상적 뿌리로 제시한 바 있다. 원래 과학철학에서 출발했던 포퍼는 '반증가능성falsification'이라는 방법적 도구를 사회철학에 적용한 것이다. 그는 모든 과학 이론을 잠정적 가설로 보면서 과학과 비과학의 경계를 반증가능성 여부에서 찾는다. 말하자면 과학에서는 모든 것을 설명할 수 있다는 것이 아니라 언제든 반증 사례에 의해서 반증될 수 있는 개방성이 중요하다는 말이다. 그는 이 이론을 사회 철학과 사상에도 적용하면서 개방 사회와 폐쇄된 사회의 차이는 이런 개방성 여부에 있다고 본다. 하지만 어떤 경우든 비판되지 않는 이론은 폐쇄화, 전체주의화가 될 여지가 높고, 그 점에서 플라톤의 철학이 대표적이라는 것이다. 서양철학의 역사를 플라톤의 주석이라고 본 A.N. 화이트헤드의 긍정적 평가와 달리 포퍼는 플라톤을 서양의 전체주의의 뿌리로 비난하고 있다.

2.4 포퍼의 이러한 해석이 한 동안 시선을 끈 점이 있지만 플라톤의 일반적 해석의 전통을 크게 벗어나 있다. 그것은 특정 단면을 침소봉대함으로써 해석의 균형을 크게 잃고 있기 때문에 플라톤 철학을 진지하

게 연구하는 연구자들에게는 거의 받아들여지지 않고 있다. 사상의 깊이나 크기를 하나의 단순한 방법적 잣대에 비추어서만 해석될 수는 없기 때문이다. 그의 이러한 잣대는 논리실증주의자logical positivists의 '검증가능성verification'을 보완한 것이다. 플라톤이 말하는 '철학자 왕'은 전제 군주나 제왕적 대통령처럼 무소불위의 권력을 휘두르는 독재자가 아니다. 오히려 '철학자 왕'이 되기 위해서는 원초적 욕망을 극복하기 위한 상당한 기간 동안의 수행과, 통치의 원리에 대한 참된 앎을 학습하기 위한 오랜 과정을 거쳐야 한다. 그 과정에서 통치자 계급은 사적 이익을 위해 공적 업무를 악용하지 않도록 처자식도 공유할 만큼, 요즘의 상식으로 이해하기 어려운 요구까지 받고 있다. 따라서 플라톤이 말하는 '철학자 왕'은 최상의 통치를 위해 끊임없는 자기 부정과 학습에 주력하지 무소불위의 권력을 휘두르는 불통이 아니다.

2.5 "오직 공법을 물 같이, 정의를 하수 같이 흘릴지로다."(《아모스》 5장 24절)라는 《성경》 구절의 인용도 불법과 불의를 비판하고자 한 보충의견의 정신에 비추어 본다면 결코 부적절한 것이 아니다. 이것은 특정 종교를 옹호하거나 종교적 색채를 강조하기 위한 것이 아니라 법과 정의가 추구하는 정신을 구현한다는 점에서 보다 권위 있는 인용으로 인정될 수 있는 것이다. 따라서 이런 정신을 외면한 채 비판을 위한 비판에만 골몰하려는 것 자체가 사실은 송평인이 강조해 마지 않는 교양의 부재라고 할 수 있지 않을까? 보다 큰 문제는 자신이 얻게 된 아이디어와 해석의 전거도 은근슬쩍 자신의 것으로 치부하려는 태도야말로 가장 큰 교양에 대한 배신임을 알아야 할 것이다.

마지막으로 송평인은 자신의 교양을 드러낼 심산인지 플라톤보다는 에드먼드 버크E. Burke를 권장하고 있지만 뇌물죄 대신 재산권 침해라는 헌재의 판결이 형법상의 위법 여부를 따지려는 것이 아니라는 점부터 알아야 할 것이다.

"탄핵은 죄sin, 범죄crime를 가리는 재판이 아니다. 헌법 및 법률 위반 여부를 가리고 그 위법이 중대해 대통령의 직무를 계속하는 게 어려운지를 판단하는 절차다." ― 박찬운

3. 내가 지금까지 장황하리만치 정규재와 송평인의 글에 대해 시비를 건 것은 그들의 왜곡된 글이 일반 대중을 현혹할 수 있다는 우려 때문이다. 헌재의 대통령 탄핵 심판 판결은 무능한 대통령과 탐욕적인 비선이 플라톤이 비판해 마지 않는 사익을 위해 국정을 농단한 사건에 법의 심판을 내린 사건이다. 이를 위해 지난 몇 개월 동안 수많은 국민이 거리에서 평화적인 시위를 해왔다. 오죽하면 보수적인 성향의 재판관들조차 준법과 법치, 제왕적 권력 구조에 대한 반성문까지 내게 됐는가를 살펴야 할 것이다. 그런데 이런 판결문을 비판한 정규재와 송평인은 오히려 극우주의자들의 사이트를 드나든 것도 모자라, 거기서 얻은 아이디어와 자료를 교묘히 표절하기까지 했고, 게다가 그것조차 잘못 이해하고 왜곡하기까지 한 것이다. 글로 먹고 사는 언론인이라면 법치와 민주주의를 구현하고자 한 판결문을 비난하고 재판관들의 교양을 비웃기 전에 자신들의 행태에 대해 참으로 부끄러워해야 할 일이 아닐까 한다.

VII

한국사회
탐구

01

눈치와
철학

철학은 아무래도 반성적이고 추상적인 학문이기 때문에 대상과 직접 대면하지 않는다. 철학적 용어를 빌린다면 직접성Unmittelbarkeit이 아니라 간접성 혹은 매개Vermittlung가 철학의 태도이다. 때문에 철학은 대상을 직접적으로 탐구하기보다는 그 대상을 바라보는 눈(시각)에 더 관심을 갖는다. 이런 눈을 볼 수 있기 위해서는 무엇보다 눈치Noonchi가 발달해야 한다. 상황을 전체적으로 이해하고, 그 상황에서 각자의 눈과 태도를 읽을 수 있어야 한다. '진리는 전체das Ganze ist die Wahrheit'라는 말도 이런 눈치가 바탕이 되지 않으면 안 된다. 눈치가 없으면 전체 상황을 이해할 수가 없다.

그런데 눈치는 한국인의 독특한 상황 인식을 가리키는 말이다. 반면 죽자사자 마스크를 거부하는 서양인은 한국적으로 생각한다면 참으로 눈치가 없는 인간이라 할 수 있다. '눈치가 없다'거나 '눈치가 빠르다'는 말은 한국인에게는 일상적으로 사용되는 말이다. 그런 의미에서 한국인은 반성적 사고에 익숙한 편이며, 더 나아가서는 철학적 소양이 풍부한 민족이다. 눈치라는 말은 과거에는 한국인의 수동성 혹은 왜소증을 가리키는 말이었지만, 코로나 시대를 거치면서 상황에 대한 한국인의 기민한 대처나 타인을 배려한다는 적극적 의미로 바뀔 여지를 보여주었다.

02

눈치의
해석학

가톨릭대학의 이창봉 교수는 "집단주의 문화와 눈치의 힘 그리고 민주주의"라는 글(오마이뉴스, 20년 5월 5일)에서 과거 부정적으로 인식되었던 한국인의 눈치 문화가 코로나 시기에 큰 힘을 발휘하고 있다고 적었다. 여전히 전 세계에 걸쳐서 기승을 부리고 있는 코로나 바이러스 시기에 빼어난 대응능력으로 인해 한국이 희생도 줄이고 전 세계에 모범을 보이고 있는 것은 상황 판단에 익숙한 한국인의 독특한 눈치Noonchi 문화 때문이다. 눈치는 사태를 이해하는 한국인의 전형적인 방식인데, 과거에는 이 눈치가 자기 검열의 방식이거나 처세술의 의미로서 부정적으로 이해되었다. 하지만 오늘날에는 상황 전체에 대한 빠른 인식으로 타인을 배려하는 적극적 의미를 띠면서, 이런 것들이 바이러스 유행에 기민하게 대처하는 데 큰 역할을 하고 있다는 것이다. 나는 눈치의 이런 일반적 의미에 더해서 눈치에 독특한 해석학적 이해를 덧붙이고자 한다.

눈치에서 가장 중요한 것은 좋고 나쁨이 아니라 '속도'이다. '눈치가 빠르다'는 말이 그렇다. '눈치가 빠르면 절간에서도 고기 맛을 본다.'는 말이 있다. 절은 채식을 하기 때문에 고기와는 거리가 먼 곳인데, 그런 불가능한 것을 가능케 하는 것이 이 눈치다. 그런데 여기서 '빠르다'고 할 때의 '속도'가 대단히 중요한 의미를 갖는다. 눈치가 빠르면 그만큼 상황을 빨리 인식하고 그에 따른 후속적 대처도 빨라질 수밖에 없다. 한국인이 말하는 '빨리빨리'는 이제 다른 문화권 사람에게도 익숙한 말이 되었지만, 한국인은 이 특유의 '빨리빨리'의 정신에 의해 식민지를 겪고 전쟁으로 폐허가 된 상황에서도 유례를 찾을 수 없을 만큼 빨리 나라를 일으켜 세웠다. 한국인에게는 당연하고 자연스러울지 몰라도 다른 문화권의 사람과 비교해보면 확실히 차이가 크다. '빨리빨리'의 문화를 반성하자는 말도 많지만, 이것은 디지털 시대에 더 잘 어울리는 정신이다.

뉴턴의 제2운동 법칙인 f=ma에서 보듯, 가속도는 힘을 결정하는 주요 원인이다. 속도가 빠르면 일 처리도 빠르고 영향력도 클 수밖에 없다. 외국에서 생활을 해 본 사람은 잘 알 것이다. 그곳에서 인터넷 라인이 문제가 생겼거나 잘 달리던 차가 고장이 나서 A/S를 한 번 받으려면 얼마나 긴 시간과 인내심이 필요한지 말이다. 한국의 배달 서비스는 분초를 다툰다. 물론 이것이 좋다는 의미가 아니라 현실이 그렇다는 의미다. 과거 칭기즈칸의 군대가 단기간에 전 세계에 걸친 대제국을 건설할 수 있었던 가장 큰 이유 중 하나는 빠른 기동력에 있었다. 유라시아 대륙 동쪽 끝에서 서쪽 끝을 오가는 파발마는 하루 352km라는 상상 불가의 속도로 달렸다. 군대의 이동 속도는 하루 130km에 버금갔다고 하는데, 이것은 현대의 군대도 따라잡지 못할 속도이다. 몽골 기마병의 이동 속도는 너무나 빨라서 유럽의 기사들이 미처 대비책도 세우기 전에 순식간에 몰아쳐 헝가리 평원에서 유럽의 연합 기사단을 전멸시켰다. 이로 인해 몽골 군대에 대해 유럽인이 가진 공포나 트라우마는 대단했다. 그런데 필자가 몽골에서 지내보며 알게 되었지만 이런 빠른 유전자는 더는 몽골인에게서가 아니라 한국인에게 남아 있는 것 같다. '빨리빨리'의 정신은 무엇보다 빠른 상황 판단, 즉 눈치가 빠를 때 가능하다. 그점에서 눈치에서 속도가 갖는 긍정성의 의미가 더 크다.

이런 빠른 눈치가 때로는 자기 검열과 차별의 원인이 될 수 있다. '눈치가 보인다'거나 '눈치를 준다'는 의미는 사람들 간의 관계에서 일종의 단절감이 될 수도 있고, 때로는 상대의 행동을 제어하는 차별의 원인이 될 수도 있다. 이 때문에 어떤 이는 외려 눈치를 보이지 않으려고 애를 쓰는 사람도 있다. 눈치는 상호주관적intersubjective 인식 방식의 하나인데, 눈치를 보이지 않는다는 것은 결코 쉬운 일이 아닐 것이다. 눈치에서 '속도'가 중요하다고 하는 것은 상호 간 혹은 다자 간의 관계에서 아주 미묘한 차이와 기미, 이를테면 눈빛 혹은 얼굴 표정, 미세한 손동작이나 발동작 혹은 헛기침 같이 모든 행동거지가 하나의 해석을 위한 메시지로 작동할 때 나타난다. 그러므로 눈치가 빠른 사람은 남이 알아채기 힘든 것들 속에서 의미 있는 해석의 메시지를 파악할 수 있는 해석학자이고 기호학자이다. 반대로 그런 메시지를 노출시키지 않으려는 사람 역시 상당한 고수라고 할 수 있다. 예를 들어 페이스북의 단추를 보면 그냥 '좋아요'라는 버튼 말고도 '웃겨요', '멋져요', '슬퍼요', '화나요' 같은 감정 신호를 보여주는 버튼이 있고, 최근에는 '힘내요'라는 버튼까지 추가되어 있다. 대부분의 사람은 그런 감정 신호를 담은 버튼을 많이 누르는데 어떤 이들은 절대 그것을 보여주지 않고 무조건 '좋아요'만 누르는 경우가 있다. 이들은 싫어도 싫다고 하지 않는다. 일종의 포커 페이스 같은 이들의 행동을 보면서 상당한 고수라는 느낌을 받을 때도 있다. 아예 잠행조차 하는 그런 보이지 않는 고수들이 페이스북에는 의외로 많다.

그런데 마음을 감추고 눈치를 주지 않는 것은 생각처럼 쉽지가 않다. 모든 대상이나 사물을 무심코 공평하게 대하려면 무엇보다 내 마음이 어느 한 곳에 쏠리지 않고 평정해야 할 것이다. 하이데거가 말하는 '초연Gelassenheit'이란 개념이 이런 경지를 말할 수도 있다. 이 개념은 '들어가기Sicheinlassen'와 '나가기Sichlosslassen'라는 양면성을 담고 있다. 전자는 '몰입'의 측면이라 할 수 있고, 후자는 '거리두기'의 측면이라 할 수 있다. 사물이건 인간이건 관계를 맺기 위해서는 무엇보다 이해와 관심이 요구된다. 이러한 이해와 관심은 사랑과 증오, 거래와 배려 등 모든 관계에서 필수적이다. 그런데 이런 관심이 지나치다 보면 중독처럼 빠질 수도 있고, 집착처럼 상대에 부담을 줄 수도 있다. 그런 의미에서 과도하게 들어가는 것 혹은 몰입은 상대에게 눈치를 주면서 양자의 정상적 관계를 해칠 수도 있다. 반대로 나가기나 거리두기는 이로부터 역방향으로 이루어진다. 거리를 두다 보면 상대를 전체적이며 객관적으로 볼 수가 있고 더 잘 이해할 수도 있다. 바둑에서도 훈수 두는 사람이 더 잘 보는 경우가 그렇다. 거리두기가 너무 심해지면 당연히 잘 보이지 않거나 소원해질 수 있다.

예를 들어 자식의 미래를 걱정한 엄마가 아이의 삶에 과도하게 개입할 경우 문제가 발생할 수 있다. 종종 부모 자식 간의 관계 혹은 무촌이라고 할 부부 간의 관계에서 일어나는 갈등은 지나치게 상대에 몰입할 때 나타난다. 이럴 때 상대와 반성적 거리를 유지하는 것도 필요하다. 이런 거리는 심리적 거리뿐만 아니라 공간적 거리도 포함될 수 있다. 아무래도 공간적으로 떨어져 있다 보면 덜 집착할 수 있기 때문이다. 그런데 현대는 SNS가 발달해서 이런 공간적 거리 유지가 잘 안 되는 데서 더 큰 문제를 일으키는 경우도 있다. 그러니 '들어가기'와 '나가기'는 인간관계의 밸런스를 유지하는 데 중요한 개념이고 태도라고 할 수 있다.

양자의 균형을 잘 유지하는 것은 눈치를 보임으로써 차별의 원인을 제공하지 않는 것이고, 눈치를 일찍 챔으로써 상황을 빨리 읽고서 상대를 배려하는 것이기도 하다. 이것을 얼마나 잘 할 수 있느냐는 아리스토텔레스가 말한 것처럼 '실천적 지혜Pronesis'에 해당한다고 볼 수 있다. 들어가기와 나가기의 그 어느 지점에서 설정되는 균형점인 '중용'의 지혜가 그것이다. 그러므로 한국인의 '눈치'는 반성적인 이해인 동시에 실천적인 지혜와도 연결이 된다.

코로나 시대에 눈치 문화가 힘을 발휘하는 것은 그만한 큰 이유가 있다. 하이데거가 말하는 '초연Gelassenheit' 역시 이 양자의 긴장과 밸런스를 다 담은 상태이다. 멀어지지도 않고 가까이 가지도 않고, 집착하지도 않고 무관심하지도 않는 그런 상태, 아마도 선사들이 말하는 무심의 경지와도 같을 것이다. 당연히 이런 상태에서는 어떤 눈치도 주지도 않고 받지도 않을 수 있을 것이다.

《금강경》에는 이런 마음 상태를 가리키는 아주 딱 맞는 구절이 있다.

"응무소주이생기심應無所住而生其心"

마땅히 머무는 곳 없는 곳에서 마음을 내다라는 말이다. 내 마음이 어떤 것에 머물다 보면 온갖 희로애락의 감정이 솟구친다. 그런 마음이 가라앉는 곳, 무심의 경지라고 할 수 있겠는데, 이런 마음이 전혀 생소한 것이 아니다. 그냥 아무 생각 없이 일을 하거나 정신없이 놀이에 열중하거나 음악에 빠져서 다른 아무 생각도 내지 않는 그런 상태가 내 마음이 머물지 않은 곳이고 무심의 경지이다. 이런 마음에 희로애락이나 재물욕이나 권세욕이 개입되니까 집착도 생기고 고통도 생기는 것이다. 어떻게 이런 마음을 키울 수 있을까? 눈치가 빨라야 알 수 있다. 한국인의 눈치가 결코 간단한 개념이 아니다.

03
개인이
설 땅이 있는가

한국에서 과연 개인으로 살아갈 수 있을까? 한국 사회에서 개인은 온전히 자신의 욕망과 자신의 삶을 추구할 수 있는 시간을 얼마나 가질 수 있는가? 한국의 40−50대는 주말을 온전히 자기 시간으로 갖기가 쉽지 않다. 주말이면 자녀들의 결혼식과 관련한 초대와 등산 안내가 쌓이고, 주중에는 초·중·고 및 대학과 관련한 동문들 모임, 그리고 일단 알게 되면 결코 넘겨버릴 수 없는 문상 소식들이 한 달에도 몇 개씩 시도 때도 없이 날아온다. 예전과 다르게 전문 학회들의 수도 많아져 수시로 모임을 알리니 가만히 책상에 앉아있기가 민망할 정도다. 요즘에는 이런 소식들이 SNS와 결합해서 더 강력하게 전달이 된다. 다음 카페나 네이버 밴드, 그리고 카카오 톡에는 이런 모임들이 넘치면서 소시적 아득한 친구들까지 다 연결이 되고 수시로 모임이 이루어진다. 참석을 못하더라도 생생한 사진들이 끊임없이 스마트폰으로 전송되면서 못간 죄책감이나 소외감을 더하기까지 한다.

좋게 생각하면 일종의 품앗이라고 볼 수도 있겠지만, 문제는 그런 모임이 너무 많아서 온전히 개인으로 살아가기 힘들기까지 한다는 점이다. 사실 품앗이라는 것이 전통적인 농촌 공동체의 협력 방식인데, 그것이 21세기 디지털 사회에서 더 힘을 발휘하는 것을 보면 아이러니칼하기까지 하다. 한국 사회에서 계약적 관점이나 합리적인 법의식이 뿌리를 내리기 힘든 것은 아마도 이런 횡적이고 종적인 연결망이 사람들의 존재방식과 의식을 결정하기 때문일지도 모른다. 여기서는 진보도 보수도 없고, 많이 배우고 적게 배운 것도 없고, 나이가 많고 적은 것도 없는 것 같다. 한국에 사는 이로서 이런 전근대적인 관계망을 벗어날 수 있는 자가 있을까? 이런 관계망은 일종의 계륵鷄肋과도 같지 않은가? 먹을 것도 없지만 그렇다고 버릴 수도 없는 그런 것.

04
한국헤겔학회의
현황과 전망

다음 글은 87년도 당시 소장 진보적인 학회로 활동하던 '한국헤겔학회'—현
재의 헤겔학회와는 연속성도 있지만 차이가 훨씬 크다.—의 내부 비판 문건의 일
부이다. 작년(2016년)에 몽골로 떠나기 전 자료를 정리하다가 발견했다. 이
당시 사회 문제에 고민하던 많은 학회의 모습과 크게 다르지 않은 면들이
보인다. 벌써 30년이 흘렀고 그 당시와 유사한 사회 변혁의 분위기가 있으니
까 역사적인 자료의 의미도 클 것이다. 이 문건 작성은 당시 연구회 회장을
맡았던 내가 한 것이다. 당시 20여 명의 회원이 7월 30일과 31일 양일간 우
이동에 있는 사슴목장으로 MT를 갔을 때 발표했다.

문건을 보면 알겠지만 사회 변혁에 제대로 부응하기 위한 철학 운동의 고민
흔적이 많이 드러난다. 무엇보다 학회의 지난 활동 현황을 반성하고 미래를
전망하면서 썼던 글이다. 그 해에 서울대 '사회철학연구실' 팀과 통합 준비
를 해서 1989년 4월에 현재의 '한국철학사상연구회'를 발족시켰다. 이 단체
는 철학회 내에서 비교적 진보적인 성격을 띤 중견 연구단체로 성장했고, 그

이후 한국철학사상연구회에 가입하지 않은 적지 않은 헤겔학회 출신들은 '사회와 철학연구회'와 나중에 그대로 남은 '헤겔학회', '칸트학회' 등 여러 철학회들로 분화되었다.《헤겔연구》에 역사적 자료로 실어 보려고 했는데 현재의 보수적인 입장에서는 그것을 수용하기 어려워했다. 내 나이 30세 즈음에 활동하면서 쓴 글인데 지금보니 감회가 새롭다. 그 시대의 문제의식이 지금의 철학 속에서 거진 사라진 현실이 안타깝기도 하다. 이 당시 젊은 철학 연구자들의 문제의식은 치열했다. 그러던 것이 어느날 갑자기 80년대 후반부터 돌아온 유학파들에 의해 밀려 버린 점도 없지 않고, 이들 가운데 유학을 떠난 사람도 많다. 하나의 역사적 기록으로 남기기 위해 여기에 싣는다.

1. 한국헤겔학회를 점검하기 위해서는 먼저 그 전신이 되는 헤겔연구회를 살펴볼 필요가 있다. 물론 연구회 전에서 임석진 선생님을 중심으로 한 이을호, 황태연, 김재현 등의 사적 모임이 70년 대 말에서 81년까지 있었지만, 그것이 연구회와 갖는 연속성은 거의 없는 실정이다. 연구회는 임 선생님과 연대생들이 1984년 말엽에 마련한 사적 모임에서 처음으로 제기되었고, 그 후 임 선생님과 개인적 친분이 있는 고려대생(김경수, 양운덕, 김재용 등) 및 이을호를 중심으로 한 서울대생(설헌영, 박정호, 서유석 등)과 급속히 전개되어 1985년 1월경 양운덕 씨 석사학위논문 발표와 곁들여서 임 선생님 댁에서 최초의 모임을 가졌다. 그후 서울대 측이 내부 사정(사회철학연구실의 준비 과정)을 이유로 참여하지 않은 채 연·고대 및 기타 대학 사람들을 중심으로 고대 대학원 세미나실에서의 두 번째 모임(박성수의 하버마스 논문 발표)을 필두로 본격적으로 사무실

을 마련하고(임 선생님과 도서출판 백산서당의 도움으로 마련) 외형적인 골격을 갖추면서(초대 회장 김경수) 정기적인 월례발표회를 가졌다.

이 당시에는 물론 초창기의 의욕이 대단했음에도 불구하고 첫째 구성원들 간의 동질성 결여와 연구회에 대한 목적의식의 차이성이 수렴될 수 있는 기반이 적었고, 둘째 구성원들의 개인적 연구 역량이 일천했기 때문에 공동연구를 통한 뚜렷한 성과를 기대할 수 없었다. 그러나 무엇보다 큰 연구회의 한계는 헤겔 철학을 통한 변증법 연구를 목적으로 하면서도 사회 역사적 현실에 대한 개인적, 조직적 차원의 인식이 결여됨으로써 시대의 구체적 모순과 접맥될 수 있는 통로를 마련하지 못한 데 있다. ─물론 모두가 그런 것은 아니다. 연구회 내부에도 실천적 관심이 강한 진보적 인물이 없던 것은 아니나, 그것이 연구회 성격을 규정해 내는 힘으로 외화되지 못했다.─

85년초 12대 총선을 계기로 폭압적 정치 질서가 재편되면서 일반 대중의 정치의식의 성장, 학생운동 내부에서의 사상투쟁 및 선도적 투쟁의 강화, 그리고 노동 운동, 농민 운동, 재야 공개 운동 등 제반 민주화 운동 세력이 부상하는 가운데 한사연, 망원, 문예연 등 진보적 연구 단체를 중심으로 과학적 운동 이론의 정립과 연구 단체의 집단성을 통한 정치 역량의 강화가 진지하게 논의되고 있었고, 또한 모순에 대한 구체적 인식이 심화되면서 1986년의 치열한 사구체 논쟁의 단초를 마련했다. 하지만 이 시기 연구회가 적어도 헤겔적 표현을 빌릴지라도 '생동하는 이념의 운동 현장'에 대해 개념적 수준의 자각조차 하지 못한 것은 사실이며, 이러한 자각이 집단적 차원에서 이루어지기 위해서는 1987년 중반 이후까지를 기다려야 했다.

1985년에는 백산서당에 마련된 연구 공간에서 학위 논문의 월례발표회와 주 2회의 분과별 모임(이 당시 사회철학 분과가 있었다.)을 통해, 그리고 《정신현상학》, 《논리학》, 《법철학》 등의 챕터별 발표를 통해 개인적 연구 역량을 축적하는 데 주력했다. 헤겔 철학 전반에 대한 스터디Study 형태의 연구 모임은 그 해 가을 경 백산서당을 나와 서울미술관으로 장소를 옮겨 1년 이상 지속되었다. 1986년에 들어서는 유헌식 씨가 2대 회장으로 모임을 이끌었으며, 이 과정에서 회원들의 연구물이 적지 않게 축적되었고, 학위 논문 및 기타 논문, 번역서 등이 발간되었으며, 또한 회원의 인적 구성에서도 다소간의 변동이 있어 독일로 유학 간 회원(김경수, 김옥경), 정치 활동으로 인한 구속과 도피(홍경희, 이을호, 김재용, 최청수, 홍영두), 그리고 81학번까지 모임에 참석하게 되었다.

2. 이 시기 임 선생님은 연구회가 탄생할 수 있는 초석이 되었으면서도 연구회의 모임에 실질적으로 참여하기보다는 뒤에서 후원하는 입장이었다. 임 선생님은 《헤겔연구》 1집을 편집함으로써 헤겔연구회가 성립할 수 있는 지적 분위기를 만들었고, 계속해서 2집과 3집을 발간함으로써 국내의 헤겔 연구가들을 결집하는 중심 역할을 했으며, 또한 회원들 및 서울대 측의 석사학위 논문이 발표될 수 있는 공간을 마련했다. 독일 관념론 내지는 헤겔 철학에 관한 전문 연구자가 드문 국내 철학계에서 뚜렷한 헤겔 철학의 흐름을 형성하는 데 《헤겔연구》가 기여한 공로가 적지 않음에도 그것은 다음과 같은 결정적 한계를 지니고 있다.

첫째, 편집 자체의 측면: 사실상 《헤겔연구》는 창간호부터 3집에 이르기까지 임 선생님의 독력에 의해 이루어졌다. 때문에 지적 성과물의 사회적 성격에도 불구하고 그것이 일개인의 기관지라는 인상을 벗어나기 어렵다. 이러한 사정은 필자 선정의 일정한 제약 및 아류적 성격을 강화하게 된다. 그간 헤겔 철학의 확산에 임 선생님이 기여한 바가 적지 않지만, 헤겔 원전 번역 및 헤겔 연구지가 특정인에게 독점, 편중된 현상은 헤겔 철학의 장기적 발전에도 도움이 안 된다. 편집 주체의 편중은 편집 방향 및 이념에 있어서도 헤겔 철학에 대한 임 선생님의 지나칠 정도의 사변적 해석을 통해 그대로 관철되고 있다.

둘째, 편집 방향 및 이념: 헤겔 철학의 수용 및 해석 방향은 각 국의 사회, 경제적 현실과 문화적, 사상적 전통에 따라 차이가 있을 수밖에 없다. 한국의 사회 성격과 제모순에 대한 구체적 인식을 배제한 채 독일 철학의 학문적 기준으로 한국 헤겔 철학의 내용을 규정할 수는 없다. 《헤겔연구》의 국제성을 기하려는 노력조차도 철저히 우리 현실의 제모순 속에서 주체적으로 철학하려는 노력을 통해 이루어지지 않으면 안된다. 지금까지의 《헤겔연구》는 이러한 '주체적 철학함'이 편집 방향 및 내용을 통해서 볼 때 거의 제시되지 못했다. 그 단적인 예로 헨리히D. Henrich의 사변적·형이상학적 입장의 논문이 무비판적으로 세 차례나 번역, 게재된 사실에서 볼 수 있다.

셋째, 발행 출판사: 학술지가 매번 출판사를 달리해서 발간된다는 것은 그 학술지의 성격 및 품위에 비추어 볼 때 적지 않은 손상이 간다. 이 문제는 앞으로 헤겔학회의 이미지에 걸맞고 또한 지속적으로 거래할 수 있는 출판사를 확보함으로써 해결해야 할 것이다.

3. 앞서 지적한 연구회의 몇 가지 한계로 인한 정체성의 위기, 회원의 재생산의 한계, 재정 및 연구 공간의 제약 등이 임 선생님을 중심으로 한 새로운 편집진의 구성 문제와 관련해서 1986년 겨울부터 1987년 봄

에 걸쳐 실질적으로 논의되면서 연구회는 헤겔학회로 전환된다. 학회로의 전환문제에 대해 연구회 내부에 이견이 없었던 것은 아니지만 변화를 발전적으로 수용하자는 대체적인 동의하에 이른바 임 선생님 체제의 공식적인 제도권 학회로서 1987년 4월 창립 총회를 가졌다.

창립총회는 적어도 외형상으로 볼 때는 성공작이었다. 연세대 안의 장기원 기념관을 가득 메운 인파(250명 가량)는 공식 학회로 발돋움하려는 헤겔학회의 전도에 서광을 밝혀주는 듯했고, 미처 경황이 없어 초대하지도 못한 한국철학계의 원로 김계숙 선생님이 노구를 이끌고 나오셔서 일제하 헤겔 사후 100주년(1931년) 기념식에 참여했던 경험을 카랑카랑한 목소리로 말씀하실 땐 단절된 50여년의 헤겔 전통이 일거에 메워지는 듯한 감격이었으며, 그간 적지 않은 세월을 이 땅에 헤겔 철학을 뿌리 내리기 위해 혼신의 노력을 기울여 왔던 임 선생님이 회장에 피선된 직후 벅찬 감동으로 창립총회가 있기까지의 헤겔학회의 내력을 개인적 고충을 실어 이야기할 때 총회의 분위기는 절정을 이루었다. 게다가 전국적으로 교수급의 전문 연구자 30여 명을 포함한 50여 명의 회원 가입은 앞으로 학회가 제도권 내에서 튼튼하게 뿌리 내릴 수 있을 것처럼 보였다.

그러나 실상은 어떤가? 월례발표회와 분과 모임은 교수의 참여가 전혀 없는 상태에서 과거 연구회 스터디 그룹 차원을 한치도 벗어나지 못한 채 고답적으로 진행되었으며, 평의원회의 활동은 아무런 생산적 활동도 이끌어내지 못한 채 유명무실하게 정지되었고, 간사회는 따로따로 돌아가 최소한의 내부적 연대와 석·박사 과정의 회원들에 대한 지도성도 담보해내지 못했다. 오히려 학회라는 외형상의 틀에 억지로 꿰어 맞추려는 형식에 대한 요구로 학회를 권위주의적이며 형식주의적으로 운영하여 아래로부터의 진보에 대한 욕구를 억제하고 자유로운 토론이 활성화되는 것조차 방해하기에 이르렀다.

왜 그랬는가? 사실상 이런 문제점들은 헤겔학회의 출발 당시부터 충분히 예견된 것이었으며, 학회 내부의 본질적 한계로서 붙박여 있었던 것이다.

첫째, 학회는 사적 인간관계에 기초한 친목 단체가 아니라 강한 이념적 동질성과 철학적 문제의식을 공유하고자 하는 연구자들이 모인 연구단체이다. 헤겔학회의 평의원회에 대한 반성은 학회 운영의 주체 및 구성원들이 어떠해야 하는가를 시사해줄 것이다. 개인적 친분 관계라는 형식이 적어도 '사상 속에 포착한 그 시대'로서의 철학이라는 내용의 발전에 아무런 도움이 되지 못하며, 더욱이 이러한 형식과 내용의 모순으로 결집된 단체가 발전하지 못한다는 것은 필연적 귀결이다.

둘째, 이 점은 연구회의 본질적 한계의 연장이기도 한데, 전혀 사회·역사적 전망을 갖추지 못한 기존의 철학회와는 다르게 헤겔 철학 나아가서는 변증법 일반을 연구하고자 하는 헤겔학회가 한국 사회의 구체적 제모순에 실천적·인식적 매개의 통로를 마련하지 못하고 있는 실정은 끊임없이 그 학회의 자기 존재의 정체성에 위기의식을 불러일으킨다는 것이다. 물론 이것은 우리 학회가 출발 당시부터 이념과 성격에 대한 구체적 논의를 회피한 채 애매한 '공식성'과 '구체성'의 허위의식으로 무장하려 한 비주체적 철학함의 태도에서 연유한 것이다. 이러한 허위의식은 사상(철학)의 수입처를 영미권에서 단순히 독일권으로 옮겨 놓는데 지나지 않은 것으로, 사고의 종속적 구조를 한 치도 벗어나지 않으려는 태도이다. 그렇기 때문에 학회는 한국 사회의 제모순을 매개로 하여 주체적으로 철학하려는 오늘날의 실천적, 자주적, 창조적 철학함의 분위기에 전혀 부합하지 못한 것이다. 학회 내부의 토론이 활성화되지 못한 것도 대체로 이러한 정체성의 위기에서 연유한 것이다.

정치 조직이 정치 투쟁을 통해 단련되는 것처럼, 연구 단체는 치열한 사상 투쟁을 통해 강화된다. 문제는 학회가 최소한의 논쟁의 실마리도 부여잡지 못했다는 데 있다. 이런 상황에서 86, 87년의 변혁 운동 경험은 더욱더 학회의 석·박사 과정의 회원들에게 정체성의 위기를 가중시키고 나아가서 '이 궁핍한 시대에 도대체 무엇을 위한 철학인가?'라는 비탄조의 자괴심만 불러 일으켰다. 한국사회의 변혁 운동에서 이미 1985년은 계급 운동으로서의 민중 운동이 '노동자 계급의 헤게모니'라는 형태로 합의를 이루고 1986년은 '민족 모순'이 전면적으로 부각되어 한국 사회에 대한 제국주의적 지배의 본질에 대한 논쟁이 활발히 전개되었던 시기다. 따라서 운동 이론도 치열한 사구체 논쟁의 성과물로서 식민지 반봉건 사회론과 신 식민지 국가독점자본주의 이론으로 갈라진 상태에서 일정한 합의를 이루었으며 그 과정에서 유물 변증법 관계의 원전 번역 및 강독, 독자적인 연구 성과물의 출현 ―이를테면 박승구의 《변증법적 지평의 확대》와 이진경의 《사회 구성체 논쟁》등―, 그리고 철학 내부에서 '철학의 실천적 자세 정립'을 표방하며 등장한 무크지 《시대와 철학》이 '과학적 세계관의 수립'을 기치로 하여 '사회철학연구실'이라는 공식적 연구 단체로 등장하기에 이르렀다.

셋째, 평의원회는 논외로 친다 해도 간사회 활동이 파행적으로 이루어져 내부의 인간적 신뢰감에 균열이 생기고 회원들에 대한 간사회의 지도성이 상실되었다. 학회가 조직적 차원의 지도성, 체계성, 방향성이 담보되지 못한 상태로 운영된 데는 앞서 지적했듯 이념의 추상성으로 인한 현실의 구체적 제모순에 매개될 수 있는 통로가 부재하다는 것이 보다 큰 원인을 이루고 있지만, 사적 인간관계에 기초한 개인 중심의 운영도 무시 못 할 내부적 원인으로 작용했다. 지난 1년간의 경험에 비추어 볼 때, 지나치게 개인성에 편중된 학회 운영은 다음과 같은 부정적 결과를 초래했다.

1) 개인(인물) 중심으로 편제된 학회는 학회 진화의 초기 단계에서 불가피하게 나타나는 현상이지만, 그것이 장기화될 경우 학회 발전의 족쇄로 작용할 수도 있다. 그것은 무엇보다도 회원들의 광범위한 자발성과 창의성을 발견하고 또 이런 것들에 기초하여 학회 운영에 관한 조직적, 체계적인 계획을 수립하기보다는 특정인의 좁은 세계관적 경험에 따른 주관주의적이며 권위주의적인 의지가 관철될 수 있는 공간만 열어 놓는다. 따라서 학회 운영의 주체와 객체가 완전히 분리되어, 전자는 과도한 수고와 노력에도 불구하고 별다른 성과를 보지 못하는 데서 쉽사리 지치고 또한 짜증감만 더해가는 반면 후자는 학회 운영으로부터 철저히 소외되어 한낱 수동적 지위로 전락됨으로써 최소한의 책임 의식도 갖지 않기에 이르렀다.

2) 이런 상태에서 학회 내에 개인주의, 사생활주의, 업적주의 등 쁘띠 부르주아적 허위의식이 팽배하게 된 것은 어쩌면 당연한 소치인지도 모를 일이다. 때문에 회원들 간의 굳건한 동지적 유대나 학회 행사의 원활한 수행을 위해 전체 의지를 앞세우기보다는 개인성과 개인의지가 학회 운영의 중심에 놓이게 되었다.

3) 따라서 일의 역할 분담이나 그 일에 대한 책임 소재도 애매한 상태로 적당히 넘겨 버리는 타성이 일반화되었으며, 또한 일에 대한 체계적 계획이 없는 상태에서 진행되었기 때문에 회원들이 지니고 있는 고유한 역량이 적절히 활용된다든지 적소에 배치되지 못했다. 이 점은 무엇보다도 올해 열린 학회의 공개 발표회를 준비해 오는 과정에서 여실히 드러났다.

4) 결국 이런 몇 가지 이유로 해서 학회 차원에서 누릴 수 있는 '공동 연구'라는 장점이 전혀 발휘되지 못했으며, 또한 그 성과물의 축적도 이루어지지 못했다. 연구회 시절부터 3년 반에 걸친 학회 운영을 통해서도 우리는 자료 정리나 헤겔 관계 해설서 편찬 등 최소한의 연구 성과물의 축적도 해내지 못한 채 그 모두를 개인적 수준으로만 되돌리고 말았다.

5) 끝으로 개인 중심의 학회 운영은 이미 지적했듯, 그것이 긍정적으로 발휘될 때는 강력한 지도성을 담보할 수 있는 반면, 부정적으로는 그 개인의 좁은 세계관적 경험이나 입장이 학회 발전의 강력한 족쇄로 작용할 수도 있다. 한국 사회의 변혁 운동 과정에서 지난 87년이 갖는 특별한 경험 속에서 학회의 올바른 방향성을 재정립하여 철학이 시대적 과제에 복무해야 한다는 회원들의 진보적 요구가 제대로 수렴되지 못함으로써, 학회는 일정 기간 방향을 상실한 채 표류하지 않을 수 없었다.

지금까지 지적한 몇 가지 본질적 한계로 해서 지난 87년은 헤겔학회가 새롭게 출범한 해이면서도 주·객관적으로 끊임없이 정체성의 위기로 시달렸던 해이기도 하다. 이러한 위기의 타개책의 일환으로서 87년 가을경에는 변증법의 연구 영역을 헤겔 이후로까지 개방하여 마르크스 - 레닌주의가 논의될 수 있는 일정한 공간이 확보되었다. 여기서 토론된 내용은 그 후 여러 가지 문제점을 안고 있었지만 몇몇 회원들의 헌신적인 노력을 통해 1988년 5월에 개최된 제1회 공개 발표회 석상에서 그나마 공동연구의 성과물로서 내놓을 수 있었다.

다음에 있을 유사한 형태의 발표회에 시금석으로 삼기 위해 몇 가지 문제점을 지적해 본다면 첫째, 이 발표회는 내부적으로 축적되고 공유된 연구 성과가 시대적으로 요청되는 철학의 과제 및 역할에 조응하는 상태에서 이루어졌다기보다는 대외적으로 과시하기 위한 의례적 행사의 성격으로 인해 회원들의 광범위한 동의와 참여가 뒷받침되지 못했다. 이런 식의 행사는 발표자의 쁘띠적 허위의식을 조장할 뿐 아니라 그 성과도 항상 개인적 수준으로만 되돌려진다. 따라서 공식적 행사에 대한 준비도 철저하게 이루어지지 못하게 된다. 둘째, 진행상의 미숙으로 인해 토론의 분위기를 활성화시키지 못했다. 발표자와 논평자와 사회자가 유기적으로 토론의 장 속에 결합되지 못함으로써 토론의 내용이 향후 발전의 계기로 고양되지 못했다. 셋째, 왜 도대체 지금 여기서hic et nunc 헤겔과 마르크스인가라는 문제의식이 부재함으로써 헤겔과 마르크스를 이 시대의 의미 연관 내지 실천 연관에 접맥시켜 주제화하기보다는 한낱 추상적인 보편성의 이론 수준으로 떨어뜨리게 되었다. 따라서 넷째, 실천, 모순, 노동 등 헤겔과 마르크스를 잇는 내적 연관으로서의 철학적 중핵이 전혀 외면적, 기계적으로 결합되어 제시됨으로써 학회 연구 수준의 적나라한 모습을 보여주었다. 이 모두는 앞으로의 발전을 위해서 진지한 반성의 시금석이 되어야 할 것이다. 대외적인 공식적 행사는 철저하게 준비하지 않으면 안 된다는 뼈저린 교훈이 되었다.

끝으로 반드시 지적하고 넘어가야 할 것은 1988년 6월 초에 한양대에서 열린 진보적인 학술 단체의 연합 심포지움 행사에서 헤겔학회가 소외됨으로써—참여하지 못함으로써— 변증법 연구 단체가 갖추어야 할 최소한의 이론적 책무와 운동성까지 의문시됨으로써 더욱더 헤겔학회의 정체성에 대한 위기의식이 심화되었다. 이것을 계기로 회원 내부에서 헤겔학회의 방향성 및 객관적 위상에 대한 검토의 목소리가 높아지고 결집될 수 있었다.

4. 지금까지 연구회로부터 시작하여 3년 반에 걸친 학회의 경험을 비판적으로 검토해 보았다. 이러한 비판은 미래에 대한 합목적적 전망이라는 발전적 계기로 수렴될 때 그 의의가 있는 것이지 결코 미래의 발전을 저해하는 족쇄가 되어서는 안 된다. 따라서 지금까지 비판의 결과에 기초해볼 때, 앞으로 학회가 학·운 전체와의 연관성 속에서 본격적인 연구 단체로 기능하기 위해서는 다음과 같은 몇 가지 주·객관적 차원의 정비를 단행하지 않으면 안 될 것이다.

먼저 학회 내부에 관련된 주관적 측면에서 살펴보자. 이것은 이념 및 방향성의 올바른 정립과 또한 그것을 구체화할 수 있는 기반으로서의 조직 강화라는 면과 관련된다.

첫째, 지난 몇 년간 악몽처럼 괴롭혔던 정체성의 위기, 즉 헤겔철학회의 객관적 위상과 방향 정립에 관해서는 회원들 내부의 광범위하고 치열한 논쟁을 통해 일정한 합의를 이루어냈다. 즉 민족적·민중적 세계관에 복무하는 철학! 물론 우리는 이러한 원칙적 대의大義가 학회 내부의 자생적 토론의 성과물이라고 자처하지는 않으며, 또한 그것이 학회에 참여하는 회원들 모두에게 공유되어 있는 것이라고 생각하지도 않는다. 그것은 오히려 학회 밖의 현실, 보다 구체적으로는 한국 사회의 변혁 운동의 지난한 경험 속에서 값비싼 대가를 치루고 얻어낸 귀중한 결론인 동시에 앞으로 운동의 방향을 담보해주는 궁극 목표이기도 하다.

지난 몇 년 간의 경험에서 보듯 학회는 이러한 대의를 시행착오에 따른 끈질긴 내부적 진통을 거듭해오면서 마침내 자기 존립의 본질 규정으로서 매개시킨 것일 뿐이다. 실로 미네르바의 부엉이는 어둠이 이윽해서야만 나는 것인가? 그러나 대낮의 광명 속에서 혼미를 거듭하는 부엉이의 지혜란 한낱 조소거리에 지나지 않는다. 부엉이가 날기 시작하는 어둠의 공간이야말로 실상은 대낮(현실)의 생생한 운동을 추수追隨하지 못하는 철학의 후진성·무기력성에 다름 아니며, 탈脫 사실post factum에 안주하려는 사변의 이데올로기적 장막에 다름 아니며, 보다 정확히는 소부르주아적 세계관에 매몰된 실천 본능의 허위의식의 아늑한 온상에 다름 아니다. 이제야말로 철학은 자신의 이름(philos - sophia: 지혜의 사랑) 속에 은폐되어 있는 이데올로기성·계급성에 대한 진지한 자기비판을 통해 현실을 불변적 소여태所與態로 간주하는 정관적·해석적 관점을 뛰어넘어 현실 변혁의 무기로서 기능하지 않으면 안 될 것이다. 헤겔학회는 참으로 긴 우회로를 거쳐 현실에 대한 이러한 변혁적 관점을 이끌어 내었다.

둘째, 그러면 민족적·민중적 세계관에 복무한다는 것은 구체적으로 무엇인가? 한국사회의 변혁 운동 과정에서 민족성과 민중성이 갖는 의미는 무엇인가? 그리고 여기서 규정되는 철학의 고유한 위상과 역할은 무엇인가? 우리는 이 자리에서 이러한 물음이 갖는 사태 연관을 총체적으로 기술할 수는 없다. 다만 그것은 모순적 관점에서 볼 때 민족 모순과 계급 모순의 통일적 해결의 전망을 제시하는 길이 아닌가 생각된다. (이국배, 〈학술운동의 역할과 과제〉 참조)

셋째 우리는 어떻게 이러한 과제를 수행할 수 있는가?

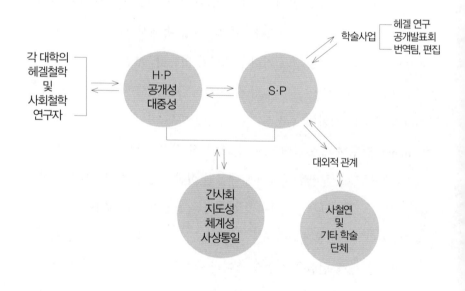

〈 헤겔학회 내·외부 활동과 목표 〉

05

한국학자들의
이중성

일본인은 겉말(타테마에建前)과 속말(혼네本音)이 다르다고 비난하지만 한국인도 그에 못지 않다. 한국인은 불편을 감수하더라도 웬만해서는 남에게 싫은 소리를 하지 못한다. 그만큼 자기 속내를 드러내지 않거나 감춘다고 할 수 있다. '모난 돌이 정을 맞는다.'거나 '절이 싫으면 중이 떠나야 한다.'는 말들이 한국 사회에서 자기 목소리를 내며 사는 것을 어렵게 만든다. 때문에 한국 사회에서 진정한 의미의 독립적 개인주의자로 살기 위해서는 불이익이나 위험을 감수해야 한다. 여기에는 좌도 없고 우도 없고, 연령과 성별 차이도 별로 심하지 않다. 이런 태도가 심한 사람이나 집단일수록 겉과 속이 다른 경우도 많아서 겉만 보고 판단하다가는 낭패를 볼 수도 있다. 한국인의 이런 이중적인 태도는 학자들의 상호 평가나 논문 인용에서도 종종 드러난다. 분명 같은 한국학자의 논문을 참조했으면서도 절대 인용하지 않거나, 번역책을 읽고서도 인용은 원전에서 하는 태도이다. 오죽하면 한국학술진흥원에서 평가 항목에 국내 문헌이나 논문 인용에 가산점을 주겠다고 하겠는가?

왜 이런 현상이 일어나는지 곰곰히 생각을 해보았다. 우선은 자기 과시성이 강해서 일수 있다. 자신은 국내 문헌 따위는 보지 않고 외국의 원전을 직접 읽고 인용할만한 실력을 갖추었다고 은근히 과시하는 것이다. 요즘은 비교적 덜하지만 얼마전까지만 하더라도 논문에 국내 문헌을 인용하면 한 수 아래인 것처럼 취급하기도 했고, 보지도 않은 외국 논문이나 책을 잔뜩 끌어다가 치장하는 경우도 다반사였다. 그만큼 실질적인 내용보다는 자기 과시성이 앞선 것이다. 하지만 근거없는 이런 과시적 태도는 다른 한편 사대와 열등감의 다른 모습이기도 하다. 남을 인정하지 않는 태도는 오히려 자신의 편협한 태도를 보이는 것이고, 남을 포용할 수 있으려면 자신감과 주체성이 수반되어야 가능하다. 이런 과시성이 학문의 종속을 심화하고, 사대의 극복을 힘들게 한다. 이런 태도를 지닌 자의 머릿 속에는 늘 서구와 미국이 정신적 고향이다. 중화 사대주의를 신주단지처럼 모셨던 조선의 선비 모습이 현대에도 재현되고 있다. 일찌기 단재 신채호 선생은 이런 사대주의를 빗대 "우리 조선은 석가가 들어오면 조선의 석가가 되지 않고 석가의 조선이 되며, 공자가 들어오면 조선의 공자가 되지 않고 공자의 조선이 되며, 주의가 들어와도 조선의 주의가 되지 않고 주의의 조선이 되려 한다."라고 비판한 적이 있었다.

무엇보다 이런 태도는 학문의 자생적인 발전을 어렵게 만든다. 끊임없이 외국 것에 의존한다면 내부에서의 성장이 어려워질 수 있다. 정주영 현대그룹 회장이 현대 포니를 만들 때 많은 사람은 한국에서 무슨 자동차 산업이 가능하겠냐고 비웃었다. 하지만 어떡하든 우리 손으로 제품을 만들려고 하는 자립 정신이 오늘날 한국을 제4대 자동차 왕국으로 만들었다. 수십 년 전 우리와 비슷한 상황에 있던 동남아시아의 많은 국가는 여전히 수입차에 의존하는 현실과 비교하면 천양지차이다. 한국 경제의 성장과정에서 이런 예들은 수도 없이 많다. 이런 실험과 도전 정신이 오늘날 한국 경제를 발전시켰다.

다소 부족하더라도 내 것을 아끼고 키우려는 자세는 학자의 경우에도 마찬가지로 필요하다. 아직 자생적인 이론, 선진적인 이론을 생산하지 못하는 마당에 외국의 이론을 받아들이는 것은 어쩔 수 없다. 하지만 무비판적이고 단순 수용적인 태도는 수입 오퍼상 이상으로 발전하기 힘들다. 수입한 이론을 어떻든 우리의 실정에서 주체적으로 비판하고 해석하려고 할 때 비로소 그 이론이 토착화될 수 있다. 과거 우리는 불교를 그렇게 받아들였고, 유교도 상당 부분 토착화한 전통을 가지고 있다. 그런데 여전히 국내의 논문이나 번역물을 읽고 하대하면서 원전을 인용하는 태도는 학문의 주체적인 발전에 전혀 도움이 되지 않는다. 근대의 여명기에 일본 학자들이 동아시아의 정신과 전통을 바탕으로 서구의 학문과 개념을 번역함으로써 동아시아 학문의 자생적 발전에 크게 기여한 현실을 고려할 필요가 있다.

요즘 영미권에서 유럽 철학의 열풍은 상상을 초월한다. 포스트 모던 계열의 프랑스 철학은 말할 것도 없고, 칸트나 헤겔이나 20세기의 현상학과 해석학 등에 관한 연구 열기도 높다. 난해한 헤겔 철학은 오히려 독일 철학계보다 훨씬 양적으로나 질적으로 우수한 연구서들이 쏟아져 나오고 있다. 그런데 영국 철학계는 말할 것도 없이 미국 철학계의 연구서들을 보다 보면 자신들의 철학적 전통을 바탕으로 거의 자신들의 번역물과 영미권 동료들의 논문에 의존해 쓰고 있다. 덕분에 그들은 대륙 철학계의 우수한 성과들을 수용하면서도 자신들의 목소리와 언어를 가지고 새롭고 창의적인 업적을 내고 있는 것이다. 이제는 오히려 본산지인 유럽보다 더 활발하게 학문 활동이 이루어지고 있다. 나는 이러한 영미권의 태도가 외국 문화와 사상을 받아들이는 데 하나의 모델 역할이 될 수 있다고 본다. 그러기 위해서는 몇 가지 전제가 있다.

먼저 우수한 번역물이 나와야 되고, 이러한 작업을 국가적 차원에서 지원해주어야 한다. 한국처럼 상당 부분 번역물에 의존하면서도 그 가치를 인정하지 않는 태도가 바뀌어야 한다. 다음으로 학자들도 동료 학자들의 논문이나 저서를 상호 평가하면서 인용할 수 있어야 한다. 한국 학자들의 고질적인 폐쇄병은 절대 타인의 연구 성과를 인정하거나 평가할 줄 모르고, 설령 한다 하더라도 익명으로 숨어서 갑질하는 경우가 있다. 나는 이런 태도가 학자들의 위선적인 이중성을 키우고, 학문 발전에도 저해가 된다고 본다. 상호 평가와 인용이 일반화되면 논문을 정량식으로 양만 늘리는 것이 아니라 깊이에 대한 정성 평가를 할 수 있다. 학자들의 논문이 공장에서 대량으로 찍는 상품은 아니지 않은가? 때문에 이제라도 평가에 비중을 높여서, 평가하고 심사하는 작업의 가치를 높여야 한다. 셋째, 상호 평가와 인용이 가능해야만 그만큼 주체적이고 현재적이고 우리 현실의 문제 의식을 담은 관점에서 논문을 쓸 수 있는 분위기가 형성이 된다. 말하자면 이해할 수 있고 가독성이 높은 글을 통해 우리 시대, 우리 사회, 우리 사상을 대상으로 사유하고 글을 쓸 수 있다는 것이다. 단군 이래 수많은 학회지를 통해 수도 없이 많은 논문이 쏟아지고 있지만 극소수의 몇 사람만 읽는다는 자조가 팽배해 있으면서도 누구도 고양이 목에 방울을 매달 엄두를 내지 못하고 있다.

아래 사진은 김상환 교수 논문에 대한 이용숫자와 인용숫자의 극적인 비교를 말해준다. 그렇게 많이 참조하면서도 절대 인용은 하지 않는다. 나는 이런 태도가 위선적이라는 것이다. 김상환 교수의 글은 내가 일부러 찾아 읽을만큼 통찰력도 깊고 글 자체도 좋다. 이것은 하나의 예일 뿐이다.

〈 김상환 교수 눈문에 대한 이용숫자와 인용숫자 〉

06
일본
철학사전

어제 Yes24에서 건국대의 이신철 박사가 번역한 헤겔 관련 책을 2권 주문해서 받았다. 하나는 하세가와 히로시의 《헤겔 정신현상학 입문》이고 다른 하나는 곤자 다케시의 《헤겔과 그의 시대》다. 히로시는 헤겔 원전 번역으로 독일 정부로부터 레싱상도 받았다고 한다. 아직 제대로 읽어보지는 않았지만 두 권 다 연구가 탄탄한 느낌이다. 일본 학계의 연구 수준을 잘 반영하는 것 같다. 그런데 표지 날개를 보니 이 책을 번역한 이신철 박사가 칸트, 헤겔, 현상학, 마르크스, 니체까지 막대한 분량의 철학 사전을 다 번역한 것을 보고 입이 다물어지지 않는다. 평생을 작업해도 힘들 엄청난 분량과 난이도 높은 철학 사전들을 이렇게 혼자서 번역을 했다는 것이 믿어지지 않고, 또 그러면서 한국의 철학회나 출판계에서 그 흔한 번역상 하나를 받지 못했다는 것이 무얼 의미하는지 의심스러울 정도이다. 뒤로는 볼 것 안 볼 것 다 보면서도 앞으로는 무시하는 우리 학계와 문화계의 전형적인 이중성에 다름 아니다.

그런데 두 번째로 놀란 것은 오전에 《법철학》 강의에서 발표하던 한 학생이 의도Vorsatz와 기도Absicht라는 용어를 이해하기 위해 네이버 사전을 활용한 이야기를 들었을 때다. 네이버에 《헤겔사전》이 제공되고 있다는 것이다. 그래서 나도 한번 네이버에서 검색을 해보니 이 박사가 번역한 일본철학계의 사전들이 다 제공되고 있는 것이다. 한국의 대표적인 지식검색 사이트에서 제공되는 사전들의 내용이 모두 일본에서 출간된 철학사전에 기초한 것이다. 이것을 확인하고 나서 착잡한 느낌이 든다. 한국 철학계에 수없이 많은 학회가 존재하고, 그 이상의 학회지들을 발간하며 수많은 논문을 쏟아내면서도 솔직히 사전 한 권 못 만들고 있다.

오래전에 학원사에서 나온 철학사전도 다 일본 사전을 번역하고, 몇 개 항목만 국내 학자가 추가한 것들이다. 20여 년 전 한국철학사상연구회에서 나온 《철학대사전》은 구동독에서 출간된 것을 집단 작업을 통해 번역했고, 동양철학 항목은 국내 소장 학자들이 공동 집필했다. 하지만 이 사전은 마르크스-레닌주의 세계관이 유명무실해졌기 때문에 더는 생명을 유지하기 힘들다. 사정이 이런데 한 개인과 한 출판사의 노력으로 사전들이 대거 번역이 되고, 또 그것이 네이버에서 실시간으로 제공되고 있다. 이런 사정을 한국 철학계가 전혀 모르고 있는 것인지, 아니면 알고 있으면서 짐짓 모른 체 눈을 감고 있는 것인지. 어떤 경우든 한국 철학계와 책임 있는 철학자들이 참으로 부끄러워해야 할 일이다.

한국 철학계가 대중과 거의 유리된 상태에서 A4 10장짜리 논문과 연구비, 실적과 승진을 위한 연구에 매달릴 때 일본 철학회는 우리가 감히 넘볼 수 없을 정도로 탄탄하게 기초 연구 시스템을 만들어 놓은 것 같다. 지방 대학 출신들도 노벨상을 받는 일본 과학계의 탄탄한 연구 시스템이 인문학계에도 그대로 적용되는 것 같다. 지금은 그렇게 노골적으로 하기 힘들겠지만 우리 윗세대 학자들 가운데는 일본 논문이나 저서를 이름만 바꿔서 출간한 것도 적지 않고, 나 개인적으로도 구체적으로 확인한 바 있다. 내가 대학졸업 논문을 쓸 때이니까 30년도 더 된 현실이다. 그런데 그 이후로 우리 학계가 양적으로 많이 성장했지만 내부적으로는 그렇지 못하다는 것이 내 전공과 관련해서 갖는 느낌이다. 헤겔의 주요 저작들이 우리말로 번역되고 여러 차례 재번역까지 되었지만 전공 학자가 인용하기 힘들 정도다. 그런데 일본에서는 똑같은 책들이 여러 번역자들에 의해 최근까지 재번역되고 있다. 이렇게 기초 작업과 기초 연구가 무시되고 소홀히 되다 보니 우리 연구자들은 끊임없이 새로운 이론, 새로운 철학만 찾아 헤매는 것이 작금의 실정이다. 물론 새로운 것을 찾고 연구하는 것은 학자의 당연한 임무겠지만 뿌리 없이 유행 따라 이루어지는 연구는 생명이 길지도 못하고 더더구나 창의적인 작업을 기대하기는 더 힘들다.

07
현실과
철학

　꿈에서 깨자 마자 어떤 생각이 든다. 요즘 대학생들 사이에서 들불처럼 퍼지는 '안녕들하십니까'의 담론과 그리스 로마의 철학적 담론의 차이에 관한 생각이다.

　그리스의 폴리스는 인구 10만 정도의 자그마한 정치 공동체이다. 이 공동체는 자유 시민의 민주적인 의사에 의해 운영되었다. 물론 민주주의가 정착되기 전에 소수의 독재자에 의해 지배되던 시기(독재체제), 돈 있는 자에 의해 지배되던 체제(금권체제) 등 여러 우여곡절을 겪기는 했다. 그러나 민주주의가 꽃을 피우던 시기에 시민들은 스스로가 폴리스의 운영에 참여해서 민주적으로 결정하는 것에 대해 커다란 자부심을 느낄 정도였다. 여북하면 자유 시민의 정치적 이상은 폴리스의 공적 업무에 참여해서 인정받는 것으로 간주되었을까? 폴리스의 시민은 자신들의 사적인 삶의 목적과 폴리스의 공적인 삶의 목적을 동일시하고, 국가에 대한 충성과 애국심을 시민의 미덕으로 간주했다.

그러나 폴리스가 몰락하고 거대한 로마 제국이 성립하면서 그리스에서와 같은 시민과 국가, 개인과 공동체의 일체감은 사라진다. 거대한 제국 속에서 개인은 자신의 견해를 제국 속에서 표현할 수 없다. 개인은 거대 제국이 돌아가기 위해 소모품처럼 존재하는 하나의 부속품에 지나지 않는다. 이 거대 제국의 통치 원리는 오로지 만민 평등에 기초한 법치일 뿐이다. 더이상 제국은 개인이 정치적 비전을 가지고 참여할 수 있는 곳이 아니다. 이 거대 제국 앞에서 개인은 수동적인 통치의 대상일 뿐이다. 폴리스의 주체로서의 '개인'은 로마의 제국에서는 그저 평등한 소유의, 개인적 소유의 주체로서의 '인격'일 뿐이다. 개인의 정체성을 확인할 수 있는 것은 그리스에서와 같은 개인의 '덕성'이 아니라 오로지 자신의 재산, 법에 의해 인정된 소유의 주체로서의 평등한 '인격'일 뿐이다. 개인은 제국 속에서 더욱 소외되고 무력화되는 것이다.

그리스 자유인의 철학과 달리 로마의 노예 철학은 이런 배경 속에서 발생한다. 그들은 예전과 달리 자신의 의지나 참여와 무관하게 돌아가는 거대 제국의 공적 삶에 관심을 갖지 않는다. 오히려 그들은 이런 공적 삶이 자신의 사적인 삶과 무관하며, 그리하여 가급적 이 공적 삶으로부터 벗어나 사적인 삶 속으로 숨어 들어가곤 한다. 고대 로마에 유행한 '금욕주의', '쾌락주의', '회의주의'와 같은 철학은 한결같이 이 거대 제국 속에서 어떻게 생존할 것인가, 어떻게 나만의 행복을 누릴 수 있는가에 관심을 갖는다. 금욕이나 쾌락은 철저히 개인적인 몫이다. 이 개인주의의 철학은 낯선 외부 세계—이들에게 그것은 자신의 의지로 바꿀 수 없는 운명이다.—가 자신들의 정신적 평화나 행복 추구에 영향을 미치지 못하도록 하는 이데올로기적 장치와 다름 없다. 금욕주의의 부동심

aphatheia이나 쾌락주의의 평정심ataraxia은 한결같이 이 냉혹한 정치의 세계, 법의 세계, 운명 세계의 필연성을 깨닫고 정신적인 안정과 평화, 개인적인 행복을 추구하는 지극히 개인주의적인 철학이다. 하지만 사회와 세계를 벗어나 개인의 정신세계로 침잠한다 하더라도 이 세계가 존재하는 한은 그 영향을 벗어날 수 없을 것이다. 고대 퓨론으로 대변되는 회의주의의 철학은 이런 세계의 존재의 근거조차 회의를 통해 박탈하고자 한다. 이들의 철학이 본래의 목적을 달성했는지 여부와 상관없이 개인주의 철학은 로마라는 거대한 제국에서 소외된 인간의 삶을 반영하고 있다. 그 점에서 그들의 철학은 철저히 세상에 대한 무관심과 도피와 다르지 않을 것이다. 로마의 현자들은 끊임없이 '숨어서 살아라. 살면서 남의 눈을 피하라.'를 가르쳤다.

이에 반해 최근의 젊은 대학생들의 '안녕들하십니까'의 담론은 과거 그리스 로마의 변화를 연상케 한다. 한국의 80년대는 정치적 담론이 무성한 시대이다. 그 시대의 최대 화두는 독재 타도와 민주화이다. 80년대 광주의 살인을 목도한 대학생은 ─물론 시민도 포함된다.─ 자신의 열망과 노력에 의해 민주주의를 쟁취하고자 했다. 그들은 군사 독재의 손길이 미치는 모든 것을 거부했다. 주류 학문과 사상을 거부하고, 이것들이 지배하는 강의실도 거부한다. 그들은 이 사회 문제를 끌어안고, 그것을 함께 고민하고, 그것을 풀 수 있는 이론과 철학을 갈구하면서 소규모 모임을 통해 함께 의식화에 힘쓰고, 여기서 다진 의식화된 이론을 가지고 함께 눈물을 흘리면서 실천 투쟁을 한다. 그들의 삶의 목적은 오로지 이 땅의 민주화에 있다. 개인적 삶의 목표와 사회의 목표가 이처럼 일치하던 시대는 그리 많지 않다.

한국의 80년대는 자유와 민주를 희구하는 시민의 정치적 담론과 실천이 가장 무성한 시대라 해도 과언이 아니다. 그리하여 80년대 중반 박종철 군이 고문으로 죽고, 이한열 군이 데모하다 최루탄을 머리에 맞아 죽을 때는 무려 백만 명 이상의 시민이 시청 앞 광장으로 모여 한마음 한뜻으로 독재 타도를 외치기도 했다. 오랜 유신정권과 군부 독재의 막을 내릴 수 있었던 것은 젊은 대학생들의 이런 헌신적인 노력과 희생 때문에 가능했다고 할 수 있다. 다소 우여곡절이 있기는 하겠지만 그들은 역사가 자유와 민주를 실현하는 쪽으로 발전한다는 것에 대해 의심치 않았다. 이제 민주주의가 확립된 상아탑 안에서 열심히 공부만 하면 되는 것으로 생각했다. 하지만 그 이후의 현실은 어떤가? 누가 이 사회를 움직이는가?

  역사가 어떤 목적을 향해서 간다, 혹은 역사에는 실현시켜야 할 목적이 있다고 하는 것은 허구일지 모른다. 역사는 스스로 자기 동력과 메카니즘에 따라 움직인다. 이런 역사는 스스로가 가는 길이 목적이요, 지나간 자취가 실현된 목적일 뿐이다. 철학자는 그 자취를 쫓아가면서 역사의 목적에 대해 이야기하는지 모른다. 처음부터 없는 것을.

  80년대 민주화 투쟁을 거치면서 한국 사회에 자유와 민주의 의식이 확대되었고, 문민 정부 10년을 거치면서 이제 한국 사회도 서구식의 민주주의가 확고하게 뿌리를 내렸으며, 한국 사회의 민주주의는 이제 역사를 돌이켜 후퇴시킬 수 없다고 생각한다. 그러나 노무현 식의 민주주의가 국가 권력을 해체하려 했던 것은 한국의 민주주의의 성공을 위해 너무 일찍 터뜨린 샴페인은 아닌지 모른다. 문민 정권 10년이 끝나고 이어진 이명박 – 박근혜 보수정권의 등장은 이런 우리의 생각이 얼마나 순진한 건지 일거에 일깨운다.

　이명박 식의 기업형 국가 체제는 오로지 효율과 실용을 따지며 일단 목표를 세우면 불도저처럼 밀어붙인다. 이 과정에서 걸리적거리는 것은 모두가 비효율적이고 비생산적인 쓰레기로 판단된다. 그는 이런 생각을 가지고 단 4년만에 전 국토를 이 잡듯이 헤집어 놓고 수만 년을 내려오면서 이 땅의 삶이요 정신을 지탱해 오던 4대강의 모습을 시멘트로 도배해 버리는 용단을 보여주었다. 국가의 목적을 위해서는 민간인 사찰도 불문하고, 재개발을 위해서는 천민들의 생명은 초개보다도 못하게 생각한다. 그에게 민주주의라는 것은 정해진 국가의 목적을 일사불란하게 밀어붙일 수 있는 자유 정도로밖에 생각이 들지 않는다. 국가의 목적이 그들의 머리 속에서 일단 정해지면 수단과 방법을 가리지 않는다. 한국의 보수주의자들은 조국의 안녕과 질서, 정권의 유지와 연장을 위해서는 패륜망덕, 반인륜적, 반민주적 태도도 정당화할 수 있다고 생각하는 것 같다. 이런 그들에게 서구식의 합리적 보수주의를 기대하는 것은 너무 섣부르지 않는가? 정치는 권력 투쟁이 아닌가? 이렇게 본다면 이런 투쟁 속에서 자신의 무기를 스스로 해체시킨 노무현 정권의 무지와 무모함을 부인하기 어렵다.

08
대통령의
악수와 소통

"대통령이 악수를 청하는데 거부하는 나라, 어이가 없네." 사실 보기 좋은 모습은 아니다. 보통 사람도 악수를 청했는데 거절당하면 불쾌한데, 그래도 일국의 대통령인데… 이쯤 되면 막나가자는 것이 아닌가? 이걸 그냥 둬, 말어. 권위주의 시대도 아니기 때문에 잘 못 건드리면 또 벌떼처럼 달라 붙을 텐데… 사실 이 부분만 따로 떼어 놓고 비난할 일도 아니다. 과거 노무현 대통령 시절 그를 얼마나 희화화했는가? 현 권력의 핵심 실세는 아예 정신병자 취급하면서 싸이코라고 부르기도 하고, 한나라당 국회의원들이 배우 분장을 하고 그런 싸이코적 드라마를 연출하기도 했다. 이런 현상을 아랫것들이라고 배우지 말란 법이 있는가? 뭐 눈에는 뭐만 보인다고, 서로 막말이나 막가는 태도로 상대를 깍아내리다 보니 이제 막 돼먹은 집의 망나니 같은 아이들의 모습이 더 자연스럽다. 그런데 이제 와서 새삼스럽게 뭐 그런 것을 정색하듯 따지나. 그래도 대한민국의 미래를 해서 탈권위주의 시대 소통의 문제를 이야기해 보자.

박근혜 정부를 '불통정부'라 부르는 이가 많다. 국민과의 소통이 적고 권위주의적 성격이 매우 강하다는 것이다. 굳이 대통령이 아니더라도 많은 리더가 이런 비판을 대하면 억울해 할 것이다. 그들 대부분은 아랫사람과 끊임없이 소통하려 노력했고, 또 그들보고 이야기를 하라고 했다는 것이다. 문제는 이런 노력을 했어도 아랫사람이 별로 이야기를 하려고 하진 않는다는 점이다. "말해! 얼마든지 다 들어줄게." 말은 그렇게 하지만, 왠지 고압적이고 권위적이다. 이런 분위기에서 말 잘못하면 경을 칠 일이다. 어른이 된다는 것은 이런 분위기 파악을 잘하는 것이다. 모난 돌이 정을 맞는다고 자리 깔아줬다고 함부로 입을 나불대다가는 신세 조질 수도 있다. 그러니 말을 한다는 것은 참으로 말할 수 있는 분위기가 조성되었느냐를 먼저 판단할 일이다.

종종 TV를 통해 청와대에서 고위 공직자를 모아다 놓고 회의하는 장면을 보면 가관이다. 수첩 공주 흉내를 내느라고 다들 열심히 펜을 들고 받아쓰기 하는 모습이다. 그들은 회의 참석 전에 관련 문건들을 검토하지도 않고 오는지 궁금하다. 웬만한 기업이면 다들 사내 인트라넷을 통해 모든 문건을 등급별로 공유하고 있다. 청와대의 내부 시스템은 다른 어떤 기업보다 최상급일 텐데 그들은 여전히 종이와 연필을 들고 대통령의 목소리를 받아쓰는 데 정신이 없다. 이쯤 되면 대통령의 목소리는 가신들의 영혼에 각인되는 아버지 남성의 목소리와 다를 바가 없다. 2012년 대선 시 연세대 심리학과의 황상민 교수가 박근혜 후보보고 "생식기만 여성"이라는 말을 했다가 물의를 일으킨 적이 있다. 고위 공직자도 제 말을 못하는 분위기에서 국민의 이야기가 제대로 전달된다는 것은 생각하기 어려울 것이다. 말로는 연일 소통하자고 하지만 그야말

마티스, 〈 대화The Conversation 〉

로 꽉 막혀 있다. 불통이 되다 보면 오해도 심해지고 갈등도 많아진다.

위 그림을 한번 보자. 유명한 마티스Matisse의 그림이다. 그림 속의 남자는 고압적으로 서서 여자를 내려다 보고 있다. 반면 여자는 의자에 앉아서 남자를 올려다 보고 있다. 이런 눈높이의 차이는 권력 관계를 반영하기도 한다. 시선으로 제압할 때는 대개는 위에서 아래로 내려다 볼 때이다. 그래서 팽팽한 기 싸움을 할 때 상대방 보고 눈 내리까라고 겁준다. 게다가 남자의 손은 주머니 속에 꽂혀 있다. 여자에게 다가가려는 태도가 아니다. 거리를 유지하고 있다는 데서 그만큼 여자의 감정까지도 통제할 수 있다는 자신감도 보인다. 그래서 여자는 의자에 갇혀 남자의 처분만 기다리는 것 같다. 아이러니칼하게도 이 그림의 제목은 '대화The Conversation'이다. 대화라면 당연히 서로의 눈높이도 맞추고, 거리도 줄이고, 주머니에서 손도 빼 상대방을 받아들일 준비가 되어야 하지 않겠는가? 때문에 이 그림은 역설적으로 '대화의 부재'를 표현하고 있지 않은가? 여자는 그런 고압적인 분위기에서 남자의 일방통행 식의 하명을 거부할 도리가 없다. 여자가 할 수 있는 일은 오로지 침묵하는 것뿐이다. 이런 여자의 마음은 분위기로, 즉 그들 간의 마음이 교류되는 창의 창살로 표현된다. 창살에는 non이 표시되어 있다. 당신이 아무리 그런 식으로 이야기를 해도 내 마음은 '아니예요'라는 것이다. 그렇다. 이 역설적인 그림을 통해 대화가 어떠해야 하는지를 알 수 있을 것이다.

대화는 소통이다. 소통이 이루어지기 위해서는 마음의 문을 열어야 한다. 아니 그 전에 서로의 눈높이를 맞추어야 하고, 받아들일 수 있는 자세가 되어야 한다. 오랫동안 불통인 상황에서 갑자기 고압적으로 손을 내미는 것은 폭력일 수도 있지 않은가? 무조건 말하자고, 네 말을 다 들어주겠다고 말만 하지 말고 말을 할 수 있는 눈높이, 거리, 자세를 먼저 바꾸어야 하지 않을까? 이 그림이 주제에 충실하려면 남자가 위에서 내려다 보는 것이 아니라 무릎을 꿇고 여자의 손을 잡아야 하지 않을까? 갑자기 그런 제스처를 취하기 힘들면 적어도 다른 의자를 가져와 무릎을 맞대고 서로의 눈을 맞추면서 시작해야 하지 않을까? 종종 강한 자가, 높은 지위에 있는 자가 그렇게 하면 밑에서 올려다 보는 사람은 더 감동할 수 있지 않을까?

무릇 소통은 되먹임이고 순환이다. 순환이란 높은 것이 낮아지고 낮은 것이 올라가는 것, 혹은 외부가 내부로, 내부가 외부로 전환이 잘 이루어지는 것이다. 모든 정체는 이런 입출력의 균형이 깨어질 때 나타난다. 맛있는 것을 죽도록 많이 먹어도 변비로 배설이 이루어지지 않으면 죽을 맛이리라. 로마의 귀족들은 아래로 배설이 안 되니까 어거지로 구토를 유도하기도 했다. 그들은 하루 종일 성찬을 즐기면서 바로 옆에다가 그것을 토하는 행위를 반복했다. 하지만 입출력의 자연스러운 균형이 파괴되면 신체의 건강도 깨진다. 현대인의 비만은 대개는 좋은 것을 너무 많이 먹으면서 너무 적게 배설하는 데서 나온다. 나는 새로운 생명의 탄생과 늙은 생명의 죽음도 그렇게 이해한다. 이런 입출력의 균형이 깨어지면 사회 생태계도 깨질 수밖에 없다. 오래 사는 것이 능사일 수는 없다고 본다. 좋은 삶을 살아야 하지 않겠는가? 좋은 삶은 신체적으로나 정신적으로 건강한 삶이다. 그것이 반드시 오래 사는 것과 직결되는 것은 아니다.

천지비天地否

지천태地天泰

동양의 오랜 철학서인 《주역》에도 이런 소통에 관한 괘가 있다. 《주역》은 점서로 많이 알려져 있지만, 동시에 중국인의 오랜 경험이 녹아든 자연관, 우주관을 특별히 괘卦라는 일종의 이미지象를 통해 표현한 것이기도 하다. 이런 이미지는 마구잡이로 만들어지는 것이 아니라 태극에서 음과 양이 나오고, 이 음양으로부터 사상四象이 나오고 하는 식의 '이치 논리'의 일정한 규칙을 띠고 만들어진다. 그리하여 총 64가지의 괘가 만들어지고, 이 괘를 통해 인간사와 우주 자연사를 설명한다.

이 중에 '천지비天地否'와 '지천태地天泰'라고 하는 두 가지 괘가 있다. 이 두 괘는 모두 하늘과 땅이 중첩된 형상을 하고 있다. 천은 하늘이고, 남자이고, 왕이다. 반면 곤은 땅地이고, 여자이고, 백성이다. 만일 우리가 자연의 질서를 고려한다면 하늘이 위에 있고 땅이 아래에 있는 것이 자연스럽다. 남자가 하늘이고 여자는 땅이라는 식이다. 왕은 위에서 다스리고 백성은 아래서 다스림을 받는다. 그래서 하늘이 위에 있고, 땅이 아래에 있는 괘가 천지비이다. 그런데 이 괘를 설명한 것을 보면 "상왈象曰 천지불교天地不交(〈상전象傳〉에 말하였다. '하늘과 땅이 사귀지 않는다.')"이다. 천지가 불통한다는 것이다. 그래서 이 괘를 얻으면 아주 좋지 않다. 불통이라 함은 순환이 이루어지지 않아 폐색되어 있다는 의미다. 장 폐색 때문에 장이 썩는 질병을 생각하면 얼마나 나쁜지 알 수 있을 것이다. 입출력이 이루어지지 않고, 순환이 이루어지지 않기 때문이다. 하늘이 위에 있고, 땅이 아래에 있는 것이 오히려 불통해서 폐색한다고 하니 이상하지 않은가?

반면 이 괘를 뒤집어 놓은 것이 지천태이다. 이것은 땅이 위에 있고, 하늘이 아래에 있는 모습이다. 오히려 이것은 자연의 질서, 사물의 질서, 사회의 질서 등이 전도된 모습이 아닌가? 그런데 이 괘의 설명을 보면 이렇다. "상왈象曰 천지교태天地交泰(〈상전象傳〉에 말하였다. '하늘과 땅이 화합하여 태평하다.')" 전도된 형태가 오히려 화합과 교류가 잘 이루어져 태평하고 번성한다는 의미다. 이 또한 이상하지 않은가? 천지의 관계, 임금과 백성의 관계, 남자와 여자의 관계, 강자와 약자의 관계는 오히려 정상적 형태의 관계보다는 전도되고 역전된 관계에 있을 때 더 소통이 잘 된다고 하는 것이다. 잘 이해가 안 될 수도 있지만 그 원리는 아주 단순하다. 양기는 위로 올라가고 음기는 아래로 가라앉기 때문이다. 그러므로 양을 상징하는 하늘이 아래에 있고 음을 상징하는 땅이 위에 있다면 양기는 위로 올라가고 음기는 아래로 내려와서 서로 소통할 수 있지 않은가? 인간을 위시한 우주 만물의 모든 건강은 이런 자연스런 소통에 기초해 있다.

머리를 차게 하고 발을 따뜻하게 하라는 것도 이 원리를 적용한 것이다. 동양의 모든 양생 수련법은 수승화강水升火降이 기초다. 즉 물의 기운인 음기는 위로 끌어 올리고, 불의 기운인 양기는 아래로 내리는 것이다. 이런 소통이 잘 이루어질 때 신체의 건강이 유지될 수 있다. 책을 많이 보거나 머리를 많이 쓰면 머리에 열이 많이 난다. 열이 나면 골도 아프고 잠도 잘 오지 않는다. 수행을 잘못하다 보면 이렇게 양기가 위로 뻗쳐 며칠씩 잠을 못 자서 나중에 머리가 도는 경우가 있다. 주화입마走火入魔나 상기증上氣症이 그것이다. 나도 개인적으로 그렇게 미친 사람을 몇 번 본 경험이 있다. 그래서 그런건지 옛날 선비는 열심히 공부해서 책을 한 권 마칠 때마다 반드시 책걸이 행사를 한다. 이 책걸이는 음주가무로 노는 것 같지만 사실은 공부 때문에 위로 뻗친 기를 다시 정상으로 되돌리는 작업이라 해도 좋다. 특히 이런 기가 머리로 뻗쳐서 통제가 안 될 때는 육체 노동을 강도 있게 하는 것도 좋은 방법이다. 대문호 톨스토이는 통제할 수 없는 이런 양기(성욕)를 풀기 위해 생활공동체를 운영하면서 강도 높은 노동으로 대신했다. 그래서 종종 정신노동을 하는 사람은 육체노동으로 스트레스를 풀고 육체노동을 하는 사람은 독서나 음악 감상 등 정신노동으로 푸는 것이 이상적이다. 정신과 육체의 통일 원리가 그 밑바탕에 깔려 있다.

그런데 양과 음은 사물의 고정불변하는 속성이 아니다. 양과 음은 관계 속에서 주어지며, 이러한 속성은 끊임없이 변화하고 성장과 소멸을 반복한다. 이것은 우리 태극기를 보면 잘 나타나 있다. 음이 커지면 양으로 변하고, 양이 커지면 음으로 변하는 것이다. 이런 관계 논리 속에서 음과 양의 지위가 결정되는 것이다. 남자는 존엄하고 여자는 비천하다는 남존여비의 사상도 남과 여를 불변적 속성으로 생각하는 데서 나온 오류이다. 동양의 전형적인 새옹지마의 논리를 잘 보여준다. 그러므로 지천태의 좋은 괘도 방심하면 나빠질 수 있고, 천지비의 나쁜 괘도 대비를 하고 개혁을 하면 얼마든지 좋아질 수 있다. 이러한 관계 속에서는 절대적으로 나쁜 것도 없고 절대적으로 좋은 것도 없다.

정치에서 여 – 야의 관계도 마찬가지이다. 권력을 장악했기 때문에 여이지 불변하는 여가 아니다. 마찬가지로 선거에서 국민의 지지를 받지 못하면 언제든지 야가 될 수 있으며, 야 또한 불변하는 야가 아니다. 국민의 지지 여하에 따라 여야의 관계가 결정된다. 그런데 종종 정치인들은 이런 권력의 속성을 절대 불변하는 것으로 착각해서 자신의 지위가 역전될 수 있다는 것을 잊어버린다. 권력을 장악하면 일방통행식으로 행사하려 하고, 그 권력을 상실하면 한없이 조롱하고 희화화한다. 이런 형태로는 권력에 대한 불신과 혐오감만이 있을 뿐이다. 정작 국민의 지지로 탄생한 그 권력이 진정 국민을 위하는 생산적 권력이 되지 못하는 것이다. 권력을 가진 자, 부를 가진 자가 국민과 법 위에 군림하려 해서는 안 된다. 그들이 먼저 하심下心하고, 낮은 데로 임하려는 자세가 필요한 것이다. 그래야만 진정으로 여야간의 소통, 국민과의 소통이 이루어질 수 있다. 이제는 정치인도 국민이라는 바탕 위에서 서로 상대방을 인정할 수 있어야 한다. 돼지 눈에는 돼지만 보이고, 부처 눈에는 부처만 보인다고 하지 않는가?

다시 소통과 대화의 이야기로 돌아가자. 대통령이 악수를 청하니까 직립 감읍해서 두 손으로 받들어야 한다는 것은 권위주의 시대의 관념이다. 그런 일방통행식의 권위는 이미 우리 사회에서 상당 부분 의미가 퇴색했을 뿐더러 희화화되기도 했다. 그런 상태에서 정치인의 일방통행식 악수를 거절했다고 어이없다고 하는 것 자체가 요즘 세대에게는 더 어이없어 보일 수도 있다. 50대가 보수 꼴통이 되는 것은 이런 변화를 인정하려 하지 않고 몸도 따르지 않기 때문이다. 과거 남북 정상 회담할 때 김장수 국방장관이 김정일 주석과 악수를 할 때 허리를 꼿꼿이 세웠다고 꼿꼿 장수로 칭송을 받은 적이 있다. 북한 사람의 관점에서 생각한다면 그것도 어이상실이고 패륜이다. 제왕 같은 지도자 동지 앞에서 감히 허리를 꼿꼿이 세우고 악수를 하다니. 하지만 우리 국민 누구도 그렇게 생각하지 않는다.

마찬가지로 탈권위주의 시대에 중요한 선거관리 직무를 보는 사람이 갑자기 직립 도열해서 악수를 해야 한다고 하는 모습이 더 이상할 수 있다. 물론 악수를 거절하는 모습을 무조건 변호하려는 것은 아니다. 하지만 어떤 사람이 맺힌 마음에 악수를 거절했다면 그것을 비난하기보다는 먼저 그 아픈 마음을 쓰다듬으려는 자세가 필요하지 않은가? 내가 보기에는 그런 장면을 포착해서 이상한 시각으로 전달하는 언론이 더 문제이고, 별생각 없이 그런 비난에 동조하는 태도도 문제인 것 같다. 그것은 언론의 공정성을 상실한 채, 선거의 효과를 노린 일종의 악마의 앵글이고 편집이 아닐까?

09

한국 사회의 갈등과
《안티고네》

들어가는 말

　20세기 한국사의 전개를 돌이켜 보면 참으로 신산辛酸하다. 수천년 지
속된 이 민족의 수난이 집약된 형태로 다시 한번 재현되었다. 서세동점
의 근대화 물결에서 능동적으로 대응을 하지 못하다가 일본 제국주의
의 침탈을 받아 식민지로 추락한 것은 뼈아픈 치욕이다. 이런 고통스러
운 역사는 한 번으로 끝나지 않았다. 전후 강대국들의 합의하에 타율
적으로 해방을 경험했지만 준비가 안 된 탓에 다시 분단이 되었다. 남
과 북은 각기 딴 살림을 차렸다. 결국 해방된 지 5년 만에 같은 민족끼
리 전쟁을 치루면서 전국토가 초토화되었다. 전쟁과 그 이후 분단의 경
험은 70년이 지난 이 시점에도 남북 간의 긴장 상태를 해소하지 못했고,
한국 사회 내부의 대립과 갈등의 깊은 원인을 제공하고 있다.

---

* 이 글은 브레이크뉴스의 칼럼에 2회(2020년 11월 19일, 20일)에 걸쳐 축약·연재되었다.

전쟁 이후 그리고 수십 년 동안 지속된 냉전 체제하의 한국에서 분단과 반공 이데올로기가 억압적인 통치 이데올로기로 작용하면서 독재체제를 구축하는 데 악용되었다. 전쟁을 치른 이승만 정권이 앞장서서 그렇게 행동했고, 박정희와 전두환 정권들이 그것 못지 않게 악용했다. 그럼에도 한국의 민주화 경험은 역동적으로 독재와 억압을 헤쳐왔다. 1960년 4·19 혁명과 70년대 반유신 반독재 투쟁, 1980년 광주의 희생과 저항, 87년도의 민주화 운동, 그리고 최근의 촛불 시위는 모두가 한국의 저항적 민주화 운동을 상징하는 뚜렷한 족적들이다. 아울러 한국은 눈부실 만큼의 비약적인 경제발전도 이룩해 왔다. 수출 주도, 재벌 위주의 경제성장 정책에 대한 비난이 커도 이런 경제발전 시스템이 한국의 경제를 비약적으로 발전시키고 사회 전체를 개방화하고 다양화하는 데 기여한 바에 관해서는 이론의 여지가 없을 것이다. 하지만 한국 경제는 90년대 말에 IMF를 겪고 신자유주의의 물결에 급격하게 휩쓸리면서 비정규직을 양산하고 불평등의 골을 깊게 했다. 21세기로 들어서면서 한국 사회는 급속한 고령화 현상과 저성장에 따라 사회 체제의 탄력이 약해지고, 세대 간의 문제와 다문화 환경 등 다양한 부문에서 새로운 갈등에 노출되고 있다.

이런 한국사의 경험을 바탕으로 한국 사회를 지배하는 갈등을 크게 이념 갈등과 지역 갈등 그리고 세대 갈등으로 나누어서 생각해 볼 수 있다. 첫째, 분단시대는 반공을 억압적인 통치 이데올로기로 악용하는 빌미가 되었다. 과거 대부분의 독재 정권은 반공을 통치 이데올로기로 삼으면서 반대 목소리를 억압하는 데 활용했다. 반공 이데올로기는 민주화가 이루어진 21세기에도 여전히 힘을 발휘하고 있다. 대표적으로 통합

진보당 해산 사건이 그 경우이다. 정권의 미운털이 박혔다고 공당公黨을 국가보안법 위반으로 해산하고, 소속 국회의원은 현재 7년째 옥살이를 하고 있다. 그만큼 여전히 반공 이데올로기의 위력을 실감할 수 있다.

둘째, 1990년대 부산의 초원복집 사건에서 나온 '우리가 남이가'라는 표현은 한국 사회에 만연된 지역 연고주의를 잘 말해준다. 지역주의가 나름대로 정치적 이유도 갖고 있지만, 어느 지역에 사느냐는 거의 우연에 가까운 사실이다. 그런데 이런 지역주의를 정치인들은 선거 때마다 시시때때로 소환하면서 지역감정을 부추긴 면이 크다. 예전보다는 많이 희석화되었지만 여전히 대구 경북과 전남 광주의 지역주의는 강하다. 물론 기득권을 중심으로 한 대구의 지역주의와 피해 트라우마를 안고 있는 광주의 지역주의를 똑같은 차원에 놓을 수는 없다. 그럼에도 21세기 한반도 통일이라는 큰 과제 앞에서 내부의 갈등을 극복하기 위해서도 지역주의 문제를 넘어서야만 한다.

마지막으로 한국은 OECD 내의 다른 어떤 국가보다 빠르게 고령화 사회로 접어들고 있을 뿐이다. 한국보다 빠른 국가로는 앞서 고령화 사회로 진입한 일본 정도만 있을 뿐이다. UN의 기준에 따르면 65세 이상 인구가 7% 이상일 때 고령화 사회, 14%를 넘으면 고령 사회, 그리고 20%를 넘게 되면 초고령 사회로 분류된다. 2019년 기준 한국의 65세 이상 노인 인구는 전체 인구의 15.5%에 이르며, 2025년에는 전체인구의 20%에 이르는 초고령 사회로 돌입할 것으로 추정되고 있다. 현재처럼 사회 발전 이상으로 급격하게 고령화되면서 일자리나 사회적 부담과 자원을 둘러싼 세대 간의 갈등 문제도 적지 않게 커지고 있다. 외국 노동자의 급격한 유입으로 인해 다문화 갈등의 소지도 많이 안고 있다. 이렇게 많은 부문에서 나타난 갈등은 잠재적이건 현실적이건 한국 사회를 극단적으로 분열시키는 원인이 되고 있다.

사실 이러한 갈등은 사회 변화 및 발전의 과정에서 불가피한 것이고, 또 그런 문제를 해결하고 해소하는 과정에서 사회 발전이 이루어지기도 한다. 그런데 오늘날 한국 사회에서 갈등과 대립이 보여주는 뚜렷한 현상은 그것들이 구조적이고 진영화되면서 점점 더 화해가 불가능해지고 있다는 점이다. 이제는 사회의 어떤 문제가 되었든 거의 무조건적으로 보수와 진보, 우파와 좌파 등으로 갈라져서 피터지게 싸우는 것이 일상화되어 있다. 한 편에는 성조기와 이스라엘 국기를 든 태극기부대와 엄마부대가 있고, 다른 편에서는 민주주의라는 이름을 걸면서 정권 사수를 위해 일체의 내부 비판을 거부하는 지지 세력들이 서로 간에 양극화된 대립과 갈등을 격화시키고 있다.

이러한 갈등은 촛불 시민들의 절대적 지지를 통해 탄생한 문 정권하에서 오히려 더욱 극심한 양상을 보인다. 2019년 조국 교수를 법무부 장관으로 임명하면서 본격적으로 대립했던 진보와 보수 간의 갈등은 나라를 극도로 분열시키고 있다. 지금은 이른바 법의 이름을 걸고 검찰 권력과 법무부까지 권력 투쟁을 일삼는 상태다. 이런 양극화된 현실에서 중간 지대의 목소리는 회색분자로 치부되고, 오로지 아생살타我生殺他의 칼날만 번뜩이고 있다. 만일 이런 갈등을 극복하지 못한다면 한국 사회는 앞으로 점점 더 큰 어려움에 빠져들 수 있을 것이다. 가뜩이나 분단된 남북 간의 갈등도 심한데 사회 내부에서 지금처럼 갈등과 대립을 키워나간다면 대한민국의 미래를 어떻게 낙관할 수 있겠는가?

이 글은 한국 사회의 극단화된 갈등과 대립이 심각한 지경에 와 있다는 진단에서부터 시작하고자 한다. 지금과 같이 양극화된 진영 논리의 한계는 명백하다. 첫째로 그것은 선과 악, 옳고 그름의 문제를 상대화시킴으로써 모든 문제를 아전인수격으로 해석하는 빌미가 될 수 있다. 둘째로 그것은 문제의 차원을 발전적으로 해소하지 못하고 추상적인 부정만을 일삼을 수 있다. 이런 상태에서는 상대를 죽여야만 내가 살 수 있다는 절대부정만 있을 뿐 미래로의 전진이나 발전을 기약하기가 힘들다. 더이상 강 건너 불 보듯 할 수만은 없다.

몸말

우리는 일견 화해가 불가능한 현재의 대립과 갈등을 좀 다른 차원에서 접근해 보고자 한다. 이러한 갈등에 대한 분석은 사회학자나 정치학자들 사이에서 광범위하게 논의되고 있다. 하지만 인문학적 시각에서 이러한 갈등을 조망하고 새로운 성찰의 기회를 찾아보는 것도 의미가 있을 것이다. 우리는 이러한 접근을 현재의 갈등과 매우 유사한 형태로 제시한 고대 그리스 비극 작품인 《안티고네》를 통해 시도해 보고자 한다.

그리스 비극 시인으로 알려진 소포클레스의 작품 《안티고네》는 중요한 서구의 고전 중 하나이면서 현재도 끊임없이 재해석되고 있다. 이 작품은 대학로에서 잊을 만하면 리바이벌되는 고전적 비극들 중 하나이다. 《안티고네》는 조국을 배신한 폴리네이케스와 조국을 수호하려는 에테오클레스가 왕권을 둘러싸고 전쟁을 벌이다 둘 다 전사하는 데서 시작한다. 이때 시신을 어떻게 처리하느냐는 문제가 등장한다. 동서양과 고금을 막론하고 장례는 혼례만큼이나 인륜지대사로 중요한 의미를 지니고 있다. 고대 그리스 사회에서도 사정은 마찬가지이다. 호머의 《일리아드》에서 트로이의 명장 헥토르를 죽인 영웅 아킬레우스는 분노감으로 헥토르의 시신을 전차에 달고 다니면서 모욕하고 훼손한다. 그날 밤 아킬레우스에게 트로이의 늙은 프리아모스 왕이 찾아와 아비의 비통한 심정을 이야기하면서 자식의 시신을 돌려줄 것을 간청한다. 아킬레우스도 고향에 계신 부모를 생각하며 차마 왕의 청은 거절하지 못한다. 시신을 앞에 두고 아킬레우스와 프리아모스는 눈물을 흘리며 화해한다. 그만큼 시신 처리 문제는 고대 그리스 사회의 인륜사에서 중대한 문제이다. 그런데 새로운 왕 크레온은 반역자의 장례를 치러주는 자는 똑같이 들판에서 까마귀밥이 되리라는 명령을 내린다.

> "에테오클레스는 우리 도시를 위하여 싸우다가 모든 면에서 뛰어난 장수로서 전사하였으니, 그를 무덤에 묻어주고 지하의 가장 훌륭한 사자死者들에게 어울리는 온갖 의식을 베풀 것이오. 그러나 그와 형제간인 폴뤼네이케스는, 내 말하노니, 추방에서 돌아와 조국 땅과 선조들의 신들을 화염으로 완전히 불사르고, 친족의 피를 마시고, 나머지는 노예로 끌고 가려고 하였으니, 그와 관련하여 나는 도시에 알리게 했소이다. 아무도 그에게 장례를 베풀거나 애도하지 말고, 새떼와 개떼의 밥이 되고 치욕스러운 광경이 되도록 그의 시신을 묻지 않은 채 내버려두라고 말이오."
>
> ─《안티고네》(p. 195-205)

국법을 수호하는 통치자의 입장에서 이런 명령은 지극히 당연하다고 볼 수 있다. 만일 조국을 반역한 자와 그 조국을 지키려다 죽은 자를 똑같이 취급한다면 통치 질서가 더는 지켜지기 어렵고 국가는 혼란에 빠진다. 그 점에서 통치자는 사람의 행위와 관련해 옳고 그름, 좋고 나쁨의 차이를 명백히 해줘야 한다.

> "누군가가 월권하여 법을 짓밟고 자신의 통치자들에게 명령하려 든다면, 나로서는 결코 그를 칭찬할 수 없다. 누구든지 도시를 세운 자에게는 큰일이든 작은 일이든, 옳은 일이든 옳지 않은 일이든 마땅히 복종해야 한다."
>
> ―《안티고네》(p. 663 – 668)

그런데 죽은 자들의 오누이인 안티고네는 이러한 왕의 명령을 정면으로 거역하면서 죽은 오라버니 폴리네이케스의 장례를 치러주었다. 이에 대해 왕이 분노한 것은 당연하다. 그런데 "네가 감히 법을 어겼단 말이냐."라고 질책하는 크레온의 말에 대해 안티고네는 당당하게 자기 행동을 정당화한다.

> "네, 그 포고를 나에게 알려주신 이는 제우스가 아니었으며 하계下界의 신들과 함께 사시는 정의의 여신께서도 사람들 사이에 그런 법을 세우시지는 않았기 때문이지요. 나는 또 그대의 명령이, 신들의 확고부동한 불문율들을 죽게 마련인 한낱 인간이 무시할 수 있을 만큼 강력하다고는 생각지 않았어요. 왜냐하면 그 불문율들은 어제 오늘에 생긴 것이 아니라 영원히 살아 있고, 어디서 왔는지 아무도 모르기 때문이지요."
>
> ―《안티고네》(p. 450 – 460)

크레온이 볼 때 안티고네의 이런 행동은 방자하기 그지없어 보인다.

안티고네는 단순히 왕의 명령을 어긴 돌발적 행동을 한 것이 아니라 자신의 행동에 대해 강한 확신을 갖고 있는 것으로 보이기 때문이다. 고대 그리스에서 죽은 자는 하데스의 세계에 속하며, 따라서 그 세계에 시신을 돌려주기 위해 매장하는 풍습은 죽은 자에 대한 최대의 예우이다. 죽은 자를 매장하는 이 최후의 의무는 완전한 신의 법에 속하고, 가족이 할 수 있는 적극적인 인륜적 행동이라 할 수 있다. 크레온이 이런 하데스의 법을 무시하고 국가의 법과 질서를 고수하기 위한 명령을 내린 데 반해, 안티고네는 아무리 국가의 반역자일지언정 장례를 치러주는 것이 천륜, 말하자면 신의 법에 부합된다고 생각한다.

문제는 크레온이나 안티고네 모두가 생각이 너무나 완고해서 서로 한 치도 물러서려 하지 않는다는 데 있다. 크레온과 안티고네의 대립은 파국을 충분히 예상하면서도 서로 마주 보고 달리는 기차와도 같다. 때문에 제3자가 중재를 해보려고 무진 애들을 쓰지만, 전혀 씨알도 먹히지 않는다. 안티고네의 약혼자이자 크레온의 아들인 하이몬은 자살하기 전에 아버지 크레온을 설득하려고 무진 애를 쓴다.

> "마음속에 한 가지 생각만 품지 마십시오. 아버지 말씀만 옳고 다른 것은
> 옳지 않다고 생각지 마십시오."
>
> — 《안티고네》(p. 705−707)

그렇다. 나만이 옳고 다른 사람이 옳지 않다고 우리는 어떻게 알 수 있는가? 각자 자기만의 잣대를 가지고 있다고 생각하는 이 포스트모던한 상대주의는 오늘날만의 이야기가 아니다. 이미 오래 전에도 사람들

은 다들 자기식으로 세상을 생각하고 재단했던 것이다. 이때 누가 옳고 누가 그르다는 것을 어떻게 아는가? 모르기 때문에, 쉽게 알 수 없기 때문에, 우리는 끊임없이 보다 많은 사람과 소통하고, 그들이 납득할 수 있는 객관적이고 합리적인 잣대를 찾고 있는 것이 아닌가? 동양의 고전에도 이런 말이 나온다.

> "나와 자네가 논쟁을 한다고 하세. 자네가 나를 이기고 내가 자네를 이기지 못했다면 자네는 정말 옳고 나는 정말 그른 것인가? 내가 자네를 이기고 자네가 나를 이기지 못했다면, 나는 정말 옳고 자네는 정말 그른 것인가? 한 쪽이 옳으면 다른 한 쪽은 반드시 그른 것인가? 두 쪽이 다 옳거나 두 쪽이 다 그른 경우는 없을까?……누구에게 부탁해서 이를 판단하면 좋을까?"
>
> ―《장자》

옳고 그름을 쉽게 판단하기 어려울 때, 가장 큰 지혜는 서로 오류를 범할 수도 있다고 하는 일종의 '개방성'에 있고, 가장 큰 어리석음은 자신의 무오류를 주장하는 완고함의 '폐쇄성'에 있다. 그래서 힘 있고 높은 자리에 있는 사람일수록 귀를 열어서 다른 사람의 이야기를 겸허하게 들을 수 있어야 한다. 지도자로서 가장 어리석은, 아니 그 이상으로 사악한 덕은 남의 말을 전혀 들으려 하지 않는 고집불통이다. 과거에도 그럴진대, 오늘날처럼 개방된 민주주의 사회에서는 말할 필요도 없을 것이다. 《안티고네》의 크레온에게서 바로 이런 완고함과 폐쇄성을 본다.

크레온은 말한다. "내가 이 나이에 이런 풋내기에게서 사리를 배워야 한단 말이냐?"(《안티고네》, p. 726-727.) 그는 사랑하는 자식 하이몬의 충고조차 단호하게 거부한다. 왕은 자신의 권위만을 완고하게 고수한다. 게다가 이런 충고를 받아들여 안티고네의 태도를 허용하는 것을 한낱 비천한 여인에게 굴복하는 것만큼이나 싫어한다.

> "우리는 질서를 가져다주는 것을 보호하고, 결코 한 여인에게 져서는 안 된다. 꼭 그래야 한다면, 우리가 한 여인에게 졌다는 말을 듣느니 차라리 한 남자의 손에 쓰러지는 편이 더 나을 것이다."
>
> — 《안티고네》(p. 677–680)

그럴지도 모를 일이다. 겉으로는 국가의 법질서 수호라는 대의명분을 내세우지만, 그 이면에는 남자가 어찌 여자에게 질 수 있겠느냐는 생물학적 치졸함이 감추어져 있는지도 모른다. 각자 자기 생명을 지키려는 생존 본능의 의지, 자기 관할 영역을 양보할 수 없다는 원시적 본능이 가부장적 권위를 덧씌워 작용하는지도 모른다. 이런 생물학적 본능은 모든 생명체에 공통된 것인데 어떻게 인간이라고 다르겠는가? 하지만 달리 생각해 보면 도대체 인간적인 것이 무엇이겠는가? 그런 원시적 본능, 생물학적 자존심 때문에 못하겠다는 것이 아니고, 그런 것들에도 불구하고 감히 손을 내밀 수 있고 따듯이 품어줄 수 있는 데서 인간 정신의 고결함과 위대함이 있지 않겠는가? 도대체 동물과 인간의 차이가 무엇이고, 생물학과 윤리학이 갈라지는 지점이 어디에 있는가? 생물학은 원인에 관한 학문이고, 윤리학은 그런 원인을 넘어서는 자유로운 의지의 결단에 기초해 있다.

결국 자신의 입장만을 완고하게 고수하면서 대립하던 크레온과 안티고네는 함께 몰락하고 만다. 감옥에 갇힌 안티고네가 죽자 그녀의 약혼자인 하이몬과 어머니 에우리디케가 따라서 자살을 하고, 크레온 왕은 하루 아침에 아들과 처를 잃고서 망연자실한다. "아아 달랠 길 없는 하데스의 항구여. 왜 나를 망쳐놓으십니까? 오오 재앙의 사자여, 너는 내게 고통을 가져다 주는구나! 너는 대체 무슨 말을 하고 있는 것이냐?"《안티고네》, p. 1285–1288) 크레온은 뒤늦게 땅을 치고 후회를 한다.

크레온

나를 길 밖으로 데려 나가거라, 이 어리석은 인간을!

나는 본의 아니게, 내 아들아, 너를 죽였구나.

그리고 그대까지도, 내 아내여! 아아 나야말로 비참하구나.

나는 어디로 시선을 돌려야 하고, 어디로 향해야 할지 모르겠구나.

내 손에 있던 모든 것이 잘못되고,

내 머리 위로

참을 수 없는 운명이 뛰어올랐음이라.

코로스

지혜야말로 으뜸가는 행복이라네.

그리고 신들에 대한 경의는

침범되어서는 안 되는 법.

오만한 자들의 큰 소리는,

그 벌로 큰 타격들을 받게 되어,

늙어서 지혜를 가르쳐준다네.

하지만 후회는 너무 늦게 오고, 뒤늦은 지혜는 아픔만 더해줄 것이다. 이런 소포클레스의 《안티고네》의 비극적 이야기가 21세기의 한국 사회와 전혀 상관이 없다고는 할 수 없을 것이다. 《안티고네》는 비슷한 한국 사회의 갈등에 대해 어떤 가르침을 줄 수 있을까?

오래된 고전인 이 작품에 대한 해석은 다양하고 분분하다. 아리스토텔레스는 저 유명한 《시학》에서 비극이 주는 연민과 공포, 영웅적 인간들의 희생 그리고 파국을 통해 느끼는 카타르시스와 같은 정서적 효과를 강조한다. 이런 정서적 효과가 전 시대의 종교 역할을 대신해서 폴리스를 하나로 결속하고 시민들의 마음을 위무하기도 한다. 《안티고네》는 이런 비극의 전형이다. 다른 한편, 남성인 크레온과 여성 안티고네의 대립 구조에 주목해서 가부장적 원리와 모성적 원리의 충돌로 보기도 하고, 안티고네를 남성이자 왕의 명령에 당당히 맞서는 페미니스트적 여성의 전형으로 보기도 한다. 법철학에서는 왕의 명령과 천륜의 대립을 인간의 법과 신의 법, 실정법과 자연법이 대립하는 고전적 케이스로 보기도 한다. 정신분석학의 새로운 전통에서는 죽음의 무덤을 향해 비장하게 걸어가는 안티고네에게서 죽음의 미학, 숭고의 아름다움을 읽기도 한다. 우리 역시 대의를 위한 죽음을 아름답게 보는 안티고네의 태도를 죽음의 충동과 연관시켜 살펴 본 바 있다. 혹은 전통적인 여성성의 전형으로 보는 해석과 달리 아버지 오이디푸스와 오빠 폴리네이케스의 삶과 자신을 일체화하려는 안티고네에게서 동성애라는 코드를 읽으려는 시도도 있다. ─오이디푸스와 안티고네는 같은 어머니의 자궁을 공유한 형제이자 부녀지간이다. ─

《안티고네》를 어떻게 해석하느냐에 따라 새로운 장르와 새로운 영역이 개척될 정도이다. 하지만 나는 이 작품을 특별히 헤겔의 역사철학적 시각에서 해석해 보고자 한다. 말하자면《안티고네》라는 작품은 그리스 인륜 공동체를 움직이는 두 가지 원리의 갈등과 충돌을 해결하지 못해 필연적으로 해체될 수밖에 없다는 것이고, 그 이후 등장한 로마적인 법치국가에서 새로운 갈등 해결의 방법을 보고자 했는데 과연 그것이 성공할 수 있는가를 성찰해 보고자 하는 것이다. 나는 이런 해석을 작금의 한국 사회의 갈등을 조명하고 진단하는 일에 확장해 보고자 한다.

한국 사회 역시 좌파와 우파, 보수와 진보 등 쉽게 화해하기 어려운 진영 논리에 빠져 무한 대립하고 있다. 이런 대립은 내부적으로 매개하고 조정하거나 화해 불가능할 정도로 극단을 달리고 있다. 그래서 똑같은 사안을 대하면서도 합리적이고 객관적인 해법을 찾기 힘들 정도로 감정적이고 정서적으로까지 대립하고 있다. 게다가 진영 논리의 대립은 지역 간의 갈등, 세대 간의 갈등, 그리고 빈부 간의 갈등을 포괄하면서 우리 사회 모든 부문에서 대립하면서 상대 진영의 실체를 부정하고 하고 있다. 만일 한국 사회가 이런 갈등을 해결하지 못하면 고령화와 경제 성장의 정체와 겹치면서 미래의 전망을 어둡게 할 수도 있다. 그만큼 당면한 갈등 해결의 방법을 모색하는 것이 시급하다는 의미이다.

헤겔의《안티고네》해석은 특별히 역사철학적이라는 점에서 다른 해석과 차별성을 보이고 있다. 그는 이 작품이 그리스의 시대정신을 형상화한 것으로 보고, 그리스 정신이 쇄락하면서 로마의 정신으로 이행할 수밖에 없는 것으로 본다. 다분히 후행적 정당화로 보일 수 있겠지만 이러한 해석이 시사하는 바도 크다. 이러한 헤겔의 해석은 두 가지 측면에서 두드러진다. 한편으로는《안티고네》가 가족과 국가, 인간의 법과 신의 법, 남성과 여성처럼 그리스적 인륜을 지탱하면서도 화해하기 어려운 두 가지 원칙, 두 가지 법의 충돌을 극명하게 드러내는 것으로 해석한다. 그 하나는 인간의 법이자 왕의 명령이고, 남자의 원칙이고 국가의 원리라면, 다른 하나는 신의 법이자 천륜이고, 여자의 원칙이자 가족의 정신이다. 《안티고네》의 비극은 이 상반된 원리와 법이 구조적으로 대립하면서 완벽하게 파멸한다는 데 있다. 여기서는 대립을 매개할 수 있는 중재자도 없고, 반성과 성찰을 허용하는 전지적 관점도 없다. 다만 여기서는 각자의 행동을 규율하는 특수성의 원리와 각자의 법을 고수하려는 완고함만이 있다. 앞서 보았듯, 인간의 법과 신의 법은 각기 나름대로의 정당성을 주장하고, 또 그만한 합리성도 있다. 마치 오늘날 한국 사회를 지배하는 진영 논리에 따른 대립과 같다. 《안티고네》의 비극은 이러한 대립을 해소하지 못한 채 그 두 세계가 동시에 몰락하는 경험을 보여준다.

다른 한편으로 헤겔은 역사철학적 관점에서 그리스 사회가 몰락하고 로마 제국이 등장하는 것에 주목한다. 굳이 이것을 역사적인 팩트로 바라볼 필요는 없다. 여기서 중요한 것은 그리스 사회를 지배하는 특수성의 원리가 몰락하고 제국 로마에서 새로운 인간이 등장하고, 그들을 지배하는 새로운 국가 원리가 요구된다는 점이다. 안티고네와 크레온은 그리스 인륜 공동체를 규율하는 특수성의 원리에 지배를 받았다. 안티고네로 대변되는 신의 법과 크레온으로 대변되는 신의 법이 그것이다. 반면 로마의 제국에서 등장하는 새로운 인간, 즉 법적 인격Person은 더 이상 신분과 같은 특수성의 원리에 지배되지 않는 형식적 자아이다. 헤겔은 그리스의 폴리스가 해체되면서 등장한 새로운 로마 제국을 '영혼

없는 공동체', '죽은 정신'으로 묘사하는데, 이 공동체 속에서 절대 다수의 개인은 원자로 해체된다. 그는 특별히 이 새로운 인간을 묘사하기 위해 '인격Person' 혹은 '법적 인격'이라는 표현을 사용했다.

인격은 전체(신분 질서)의 규정을 받는 성격caracter과 다르게 전체로부터 분리되고 고립된 개별자이자 개인이다. 이러한 인격은 근대적 개인을 선취한 개념으로, 자신의 자립과 자유를 우선시하는 익명의 다수이고 원자화된 주체이기도 하다. 헤겔은 단독자의 의미를 강조하기 위해 인격을 '무수히 많은 점들'로 묘사하고, 그들을 횡적으로 엮는 유대는 인륜 공동체의 생동하는 정신이 아니라 타율적인 법적 강제와 형식적 평등의 원리임을 강조한다. 적어도 이 점에서는 로마를 지배하는 법의 원리와 그것을 대변하는 법적 주체로서의 인격은 전 시대 그리스의 특수성의 원리를 대변하는 신분적 개인은 넘어서 있다. 다시 말해 신분이라는 우연적이고 특수한 원리가 아니라 무차별적이고 합리적인 법이 사람의 행동을 규율한다는 점에서 그만큼 사회의 지배 원리가 향상되었다고도 할 수 있을 것이다. 하지만 법이라는 보편적이고 객관적인 잣대가 사회 갈등의 최종적 해결책이 될 수가 있을까?

법에 의해 규율되는 사회 형태는 모든 사회 갈등과 분쟁을 보편적 법의 이념에 따라 해결하고자 한다. 근대의 법치 국가에서 보듯, 법은 갈등을 매개하고 중재하는 최종 심급으로서 제3자의 역할을 대신한다고 볼 수 있다. 갈등을 매개하고 중재하는 자가 이해 당사자의 한 편에 속할 경우 편파적일 수밖에 없다. 그 점에서 양 당사자를 벗어난 제3의 추상적인 원리는 편파성과 차별을 넘어서 공정성을 확보하는 데 다른 어떤 것보다 유리하다. 하지만 추상적 형식으로서의 법이 내용상의 차별도 완벽하게 해결할 수 있을까? 법의 형식주의는 법치를 가능하게 한 것이지만, 동시에 그것은 법의 단점이자 한계이기도 하다. 법치 국가의 형식적 평등은 자본주의 사회의 발전에 따른 빈부격차와 마찬가지로 실질적인 내용상의 불평등을 숨길 수 없다. 다시 말해 법적 상태에서 평등하게 인정되고 있는 인격권과 소유권은 형식적이고 추상적인 한계를 지니고 있기 때문이다. 원자화된 개체의 법적인 형식적 인격성이 현실 속에서 자신의 권리를 확인하는 것이 곧 나의 것으로서의 소유인데, 소유에서의 불평등은 여전히 상존해 있다. 그리고 자본주의적 소유에서의 불평등은 우연적으로 형성되는 경우가 많은데, 그것은 사회주의가 몰락하면서 더욱 커지고 있다. 이 문제가 최소한도로 해소되거나 조정되지 않는 한 갈등은 한국 사회를 움직이는 중요한 변수 역할을 할 수밖에 없다. 헤겔 역시 법치의 한계를 정확하게 인식하고 있다.

> 내 것의 현실적 내용이나 규정은 (내 것이라는) 이 공허한 형식 속에 포함되어 있지 않으며, 그러한 내용에 (그것이 외형적인 소유물이건 아니면 정신이나 성격의 내면적인 빈부이건) 관심을 갖지도 않는다. 그 내용은 형식적 보편자와는 다른 그 자체의 권력에 속하는데, 이러한 권력은 우연적이고 자의적인 것이다. 때문에 법의 의식은 그 법이 현실적으로 유효한 곳에서조차 스스로의 완전한 비본질과 실재성의 상실을 경험하는 것이다. 그러므로 한 개인을 하나의 인격Person으로 호칭하는 것은 경멸을 표현하는 것이다.
>
> —《정신현상학》(p. 434)

법치를 지배원리로 삼은 로마 제국 역시 역사의 무대 위에서 사라지고 말았다. 정신의 운동을 기술한 헤겔의 《정신현상학》은 이후 근대 세계의 소외 현상을 다룬다. 법 역시 근대의 소외된 정신의 한 형태일 뿐이다. 이 점에서 헤겔이 갈등 해결의 최종 심급으로 법을 선택하지 않았다는 것은 분명하다. 필자 역시 한국 사회의 진영 논리를 해결할 수 있는 하나의 방편으로 법을 염두에 두고 있기는 하지만 그것이 한계가 있다는 지적을 배제할 수는 없다. 이미 말했듯, 법이 보편적 잣대의 역할을 하지만 동시에 형식적이기 때문에 내용의 우연성에 의해 좌우되기 때문이다. 이러한 우연성은 권력과 부에서 특별히 많이 나타난다. 한국 사회에 유별난 내로남불이나 전관예우, 유전무죄와 무전유죄와 같은 것들이 단적으로 그런 현실을 보여주고 있다. 그렇다 보니 법이 정치의 도구가 되고 있고, 부의 앞잡이 역할을 하는 현상도 한국 사회에 지배적인 또 다른 현실이다.

오늘날 한국 사회에서 법은 그 자체로 권력이 되고 있다고 해도 과언이 아니다. 군부의 독재가 물러난 자리를 대신한 것은 합리적 법치주의를 내세운 법조 세력이지만, 진영 논리로 구조화된 사회갈등은 여전히 맹렬하다. 사정이 그렇다면 법치는 갈등 해결의 과정에서 전 시대의 연고와 같은 특수성의 원리에 비해 하등 발전한 것이 없지 않은가? 반드시 그렇지만은 않다. 다만 법과 법치의 형식성으로 인해 실질적 측면에서 한계도 있다는 점을 지적하고 그것을 보완할 수 있는 방법도 끊임없이 모색해야 할 것이다.

법과 법치의 한계를 언급한 지금 마지막으로 한국 사회의 갈등과 관련한 문제를 어떻게 극복할 수 있을 것인가에 대해 몇 가지 언급하고자 한다. 물론 이것이 우리 사회의 갈등을 해결할 수 있는 정답이 될 수는 없지만, 최소한 문제점을 확인하고 해법을 찾기 위한 방향은 이야기할 수 있을 것이다.

첫째, 최소한 선과 악, 참과 거짓을 판단할 수 있는 법의 객관적 역할을 확보할 수 있어야 한다. 그 점에서 법을 엄정하게 집행하고 판단할 수 있는 검찰과 사법부의 독립이 필수적이다. 법이 '프로크루스테스의 침대'처럼 대상에 따라 늘렸다 줄였다 하고, 귀에 걸면 귀고리이고 코에 걸면 코걸이가 되는 식이면 안 된다. 그런데 한국 사회에서 법을 다루는 집단에 대한 불신이 적지 않다. 유전무죄, 무전유죄라는 말은 그저 말하기 좋아하는 집단에서 나온 빈말만은 아니다. 아울러 한국의 법원은 정치로부터 자유롭지 못한 불명예스러운 판단을 여러 차례 내린 바 있다. 과거 유신 독재 시절의 인혁당 사건으로부터 최근의 통진당 판결에 이르기까지 법원의 판단은 정치의 요구에 따랐다는 것이 일반적인 의견이다. 법원도 이런데 하물며 검찰은 말할 것도 없다. 검찰은 정권이 바뀔 때마다 적극적으로 주구走狗의 역할을 자처한 역사를 가지고 있다. 오늘날 한국 사회의 화두 중 하나인 사법부 개혁에서 검찰 개혁이 가장 시급한 과제로 떠올라 있다는 점이 그것을 반증하고 있다.

둘째, 한국 사회의 가장 큰 문제 중의 하나는 갈등을 비판적이고 객관적으로 조명해야 할 언론이 진영 논리의 한 축이 되어 선전과 선동의 역할을 한다는 데 있다. 이른바 메이저 신문의 성격과 관련된 문제이지만, 진보적 성향의 언론도 이 문제에서 완전히 자유롭지는 않다. 언론이 특정 집단의 이익을 대변하는 기관지 역할을 한다면 어떻게 공정성과 객관성을 담보한 비판을 할 수 있을까? 현대 사회에서 언론은 입법과 사법 그리고 행정 3부와 같은 궤에 있다고 할 만큼 4부라 부르고 있다. 그 점에서 언론의 비판 기능의 회복은 국가의 정상화에서 가장 중요한 일 중의 하나이며, 무엇보다 언론 본연의 역할 회복이 특히 중요하다. 같은 차원으로 보기는 힘들지만 미디어 환경의 변화에 따라 등장한 종합편성채널의 책임도 적지 않다. 이들 채널은 특히 시사적이고 정치적인 문제에서 노골적으로 특정 집단의 편향된 시각을 대변하는 경우가 많다. 아울러 유투브와 같은 1인 미디어의 등장도 미래의 언론 환경에서 상당한 파급력을 가질 수 있다. 검증되지 않은 이런 미디어들은 생존경쟁과 이익추구를 위해 편파적 견해나 극단적 선동을 일삼는 경우가 적지 않다. 그러므로 무책임하게 행동하는 1인 미디어나 종편에 대해서도 엄정한 책임을 묻는 것이 필요하다. 이들의 부정적 영향이 갈수록 커지면서 사회 분열의 큰 원인이 되고 있다.

마지막으로 법치주의와 민주주의가 정착하기 위해서는 무엇보다 불평등과 차별을 해소하고 문화적 다양성을 보장할 필요가 있다. 경제적 불평등은 사회를 극단적으로 대립시키는 원인이다. 사회 교양의 차원에서도 집단의 억압으로부터 개인의 다른 목소리를 보호하고 관용tolerance할 수 있는 성숙한 정신이 요구된다. 그러기 위해서는 지금보다 훨씬 개인의 자유와 자율, 그리고 개성을 키울 수 있는 사회로 나아갈 수 있어야 한다. 한국 사회가 점점 더 다양성을 포용하는 쪽으로 변화할수록 현재와 같은 진영 논리와 구조적 대립의 철옹성을 깰 수 있는 자원을 그만큼 더 확보하는 것이다.

나가는 말

이 글은 구조적이고 진영화되면서 점차 해결이 불가능 한국 사회의

갈등을 성찰하면서 어떻게 하면 그것을 벗어날 수 있는가를 찾아보고
자 했다. 필자는 그런 갈등의 전형으로 소포클레스의 《안티고네》와 이
에 대한 헤겔의 역사철학적 해석을 원용하면서 갈등이 유발하는 심각
한 문제를 성찰해 보고자 했다. 한국 사회가 미래의 남북통일을 준비하
기 위해서는 먼저 남한 사회 내부의 심각한 갈등을 극복해야 한다는 것
은 지극히 당연하다. 그런데 《안티고네》가 구조적인 진영갈등의 한계와
합리적인 법적 인격과 법치의 등장의 필요성을 잘 보여줄 수는 있어도
그것에 대한 해법을 적극적으로 제시했다고 보기는 힘들다. 헤겔 자신
도 법의 한계를 분명히 한 것처럼, 한국 사회에서 법과 법치주의가 중요
한 의미를 갖지만 여전히 그 한계가 분명하다. 한국 사회에서 법원과 검
찰을 위시한 법조 세력들은 법을 권력자와 가진 자의 기득권을 보호하
는 수단으로 만드는 데 적지 않게 봉사했다. 오늘날 21세기 한국에서 검
찰개혁이 초미의 관심사로 등장한 것은 무엇보다 법이 근본적으로 불평
등과 공정성의 문제를 해결할 수 있는가에 대한 반성으로 이어지고 있
다. 한국 사회가 좀 더 공정하고 정의로운 사회, 갈등에 대한 합리적 해
법을 간직한 사회로 나아가기 위해서는 합리적인 법치주의 이상으로 사
회 전반에 걸친 개혁과 관용이 요구된다고 할 것이다.

VIII

서평

01

《미와 아트, 대중문화와 소통하다》
— 양해림

　페이스북 친구인 충남대 철학과의 양해림 교수가 최근 출간한 미학과 예술 관련 역작 《미와 아트, 대중문화와 소통하다》라는 책을 보내주셨다. 일면식도 없지만 답례로 간단히 몇 줄 적는다.

　내가 개인적으로 호기심과 관심을 갖고 있지만 타고난 재능이 없어 늘 선망만 하는 분야가 감성과 관련된 예술이다. 결혼을 하고 나서 처가 식구들과 어울릴 때 늘 컴플렉스를 느낀 부분이 있다. 나의 처남들이나 처형들은 모여서 놀 때는 그저 아무거나 두들겨도 화음이 만들어지고 무얼 만지고 멋대로 붓질을 해도 아름다운 그림이 만들어진다. 그들을 보면 예술이라는 것이 꼭 배워서 되는 것이라기보다는 생활이고 즐김의 대상이라는 느낌을 받는다. 처음에는 그런 분위기에 어울리기가 무척 힘이 든 적이 있다. 우리 쪽 집안 사람들은 늘 엄숙하고 따지기 좋아하고 텍스트에 치중하는 분위기라서 거의 정반대였다. 그래서 나는 예술은 아무래도 타고난 끼와 재능이 있어야 된다고 생각하고, 좋아는 해도 죽어도 즐길 수는 없을 것 같다는 절망을 한 적도 있다. 그런데 내 조카 딸 아이와 내 딸 모두 그림을 그리는 것을 보면 한 편으로 외가의 피도 있지만 우리 쪽 집안도 그런 피가 전혀 없지는 않을 것 같다는 생각도 한다. 때문에 이런 감성에 관한 학, 즉 미학Aesthetic은 이론적으로 접근해볼 수 있지 않을까 하고 기웃거린 적이 적지 않다.

이야기가 엉뚱한 쪽으로 갔지만, 미와 아트는 오래전부터 우리 삶의 중요한 구성이고 즐김과 여가의 대상이라 할 수 있다. 이 책은 미학을 전문가의 이론에 가두어 두는 것이 아니라 무엇보다 대중문화와 소통의 형식에까지 관심을 넓히고 있다. 탈현대의 두드러진 특징이라 함은 무엇보다 근대의 전문화된 영역과 경계를 넘어 소통하려는 것이라고 할 수 있지 않을까 한다. 끊임없이 경계를 넘으려는 예술 정신은 문화의 융합과 소통, 통섭과 퓨전을 가장 잘 실천하고 있다. 이런 기본 정신을 가지고 이 책은 오늘날 지배적인 대중 문화와 대중 예술의 현상에도 주목하고, 한류 열풍의 한계와 그 분위기를 이어가기 위한 충고도 아끼지 않고 있다. 무엇보다 이 책의 장점은 나처럼 미와 예술에 대해 컴플렉스를 가지고 있는 사람도 쉽게 접근할 수 있도록 해주는 데 있지 않을까 한다. 중요한 핵심이론과 개념을 평이하고 친절하게 설명하면서 예술의 다양한 영역에 관심을 가질 수 있게 해주고 있다. 이런 분야에 관심을 갖고 있는 일반인에게도 좋은 가이드가 될 수 있으리라고 생각한다.

페이스북에 보면 예술적 끼가 넘치는 분들의 모습을 본다. 어떤 분은 열심히 자기 그림을 이야기하고 또 어떤 분은 넘치는 감성으로 일상의 현상과 사물을 다르게 보여준다. 또 다른 이는 자기 전공이 아님에도 깊이 있는 연구와 성찰을 통해 잘 알려진 화가의 그림을 설명해 주기도 한다. 그 점에서 본다면 페이스북이야말로 융합과 소통이 넘치는 공간이 아닌가도 생각한다. 이렇게 서로 간의 작품을 공유하면서 만들어가는 세상의 예술적이고 지적인 하모니도 아름답다는 생각이다. 덕분에 나 같은 문외한도 곁눈질을 하면서 호기심을 키울 수 있어 행복하지 않을까?

02

《현대인을 위한 철학사》
─ 양해림

코로나로 어려움을 겪는 상황에서 페이스북 친구인 충남대의 양해림 교수가 신간 《현대인을 위한 철학사》(집문당, 2020)와 《시사 프리즘, 철학으로 한국사회를 읽다》(충남대학교출판부, 2018)를 보내주었다. 앞의 책은 기왕에 나왔던 《대학생을 위한 철학사》를 표제어를 바꾸고 새로 내용을 추가한 것이고, 뒤의 책은 양 교수가 방송에서 강연한 원고를 정리한 책이다.

철학사에는 신플라톤주의의 개관, 중세철학에서 초기 스콜라철학의 안셀무스, 후기 스콜라철학의 쿠자누스, 쇼펜하우어의 생애 및 '충분근거율의 네 가지 뿌리에 관하여' 보완, 실용주의의 개관, 현대 철학자인 리차드 로티와 한나 아렌트, 하버마스와 G.E. 무어, 가다머의 선입견, 들뢰즈의 리좀이론, 그리고 반 포스트모더니즘의 주체철학자들인 바이우, 랑시에르, 아감벤 등이 포함되었다.

사실 서양 철학사 전체를 대상으로 이렇게 방대한 책을 쓸 수 있다는 것은 아무나 할 수 있는 일이 아니다. 그간 꾸준한 연구와 집필, 그리고 철학사를 보는 양 교수의 확고한 시각이 바탕이 되었기에 가능한 것이다. 양 교수의 이런 면모를 보다 보면 자기 철학을 하는 진정한 연구자의 모습을 떠올리지 않을 수 없다.

페이스북에서는 거의 매일 같이 글을 대하지만 양 교수와 내가 딱 한 번 만난 적이 있었다. 2년 전인가 외국어대에서 열린 동서철학회에서 였다. 1차 발표가 끝난 다음 잠시 휴식시간에 화장실을 갔다가 나오려는데 문을 밀고 들어오는 사람이 있었다. 문 하나를 두고 나는 나가려하고 양 교수는 들어오려다가 마주친 것이다. 페이스북에서만 대하다가 그렇게 우연스럽게 만난 것이다. 처음 만났지만 우리는 서로를 단박에 알아보았다. 오늘날 자주 보는 페이스북 친구는 이웃사촌보다 유대가 깊다. 마르크스에 관한 양 교수의 발표도 들어보았는데 까랑까랑한 목소리도 인상적이었다.

가끔씩 철학을 어떻게 공부하면 좋겠냐는 질문을 받는다. 그럴 때마다 나는 철학사 읽기를 권한다. 뛰어난 철학자들의 문제 의식을 시대사적으로 볼 수 있기 때문이다. 유명한 러셀의 《서양철학사》나 휠쉬베르크가 쓴 철학사가 있고, 완역은 안 됐지만 헤겔도 철학사를 썼다. 하지만 한국의 철학자가 쓴 철학사가 드물었는데, 양해림 교수가 새로운 장을 연 것이다. 이 책의 문체는 강의하는 투이기 때문에 읽기가 어렵지는 않아 보인다. 한꺼번에 읽기가 부담스러우면 틈틈이 항목을 찾아서 읽는 것도 좋을 듯하다. 서양 철학사에 관심이 있는 사람이라면 일독을 권한다.

03

《 삶은 사랑이며 싸움이다 》
― 유창선

시사 평론가로 활동하는 유창선 박사의 두 번째 인문학 책《삶은 사랑이며 싸움이다》(사우, 2017)를 받아 보았다. 《이렇게 살아도 되는걸까》(새빛, 2016)라는 책이 나온 것이 1년 전인데 벌써 두 권째이다. 이제 그는 시사 평론가라는 직업 말고도 본격적인 인문학 저술가로 자리를 굳히고 있다.

책을 들추어 목차를 보니 12개나 되는 주제들이 다 만만치 않다. 문학과 철학을 넘나 들며 쉽지 않은 작가들의 작품을 중심으로 쓴 것이다.

일단 이 목차만 본다면 범상치 않은 저자들과 고전들의 무게에 주눅이 들지도 모르겠다. 연말에 술 마실 자리도 많고 처리해야 할 일도 산적해 있는데 이 무거운 책을 읽을 수 있을까? 그런데 전작과 마찬가지로 나는 230페이지 가량 되는 이 책을 단 몇 시간 만에 다 읽었다. 내가 특별히 책을 잘 읽어서 그런 것이 아니다. 다른 이들도 마찬가지로 목차가 주는 중압감에 겁먹지 않고 읽어 나간다면 충분히 흥미와 깊이를 느낄 수 있을 것이다.

오랫동안 시사 평론가로 활동하면서 쌓아 놓은 내공 때문인지 필자는 고전의 무겁고 진지한 문제를 쉽고 명료하게 풀어헤치고 있다. 사실 복잡한 문제를 쉽게 정리할 수 있는 것은 큰 미덕이다. 쉬운 것을 오히려 어렵게 만드는 것이 인문학인 양 통품을 잡는 경우가 적지 않은 현실을 볼 때 더 그렇다. 일찍이 비트겐슈타인은 이런 행태를 '파리통 속에 빠진 파리들'로 묘사하면서 철학은 그것을 벗어나게 하는 방법이라고 묘사한 적이 있다. 물론 이 책은 제시된 문제들에 대해 해법보다는 그것들이 나의 문제와 멀리 떨어져 있지 않다는 것을 보여주고 있다.

짧고 흡입력이 높은 필체가 이 책의 가독성을 높이는 좋은 역할을 하고 있다. 책을 읽어 나가는 데 이런 문체의 역할은 매우 크다. 아마도 이런 문체는 늘 대중과 호흡하면서 그들의 눈높이에 맞춰서 이야기를 하고 글을 쓰던 습관에서 자연스럽게 배인 것인지 모른다. 게다가 필자는 고전을 막연히 읽거나 소개하려고 하지 않는다. 이런 해석과 소개는 오히려 그 방면의 전문가가 더 잘 할 수 있다. 필자는《이렇게 살아도 되는 걸까?》는 책에서와 마찬가지로 일상적 삶에서 매일매일 부닥치는 실존적 고민들을 풀어내는 방법으로 고전을 읽기 시작한다. 나는 자신의 체험과 관련해서 주체적으로 고전을 읽는 것이야말로 고전에 접근할 수 있는 좋은 방법이자 고전의 정신을 가장 잘 살리는 것이라고 본다. 물론 이런 것은 저절로 되는 것이 아니다. 무엇보다 자신이 그럴 필요를 절실하게 느끼는 것이고, 그 문제를 늘 해오던 방식대로 외면하기보다는 적극적으로 대면하려는 태도가 필요하다. 이를 위해서는 물론 문제와 부닥치려는 용기가 필요할 것이다. 일찍이 독일 철학자 헤겔도 철학을 하는 데는 무엇보다 '진리를 향한 용기'가 필요하다고 했다.

이 짧은 글에서 이 책의 12가지 주제를 다 다룰 수는 없고, 그럴 이유도 없다. 직접 책을 들춰보고 읽어 나가려는 태도가 중요하다. 한 가지 예를 들어 필자의 고전 읽기를 살펴보자.

이 책은 처음에 '고통'의 문제를 다루면서 니체를 이야기한다. 사실 고통은 삶을 살아가는 누구에게나 버거운 문제이기도 하다. 정치 평론 관련 프리랜서로 살아가는 필자는 한때 잘나가다가 보수 정권으로 바뀌면서 여러 미디어에서 거부당한 경험을 토로한다. 직장으로 치면 해직된 것이고, 환경의 변화로 인한 것을 감안한다면 IMF 시절의 대량 해고와도 같은 청천벽력이라 할 수 있다. 이런 상황에 부닥치면 누구라도 좌절할 수밖에 없을 것이다. 필자는 이런 팽개쳐진 삶 속에서 고통과 고독, 그리고 카프카의 성 밖의 주민이 느끼는 경험을 뼈저리게 내면화하려 했다. 위대한 인문학은 대개는 이런 고통과 고난 속에서 탄생하는 경우가 많다. 《주역》의 저자도 이런 고통을 알았고, 보에티우스가 《철학의 위안》을 썼던 것도 사형선고를 기다리던 감옥 안에서였다. 사마천의 《사기》 역시 치욕적인 궁형으로 죽음 대신에 완성한 책이다.

필자의 니체 읽기는 이런 고통을 견뎌내는 데 커다란 버팀목이 되었다고 고백한다. 따지고 보면 삶의 무게를 견디면서 외로움을 느끼고 그 과정에서 모종의 권위에 귀속되거나 영웅들에 영혼을 내맡기려는 유혹을 받는 것은 당연한 것일 수도 있다. 그러므로 인간을 생각하고, 품격 있는 삶을 찾고자 하는 인문학의 정신도 이런 역경 속에서 마련될 수밖에 없다. 오늘날 유행처럼 번지는 인문학의 열기는 당의정糖衣錠처럼 잘 포장된 강연을 쫓아다니는 것으로 대신하고 있는데 잘못 가도 한참 잘못 가고 있다. 그런 강연은 정신을 피동화하고 노예화하는 지름길일 수 있기 때문이다. 오히려 참다운 인문학의 정신은 자신의 고독 속에서 주체성을 견지하고 문제를 찾아가려는 데서 더 살아 있을 수 있다. 그 점에서 나는 책 읽기가 훨씬 중요하다고 보는데, 헤세나 카프카, 루쉰과 플라톤은 다 이런 맥락에서 읽힐 수가 있겠다. 그들은 한결같이 생각하는 인간 정신의 위대함을 일깨우기 때문이다. 그리고 이런 삶은 고립화되고 파편화된 개인에게서가 아니라 깨어 있는 정치적 삶에서 찾을 수 있다. 그것이 한나 아렌트를 읽어야 하는 이유이기도 하다. 나는 필자가 이 책의 마지막에 푸코의 만년의 사상을 다룬 '주체의 해석학'을 배치한 까닭도 비슷한 맥락에서 추정해 볼 수 있다고 본다. 결국은 다시금 자신의 내면 속에서 자기를 배려하는 일로부터 진실을 말할 수 있는 용기(파레시아)가 나오고 실천으로 이어지지 않을까라는 생각이다. 필자의 이런 책 읽기 방식의 밑바탕에는 언제나 인간에 대한 따스한 시선이 깔려 있기도 하다.

개인적인 인연으로 유 박사와 여러 차례 만나서 이야기를 해보면서 느낀 점이 있다. 왜 그가 종편의 투사형 평론가들과 다르게 조용하고 조근조근하게 이야기하면서도 그렇게 인기를 모으고 있을까라는 이유말이다. 이 책을 읽다 보면 삶에 대한 그의 깊이 있는 통찰과 사유, 자기만의 스탠스가 여실히 드러나고 있는데, 아마도 이런 것이 뒷받침이 되지 않고서는 가능하지 않았을 것이라 생각한다. 처음 나는 그를 내 강의실에서 만났지만, 이제 나는 그의 책에서 그만의 독특한 책 읽기 방식과 글쓰기 방식을 배우고 싶다는 유혹을 느낀다. 이것이 내가 서슴없이 그의 책을 다른 이에게도 일독을 권할 수 있는 이유이기도 하다.

04

《3대 주석과 함께 읽는 논어 1,2,3》
− 임헌규

    강남대 철학과에 재직 중인 임헌규 교수가 최근에 출간한 대저《3대 주석서와 함께 읽는 논어 1,2,3》(도서출판 모시는사람들, 2020)을 보내 주었다. 큼지막한 택배로 받은 세 권의 책은 볼륨만으로도 압도당하는 느낌이다. 임 교수는 6년 여에 걸쳐서 무려 3천쪽에 달하는 분량으로 이 책을 완성한 것이다. 이런 정도의 책을 쓰려면 빼어난 학자의 총지聰智 이상으로 체력이 뒷받침된 끈기와 오랜 노력이 있어야만 가능하다. 페이스북 친구이기도 한 임 교수가 휴일마다 전국을 산행하면서 아름다운 사진을 올리는 까닭을 이제야 알 수 있을 것 같다. 모두가 이 대저를 완성하기 위한 체력을 다지려고 한 것이다. 임 교수는 서양 철학에도 밝아서 나는 오래전에 그이가 번역한《데리다와 푸꼬, 그리고 포스트모더니즘》이란 책을 재밌게 읽은 적도 있다.

    《3대 주석과 함께 읽는 논어 1,2,3》은 공자의《논어》에 대해 한당漢唐 시절의《논어》주석서인 고주古注와 주희가 쓴 신주新注, 즉《주자집

주》그리고 이 양자와 역대의 다양한 주석서를 두루 섭렵하고 일본의 주석서까지 참조해서 조선의 다산 정약용이 쓴《논어고금주》를 집대성 해 번역하고 저자의 논평을 곁들여 주석한 책이다. 중국의 위대한 스승 인 공자의 사상은 2천 수백 년 동안 동아시아의 사상을 지탱해 왔다. 사 서와 삼경은 동아시아권에서 관료를 양성하고 지식인을 훈련시키는 데 가장 기본적인 지침서 역할을 해 왔다. 그중에서도 인仁을 말하는《논 어》가 가장 핵심이다.

사서란 본성 회복을 근본지귀로 하는 이학 체계이다. 사서 가운데《대학》 은 오로지 덕을 말하고,《논어》는 오로지 인을 말하고,《맹자》는 오로지 마음을 말하고,《중용》은 오로지 이치를 말했다.……먼저《대학》을 읽어 그 근본을 정한 다음,《논어》를 읽어 그 근본을 세우고, 다음으로《맹자》 를 읽어 그 발산한 점을 보고, 다음으로《중용》을 읽어 옛사람의 미묘한 뜻을 추구해야 한다.　　　　　　　　　　　　　　　　　　　　─주자

육경六經, 사서四書로 수기修己를 이루고 일표一表(《경세유표》49권) 이서 二書(《목민심서》48권,《흠흠신서》30권)로 천하 국가를 다스리게 함으로 써 본말을 갖추었다. 사서 가운데 후학들이 존신尊信 체행體行할 것은 오직 《논어》한 권뿐이다. 예성叡聖스러워 어떠한 하자도 없는 것은《논어》이 다. 육경이나 여러 성현의 책은 모두 읽어야 하겠지만, 오직《논어》만은 죽 을 때까지 읽어야 한다. 인仁이란 한 글자는《논어》20편의 주재主宰이다.
　　　　　　　　　　　　　　　　　　　　　　　　　　　　─다산

가장 오래된 고전 중의 하나인《논어》에 대한 크고 작은 주석서는 수도 없이 많다. 임 교수는 그중에서도 가장 정평 있는 고주古注와 주자의《주자집주》 그리고 다산의《논어고금주》를 한 자리에 모아 비교해서 읽을 수 있도록 해 주었다. 그리고 원문에 나오는 한자의 뜻풀이까지 곁들여 놓아서 초심자도 꾸준히 읽다 보면 깨치기 쉽게 해 놓았다. 이런 방대한 작업은 가히 학자라고 할 수 있는 사람만이 할 수 있고, 또 그들이 해야만 하는 작업이다. 사실 동아시아의 근본 사상과 그것의 장단점을 이해하려면《논어》의 기본 정신을 모르고서는 말할 수 없을 것이다. 나 역시 올 한 해 늘 곁에 두고 꾸준히 읽고 캐우칠 준비가 되어 있다.

　내가 몽골을 가기 전에 강남대에 한 학기 출강을 한 적이 있다. 임 교수는 그 대학 신학과에 있는 내 친구 백용기 교수와 잘 어울려서 여러 차례 식사도 하고 차도 마시면서 이야기를 나눈 좋은 기억이 있다. 내가 그다음 학기에 몽골의 후레 대학으로 적을 옮기면서 아쉽게 보지 못했는데, 그 이후 페이스북에서 매일 같이 다시 만나면서 인연을 이어가고 있다. 내가 하도 유학에 관해 헛소리를 하는 것을 보고 '공부 좀 하시라'는 뜻으로 이 책을 보내주신 것 같은데, 이런 대저를 앉아서 받으니 송구한 마음이 그지 없다. 나는 임 교수의 이 대저가 '오늘날 공자의《논어》가 우리에게 어떤 의미를 갖는가?'라는 현실적 토론으로 이어졌으면 좋겠다는 생각도 해 보았다. 좋건 싫건《논어》는 동아시아의 오랜 문화적 유산이기 때문에 결코 소홀히 할 수 없는 부분이고, 오늘날에도 끊임없이 재해석을 요한다. 책을 읽고서 써야 할 논평이지만 1년을 읽어도 다 읽기 쉽지 않고, 무엇보다 반가운 마음이 앞서서 몇 자 적어 올리는 것이다.

05

오구라 기조와
이덕일

일전에 포스팅했던 책들이 도착했다. 오구라 기조의《한국은 하나의 철학이다》와 이덕일의《이덕일의 한국통사, 다시 찾는 7,000년 우리 역사》와 주문할 때 정확하게 체크하지 않은 탓에 번역본이 아닌 일서인 오구라 기조의《조선사상전사朝鮮思想全史》(암파서적) 세 권이다. 그저께 밤에 도착을 했는데 그 사이 바빠서 이제 올린다.

역사 저술가 이덕일을 둘러싼 한국사 논쟁은 비교적 많이 알려져 있다. 이른바 식민 사학과 민족 사학 논쟁이다. 진영 논리처럼 워낙 격심하게 벌어지고 있어서 비전공자들이 언급하기가 쉽지 않다. 하지만 나는 옳고 그름의 문제를 떠나 이덕일이 한국 사학을 비판하는 논지는 그 자체로 충분히 의미가 있다고 본다. 우리는 그동안 우리 자신의 시각으로 우리 역사를 보지 못하고, 타율적인 중화사관이나 일제 식민 사학에 의해 덮어 씌워진 역사를 배웠다는 것이다. 이런 병폐는 한국인의 유독 심한 '사대주의'의 원인이 되기도 했는데, 나도 이에 관해서는 몇 번 포스팅을 한 적이 있다.

이덕일의 주장은 분명하다. 식민 사학은 한국사의 시간과 공간을 강제적으로 축소를 했는데, 이는 일제의 식민주의를 정당화하기 위해서라는 것이다. 《삼국사기》의 초기 기록을 불신하는 탓에 한국사의 시작을 500년 가까이 뒤로 끌어내리면서 《삼국사기》보다 《일본서기》에 더 의존해 있고, 공간적으로도 낙랑성=평양성이라는 위치 비정을 통해 한국사의 활동 공간을 만주의 넓은 공간으로부터 좁은 한반도로 구겨 넣었다는 것이다. 이 부분에 대해 이덕일이 제시하는 비판이나 논지는 제3자가 보기에도 설득력이 있다.

이런 주장을 뒷받침하는 대표적인 학설이 '한사군=한반도와 임나=가야설'이다. 한사군=한반도설에 대해서는 몇 년전 강단 사학의 젊은 사학도들이 언론과 방송까지 동원해서 대대적으로 선전을 했을 정도였다. 이때 보여준 한국 언론의 태도는 진보나 보수나 한 목소리였다. 이들은 단군의 실체도 부정을 하고 한사군=평양성설은 100년 전에 이미 논증이 끝났다고 주장했다. 학문적으로 예민한 문제를 가지고 100년 전에 다 끝났다고 하는 이런 주장은 사실 학문의 성격을 모르는 치기어린 말에 지나지 않는다. 마치 2015년 한일 간에 위안부 합의를 할 때 '최종적, 불가역적'이란 표현을 연상케 한다. 이덕일은 이런 주장에 대해 이미 1960년대에 북한학계에서 정립된 한사군=요동설을 소개하고, 평양에서 대거 발굴된 낙랑 시기의 유물도 위만조선과 한사군의 차이를 왜곡했을 뿐더러 그조차 일제의 유물 조작임을 밝혔다. 북한학계는 이런 근거 하에 한사군=요동설을 분명히 하고 있다.

식민 사학의 대표적 또 다른 주장 중의 하나가 임나＝가야설이다. 삼국 이전에 일본이 이미 한반도에 식민지를 구축해 놓았기 때문에 일본의 입장에서는 대한제국을 병탄한 것은 구토 회복이나 다름없다는 논리다. 이덕일의 주장에 따르면 강단 사학이 식민사학의 이런 노골적 주장을 총론에서는 비판하고 있지만 한 겹 더 들어가서 각론을 보면 여전하다는 것이다. 이 문제를 둘러싸고 고려대의 김현구 교수와 이덕일이 소송까지 갔던 사건은 안타까운 일이다. 그만큼 민족 사학과 강단 사학 간의 골이 감정으로까지 깊어져 있다.

북한학계는 이미 60년 대에 월북 사학자 김석형이 임나는 우수한 철기 문화를 가진 가야가 일본 열도에 설치한 분국설로 확정했다. 내가 작년 가을 오사카와 나라 등지에 해박한 역사 및 고고학자 정길선 박사의 가이드와 오사카에서 활동하면서 한겨레신문에 오사카 민족학교 학생들 사진을 연재하는 전재운 선생과 일본여성 히라키 씨의 도움으로 답사여행을 다닌 적이 있다. 주로 박물관과 역사관 그리고 도래인이 조성한 고대 유적지를 다녔는데, 책에서 보는 것 이상으로 도래인이 일본 열도에 남겨 놓은 흔적이 너무 많다. 나라에서 만난 나이 많은 일본인 관광 가이드는 악수를 하면서 아마도 1500년 전에 우리 조상들이 같았을 것이라는 말을 할 때는 울컥 감동이 들 정도였다. 《총, 균, 쇠》의 저자 제래드 다이아몬드 같은 이는 아예 한일 관계를 형제지간이라고 단정할 정도이다. 그런 면에서 우수한 문화와 기술을 가진 도래인이 일본 열도에 진출하면서 식민지를 개척했다는 것이 그 역의 경우보다 충분히 더 설득력이 있고 합리적이다.

물론 세부적인 역사 쟁점들은 전문 학자들끼리 더 논쟁을 하면서 수 정도 하고 새로운 학설도 정립을 하면 될 것이다. 그런데 강단을 지배하고 있는 역사학자들이 재야나 민족 사학을 아예 '사이비 역사학'으로 낙인을 찍고 백안시하는 상태다. 주류와 비주류의 문제를 이처럼 강단과 재야로 나누는 것은 세계 학계의 통념에 비추어 보아도 유례가 없는 일이다. 학설 자체가 충분히 설득력이 있음에도 불구하고 토론의 여지 자체를 막아 놓았다. 동북아역사재단은 한국의 고대사를 총체적으로 말아 먹으려는 중국의 '동북공정'에 대항하라고 만들어 놓은 역사 단체다. 그런데 이 단체의 수십억 프로젝트가 식민 사학과 동북공정의 논리를 그대로 따랐다고 해서 폐기처분을 받은 바 있다. 학자 진영들 간에 소통 및 논쟁 부재가 빚은 비극적 사건이다.

일단 우리가 교육 시스템을 통해 암기식으로 배운 기존 역사교육의 문제점과 한계가 크다. 그런 점에서는 이덕일의 비판을 무시할 수는 없다. 이런 주장은 양측의 입장을 두루 살펴야 하기 때문에 좀 더 개방적 공간에서 토론이 이루어지기를 바란다. 그런 맥락에서 나도 틈틈이 역사 공부를 하기 위해 이 책을 주문해서 읽어 보려고 한 것이다.

오구라 기조는 우연히 신문 컬럼에 그 이름이 들어가 있어서 알게 된 일본 교토 대학의 한국학 교수이다. 그는 한국에 유학을 와서 오랫동안 한국 사상을 연구했기 때문에 한국을 비교적 객관적으로 볼 수 있는 인물 중 하나이다. 오구라 교수에 따르면 한국은 '리理'라는 하나의 철학이 지배하는 나라다. 주자가 말한 '성즉리性即理'는 객관적으로 존재하는 리가 인간의 성정도 지배한다. 인간의 주관적 질서와 객관적인 자연 질서 모두가 하늘의 리[天理]에 의해 지배되는 것이다. 주자의 성리학은 삼봉 정도전에 의해 조선의 통치이념으로 받아들여지면서 중국보다 더 중국적인 소중화 사상으로서 조선 500년을 지배했다.

조선의 리는 도덕 근본주의의 근거가 되어서 이 리에 대한 해석을 둘러싸고 강력한 사상투쟁이 전개되었다. 오구라 교수는 이것을 도덕적인 것이 아니라 '도덕 지향성'이라고 규정한다. 그리하여 이 싸움에서 이긴 자는 도덕을 명분으로 부와 권력을 장악하는 것이기 때문에 리의 이념은 거의 교조적으로 각인됐다. 그이에 따르면 '한국 사회는 사람들이 화려한 도덕 쟁탈전을 벌이는 하나의 거대한 극장'이다. 내가 앞서 소개했던 강단 사학과 민족 사학 간의 쟁투도 그와 비슷한 점이 많고, 한국 사회에 만연한 진영 논리도 그와 다르지 않다. 나는 현재 벌어지고 있는 정의기억연대 문제를 그런 차원에서 보고, 한일 간의 징용공을 둘러싼 논쟁을 '근본주의 도덕과 극우 종족주의'의 싸움이라고 규정한 바 있다.

이런 근본주의 도덕이 리라는 철학적 이념과 결합이 되다 보니 사람들이 더욱 완고해지는 경향이 있다. 일본의 사무라이가 칼에 목숨을 걸듯, 한국의 선비나 인텔리도 마찬가지로 도덕에 목숨을 걸고 있다. 이런 경향은 문제를 합리적으로 보면서 타협과 조정을 할 수 있는 중간 지대를 대단히 협소하게 만든다. 한국 사회에서 중간 지대는 회색 지대로 매도되는 경우가 다반사다. 최인훈의 《광장》의 주인공 이명준이 포로수용소를 나올 때 남도 아니고 북도 아닌 중립국을 선택하게 된 이유다. 이런 경향은 문제 해결보다는 명분에 치우친 싸움 자체에 더 의미를 부여하는 경우가 많다. 그래서 일단 싸움이 시작되면 쉽게 풀지를 못한다. 철학자 비트겐슈타인의 말처럼 '파리통 속에 갇혀 있는 파리들'이 되고 말았다.

성리학적 세계관에서 나온 하나의 리로 인해 조선은 오랫동안 다른 대안을 선택할 기회를 무수히 많이 잃었다. 임진왜란 7년의 수난을 겪은 것과 그 이후 병자호란은 하나만 추구했던 성리학자들의 큰 오판이 결국은 민족과 국가의 존망에도 위협이 되었다. 조선이 19세기 역사의 격동기에 천주교 박해를 통해 개혁적 지식인의 씨를 말리고, 개혁적 정치인이었던 대원군이 쇄국으로 일관하게 된 것도 성리학적 세계관에 갇혀 있었기 때문이다. 그리하여 조선은 외부의 충격을 받았을 때 개혁을 하지 못하고 식민지로 전락하고 말았다. 이런 비슷한 현상이 21세기에도 드러나 있고, 특히 가장 폐쇄적인 주체사상의 국가인 북한은 거의 봉건적인 성리학적 이념의 다른 모습이라고 해도 틀린 말이 아니다.

간단하게 책에 관해 이야기하려 했던 것—본격적인 서평은 아니다.—이 길어졌고, 일본어로 쓰여진 《조선사상전사朝鮮思想全史》는 언급도 하지 못했다. 하지만 오구라 기조 교수의 책이기 때문에 그가 조선 사상사를 보는 입장은 앞서 말한 틀을 벗어나지 않을 것이다. 지금은 내가 일서를 마음대로 읽을 수 있는 형편이 아니기 때문에 좀 더 후일을 기약해서 말해야겠다.

06

골드만L. Goldman,
《인문과학과 철학》 논평

골드만L. Goldman, 인문과학의 방법에 대한 논평

1. 이 글의 논지는 크게 두 부분으로 나누어진다. 그 하나는, 인문과학의 대상을 외적 현상들의 총체를 다루는 자연과학과는 다르게 그 자체가 인간의 대상적 활동의 산물이기 때문에, 골드만의 표현을 빌리자면 "인식의 주체와 대상 사이의 부분적인 동일성을 전제"(p. 41) 하기 때문에 그에 따라 '객관성'의 의미도 달라진다는 것이다. 다른 하나는, 사회 현상을 '구체적 총체성'으로 파악하기 위해서는 이 현상에 관한 이론의 역사 외에도 그것을 사회 경제적 하부 구조와 결합시켜야 한다는 것이다. 다시 말해 현상에 대한 종합적 이해는 이데올로기 분석과 토대분석이 결합될 때 비로소 가능하다는 것이다. 골드만은 이 같은 입장에 대하여 평자는 대체로 동의하지만, 논의를 진행시키기 위해 몇 가지 점

---

* 이 논문은 골드만L. Goldman의 《인문과학과 철학》(김웅인의 옮김, 1980)에 실려 있다.

을 지적해 보기로 하자.

　2. 먼저 '객관성'의 문제를 살펴보자. 인문과학—사회과학도 포함하는 넓은 의미에서의—에서 인식주체와 대상의 동일성이 전제된다고 함은 한 편으로 대상이 주체와 무관하게 독립적으로 취급될 수 없음을 의미하며, 다른 한편으로 양화quantification에 의한—혹은 칸트적 의미의 '보편성' 과 '필연성'에 의한—자연과학의 객관성과는 다른 객관성이 요구됨을 의미한다.

　2.1 전자의 의미는, 근대 자본주의의 성립과정에서 자연과학이 현저하게 발전하는 것에 반해 인문사회과학의 발전이 이데올로기적 이해, 계급적 이해 등의 제약에 따라 상대적으로 늦는 데서도 추측해 볼 수 있을 것이다.(J.D. Burnal) 물론 자연과학의 경우도 그 초기 단계에서는 신학적 이데올로기와의 투쟁을 거치지 않은 것은 아니지만, 그 이후에 그것을 초계급적 차원에서 인류에게 생산적 발달을 보장해 주는 것으로 간주된다. 하지만 인문 사회과학의 경우에는 그것과 관련하여 제기되는 모든 주요한 문제들에 있어서 계급적 이해관계 및 가치가 모든 것을 대립시키며, 그리하여 '객관성'도 일개 연구자의 차원에서 획득될 수 없음은 자명하다. 이러한 맥락에서 마르크스는 부르주아 정치경제학은 계급투쟁이 잠복기에 있을 때는 '과학Wissenschaft'으로서 존재했지만, 그것이 현재화되면서 '이데올로기Ideologie'로 전락했다고 말한다.

　2.2 그러면 인문과학에서 '객관성'의 확보는 불가능한 것인가? 골드만에 의하면, 이 문제는 동시에 '진리의 기준'과도 접맥된다. 여기서 골드만은 애밀 뒤르켐Durkeim의 실증주의, 막스 베버Weber의 가치중립적 객

관주의, 칼 만하임Mannheim의 '자유 유동적 지식인 계급,' 그리고 게오르그 루카치Lukacs의 급진적 프롤레타리아의 한계의식이 지닌 각각의 불충분성을 지적하면서 다음과 같이 '진리의 기준'을 제시한다. 즉 그것은 어떤 이론이 "사회적 그리고 인간적 현상으로 타자를 이해하게 해주며, 그리고 그것의 하부구조를 추출해내서 내재적인 비판에 의해 그 모순과 한계를 밝히게 해주는가"(p. 60)에 있다. 이것은 현대 해석학자들이 자연과학의 '설명'과 다르게 해석학적 '이해'를 인문과학의 방법으로 제안하는 것에 가까워 보인다. 하지만 '그것의 하부구조를 추출해내서'라는 표현에서 보듯, 골드만의 '이해'는 해석학의 관념적인 '감정이입', '공감'에 의한 '이해'라기보다는 일종의 '유물론적 이해'라는 표현이 적합할 것이다.

2.3 골드만이 제시하는 이러한 '유물론적 이해'는 과학의 객관성을 보장해주며 진리의 기준으로서 역할할 수 있는가? 루이 16세 시대의 정치적 역학관계에 있어 제3계급의 위상에 관한 생시몽의 유물론적 분석에서 보듯, 타자에 대한 '이해'에 '유물론적' 방법을 기계적으로 결합한다고 해서 현실 이해의 객관성이 단순하게 확보되지 않는 것은 분명하다. 하지만 이 문제는 앞서 골드만이 제시한 두 번째 문제, 즉 현실을 '주체적 총체성'으로 파악하기 위해서는 이론의 역사와 사회의 경제적 하부구조와 결합되어야 한다는 것과 맞닿아 있다. 따라서 평자의 입장은 양자가 동시적으로 고찰될 필요가 있다고 생각한다.

3. 인간행위의 총체적 성격을 규명하기 위해서는 경제적 사회적 현상

의 역사와 이념의 역사 사이의 불가분적 관계를 포착하지 않으면 안 된다. 맑스주의적 방법에 공통적인 이러한 접근은 '역사적 분석'과 '체계적 분석'의 통일에 다름 아닌데, 골드만 또한 이것을 '발생 구조 분석'이라고 부르고 있다. 하지만 평자가 보기에 이것은 현실에 대한 총체적이며 객관적인 인식에 도달하기 위한 방법에 불과한 것이지 그 자체가 객관적 인식을 보장해주는, 진리의 기준이 되는 것은 아니다. 따라서 인식에 있어 '객관성'의 문제는 여전히 남는다.

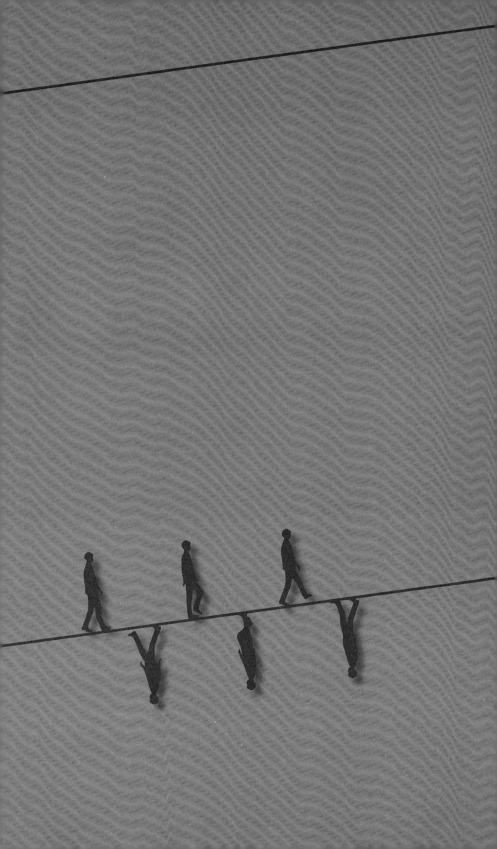

철학과 비판 — 에세이 철학의 부활을 위해

2021년 6월 01일 초판 1쇄 발행
2021년 7월 19일 초판 2쇄 발행

저자   이종철

발행인   전병수
편집·디자인   배민정
발행   도서출판 수류화개
               등록 제569−251002015000018호 (2015.3.4.)
               주소 세종시 한누리대로 312 노블비지니스타운 704호
               전화 044-905-2248
               팩스 02-6280-0258
               메일 waterflowerpress@naver.com
               홈페이지 http://blog.naver.com/waterflowerpress

ⓒ 도서출판 수류화개, 2021

값 22,000원
ISBN 979−11−971739−5−0(03100)